BIERWANDERN BAYERN

DER ERFRISCHENDSTE WEG, BAYERN ZU ENTDECKEN

BIERWANDERN BAYERN

DER ERFRISCHENDSTE WEG, BAYERN ZU ENTDECKEN

HELVETIQ

INHALTSVERZEICHNIS

1

EINLEITUNG

ÜBER DEN AUTOR

Rich Carbonara ist ein Amerikaner, der in München lebt. Er erteilt Englischunterricht und erzählt gerne scherzhaft, er sei wegen des Biers nach Deutschland gekommen, aber wegen einer Frau geblieben. Er ist glücklich verheiratet mit einer Deutschen, die seine Wanderleidenschaft teilt und mittlerweile auch gerne Bier trinkt.

Seine Vorlieben haben sich im Lauf der Jahre verändert, aber für zwei Dinge kann er sich nach wie vor begeistern: Wandern und neue Biere entdecken! Ersteres ist ein relativ junges Hobby, aber die Suche nach spannenden Biersorten beschäftigt ihn schon lange. In Anbetracht seiner Leidenschaft für diese beiden Dinge und weil er nach und nach zu einem Experten für Wanderungen in Franken wurde, rief er die (englische) Website www.beerwanderers.com ins Leben. Dies wiederum motivierte ihn, geführte Bierwandertouren durch Franken anzubieten, und mit all den neuen Routen, die er beim Schreiben dieses Buchs entdeckt hat, wird er am Ende wahrscheinlich ganz Bayern bewandern.

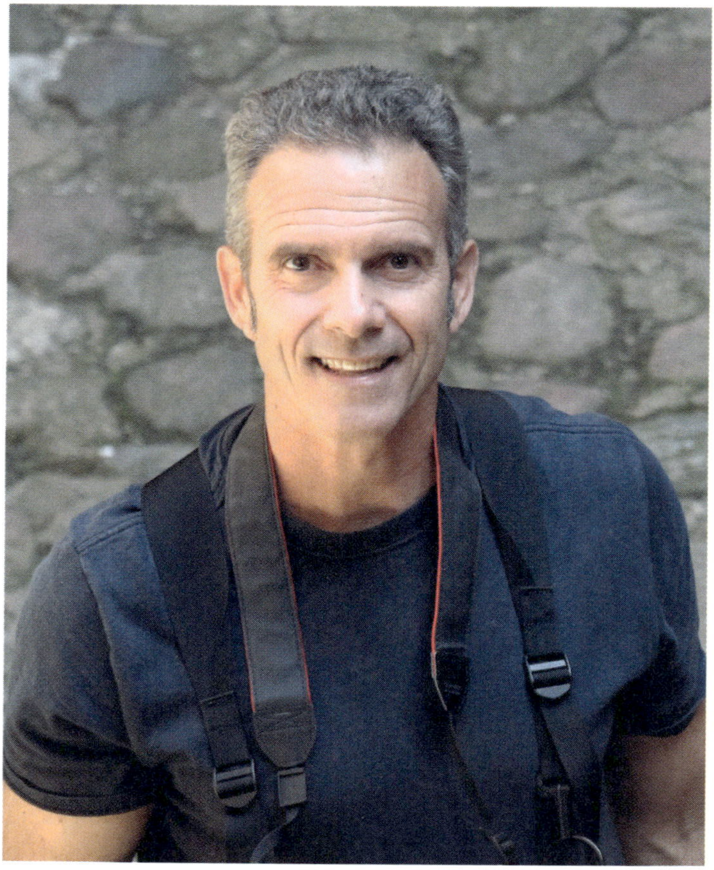

ÜBER DIESES BUCH

Bayern ist so ziemlich der beste Ort für Bierwanderungen, den man sich vorstellen kann. Kein anderes deutsches Bundesland dürfte ähnlich bekannt für seine Vorzüge als Bier- und Wanderregion sein. Nicht ohne Grund ist Bayern randvoll mit Touristen und liegt in den Besucherzahlen im Vergleich zu anderen deutschen Bundesländern weit vorne.

Das Thema mag auf den ersten Blick begrenzt wirken, aber eigentlich findet man in diesem Buch vieles von dem, wofür Bayern international bekannt ist: Fachwerkhäuser und Kopfsteinpflaster, dichte Wälder, sehenswerte Kirchen, majestätische Berge, Burgen und Schlösser, malerische Seen, Klosterbrauereien und schroffe Felsformationen. Allerdings machen viele Besucher den Fehler, dass sie von einer Sehenswürdigkeit zur nächsten hetzen. Dabei verpassen sie all die feinen Nuancen, durch die Bayern nicht nur eine erstklassige Urlaubsregion, sondern auch ein großartiger Ort zum Leben ist. Ich weiß, wovon ich rede: Ich lebe hier! Dieses Buch will das Tempo drosseln. Lassen Sie sich Zeit! Auf den hier beschriebenen Wanderrouten lernen Sie neben den erwähnten Attraktionen vor allem auch das echte ländliche Bayern kennen, sehen das Dorfleben aus nächster Nähe und gehen manchmal auf Wegen, die wahrscheinlich seit Hunderten von Jahren von Menschen genutzt werden, um vom einen Ort zum anderen zu gelangen.

Die Wanderrouten sind so vielfältig wie Bayern selbst. In Anbetracht der zunehmenden Beliebtheit von Stadtwanderungen habe ich ein paar Städte in die Routen mit aufgenommen, mich aber ansonsten bemüht, allzu bekannte Gegenden auszulassen. Im Lauf der Jahre habe ich herausgefunden, wie man auf der Suche nach tollem Bier nebenbei fantastische Orte entdeckt. Das kann eine Stadt sein, die man nie besucht hätte, wenn es dort nicht diese eine Brauerei gäbe, von der man schon so viel gehört hat, oder ein Stadtviertel, das man nie kennengelernt hätte, wenn man die U-Bahn genommen hätte statt zu Fuß zu laufen. Ein großer Teil der Wanderrouten verläuft durch die Berge oder in ihrer Nähe, denn immerhin befindet sich in Bayern der höchste Gebirgszug Deutschlands: die Bayerischen Alpen. Sie sind zwar nicht so hoch wie die Alpenabschnitte in Österreich und der Schweiz, aber zu sehen, wie diese mächtigen Berge von den oft flachen Ebenen aufsteigen, ist dennoch spektakulär. Wer in Bayern wandert, läuft durch viele Wälder. Die Einheimischen machen ihren Sonntagsspaziergang gerne durch die schöne, bäuerlich geprägte, offene Landschaft. Ich muss gestehen, dass ich, als ich frisch nach Bayern gezogen war, immer nur die Alpen im Sinn hatte, wenn ich ans Wandern dachte. Doch mittlerweile bin ich großer Fan davon, am Waldsaum entlang ein erntereifes Gerstenfeld zu umrunden. Es ist schon etwas Besonderes, die Zutaten für das Bier dort zu sehen, wo sie wachsen, und das kann, vor allem an einem heißen Sommertag, einen ordentlichen Bierdurst hervorrufen.

Die Wanderungen sind nach Regionen unterteilt: Oberbayern, Niederbayern, Schwaben, Oberpfalz, Oberfranken, Mittelfranken und Unterfranken. Innerhalb der Regionen geht es nach Entfernung zueinander. Die Karte hilft Ihnen, sich einen Überblick zu verschaffen.

Die Wanderrouten variieren in Länge und Schwierigkeitsgrad. Viele haben vor allem den Zweck, zu einer Brauerei zu gelangen, sind dabei aber malerisch, abwechslungsreich und in der Regel gut zu schaffen. Wo immer es möglich ist, versuche ich, Rundwege zu benutzen und die Strecken so zu legen, dass sie an einer Brauerei enden. In einer perfekten Bierwelt (und die gibt es in Bayern!) können Sie dort auch übernachten.

Ungeachtet der Tatsache, dass es in einem Bierwanderbuch natürlich in erster Linie darum geht, über Wanderwege zu einer Brauerei zu gelangen und dort Bier zu trinken, darf man nicht außer Acht lassen, dass Bier in Bayern als Nahrungsmittel gilt und am besten zum Essen genossen werden sollte. Daher lasse ich es mir nicht nehmen, Ihnen auch ein paar Tipps zu dem meist zünftigen Speiseangebot zu geben.

DIE DEFINITION VON BIERWANDERN

Bierwandern wird von seinen Anhängerinnen und Anhängern unterschiedlich definiert. Für viele bedeutet es schlicht, sich nach der Wanderung ein Bier zu gönnen, ob in einer Brauereigaststätte oder an einem anderen Ort mit gutem Bier. Für andere bedeutet es, Bier mit auf die Wanderung zu nehmen und es an besonderen Orten, fernab von Trubel und Lärm, zu genießen. In Bayern versteht man darunter häufig, auf einem Fußweg zu einer Brauereigaststätte zu laufen, die mit öffentlichen Verkehrsmitteln schlecht zu erreichen wäre. Daraus haben sich ausdrückliche Bierwanderwege entwickelt, die unterwegs mehrere Kleinbrauereien mit Schenke passieren. Einige dieser Wanderwege sind relativ kurz; bei den längeren empfiehlt sich eine Übernachtung vor Ort. Was allen Varianten gemein sein dürfte, ist die Freude daran, nach einem eindrucksvollen Naturerlebnis, ob im Rahmen eines netten Spaziergangs oder einer anstrengenden Wanderung, ein erfrischendes Bier zu genießen.

EINORDNUNG DER WANDERWEGE UND BIERE

Ratings sind von Natur aus subjektiv, und was die einen für eine leichte Wanderung halten, wird für andere zur Herausforderung. Die Einordnung der Wanderungen war nicht immer einfach. Am besten schauen Sie auf die Länge der Strecke und die Höhenmeter, die beim Auf- und Abstieg überwunden werden müssen. Das Gleiche gilt für die Biere. Ich als Amerikaner fand bayerisches Bier im Vergleich zu dem stark hopfigen IPA, das ich gewohnt war, nicht besonders bitter. Aber die Nuancen sind subtiler! Das Essen nimmt ebenfalls Einfluss darauf, wie ein Bier sich geschmacklich entfaltet, und die Reihenfolge, in der verschiedene Biere getrunken werden. Wer in einer Brauereigaststätte verschiedene Biersorten durchprobiert, wird das rasch merken! Ein malziges Bier nach einem hopfigen zu trinken, kann die Wahrnehmung von Geruch und Geschmack und damit auch die Bewertung stark beeinflussen. In der Regel hatte ich eine klare Vorstellung, welches Bier ich für welche Wanderung nehmen wollte, und trank dieses immer zuerst, um solche Beeinflussungen zu vermeiden. Letzten Endes hat jeder seine eigenen Favoriten, und Sie sollten auf jeden Fall immer das Bier trinken, das Sie anspricht. Damit Sie wissen, was Sie ungefähr erwartet, werden bei jedem Bier Aussehen, Geruch und Geschmack kurz beschrieben.

BIERSORTEN

Die zahlreichen Biersorten Bayerns zu erklären, ist nicht Gegenstand dieses Buchs. In der Regel werden Sie untergäriges Bier trinken, aber nicht die austauschbaren Sorten der marktbeherrschenden großen Brauereien. Das Farbspektrum reicht von einem hellen Blassgelb bis Schwarz. Hellere Biere haben tendenziell einen geringeren Alkoholgehalt, aber ein helles Lager kann auch mal stärker und bitterer sein als ein dunkles. Lassen Sie sich durch die Farbe nicht von den übrigen Eigenschaften des Biers ablenken. Freunde von mir waren fest davon überzeugt, dass sie dunkles Bier hassten, bis sie eines probiert hatten, das ich ihnen empfohlen hatte, und es wirklich gut fanden. Rauchbier (eine für Bamberg typische Spezialität) kann in der Farbe variieren, ist aber meist dunkel, ich habe nur wenige wirklich helle Rauchbiere gesehen. Wenn Sie sich nicht entscheiden können, welches Bier Sie nehmen sollen, schauen Sie einfach, was die anderen Gäste trinken, und bestellen das Gleiche. Wenn Sie in einer der kleinen fränkischen Brauereigaststätten »ein Bier« bestellen, kriegen Sie sowieso, was alle anderen trinken – das beliebteste. Das kann je nach Region ein Dunkles oder Helles sein. In weiten Teilen Frankens wird hauptsächlich Dunkles getrunken, das oft trockener und fruchtiger ist als seine südbayerischen Pendants. Oh, und denken Sie daran, dass Bock immer ein ziemlich starkes Bier ist, egal ob hell oder dunkel!

Eine der beliebtesten Biersorten Bayerns ist das Weizen- oder Weißbier, das es oft auch in einer dunklen Ausführung gibt. Dampfbier ist heute eine Rarität.

Sie sehen: Bayerisches Bier ist eine Wissenschaft für sich! Dafür ist es umso leichter, es zu genießen, auch ganz ohne Studium. Prost!

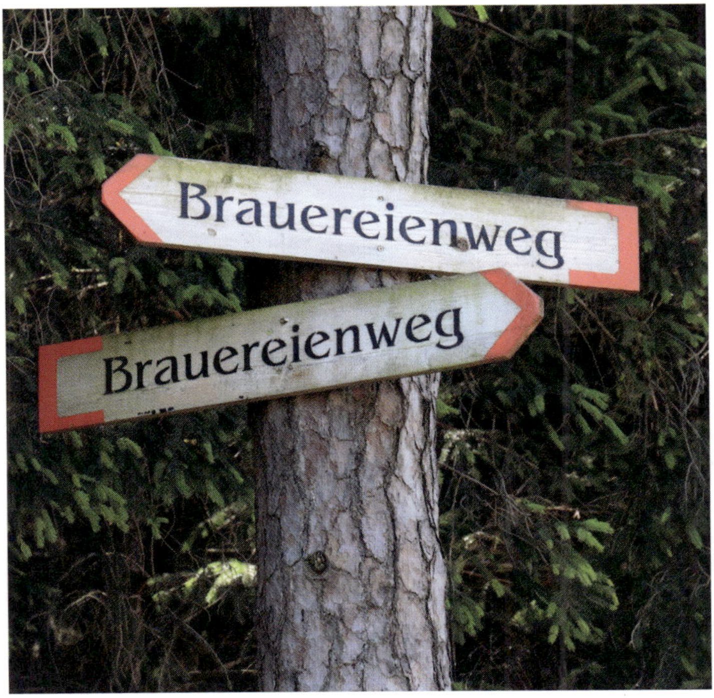

2

WIE ES FUNKTIONIERT

BIER ODER WANDERWEG AUSWÄHLEN

ORT DER WANDERUNG

REGION

NAME DES BIERS

KARTE

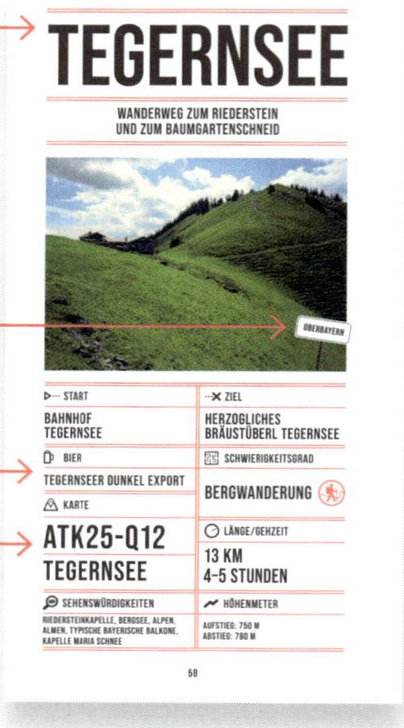
TEGERNSEE

WANDERWEG ZUM RIEDERSTEIN
UND ZUM BAUMGARTENSCHNEID

OBERBAYERN

START	ZIEL
BAHNHOF TEGERNSEE	HERZOGLICHES BRÄUSTÜBERL TEGERNSEE
BIER	SCHWIERIGKEITSGRAD
TEGERNSEER DUNKEL EXPORT	BERGWANDERUNG
KARTE	LÄNGE/GEHZEIT
ATK25-Q12 TEGERNSEE	13 KM 4-5 STUNDEN
SEHENSWÜRDIGKEITEN	HÖHENMETER
RIEDERSTEINKAPELLE, BERGSEE, ALPEN, ALMEN, TYPISCHE BAYERISCHE BALKONE, KAPELLE MARIA SCHNEE	AUFSTIEG: 750 M ABSTIEG: 780 M

58

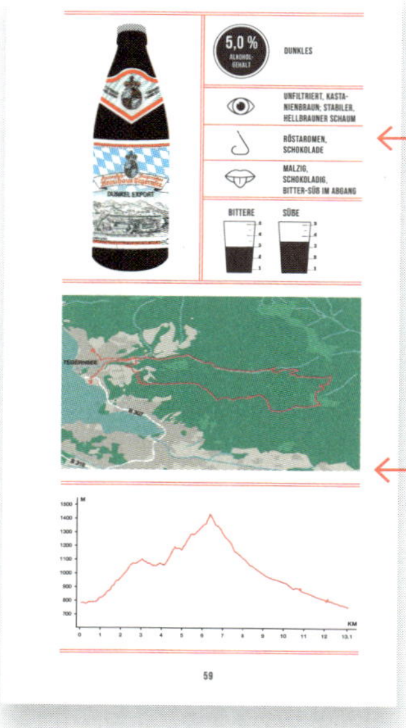

ANGABEN ZUM BIER

ANGABEN ZUR WANDERUNG

SCHWIERIGKEITSGRAD DER WANDERWEGE

Bei jeder Wanderung ist ein Schwierigkeitsgrad angegeben. Diese Einordnung ist subjektiv und nur für die hier besprochenen Wanderwege von Nutzen. Sie basiert auf der Länge der Wegstrecke, dem Höhenunterschied (Aufstieg und Abstieg) und der Beschaffenheit der Wege, all das bei guten Wetterverhältnissen. Schlechtes Wetter erschwert jede Wanderung.

LEICHTE WANDERUNG

Als »leicht« gelten bis zu 10 km lange Wanderungen, bei denen beim Auf- bzw. Abstieg maximal 150 m Höhenunterschied überwunden werden. Die Strecke besteht größtenteils aus ebenen Wegen und normale Laufschuhe sind hierfür ausreichend.

MITTELSCHWERE WANDERUNG

Mittelschwer sind Wanderungen über 10 km und mit mehr als 150 m Höhenunterschied. Auch Strecken, die nicht eben sind oder viele Wurzeln aufweisen und/oder felsig sind, gehören in diese Kategorie, selbst wenn sie die anderen Kriterien (Länge, Höhenunterschied) nicht erfüllen. Die meisten Bierwanderwege in Franken zählen zu dieser Gruppe. Es werden Wanderschuhe empfohlen.

BERGWANDERUNG

In diese Kategorie fallen Wanderungen von über 10 km Länge und mehr als 500 m Höhenunterschied. Das Terrain ist häufig uneben, mit Wurzeln und/oder Felsen. Hier sollten Sie unbedingt Wanderschuhe tragen. Manchmal kommen auch die Hände zum Einsatz.

VOR BEGINN DER WANDERUNG

AUSRÜSTUNG ÜBERPRÜFEN

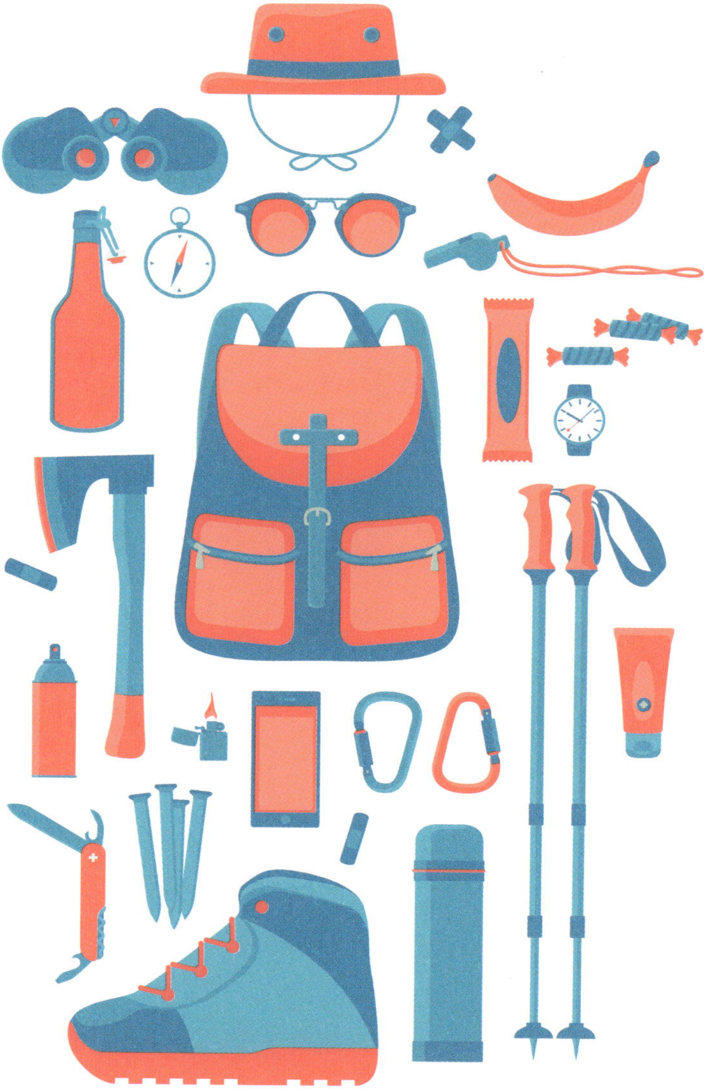

GRUNDAUSSTATTUNG

Bergwanderungen bedürfen einer gründlicheren Vorbereitung als leichte Wanderungen. Bayern hat zwar keine riesigen Flächen unberührter Wildnis, aber wenn Sie Berge besteigen wollen oder eine ebene, aber lange Strecke vor sich haben, sollten Sie Folgendes unbedingt beachten:

- Machen Sie sich vorab Gedanken über die Navigation! Die Karten in diesem Buch sind nicht detailliert genug und dienen nur der groben Planung. Eine topografische Karte und ein Kompass sind nur dann hilfreich, wenn Sie diese auch zu benutzen wissen. GPS-Geräte mit Ersatzbatterie/-akku sind eine Option. GPS-Apps für das Smartphone sind eine gute Zusatzmöglichkeit, aber Sie sollten sich nicht ausschließlich auf sie verlassen.

- Achten Sie darauf, stets genug zu trinken! Wenn es auf der Strecke größere Almhütten oder Gasthäuser gibt, müssen Sie weniger im Rucksack mitschleppen, aber achten Sie auf die Öffnungszeiten! Unabhängig davon sollten Sie immer genug Wasser dabeihaben, um von einem Zwischenziel zum nächsten zu gelangen.

- Proviant ist vor allem für Bergwanderungen wichtig, aber auch bei den weniger anspruchsvollen Wanderungen empfiehlt es sich, für den Notfall eine kleine Stärkung in Form von Nüssen oder Trockenfrüchten dabeizuhaben.

- Unterschätzen Sie die bayerische Sonne nicht! Vielleicht empfinden Sie es gar nicht als so heiß, aber die Sonne brennt dennoch erbarmungslos. Sorgen Sie also für ausreichenden Sonnenschutz.

- Ein Erste-Hilfe-Set wird oft vergessen, ist aber, insbesondere bei Bergwanderungen, ein Muss. Hoffentlich müssen Sie nie Gebrauch davon machen!

- Ein Taschenmesser mit verschiedenen Werkzeugen sollte auf jeden Fall zu Ihrer Ausrüstung gehören.

- Auch wenn wir nicht vorhaben, nach Einbruch der Dunkelheit noch unterwegs zu sein, schätzen wir manchmal die Tageslänge falsch ein. Eine Taschenlampe oder, noch besser, Kopflampe ist in diesen Fällen Gold wert.

- Besser zu festes Schuhwerk als zu leichte Schuhe. Viele der Wanderungen durch das ländliche Franken kann man in einfachen Laufschuhen absolvieren, aber wenn es vor Ihrem sonnigen Wandertag drei Wochen lang geregnet hat, ist der Weg voller Pfützen und Schlamm, und dann sind Sie froh, wenn Ihre Schuhe wasserdicht sind.

- Eine Regenjacke ist nicht schwer, und das Wetter kann sich immer ändern, egal, was der Wetterbericht sagt.

- Sonnenhut und Wollmütze schützen Sie vor den Elementen, sind klein und leicht. Hoffen wir das Beste – und rechnen wir mit dem Schlimmsten.

WANDERSAISON

Wanderstrecken in größerer Höhe können im Winter gesperrt sein. Die meisten der hier vorgestellten Routen sind das ganze Jahr über begehbar, aber Sie sollten sich bei den örtlichen Stellen über den Zustand der Wege informieren. Auch wenn die Wege frei sind und Sie wandern können, sollten Sie beachten, dass der Zustand der Wege einen großen Einfluss darauf hat, wie schwierig die Wanderung ist. Informieren Sie sich vorab.

WETTER

Wenn ich wissen will, wie das Wetter wird, schaue ich persönlich am liebsten auf www.wetteronline.de nach, aber da hat sicher jeder seine eigenen Vorlieben. Am besten ist es sowieso, wettertechnisch auf alles vorbereitet zu sein.

- **www.bergfex.com**
- **www.wetteronline.de**

ÖFFNUNGSZEITEN

Die Brauereigaststätten, die sich in größeren Städten befinden, haben in der Regel feststehende Öffnungszeiten, aber bei den Gaststuben in den kleineren Ortschaften ist das teilweise nicht der Fall. Manchmal ist nur angegeben, wann die Gaststätte öffnet, aber nicht, wann sie schließt, damit flexibel auf die Anzahl der Gäste reagiert werden kann – wenn nichts los ist, wird früher geschlossen. Achten Sie auch darauf, wann Betriebsferien sind. Sie dauern in der Regel ein bis zwei Wochen, eine Hälfte in der kalten Jahreszeit, die andere Hälfte im Sommer, oft in den Schulferien. Da macht sich wieder bemerkbar, dass viele Brauereien und Gaststuben Familienbetriebe sind: Wenn die Kinder Ferien haben, macht man den Laden dicht und verbringt Zeit mit der Familie.

Wenn auf einem Rundweg ein Gasthaus von mehreren geschlossen hat, ist das nicht weiter schlimm, aber die Enttäuschung, völlig unerwartet vor verschlossener Tür zu stehen, vermeidet man am besten, indem man vorab nachfragt. Immer mehr Brauereigaststätten haben jetzt eine Website, auf der die Öffnungszeiten vermerkt sind, aber wenn nicht, rufen Sie am besten kurz an.

ANFAHRT

Viele der hier beschriebenen Wanderungen sind mit öffentlichen Verkehrsmitteln gut zu erreichen, aber bei manchen ist eine Anreise mit dem Auto einfacher. In diesem Fall sollte man vorher absprechen, wer fährt (und dementsprechend keinen Alkohol trinkt), oder, sofern möglich, ein Zimmer buchen.

@ INTERNETRESSOURCEN

Zusätzlich zu den im Buch aufgeführten Brauerei-Websites finden Sie auf folgenden Websites weitere interessante Informationen:

- **www.bier.by**
- **www.bierland-oberfranken.de**
- **www.braufranken.de**
- **www.beerwanderers.com**

3

DIE WANDERUNGEN

ÜBERSICHTSKARTE

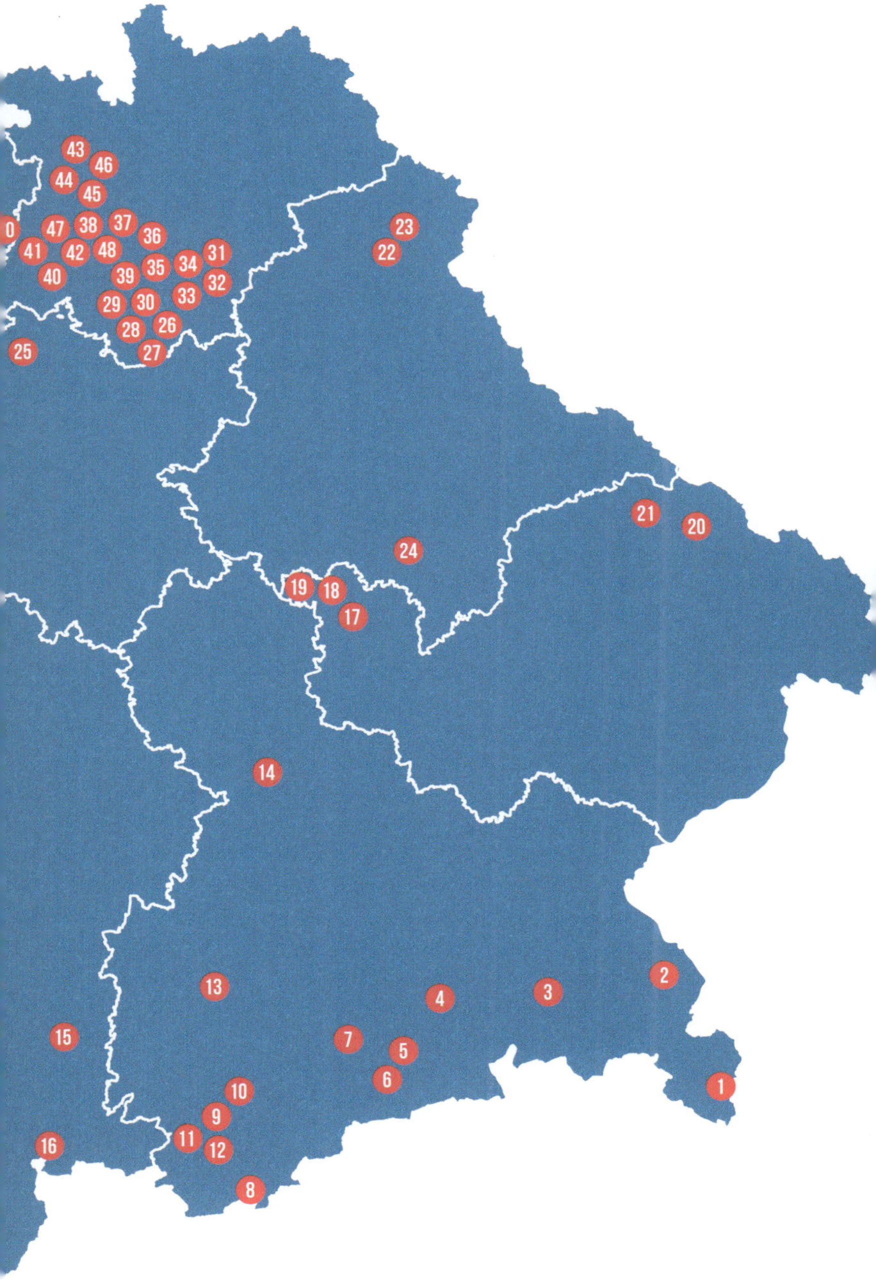
43
46
44
45
47
38
37
36
41
42
48
31
40
39
35
34
32
29
30
33
28
26
25
27
23
22
21
20
24
19
18
17
14
13
4
3
2
15
7
5
6
1
10
9
11
12
16
8

LISTE DER WANDERUNGEN

WANDERUNG	BRAUEREI	KM	SEITE
Gräfenberg	Lindenbräu	12	178
Weißenohe	Weißenoher Klosterbrauerei (Wirtshaus Klosterbrauerei Weißenohe)	5,5	184
Von Thuisbrunn nach Leutenbach	Brauerei-Gasthof Drummer	9	190
Leutenbach (Walberla)	Brauerei Alt Dietzhof (Brauerei & Gastwirtschaft Alt Dietzhof)	7	196
Leutenbach (Hetzelsdorf)	Brauerei Penning-Zeissler (Brauereigasthof Penning-Zeissler)	9,5	202
Büchenbach	Brauerei-Gasthof Herold	10,5	208
Lindenhardt	Brauerei Gradl (Brauerei-Gasthof Gradl)	13	214
Pottenstein	Brauerei Mager (Gasthof Mager)	5,5	220
Oberailsfeld	Held-Bräu	7,5	226
Breitenlesau	Konrad Krug Brauerei (Brauerei-Gasthof Krug)	13,5	232
Aufseß	Brauerei Reichold (Brauereigasthof Reichold)	14	238
Huppendorf	Brauerei Grasser (Braugaststätte Grasser, Huppendorfer Bier)	16	244
Oberleinleiter	Brauerei Ott (Brauerei-Gasthof Ott)	11	250
Heiligenstadt i. Ofr.	Gasthaus Brauerei Aichinger (Gasthof Drei Kronen Aichinger)	12	256
Mahrs in Bamberg	Mahrs Bräu Bamberg (Mahrs Bräu Wirtshaus & Biergarten)	6	262
Schlenkerla in Bamberg	Brauerei Schlenkerla (Schlenkerla)	2	268
Schammelsdorf	Brauerei Knoblach (Brauerei-Gaststätte Knoblach)	15,5	274
Von Lichtenfels nach Vierzehnheiligen	Brauerei Trunk (Gastwirtschaft Trunk)	4,5 (pro Weg)	280
Loffeld	Staffelberg-Bräu (Brauerei-Wirtshaus Bräustübl)	8	286
Stublang	Brauerei Dinkel (Gasthof Dinkel)	5	292
Uetzing	Hausbrauerei Reichert (Metzgerbräu)	8,5	298
Scheßlitz	Brauerei Drei Kronen (Brauerei-Gasthof Drei Kronen)	9 (pro Weg)	304
Von Bischberg nach Weiher	Brauerei-Gasthof Kundmüller	10	308
Zeil	Brauerei Göller (Brauereigaststätte Göller »Zur Alten Freyung«)	15	316
Von Ebelsbach nach Stettfeld	Adler-Bräu (Adler-Bräu Bräustübla)	5	322

OBERBAYERN

BERCHTESGADEN

VON KESSEL ZUR KÖNIGSBACHALM

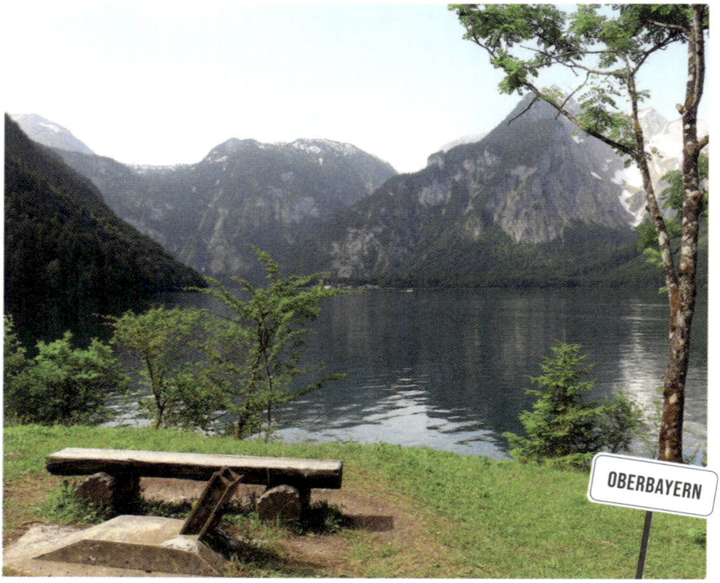

START	ZIEL
ANLEGESTELLE KÖNIGSSEE	BUSHALTESTELLE JENNERBAHN
BIER	SCHWIERIGKEITSGRAD
BERCHTESGADENER DUNKEL	BERGWANDERUNG
KARTE	LÄNGE/GEHZEIT
ATK25-R17 KÖNIGSSEE	11 KM 3-4 STUNDEN
SEHENSWÜRDIGKEITEN	HÖHENMETER
KÖNIGSSEE, WALLFAHRTSKAPELLE ST. BARTHOLOMÄ, KESSEL, ALPEN, KÖNIGSBACHALM	AUFSTIEG: 675 M ABSTIEG: 615 M

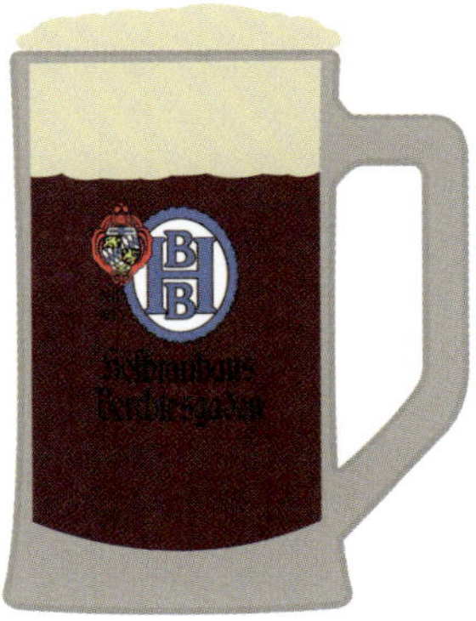

5,5 %
ALKOHOL-
GEHALT

DUNKLES, GEBRAUT NACH EINEM ALTEN REZEPT, ABER NOCH RELATIV NEU IM SORTIMENT DER BRAUEREI

UNFILTRIERT, KASTANIENBRAUN; STABILE, GRAUWEIẞE SCHAUMKRONE

DUNKLE SCHOKOLADE, MALZIG

MALZIG, DUNKLE SCHOKOLADE, BITTER-SÜẞ IM ABGANG

BITTERE SÜẞE

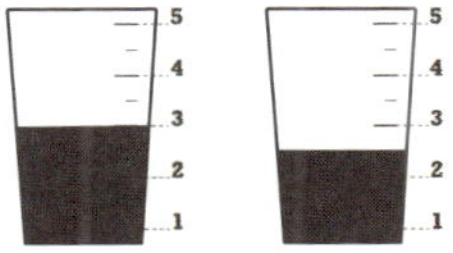

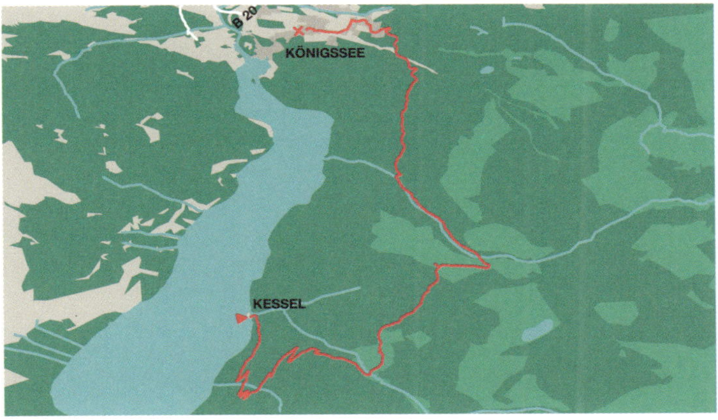

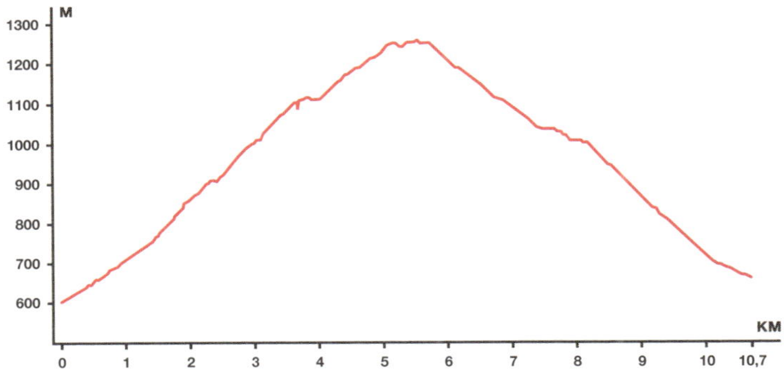

WEGBESCHREIBUNG

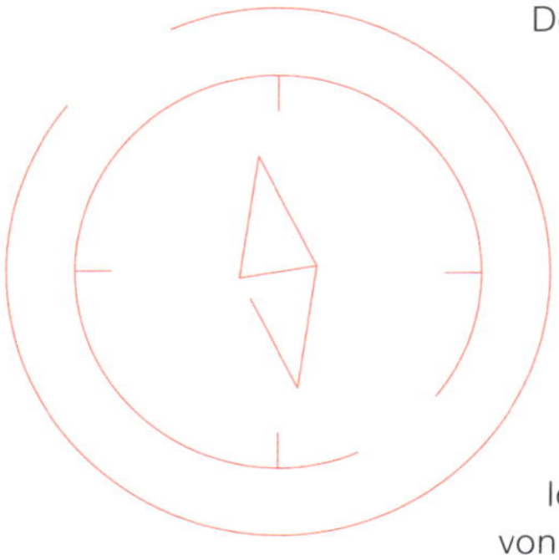

Der Nationalpark Berchtesgaden, der einzige Alpen-Nationalpark Deutschlands, ist zweifellos eine der schönsten Gegenden in Deutschland, vielleicht sogar in ganz Europa. Mit dem atemberaubend schönen, von Bergen umringten Königssee im Zentrum und dem nicht weniger eindrucksvollen Watzmann im Hintergrund lockt der Park jeden Tag Tausende von Besuchern an.

Während eine Bootsfahrt auf dem Königssee fast obligatorisch ist, können Sie den Besuchermassen entfliehen, indem Sie die umgebenden Berge besteigen. Zwar ist die hier beschriebene Strecke ziemlich beliebt, hat aber den Vorteil, dass erstens ein hübsches Boot Sie zum Ausgangspunkt des Wanderwegs bringt und zweitens die Route innerhalb der Wandersaison länger begehbar ist als zum Beispiel Routen, die näher am Watzmann liegen und wegen Schnee, Lawinen und, nach besonders harten Wintern, umgestürzten Bäumen gesperrt werden müssen. Die Stadt Berchtesgaden kann als typischer Touristenort betrachtet werden, mit einem umfangreichen Angebot an Übernachtungsmöglichkeiten und Restaurants; aber was die Stadt von anderen unterscheidet, ist der grandiose Blick auf den Watzmann, der wie ein schlafender Riese von jedem Winkel der kleinen Stadt aus zu sehen ist.

Es fahren regelmäßig Busse von Berchtesgaden nach Schönau am Königssee. Nach Berchtesgaden kommt man mit dem Zug aus München (über Freilassing) oder Salzburg.

Steigen Sie in Schönau an der Haltestelle Königssee aus und gehen Sie auf der Seestraße zum See hinunter bis zur Anlegestelle. Entlang der Straße, an der sich viele Restaurants und Geschäfte befinden, sehen Sie Hinweise auf den Schiffsverkehr. Der Startpunkt der Wanderung befindet sich in Kessel, daher kaufen Sie eine Fahrkarte (einfache Fahrt) dorthin. Die Bootsfahrt ist malerisch, und schon das kurze Stück nach Kessel ist ziemlich spektakulär. Vom Anlegeplatz in Kessel können Sie St. Bartholomä am anderen Ufer sehen. Sie gehen von Bord, genießen die Aussicht und suchen nach dem Wanderweg. Laut Wanderschild gehört der Weg in die Kategorie Roter Punkt, das heißt mittlerer Schwierigkeitsgrad. Dies ist vor allem den Höhenmetern geschuldet und weniger der Beschaffenheit des Weges, der sehr gepflegt und gut beschildert ist. Das Wanderschild sagt auch, dass man drei Stunden bis zur Königsbachalm benötigt, Ihrem ersten Zwischenziel.

Die Wanderwege Nr. 394 und 393 haben von der Anlegestelle aus den gleichen Verlauf. Es gibt zwar nur wenige Schilder, aber die Route ist eindeutig. Der dichte Wald wirkt sehr urwüchsig und spendet viel Schatten, was insbesondere an sonnigen Tagen eine Wohltat ist, denn die ersten paar Stunden geht es hauptsächlich bergauf. Abgesehen davon sind die Spitzkehren gut angelegt. Ab und zu tut sich eine Lücke zwischen den Bäumen auf, die Sie nutzen können, um den herrlichen Blick auf die Berge und den See zu genießen. Sie verlassen den Wald erst wieder an der Gotzentalalm, wo Sie einige einfache Berghütten und wahrscheinlich eine große Kuhherde sehen. Ein Wanderschild weist den Weg zur Königsbachalm, die jetzt nur noch eine Stunde entfernt ist. Der nun folgende Abschnitt trägt einen blauen Punkt, woraus Sie schließen können, dass der Aufstieg beendet ist. Sie folgen dem jetzt breiteren Weg durch die offenere Landschaft und gelangen an eine weitere Abzweigung: Hier trennen sich die Wege 493 und 494. Die Gotzenalm befindet sich noch ein gutes Stück weiter und bietet Übernachtungsmöglichkeiten. Sie wollen aber zur Königsbachalm. Nachdem Sie eine leicht passierbare Absperrung hinter sich gelassen haben, sehen Sie zu Ihrer Rechten einen schmaleren Pfad. Sie könnten auch auf der Straße weiterlaufen, aber dieser Weg ist viel schöner. Er steigt ein wenig an, und manchmal stehen ein paar Kühe im Weg, an denen Sie aber ruhig, in langsamem Tempo, vorbeilaufen können. Um Kühe, die Kälber dabeihaben, sollten sie einen größeren Bogen machen, um die Tiere nicht zu irritieren. Als wir diese Wanderung machten, mussten wir dazu den Pfad ein Stück verlassen. Achten Sie darauf, so bald wie möglich wieder auf den Pfad zurückzukehren. Es ist nur ein kurzes Stück.

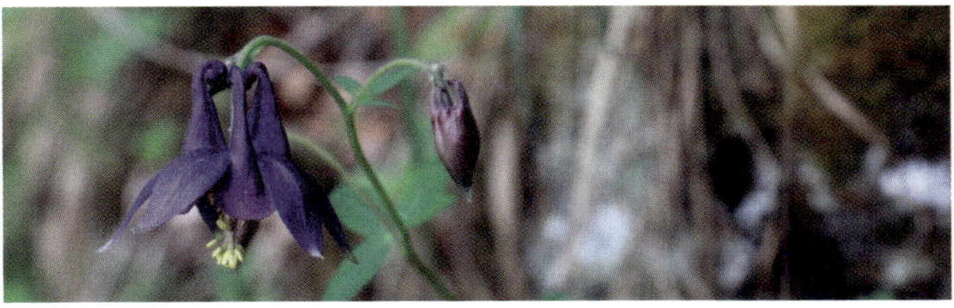

Bald darauf laufen Sie durch idyllisches, offenes Weideland und können zu Ihrer Linken die Alpen aus der Nähe betrachten. Es folgt ein Stück Wald, danach eine weitere Abzweigung, aber Sie folgen einfach weiterhin den Schildern Richtung Königsbachalm, die jetzt nur noch 30 Minuten entfernt ist. Kurz nach der 5-km-Marke geht links ein schmaler Pfad ab, der zu einem Aussichtspunkt führt. Es ist nicht weit und lohnt den Abstecher, aber ehrlich gesagt ist die Aussicht, die Sie vorhin hatten, besser! Sie sehen einen Zaun mit einer kleinen Holztreppe, die die Kühe am Durchgehen hindern soll, aber von Menschen überwunden werden kann. Passen Sie auf den Stacheldraht auf, und manchmal ist auch das ein oder andere Brett locker. Von hier aus ist es nur noch ein leichter Spaziergang durch die offene Landschaft bis zur Königsbachalm. Hier können Sie sich mit einfachen Gerichten wie Strammer Max stärken, falls Sie sich keinen Proviant eingepackt haben, und es gibt Bier von Wieninger, einer örtlichen Brauerei. Die Alm ist gut besucht, hier treffen diejenigen, die vom Jenner herunterkommen, auf jene, die vom Königssee zur Gotzentalalm oder nach Kessel laufen. Wenn Sie sich genügend ausgeruht und gestärkt haben, gehen Sie auf dem Weg weiter, der Sie zur Alm geführt hat. Sie kommen bald an eine

Gabelung und halten sich dort links, den Schildern Richtung Königssee folgend. Es gibt auf der Strecke einen kleinen Aussichtspunkt mit ein paar Bänken, falls Sie unterwegs noch eine Pause brauchen, aber von hier aus ist es nicht mehr weit. Kurz vor der 9-km-Marke laufen Sie unter den Stahlseilen der Jennerbahn hindurch. Wenig später stoßen Sie auf die Richard-Voß-Straße, auf die Sie nach links abbiegen. Bald darauf biegen Sie erneut links ab, in die Jennerbahnstraße. Sie führt zur Station der Jennerbahn, zum Endpunkt unserer Wanderung, wo sich die Bushaltestelle befindet. Die Station hat auch öffentliche Toiletten, und wenn Sie nicht noch etwas am See unternehmen möchten, steigen Sie am besten hier in den Bus ein: Der Bus nach Berchtesgaden startet hier, sodass Sie hier die besten Chancen auf einen Sitzplatz haben. In Berchtesgaden angekommen, suchen Sie das Bräustüberl Berchtesgaden und belohnen sich mit einem großartigen Essen und einem besonderen Bier.

BRÄUSTÜBERL BERCHTESGADEN

Das Hofbrauhaus Berchtesgaden kann auf eine lange, bewegte Geschichte zurückblicken und hat, wie viele andere alteingesessene bayerische Brauereien, klösterliche Wurzeln. Nach der Gründung 1645 wurden hauptsächlich Weißbier, Märzen und Dunkles gebraut. Im frühen 19. Jahrhundert kam es im Zuge der Säkularisation in Privatbesitz und ging schließlich an das Hofbrauhaus. Die heute sichtbaren Gebäude stammen aus dem frühen 20. Jahrhundert. Aufgrund von finanziellen Schwierigkeiten wurde die Brauerei 1970 an Thurn und Taxis verkauft und ging später in den Besitz der Spaten-Löwenbräu-Gruppe über. Seit 2008 ist sie zum Glück wieder in privater Hand und scheint sich gut zu machen. Die Besitzer haben ihr Dunkel und das Märzen wieder ins Sortiment aufgenommen, und vielleicht brauen sie irgendwann auch wieder ihr eigenes Weißbier.

Das Bräustüberl befindet sich neben der Brauerei, wird aber privat geführt, und das ziemlich gut. 2002 erfolgten umfangreiche Modernisierungsmaßnahmen, aber das traditionelle Flair wurde zum Glück bewahrt. Die Kombination aus Bierhalle, urigem Stüberl und gemütlichem Innenhof lockt Einheimische und Touristen in Scharen herbei. Neben traditionellen Spezialitäten wie Schweinsbraten stehen auch besondere Gerichte aus Rindfleisch auf der Karte. Insbesondere den Bierochsen (eine Art Gulasch mit dunklem Bier, dazu Brezelklöße) kann ich sehr empfehlen, aber eigentlich hat uns alles geschmeckt, was wir dort gegessen haben. Neben den typischen Biersorten brauen sie auch einen hochprozentigen Eisbock, mit einem Alkoholgehalt von 12 bis 16 %.

Bier vom Fass: Berchtesgadener Hell, Berchtesgadener Dunkel und Berchtesgadener Jubiläumsbier. In der Flasche: Berchtesgadener Gold, Pils und Eisbock. Das Weißbier ist ein Franziskaner von Spaten-Löwenbräu, wahrscheinlich ein Überbleibsel aus jenem Abschnitt der Firmengeschichte.

PRAKTISCHE INFORMATIONEN

Bräustüberl Berchtesgaden
Bräuhausstraße 13
83471 Berchtesgaden
08652 / 976724
www.braeustueberl-berchtesgaden.de

Täglich geöffnet 10–24 Uhr
Warme Küche 11–14 Uhr und 18–21.30 Uhr
Täglich kalt-warmes Brotzeitbüfett 11–22.30 Uhr

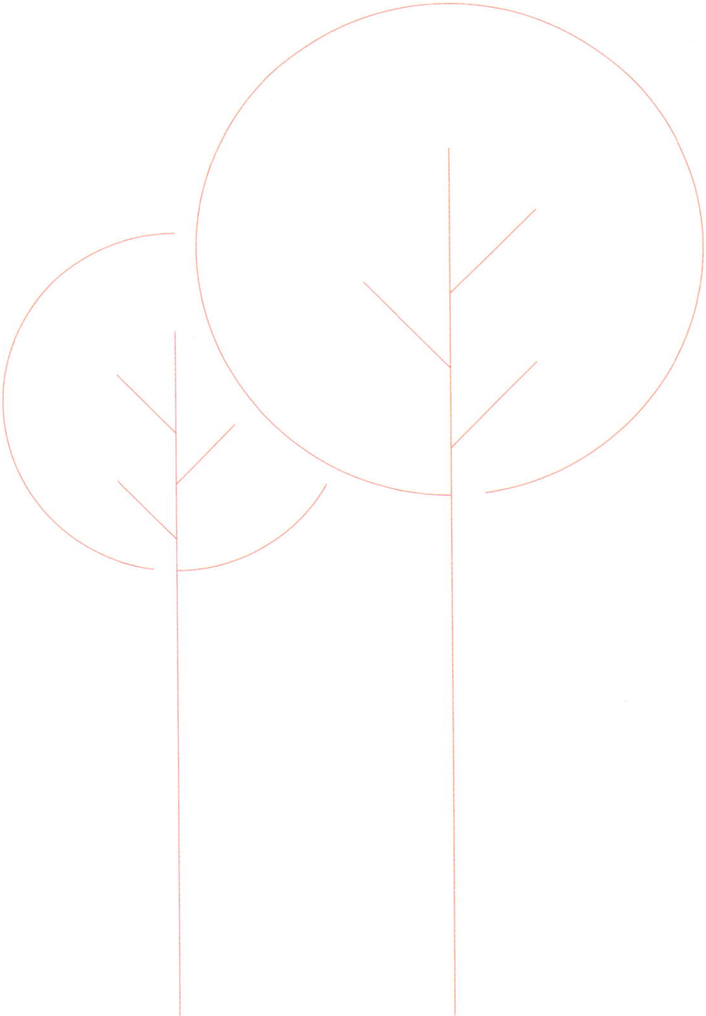

SCHÖNRAM

AMERIKANISCHES CRAFT-BIER IN BAYERN

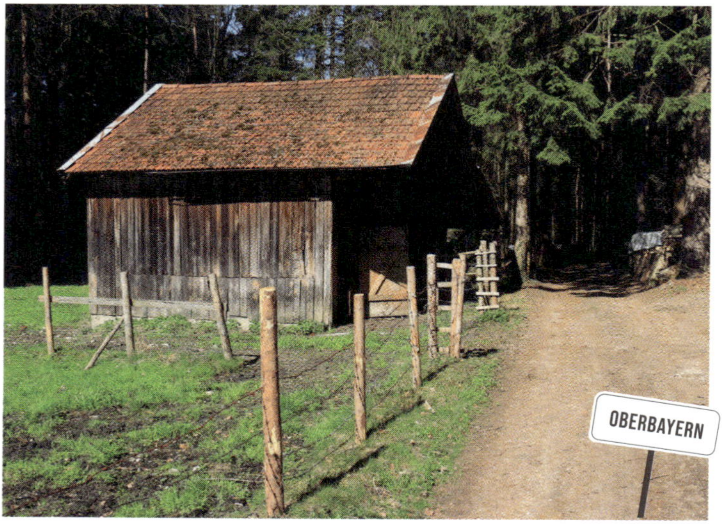

START	ZIEL
BRÄUSTÜBERL SCHÖNRAM	BRÄUSTÜBERL SCHÖNRAM
BIER	**SCHWIERIGKEITSGRAD**
SCHÖNRAMER IPA	MITTELSCHWERE WANDERUNG
KARTE	
AKT25 P16 TRAUNSTEIN	
	LÄNGE/GEHZEIT
	13,5 KM 3-4 STUNDEN
SEHENSWÜRDIGKEITEN	**HÖHENMETER**
KIRCHE MARIA HIMMELFAHRT IN WEILDORF, KIRCHE ST. LAURENTIUS, SURSPEICHER AN DER SUR, ALPEN	AUFSTIEG: 238 M ABSTIEG: 212 M

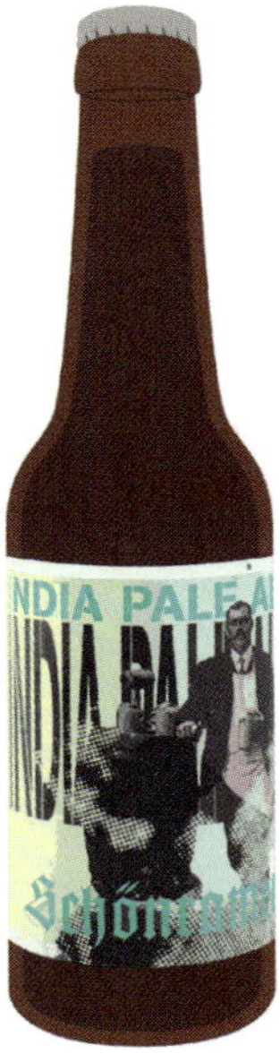

8,0 %
ALKOHOL-
GEHALT

IPA 57 IBU
(INTERNATIONAL
BITTERNESS UNIT)

DUNKEL-GOLDEN BIS
HELL BERNSTEINFARBEN

TROPISCHE FRÜCHTE,
BLUMIG-HOPFIG

MALZIG-SÜßE BASIS,
TROCKEN-BITTER IM
ABGANG

BITTERE / SÜßE

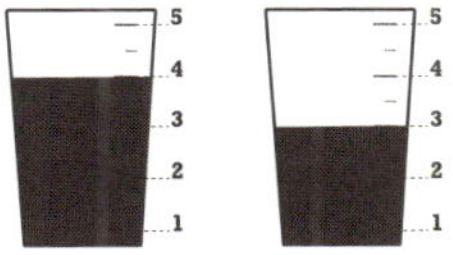

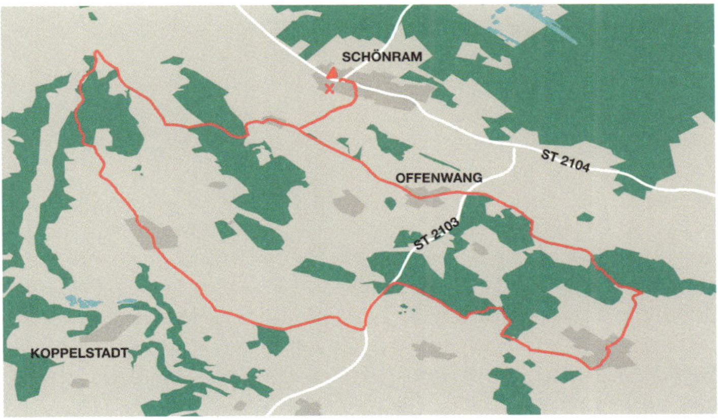

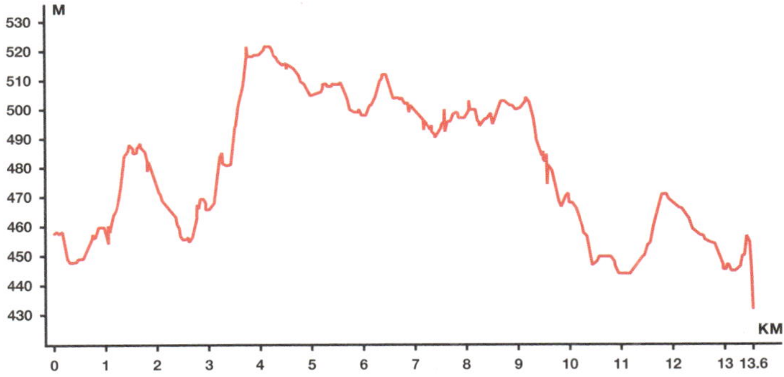

WEGBESCHREIBUNG

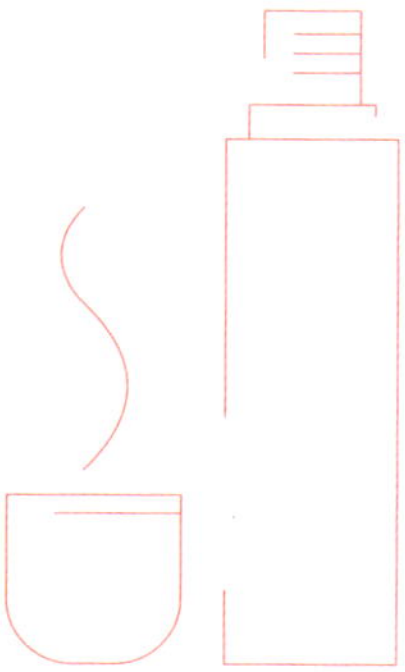

Schönram ist ein kleines Dorf ungefähr 40 km nördlich vom Nationalpark Berchtesgaden und 10 km von der österreichischen Grenze entfernt. In Anbetracht der geografischen Lage kommt die Schönheit der Umgebung nicht überraschend. Die Einheimischen schätzen die zahlreichen Rad- und Wanderwege; insbesondere der Surspeicher-Weg ist sehr beliebt. Er schlängelt sich durch Wälder und an kleinen Dörfchen vorbei bis zur namengebenden großen Surtalsperre. Die Brauerei Schönram ist ebenfalls ein guter Grund, der Gegend einen Besuch abzustatten.

Mit öffentlichen Verkehrsmitteln kommt man nur schlecht nach Schönram, hier empfiehlt sich die Anreise mit dem Auto, so lässt sich die schöne Umgebung auch leichter erkunden.

Startpunkt der Wanderung ist das Bräustüberl Schönram. Wenn Sie mit dem Gesicht zum Gebäude stehen, gehen Sie nach links die Salzburger Straße entlang. Achten Sie auf die eigentliche Brauerei zu Ihrer Linken, bevor Sie rechts abbiegen auf die Englhamer Straße. Bald lassen Sie das kleine Dorf hinter sich und sind von Feldern umgeben. Bei klarem Wetter können Sie den fantastischen Blick auf die Berge genießen. An der T-Kreuzung am Ende dieser Straße sehen Sie das erste leuchtend gelbe Wanderschild für den Surspeicher-Weg 42. Theoretisch können Sie in beide Richtungen gehen, aber wenn Sie hier rechts gehen, sind die Wanderschilder besser zu sehen. Sie laufen durch einen Bauernhof und folgen der Kurve, die der gut beschilderte Weg macht. Danach kommen Sie an ein Waldstück, an dessen Saum Sie entlanglaufen, bis der Weg rechts in den Wald hineinführt. Nach diesem kurzen schattigen Abschnitt sind Sie wieder zurück auf dem freien Feld und gehen Richtung Unterholzen, ein weiteres winziges Dorf, wo Sie nach rechts abbiegen. Vorher schauen Sie aber noch einmal nach links und bestaunen das Bergpanorama mit der Kirche St. Laurentius im Vordergrund. Neben den mittlerweile vertrauten gelben Wanderschildern sehen Sie nun auch Hinweise auf den Radweg zum Surspeicher. An der gut beschilderten Abzweigung biegen Sie scharf nach links ab. Jetzt ist es nicht mehr weit bis zum Surspeicher, und wenn Sie eine Pause einlegen möchten, ist dies eine gute Gelegenheit.

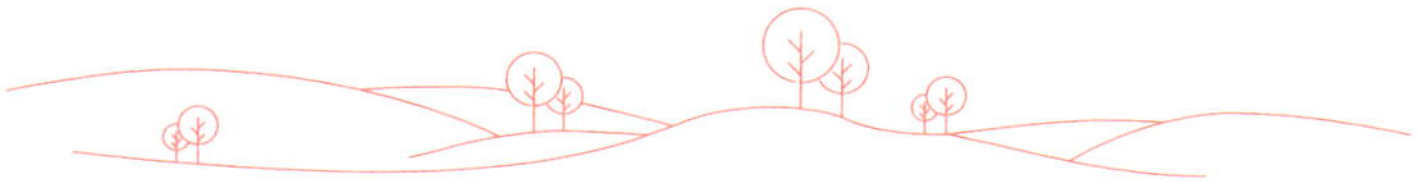

Nach dem Surspeicher geht es wieder ein kurzes Stück durch den Wald, danach laufen Sie durch Felder Richtung Wimmern. Das ist der Ort, in dem die Kirche St. Laurentius steht, die Sie vorhin gesehen haben. Dem Surspeicher-Weg 42 folgend durchqueren Sie den Ort und folgen den Hinweisen Richtung Weildorf. Am Ende dieser Straße biegen Sie links ab auf die Laufener Straße (St 2103). Die Landstraße ist leider viel befahren und wahrscheinlich der unangenehmste Teil der Wanderung. Aber keine Angst, bald können Sie in den Wald eintauchen, der sich rechts von Ihnen befindet, immer den gelben Schildern folgend. Manchmal steht auf den Schildern nur Wanderweg 42 und 44, weil sich die beiden Wege hier überschneiden, also kein Grund zur Sorge. Wald und Ackerflächen wechseln sich ab und Sie können darauf vertrauen, dass alle Abzweigungen gut beschildert sind. Wenn Sie auf die Teisendorfer Straße stoßen, biegen Sie links ab und folgen ihr bis nach Weildorf, wo Sie links auf den Rathausweg abbiegen. Dieser bringt Sie zur Kirche Maria Himmelfahrt.

Nachdem Sie Weildorf hinter sich gelassen haben, befinden Sie sich wieder auf einem Feldweg. Vergessen Sie nicht, über die Schulter zu schauen und den schönen Blick auf die Kirche und die Berge zu genießen, bevor Sie durch ein hübsches Waldstück kommen. Neben den bekannten Wanderschildern sehen Sie auch Hinweise auf das Örtchen Offenwang. Nach der Überquerung der Laufener Straße (St 2103) befinden Sie sich in besagtem Dorf und bald auf dem Weg zur T-Kreuzung, wo Sie auf dem Hinweg nach rechts gegangen waren. Sobald Sie dort angekommen sind, biegen Sie nach rechts ab und gehen den Weg zurück bis zum Ausgangspunkt, wo Sie Ihr wohlverdientes Bier genießen.

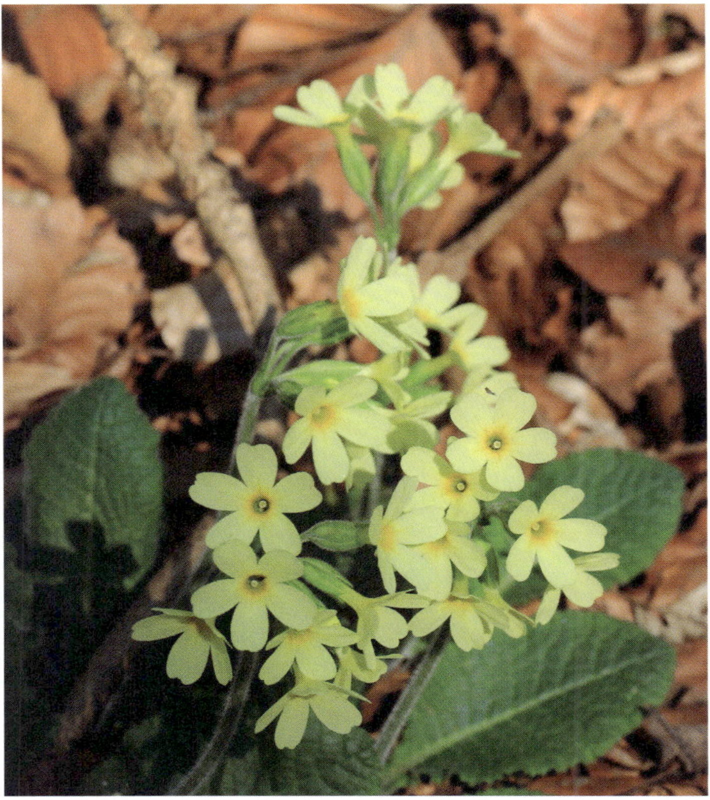

BRÄUSTÜBERL SCHÖNRAM

Das Bräustüberl ist für seine Speisen genauso bekannt wie für sein Bier. Es wird vermutet, dass in der Stadt schon im frühen 16. Jahrhundert Bier gebraut wurde, aber erst 100 Jahre später wurde erstmals schriftlich erwähnt, dass es in der Stadt eine Brauerei gibt. Die Familie Köllerer kaufte die Brauerei 1780 und seitdem ist das Unternehmen in ihrem Besitz. Entsprechend traditionell ist die Brauerei Schönram ausgerichtet. Auf der Speisekarte finden sich die Klassiker der bayerischen Küche, handwerklich und qualitativ auf sehr hohem Niveau. Ende der 1990er-Jahre nahmen die Dinge eine – vor allem nach südbayerischen Braumaß-stäben – ungewöhnliche Wendung, als ein amerikanischer Braumeister die Leitung übernahm. Eric Toft, der das Handwerk bei Weihenstephan gelernt hatte, konnte, zumindest anfänglich, keine drastischen Veränderungen bewirken. Der stilecht in Lederhose gekleidete Braumeister hatte nichts dagegen, traditionelle Biere zu produzieren, führte aber behutsam Sorten ein, die in dieser Region sicher noch nie gebraut wurden. Heute gehören auch IPA und Imperial Stout zum Sortiment, und beide werden von deutschen Bierfans hochgelobt. Die größte Würdigung hat allerdings wohl sein Pils erhalten. Ebenfalls ungewöhnlich für bayerische Verhältnisse ist die Möglichkeit, alle Biere vom Fass in 0,3-Liter-Gläsern zu bestellen. Dadurch haben Sie die Möglichkeit, zum Essen verschiedene Biere zu probieren. Ein Alleinstellungsmerkmal dürfte außerdem die Rubrik »Aus unserer Bierküche« auf der Speisekarte sein, wo es beispielsweise ein Gericht namens Bierbratl gibt: Rindfleisch statt Schwein in Zwiebelbiersauce – das ist wirklich außergewöhnlich!

Bier vom Fass: Surtaler Schankbier, Schönramer Hell, Schönramer Gold, Schönramer Weißbier, Altbayrisch Dunkel und Schönramer Pils. Außerdem gibt es saisonale Biere und Flaschenbiere, darunter Craft-Bier-Spezialitäten wie IPA und ein Imperial Stout.

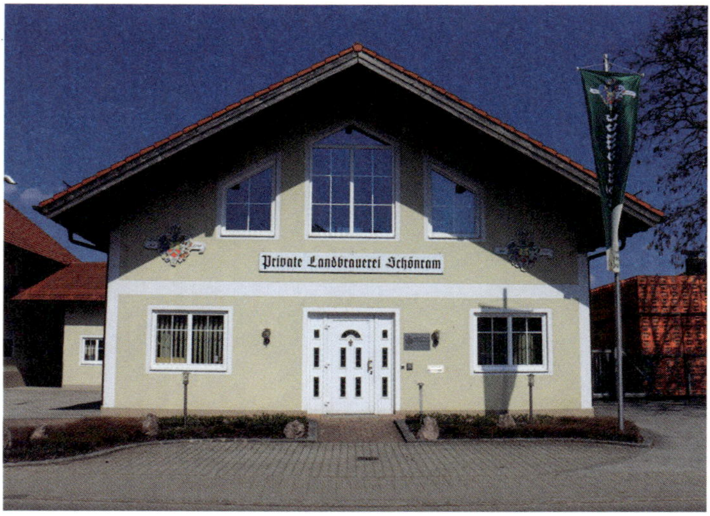

PRAKTISCHE INFORMATIONEN

Bräustüberl Schönram
Salzburger Straße 10
83367 Petting/Schönram
08686 / 271
www.braeustueberl-schoenram.de
Brauerei: www.schoenramer.de

Öffnungszeiten: Donnerstag bis Dienstag 9–21 Uhr
Mittwoch Ruhetag

Leider bietet die Brauerei keine Fremdenzimmer an. Zum Übernachten fahren Sie am besten ein paar Kilometer weiter bis nach Ringham, das ebenfalls zu Petting gehört:

Winkler Hof in Ringham
Oberdorfstraße 1
83367 Petting
08686 / 8036
www.winklerhof-ferien.de

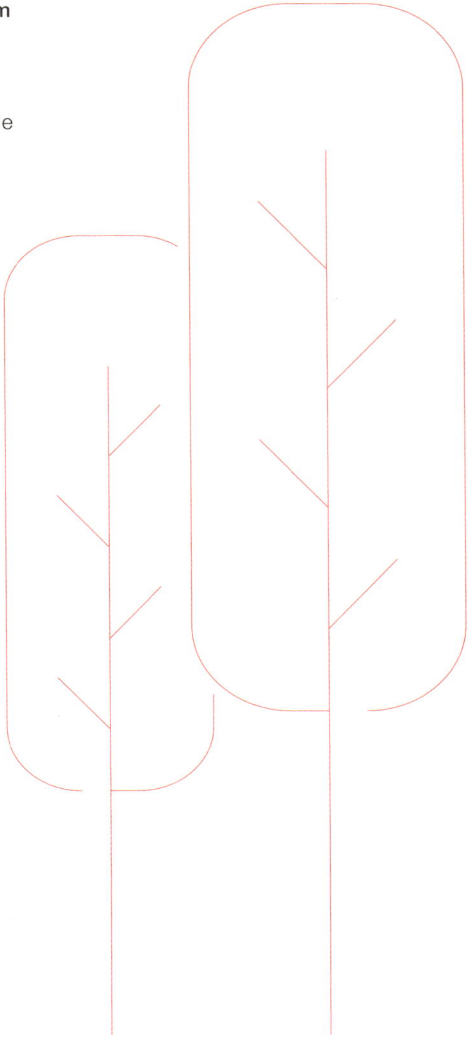

CHIEMSEE

WANDERUNGEN AUF HERRENINSEL UND FRAUENINSEL

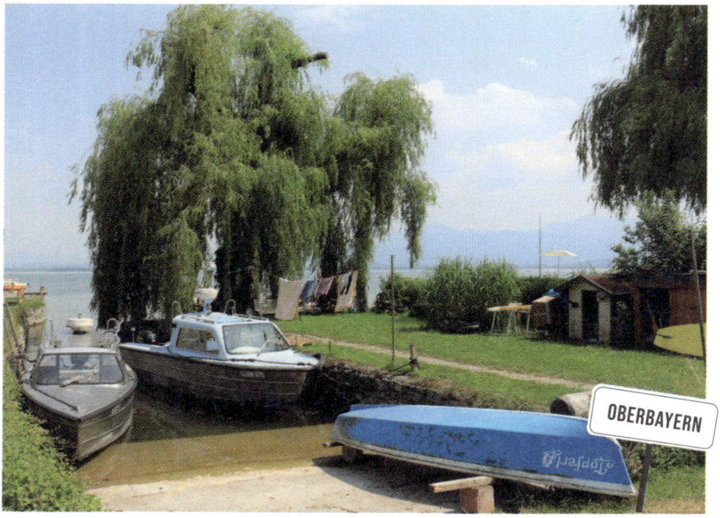

START	ZIEL
BOOTSANLEGESTELLE HERRENINSEL CHIEMSEE	INSELBRÄU BRÄUSTÜBERL, FRAUENINSEL CHIEMSEE
BIER	SCHWIERIGKEITSGRAD
INSELBRÄU HELLES ZWICKL NATURTRÜB	LEICHTE WANDERUNG
KARTE	LÄNGE/GEHZEIT
ATK25-P15 CHIEMSEE	10 KM 2,5–3 STUNDEN
SEHENSWÜRDIGKEITEN	HÖHENMETER
CHIEMSEE, HERRENINSEL, FRAUENINSEL, ALPEN, NEUES SCHLOSS HERRENCHIEMSEE, SEEKAPELLE ZUM HEILIGEN KREUZ, FISCHERHÜTTEN, FRAUENWÖRTH	AUFSTIEG: 100 M ABSTIEG: 90 M

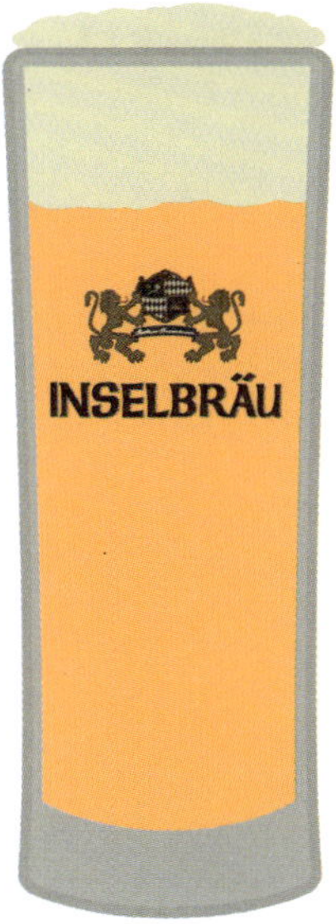

4,9 % ALKOHOL-GEHALT

ZWICKL (DER NAME DIESES UNFILTRIERTEN, NATURTRÜBEN BIERS IST VOM SOGENANNTEN ZWICKELHAHN ABGELEITET, MIT DEM DIREKT AUS DEM LAGERTANK EINE BIERPROBE ENTNOMMEN WIRD)

NATURTRÜB,
HELLES GOLDGELB,
STABILE SCHAUMKRONE

GETREIDIG,
SCHWACH HOPFIG

TROCKEN,
FRUCHTIG,
BITTER

BITTERE SÜßE

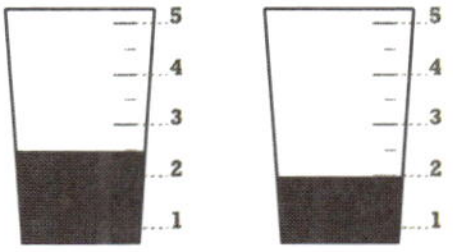

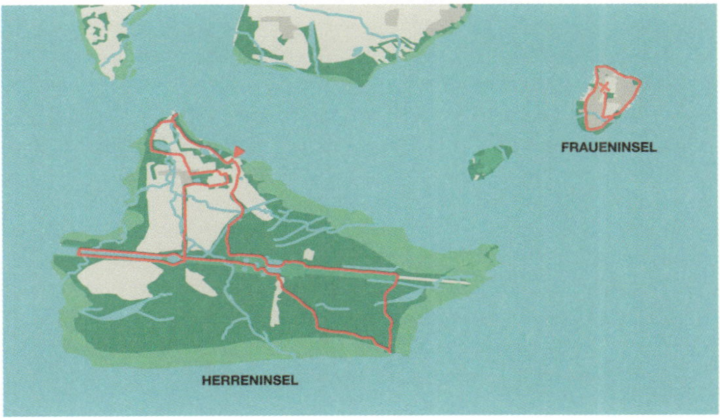

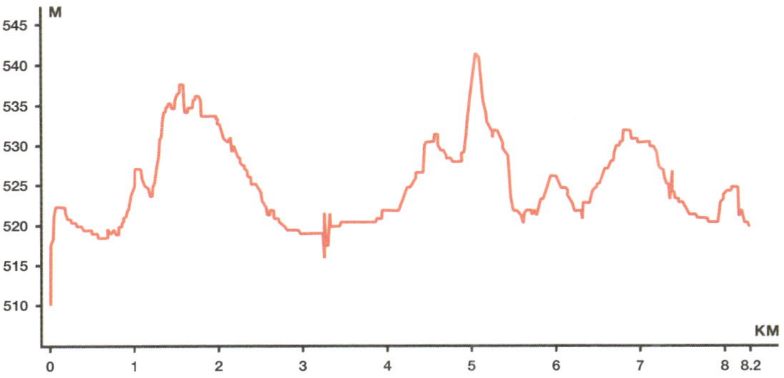

WEGBESCHREIBUNG

Seinen Spitznamen »bayerisches Meer« verdankt der Chiemsee der Tatsache, dass er der größte See Bayerns ist. Das Bundesland ist mit vielen schönen großen Seen gesegnet, aber dieser ist wirklich überwältigend. Vor einem majestätischen Bergpanorama breitet sich die riesige Wasserfläche aus, und Inseln gibt es auch noch – kein Wunder, dass hier so viele Besucher herkommen! Ein Bootsausflug ist obligatorisch, daher schließt diese Wanderung Schifffahrten mit ein, um zu den Inseln zu gelangen, deren Highlights Sie erwandern werden.

Prien am Chiemsee wird regelmäßig von den Zügen zwischen München und Salzburg angefahren und ist von beiden Städten etwa eine Stunde entfernt. Vom Bahnhof aus läuft man ungefähr 20 Minuten bis zur Schiffsanlegestelle, aber es verkehrt auch eine Touristendampfbahn (die Chiemseebahn) und man kann Kombitickets für Bahn und Schiff erwerben. Wenn Sie zu Fuß gehen, kaufen Sie den Fahrschein fürs Linienschiff an der Anlegestelle.

Auf der Herreninsel angekommen, laufen Sie über einen langen hölzernen Bootssteg. Auf der anderen Seite befindet sich auf einem offenen Platz ein Andenkengeschäft und weiter vorne können Sie Fahrkarten, Getränke und Snacks kaufen. Sie gehen links an diesen Häuschen vorbei. Ein paar Stufen führen zu einem Restaurant und dem Museumsbereich hinauf, aber Sie biegen nach rechts ab auf eine unbefestigte Straße. Ein grünes Schild weist auf den Rundweg hin, und in kleinerer Schrift steht auch schon die Seekapelle angeschrieben, das erste Zwischenziel. Auf dieser Insel gibt es ein umfangreiches Wegenetz, und wenn Sie alle Wander- und Spazierwege aneinanderreihen würden, wären sie einige Stunden unterwegs. Diese Strecke beinhaltet sowohl sehr beliebte Wege als auch weniger frequentierte. Der erste Abschnitt zählt zu den beliebteren, aber nicht jeder geht hier entlang. Sie folgen dem breiten, bewaldeten Schotterweg bis zur Seekapelle zum Heiligen Kreuz. Wenn Sie hinter der Kapelle noch ein Stück weitergehen, haben Sie einen schönen Ausblick, und wenn es warm genug ist, gehen hier viele Leute schwimmen. Von der Kapelle aus laufen die meisten den Kreuzkapellenweg entlang, eine breite, von Bäumen gesäumte Straße, aber Sie gehen auf dem Schotterweg weiter, der hier eine Kurve macht und in das nächste Waldstück führt. An heißen Sommertagen werden Sie sich über den Schatten freuen. Etwa in Höhe der 1-km-Marke zweigt links ein Weg ab, den Sie nehmen. Er führt an einem Teich vorbei, der links von Ihnen liegt, aber nicht gut zu erkennen ist. Dann stoßen Sie wieder auf den Kreuzkapellenweg, auf den Sie rechts abbiegen. Hier stehen häufig Pferde auf der Wiese. Wenn Sie zu den Stallungen kommen, die rechts von Ihnen liegen, gehen Sie links Richtung Schlosshotel (Beschilderung vorhanden). Sie folgen dem Weg, bis Sie an eine Steinkirche kommen, gehen rechts um das Hotel herum und biegen dann links zum Biergarten ab. Am Biergarten biegen Sie rechts ab und befinden sich nun auf einem breiten, von Bäumen gesäumten Schotterweg. Rechts von

Ihnen befindet sich das ehemalige Augustinerkloster, das heute ein Museum ist. Am Ende des Wegs gehen die meisten geradeaus Richtung Schloss, und wenn Sie den Weg abkürzen wollen, ist das eine gute Gelegenheit, von dieser Beschreibung hier abzuweichen. Wenn Sie aber auf unserer Strecke bleiben wollen, biegen Sie nach rechts ab und laufen um das Museum herum. Sie gelangen in eine ruhige Gegend, und ein Stück weiter vorne steht rechts im Schatten ein Picknicktisch.

Bei der Abzweigung gehen Sie links und laufen die Birnenallee hinunter. Hier sehen Sie auch wieder das grüne Rundweg-Schild. Die breite Schotterstraße macht ihrem Namen alle Ehre und wird von Birnbäumen gesäumt. Mit den Bergen im Hintergrund ist das alles sehr malerisch. An der nächsten Abzweigung Richtung Schloss haben Sie wieder die Wahl: Wenn Sie hier links abbiegen, kürzen Sie ab und kommen direkt zum Schloss. Unser Weg führt in die entgegengesetzte Richtung, den Kanal entlang. Nachdem Sie rechter Hand einen großen Teich umrundet haben, folgen Sie dem schnurgeraden unbefestigten Weg, der parallel zum Kanal verläuft bis zum Ende. Hier laufen nicht viele Leute entlang, obwohl es ein schöner Weg ist und man am Ende eine tolle Aussicht hat. Sie werden sehen, dass sich eine Reihe breiter Felsen quer durch den Kanal zieht. Auf ihnen kann man den Kanal überqueren und auf der anderen Seite zurückzulaufen. Wenn Sie darauf keine Lust haben, gehen Sie einfach auf der gleichen Kanalseite zurück.

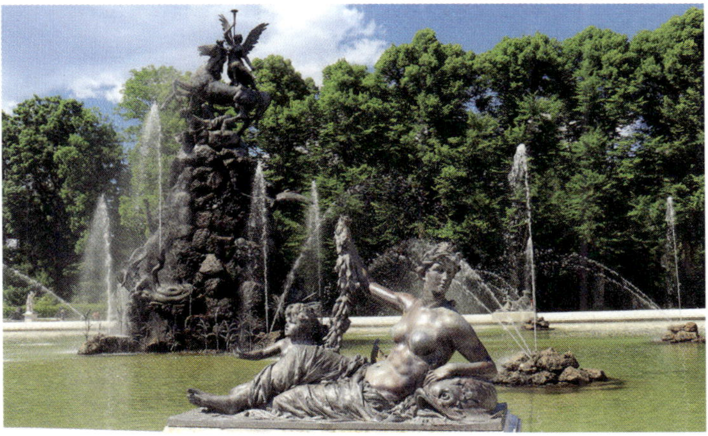

Wenn Sie wieder am Teich angekommen sind, laufen Sie zum Schloss weiter. Der Weg führt zu einer großen Freifläche mit herrlichen Wasserspielen vor dem Schloss. Hier können Sie nach Belieben durch die Anlage spazieren und das Schloss besuchen. Sie können von hier aus auch direkt zum Schiffsanleger zurückgehen, aber eigentlich liegt noch ein Abschnitt unserer Wanderung vor uns. Wenn Sie am Ende des Frühlings oder im Frühsommer hier sind, kann es in dieser Ecke ziemlich viele Stechmücken geben. Wenn Sie das nicht schreckt oder gerade keine Mückenzeit ist, gehen Sie rechts an den Wasserspielen vorbei bis vor das Schloss und dann nach rechts auf die breite Schotterstraße. Wenn diese sich gabelt, nehmen Sie den linken Weg. Er geht ein Stück über eine Wiese und danach in den Wald. Folgen Sie dem Weg bis zu einer T-Kreuzung kurz vor der 5-km-Marke und biegen Sie nach links ab auf eine breite Schotterstraße. Hier sind auch wieder Rundweg-Schilder zu sehen. Dort, wo die Straße eine enge Linkskurve macht, geht rechts von Ihnen ein Weg zu einem kleinen Strand ab. Dort am Wasser steht auch ein Picknicktisch – ein herrlicher, einsamer Platz zum Schwimmen, wenn Sie mich fragen! Nach dem kleinen Abstecher folgen Sie weiter dem Straßenverlauf und bewegen sich nun wieder Richtung Schloss. Sie passieren zwei Abzweigungen, gehen aber weiter geradeaus, dem grünen Rundweg-Schild folgend. Wenn Sie zu den beiden baumgesäumten Wegen kommen, die zurück zum Schloss führen, nehmen Sie den zweiten und biegen links auf diesen Weg ab. Nun haben Sie einen tollen Blick auf das Schloss, das in einiger Entfernung vor Ihnen liegt. Sie laufen den langen Weg entlang, und auf beiden Seiten stehen Bäume so weit das Auge reicht.

Am Ende des Wegs biegen Sie nach rechts ab, dann gleich wieder links und umrunden das Schloss. Sie kommen wieder bei den Wasserspielen heraus und laufen rechts an ihnen vorbei bis zum Ende der Freifläche. Bleiben Sie auf dem Fußweg auf der rechten Seite, und nachdem Sie ein paar Hecken durchquert haben, biegen Sie rechts ab. Es dürfte nicht schwer sein, diesen Weg zu finden: Jeder geht hier entlang, weil das der kürzeste Weg zurück zur Anlegestelle ist. Wenn die Leute ungewöhnlich schnell laufen, kommt wahrscheinlich bald das nächste Schiff. Vom Brunnen zum Bootssteg ist es etwa ein Kilometer. Der Weg führt durch den Wald und dann nach links durch eine offenere Landschaft. Folgen Sie den Schildern Richtung Bootskai. Wenn Sie an eine Gabelung kommen, gehen Sie rechts weiter, Richtung Bootssteg. Von hier aus nehmen Sie das nächste Schiff zur Fraueninsel, und wenn Sie gut geplant haben, müssen Sie nicht lange warten. Achten Sie darauf, dass Sie an der richtigen Seite des Stegs einsteigen: Auf der einen Seite fahren die Schiffe zurück zum Festland, auf der anderen Seite zur Fraueninsel!

Auf der Fraueninsel angekommen, gehen Sie geradeaus, bis Sie zu einigen Schildern kommen. Wie Sie sehen, geht es geradeaus zu Inselbräu, aber für unsere Wanderung gehen Sie hier rechts. Bei der Gabelung gehen Sie rechts, Richtung See. Dies ist eine sehr malerische Strecke. Links von Ihnen befinden sich Fischerhütten und Künstlerhäuser und auf der rechten Seite die dazugehörigen kleinen Parzellen direkt am See. Die dürfen Sie leider nicht betreten, sie sind Privatbesitz. Ab und zu kommen Sie an einem Stand vorbei, der Räucherfisch und Fischbrötchen verkauft. In der Regel wird hier Chiemsee-Renke verkauft, wirklich lecker! Der Weg umrundet die Insel. Auf der anderen Inselseite geht es kommerzieller zu, mit größeren Restaurants. Dort befindet sich auch das Inselbräu Bräustüberl, aber bevor Sie dort einkehren, laufen Sie weiter und halten auf den Kirchturm mit der Zwiebelhaube zu. Am Ende der Insel befindet sich eine öffentliche Badestelle. Dort folgen Sie dem Weg nach links, um Ihre Inselumrundung zu vollenden. Wenn Sie wieder an Ihrem Ausgangspunkt angekommen sind, gehen Sie nach links Richtung Frauenkloster. An einer T-Kreuzung können Sie entweder links abbiegen, um das Kloster zu besichtigen, oder Sie gehen rechts Richtung Kirche und dann die erste Straße links – es lohnt sich, die Kirche anzuschauen, die Metallpforte ist wirklich beeindruckend. Natürlich können Sie das auch nach dem Bräustüberl erledigen. Folgen Sie dem Pfad, der vom Kloster kommt. Sie kommen an einem Spielplatz (links) vorbei, und Inselbräu liegt vor Ihnen auf der linken Seite. Dies ist der Hintereingang, durch den Biergarten. Bevor Sie hineingehen, sollten Sie die 1000-jährigen Linden bewundern, eine wahre Schönheit.

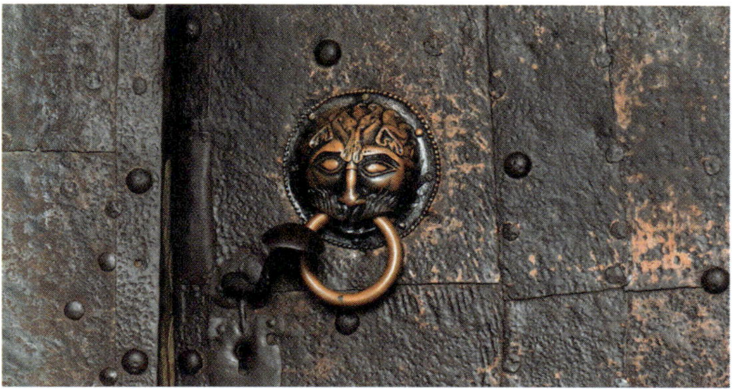

INSELBRÄU BRÄUSTÜBERL

Die Geschichte der Insel wird von Fischern und Benediktinermönchen bevölkert, und die Braukunst hat ebenfalls einen Anteil. Die auf der Insel servierten Klosterbiere werden von einer Vertragsbrauerei gebraut, da auf der Insel seit 300 Jahren nicht mehr gebraut wurde. Glücklicherweise hat im Jahr 2006 ein Inselbewohner beschlossen, das alte Handwerk wiederaufleben zu lassen. Für sein Bier verwendet er nur hochwertige Zutaten aus ökologischem Anbau. Das Innere des Bräustüberls hat mit den holzverkleideten Decken rustikalen Charme. Die überdachte Terrasse mit Blick auf den See ist der ideale Ort, um den Sonnenuntergang zu bewundern, während man im Biergarten hinter dem Haus im Schatten von jahrhundertealten Linden sitzen kann. Neben den üblichen bayerischen Gerichten wird hier auch Chiemseefisch serviert, sowohl geräuchert als auch gebraten.

All ihre Biere sind ungefiltert und trockener und fruchtiger, als in der Region sonst üblich. Ich fand beide Biere sehr erfrischend, und sie harmonierten gut mit dem Fisch.

Bier vom Fass: Helles Zwickl naturtrüb, Weißbier naturtrüb, saisonal Märzen.

PRAKTISCHE INFORMATIONEN

Inselbräu Bräustüberl
Frauenchiemsee 28
83256 Frauenchiemsee
08054 / 902088
www.inselbraeu-frauenchiemsee.de

Täglich geöffnet ab 11 Uhr
In der kalten Jahreszeit dienstags geschlossen
Die Winteröffnungszeiten sind wetterabhängig, bitte vorab bei der Brauerei erfragen.

MAXLRAIN (BAD AIBLING)

AUF DEN WEGEN AI2 UND AI5 ZUR SCHLOSSBRAUEREI

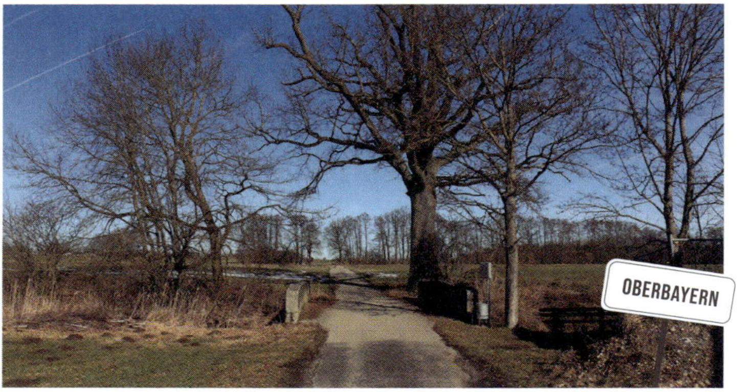

START	ZIEL
BAHNHOF BAD AIBLING	BAHNHOF BAD AIBLING
BIER	SCHWIERIGKEITSGRAD
MAXLRAINER SCHWARZBIER	MITTELSCHWERE WANDERUNG
KARTE	LÄNGE/GEHZEIT
ATK25-P13 ROSENHEIM	17 KM 4–5 STUNDEN
SEHENSWÜRDIGKEITEN	HÖHENMETER
SCHLOSS MAXLRAIN, BERGPANORAMA, LÜFTLMALEREI	AUFSTIEG: 180 M ABSTIEG: 180 M

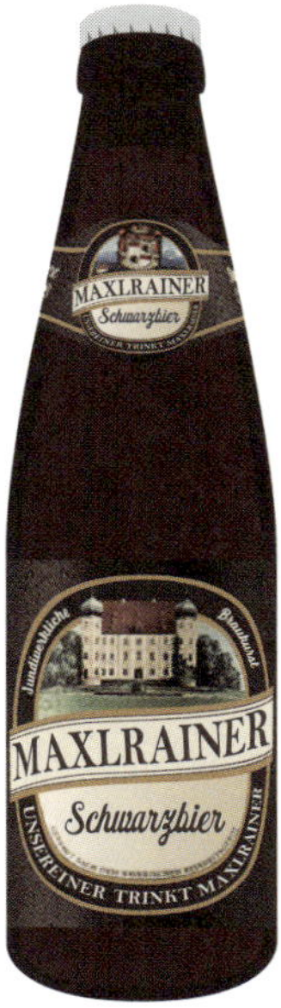

5,0 % ALKOHOLGEHALT

SCHWARZBIER AUS GERÖSTETEM DUNKLEN MALZ UND HALLERTAUER AROMAHOPFEN, IM DREIMAISCHVERFAHREN GEBRAUT

KASTANIENBRAUN; CREMIGER, HELLBRAUNER SCHAUM

RÖSTMALZIG, SCHWACH SCHOKOLADIG

RÖSTAROMEN, BITTERE, DUNKLE SCHOKOLADE, UNTERSCHWELLIG HOPFIG, TROCKEN, BITTER-SÜß IM ABGANG

BITTERE SÜßE

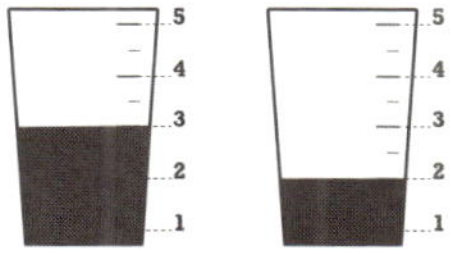

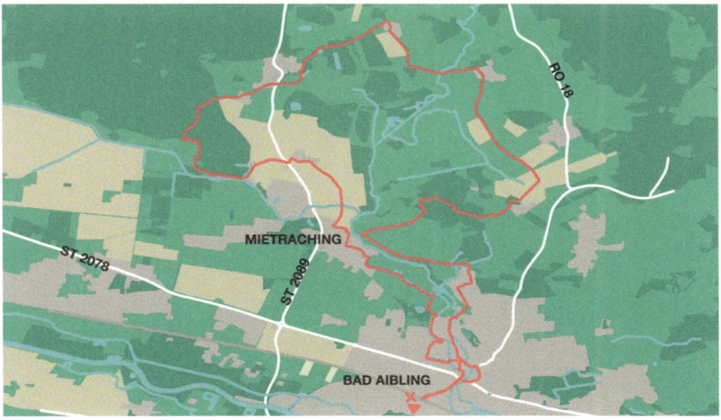

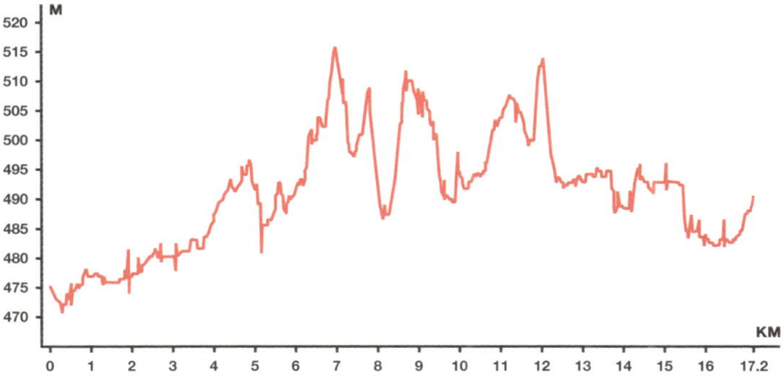

WEGBESCHREIBUNG

Schloss Maxlrain wurde im 9. Jahrhundert erstmals urkundlich erwähnt. 1577 fiel es einem verheerenden Brand zum Opfer, wurde aber bald danach wiederaufgebaut und im 18. Jahrhundert teilweise neu gestaltet, was heute noch gut zu erkennen ist. Die letzten Maxlrainer starben etwa zu jener Zeit, aber das Schloss blieb immer in Privatbesitz und kann nicht besichtigt werden. Das stattliche achteckige Gebäude mit den vier Zwiebeltürmen ist ein eindrucksvoller Anblick.

Die beschriebene Wanderung verbindet zwei örtliche Wanderwege, Ai2 und Ai5, die beide mit grünen Schildern markiert sind. Die namengebende Stadt (»Ai« steht für Bad Aibling) hält die Wanderwege in Schuss und ist auch der perfekte Ausgangspunkt für die Wanderungen. Sie liegt am Fuß der Alpen, die an klaren Tagen gut zu sehen sind.

Züge von München nach Bad Aibling fahren regelmäßig. Sie müssen allerdings in Rosenheim oder Holzkirchen umsteigen. Fahrtdauer: etwa eine Stunde.

Sie verlassen den Bahnhof von Bad Aibling und gehen die Bahnhofstraße entlang. Auf ihr passieren Sie mehrere Kreuzungen, bis Sie auf die etwas größere Münchnerstraße stoßen. Sie überqueren diese und gehen auf der anderen Seite auf der viel ruhigeren, schmaleren und malerischen Schmiedgasse weiter, am Ufer der Glonn. An einer kleinen Holzbrücke, die mit einer grünen Ai2-Markierung gekennzeichnet ist, biegen Sie rechts ab, überqueren die Glonn und gehen ein Stück auf der Glonngasse weiter. Kurz danach biegen Sie links ab in die Schützenstraße, der grünen Ai2-Markierung folgend. Sie überqueren die Glonn erneut, gehen nach links und gleich danach rechts auf den Heckenweg. Nach dem Fußballplatz (auf der rechten Seite) biegen Sie rechts ab in die Rennbahnstraße, die in die Röntgenstraße übergeht. Hier nicht links abbiegen, sondern weiter geradeaus die Röntgenstraße entlang und dann die erste Straße rechts. Dieser Weg macht eine Linkskurve und führt über eine weitere kleine Brücke. Gleich nach der Brücke biegen Sie links ab und folgen dem Weg, der zwischen Fluss (links) und Wohngebiet (rechts) verläuft.

Am Ende dieses ruhigen Wegs stoßen Sie auf die viel befahrene Thürhamer Straße. Gehen Sie ein Stück nach links und überqueren Sie vorsichtig die Straße. Auf der anderen Seite geht kurz danach, von beiden Seiten aus gut zu erkennen, rechterhand ein Weg ab: der Ai2 Richtung Mietraching. Sie folgen dem Weg durch Felder und biegen links ab auf den Niederfeldweg. An klaren Tagen müssten Sie die Berge sehen können, wenn Sie nach links schauen. Wenn Sie in Mietraching angekommen sind, biegen Sie rechts auf die Dorfstraße ab. Wenn diese sich gabelt, halten Sie sich links und folgen diesem Teil der Dorfstraße durch das Dorf. Danach biegen Sie rechts ab auf die Heimatsberger Straße. Beachten Sie die für Südbayern typische Fassadenmalerei, die sogenannte Lüftlmalerei, an den Häusern! Wenn sich die Heimatsberger Straße am Feuerwehrhaus gabelt, halten Sie sich links. Von nun an ignorieren Sie die Ai2-Markierungen, da diese Sie zurück nach Bad Aibling führen würden. Diesen Teil des Ai2-Wegs heben Sie sich für den Rückweg auf.

Jetzt sind die Ai5-Markierungen Ihre Wegweiser, Richtung Wilpasing und Maxlrain. Dort, wo die Straße zur Horst-Siedlung wird, biegen Sie rechts ab. Nach einer Linkskurve biegen Sie rechts ab auf Zum Unterfeld und gehen dann weiter geradeaus. Kurz danach ändert der Weg seinen Namen in »Weg in die Moosbachwiese«. Nun kommt ein sehr malerisches Teilstück. Eine kleine Brücke führt über den Moosbach, und die Straße führt in das Dörfchen Wilpasing. Hier wird es etwas knifflig. Wenn Sie am anderen Ende des Dorfs angekommen sind, sehen Sie Fahrradschilder nach Maxlrain, die nach rechts weisen. In der Ferne können Sie auch schon die Brauerei erkennen. Über diesen Weg würden Sie auf jeden Fall ankommen, aber der Wanderweg ist schöner als die Fahrradstrecke, wenn auch ein bisschen länger. Deshalb schauen Sie jetzt nach links, Richtung Hauptstraße. Dort sehen Sie ebenfalls Hinweise für Fahrradfahrer, aber auch ein Ai5-Zeichen, das an ein Vorfahrt-gewähren-Schild angebracht wurde. Gehen Sie zur Hauptstraße (Ebersberger Straße) und laufen Sie am Rand ein paar Meter nach rechts. Vorsicht! Achten Sie auf den Verkehr! Sobald sich eine Möglichkeit ergibt, überqueren Sie die Ebersberger Straße und biegen auf der anderen Seite gleich links in die Adlfurter Straße ein. Folgen Sie der Adlfurter, die erst eine Links-, dann eine Rechtskurve macht, bis Sie zu einem weiteren Dörflein (Adlfurt) gelangen. Der Weg geradeaus würde dem Moosbach folgen, malerisch, aber in die falsche Richtung. Deshalb biegen Sie rechts ab und folgen dieser Straße, die am Waldrand entlangführt. Dort, wo die Straße eine Linkskurve macht, achten Sie auf die Berge zu Ihrer Linken und die Dorfkirche mit den zwei Zwiebeltürmchen, ebenfalls links, aber etwas vor Ihnen. Diese Zwiebeltürmchen werden Sie heute nicht mehr aus der Nähe sehen.

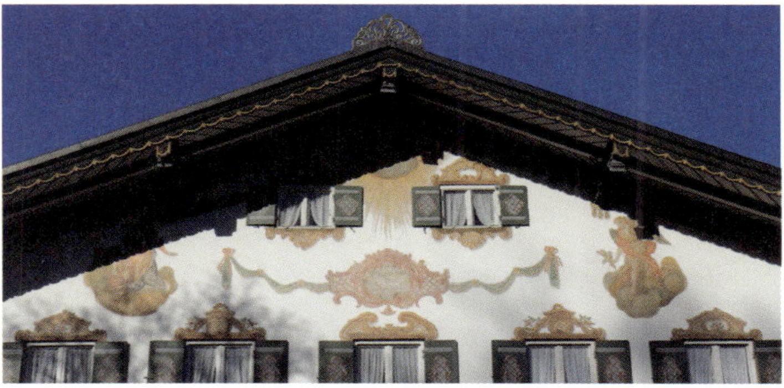

Sie folgen der Ai5-Markierung nach rechts in den Wald, an dessen Saum sie bisher entlanggewandert sind. Wenn es ein heißer, sonniger Tag ist, werden Sie den Schatten genießen. Der Waldweg führt zur Weihenlindener Straße, auf die Sie, dem Ai5-Zeichen folgend, rechts abbiegen. Ein anderes Schild weist darauf hin, dass Maxlrain nur noch einen Kilometer entfernt ist. Zunächst geht es weiter durch den Wald, aber bald öffnet sich die Landschaft, und kurz darauf sind sie in Maxlrain angekommen. Bei günstigen Lichtverhältnissen und wenn Sie noch nicht zu hungrig sind, können Sie noch ein wenig ums Schloss herum spazieren oder zumindest auf die andere Seite des Bräustüberls laufen und ein paar Fotos schießen. Wenn der Bierdurst zu groß ist, lassen Sie es sein – Sie kommen nachher sowieso am Schloss vorbei.

BRÄUSTUBERL MAXLRAIN

Zwar wurde die Schlossbrauerei Maxlrain 1636 erstmals erwähnt, aber das heutige Brauerei-Ensemble entstand erst um 1900. Das schöne alte Gebäude befindet sich unweit des Schlosses. Praktischerweise ist der gegenwärtige Besitzer und Schlossherr auch gleichzeitig der Geschäftsführer der Brauerei. Maxlrain wirbt damit, nur beste regionale Zutaten zu verwenden, darunter Hallertaler Aromahopfen, Malz von örtlichen Landwirten und kristallklares Quellwasser aus dem Mangfalltal. Zu ihrem umfangreichen Sortiment zählen auch saisonale Biere wie der Doppelbock Jubilator.

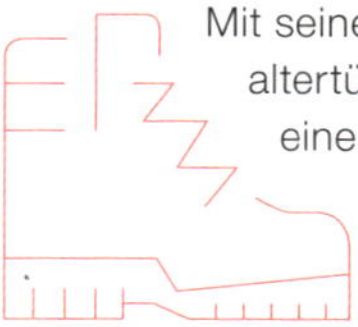

Mit seiner hohen Gewölbedecke verströmt das Bräustüberl altertümlichen Charme. In den wärmeren Monaten gibt es einen schönen Biergarten, der mit einem herrlichen Blick auf die Berge punktet und außerdem auf ein kleines Hopfenfeld blickt. Es gibt Klassiker der bayerischen Küche zu fairen Preisen.

Bier vom Fass: Maxlrainer Schwarzbier, Maxlrainer Zwickl (ein unfiltriertes Helles) und Maxlrainer Weißbier, außerdem Maxlrainer Jubilator (zur Fastenzeit), Maxlrainer Kirtabier (September bis Oktober) und Maxlrainer Festbier (im Advent). Außerdem gibt es eine große Auswahl an Flaschenbieren.

Ich bin ein großer Fan von ihrem Schwarzbier und dem Jubilator. In München gibt es sie zwar als Flaschenbier, aber diese köstlichen Sorten hier vom Fass und in dieser herrlichen Umgebung zu genießen, ist etwas vollkommen anderes. In Verbindung mit der schönen Wanderung hierher sollte man sich dieses Erlebnis nicht entgehen lassen. Wo wir gerade vom Wandern sprechen: Leider müssen Sie am gleichen Tag noch den Rückweg antreten, denn in ganz Maxlrain gibt es keine Übernachtungsmöglichkeit, es sei denn, Sie sind mit dem Schlossherrn persönlich befreundet.

Aber keine Sorge: Der Rückweg ist sogar noch schöner als der Hinweg. Wenn Sie aus dem Bräustüberl kommen, folgen Sie der Straße, auf der Sie hergekommen sind (Weihenlindener Straße), Richtung Aiblinger Straße. An der Abzweigung biegen Sie links ab, laufen an der Brauerei vorbei und passieren die Schlosswirtschaft, die hochpreisigere Restaurant-Variante dieses Orts. So gelangen Sie zur Vorderseite des Schlosses. Die bessere Foto-Perspektive haben Sie, wenn Sie die Aiblinger Straße überqueren und auf einem namenlosen Pfad durch das Feld laufen. Links haben Sie einen tollen Blick aufs Schloss, rechts ein nicht weniger atemberaubendes Bergpanorama. Wenn dieser Weg am Ende des Feldes Richtung Schloss abbiegt, bekommen Sie auch noch die Brauerei schön in den Blick. Am Ende des Pfads gehen Sie links auf die Maxlrainer Freiung. Sie können noch bis zum Schlosstor weitergehen und durchs Gitter spähen, oder Sie biegen nach rechts ab und gehen an der Gartenmauer entlang, bis Sie zu einer Lücke gelangen, die Ihnen einen Blick ins Innere des Schlossgartens erlaubt. Dann gehen Sie weiter auf der Maxlrainer Freiung an der moosbewachsenen Mauer entlang.

Am Ende dieser Straße biegen Sie rechts ab auf eine breitere Asphaltstraße, die ein Stück weit beidseitig von Bäumen gesäumt wird. Nach diesem Abschnitt haben Sie rechter Hand einen fantastischen Blick auf die Berge. Sie kommen nun in das winzige Dörflein Fischbach, wo Sie rechts abbiegen. Ein grünes Ai5-Schild weist darauf hin, dass Holzhausen 1,2 km entfernt ist. Die Straße macht eine Linkskurve und überquert den uns wohlbekannten Fluss Glonn, bevor Sie in ein nur wenig größeres Dorf gelangen. Am Ortseingang gehen Sie wieder rechts und verlassen das Dorf gleich wieder. Sie laufen nun durch offene Felder und können wieder den Blick auf die Berge genießen, erst rechter Hand, dann, wenn die Straße die Richtung ändert, in der Ferne vor Ihnen.

Ein Stück weiter weist eine Ai5-Markierung nach rechts, und bald darauf umrunden Sie eine kleine Molkerei. Wenig später führt der Weg durch ein kleines Waldstück, macht ein paar Kurven, verlässt den Wald wieder und wird zum Wallweg, der wiederum in die Heimatsberger Straße übergeht – der Name sollte Ihnen vom Anfang der Wanderung bekannt vorkommen. Wenn Sie jetzt geradeaus weitergehen, kommen Sie zur Feuerwehr, aber Sie biegen stattdessen vorher links ab auf den Josef-Hochwind-Weg. Ein grünes Schild verrät Ihnen, dass Bad Aibling 2,9 km entfernt ist und dass Sie sich wieder auf dem Ai2 befinden. Dieser Weg wird zum Auweg und verläuft eine Weile parallel zur Glonn. Dann entfernt sich der Weg vom Fluss und wird in einer Rechtskurve zur Mühlmoosstraße. Jetzt sind Sie schon am nördlichen Ende von Bad Aibling. Sie folgen der Mühlmoosstraße noch ein Stück, biegen rechts ab auf Am Birkenhölzl und danach links auf die Stürzerstraße. Der folgen Sie eine Weile und biegen dort rechts ab, wo das Ai2-Schild es Ihnen sagt. Am Ende dieser Straße biegen Sie erneut rechts ab in die recht stark befahrene Thürhamer Straße. Auf einer breiten Autobrücke überqueren Sie den Mühlbach, überqueren dann vorsichtig die Thürhamer Straße und folgen dem schmalen Pfad, der dem Verlauf des Mühlbachs folgt. Der Weg führt durch ein ziemlich schönes Wohngebiet, entfernt sich dann vom Fluss und geht in die Sperlallee über. Die macht eine Linkskurve und wird zur Gerberstraße. Bald darauf erreichen Sie eine Brücke, biegen links ab und überqueren die Glonn erneut. Nach der Brücke gehen Sie gleich rechts in die Hofmühlstraße und noch einmal rechts in die Kirchzeile. Nun kommen Sie in die Altstadt, aus der Kirchzeile wird der Marienplatz und das Rathaus kommt in Sicht. Am Rathaus vorbei wird der Marienplatz zur Münchener Straße und Sie überqueren ein letztes Mal die Glonn. Nach der Brücke biegen Sie links ab auf die Bahnhofstraße, die direkt zum Bahnhof führt.

PRAKTISCHE INFORMATIONEN

Bräustüberl Maxlrain
Stachöderweg 2
83104 Tuntenhausen
08061 / 92422
www.maxlrainer-braeustueberl.de

Täglich geöffnet 11–23 Uhr

VON SCHLIERSEE NACH MIESBACH

VON EINEM WUNDERSCHÖNEN BERGSEE ZU EINEM WUNDERSCHÖNEN WEIßBIER

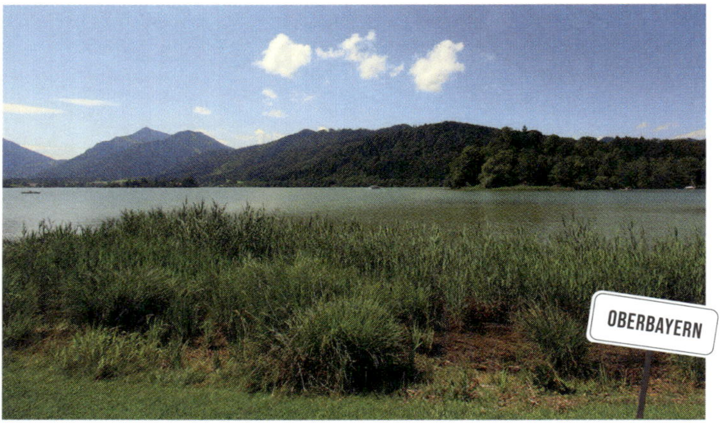

START	ZIEL
BAHNHOF SCHLIERSEE	WEIßBRÄUSTÜBERL, MIESBACH
BIER	SCHWIERIGKEITSGRAD
HOPF HELLE WEIßE	MITTELSCHWERE WANDERUNG
KARTE	LÄNGE/GEHZEIT
ATK25-Q12 TEGERNSEE	9,5 KM 2–3 STUNDEN
SEHENSWÜRDIGKEITEN	HÖHENMETER
SCHLIERSEE, ALTSTADT MIESBACH, BÄUERLICHE LANDSCHAFT, TRADITIONELLE HÄUSER	AUFSTIEG: 220 M ABSTIEG: 315 M

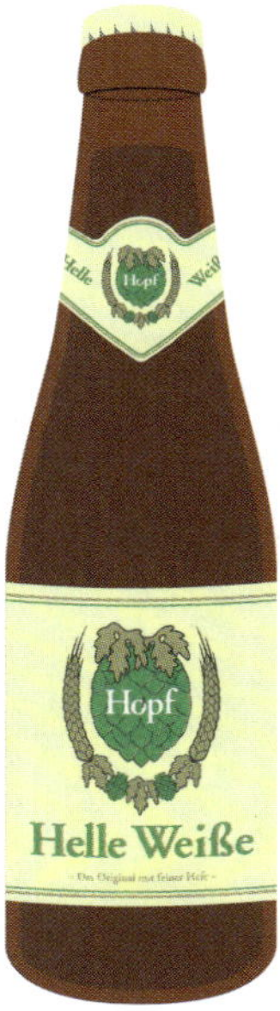

5,5 %
ALKOHOL-
GEHALT

WEIßBIER

UNFILTRIERT,
HONIGFARBEN,
HOHER SCHAUM

FRUCHTIG-HEFIG,
EIN BISSCHEN BANANE

FRUCHTIG, TROCKEN,
LEICHTE BANANEN-NELKEN-
NOTE, ERFRISCHEND

BITTERE SÜßE

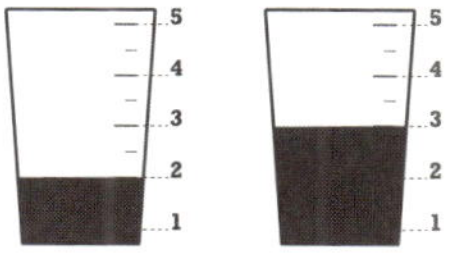

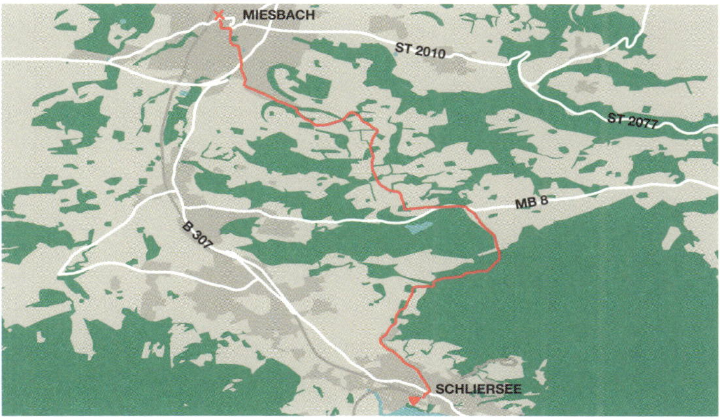

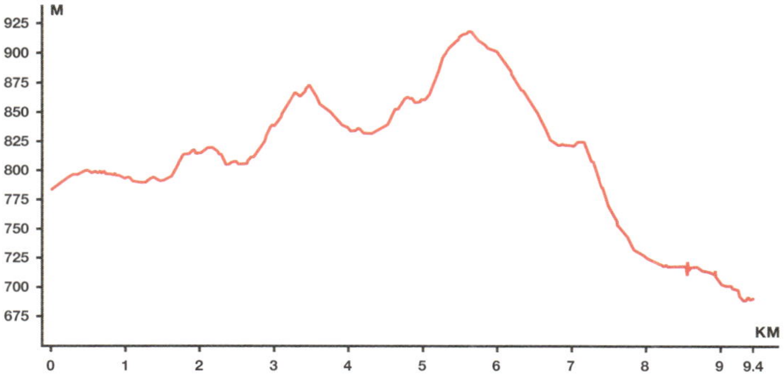

WEGBESCHREIBUNG

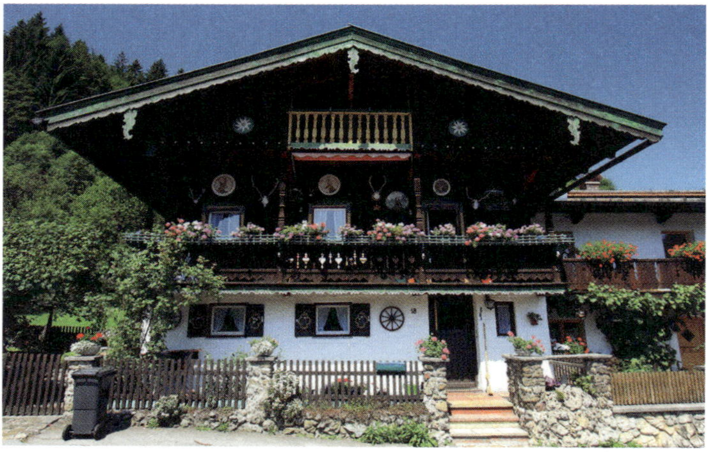

Der Schliersee ist einer der schönsten bayerischen Bergseen. Er ist nicht nur wegen seiner landschaftlichen Schönheit bekannt, sondern auch ein beliebter Badesee, weil er im Vergleich zu den tieferen Seen relativ warm ist. Das Wasser ist unfassbar klar und die Berge liefern einen spektakulären Hintergrund, selbst wenn Sie einfach nur am Seeufer sitzen und faulenzen. Das touristenfreundliche Städtchen ist der Ausgangspunkt schöner, breiter Wanderwege. Die hier beschriebene Wanderung beginnt im Bahnhof Schliersee und führt nach Miesbach, aber Sie können auch in umgekehrter Richtung laufen, wenn Sie danach noch ein Bad im Schliersee nehmen möchten. Das Ende dieser Route ist jedoch die Brauerei in Miesbach. Mit einem Tagesticket sind Sie flexibel und können baden und Bier trinken, wie es Ihnen passt.

Von München aus ist Schliersee in weniger als einer Stunde gut mit dem Zug zu erreichen. Miesbach liegt auf derselben Strecke, die Fahrtzeit bis München beträgt ungefähr 45 Minuten.

Wenn Sie den Bahnsteig entlang zum Ausgang laufen, kommen Sie an der Werner-Bochmann-Straße heraus und sehen mehrere Wanderschilder. Die Route, die über Stadlberg nach Miesbach führt, ist mit einem blauen Punkt markiert. Um auf den Wanderweg zu kommen, müssen Sie nach links, aber wenn Sie nicht mehr nach Schliersee zurückkommen, sollten Sie vorher unbedingt nach rechts, zum See hinunter, es dauert keine fünf Minuten und ist einfach ein phänomenaler Anblick. Zum Wanderweg dann also nach links, die Werner-Bochmann-Straße entlang, über die Bahnhofstraße und weiter auf der Werner-Bochmann-Straße, bis Sie zu einer großen Abzweigung kommen. Sie überqueren die Miesbacher Straße und gehen auf der anderen Seite auf der Karl-Haider-Straße weiter geradeaus. Wo die Straße eine Linkskurve macht, sehen Sie eine Bäckerei in einem mit Lüftlmalerei verzierten Gebäude. Sie laufen durch eine hübsche Wohngegend, und etwa in Höhe der 1-km-Marke gabelt sich die Straße.

Die linke Seite führt nach Hausham, Sie bleiben rechts auf der Karl-Haider-Straße. Die Straße macht eine Rechtskurve und Sie laufen durch ein Örtchen namens Kalkgraben; links von Ihnen sehen Sie in einiger Entfernung Hausham. Sie gehen weiter geradeaus und überqueren den Schatzelweg. Links von Ihnen sehen Sie eingezäunte Pferdeweiden, und laut Wanderschild ist Miesbach via Wanderweg 571 noch zwei Stunden und 15 Minuten entfernt. Sie laufen immer noch über eine geteerte Straße, aber nun ist es schon recht ländlich um Sie herum. Sie kommen an einem Bauernhof vorbei und biegen, der 571-Markierung folgend, nach rechts ab auf eine unbefestigte Straße. Diese macht eine Linkskurve und führt in den Wald. Wenn sie sich gabelt, bleiben Sie rechts, der Rechtskurve folgend. Es geht weiter durch den Wald, bis Sie bei der 3-km-Marke an die nächste Gabelung kommen und sich links halten. Der Weg macht wieder eine Linkskurve und Sie gelangen auf eine offene Fläche. Ein Schild erklärt, dass Miesbach jetzt noch eine Stunde und 45 Minuten entfernt ist, und wenn Sie nach rechts schauen, haben Sie einen schönen Blick in die Umgebung. Sie folgen der breiten Schotterstraße bis zu einer breiten Teerstraße und biegen links auf diese ab. Sie folgen der Straße aufmerksam und halten auf der rechten Seite nach dem Weg Ausschau. Es kommt eine Bushaltestelle, ein Schild Richtung Hof, und die Route führt bergauf, ist also leicht zu erkennen. Überqueren Sie die Straße und folgen Sie der schmaleren Teerstraße. Die Wanderschilder informieren darüber, dass es nur noch eine Stunde 15 Minuten bis Miesbach ist. Da der Weg bergauf führt, haben Sie linker Hand einen schönen Blick auf die Alpenausläufer. Sie laufen durch Hof, das aus einem kleinen Bauernhof besteht, und folgen der Straße nach rechts. Gleich hinter Hof kommen Sie an eine Gabelung, wo Sie weiter geradeaus gehen. Hier beginnt der Weg steil anzusteigen. Dort, wo er eine Linkskurve macht und wieder eben wird, lohnt sich ein Blick zurück! Sie folgen dem Straßenverlauf nach rechts und sehen eine hübsche Baumreihe zu Ihrer Rechten und eine offene Fläche zu Ihrer Linken. In der wärmeren Jahreszeit weiden hier häufig Kühe. Sie kommen an einem weiteren Bauernhof vorbei und befinden sich jetzt auf der Stadlbergstraße, der Sie bis zum Gschwendtnerweg folgen. Hier biegen Sie links ab und folgen einem gelben Wanderschild mit der Aufschrift: Miesbach, 1 Stunde. Sie gehen weiter nach Floiger (ein weiterer kleiner Bauernhof) und halten Ausschau nach einem sehr schmalen Fußpfad auf der rechten Seite. Sie stoßen auf eine Art Gatter, das sich aber nicht öffnen

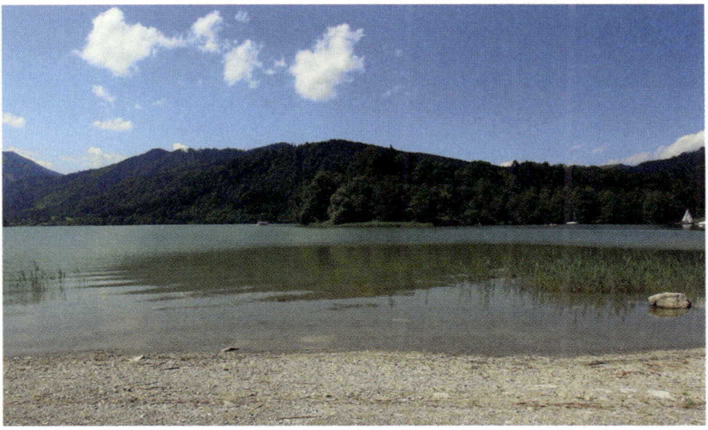

lässt und über das Sie hinüberklettern müssen. Ein gelbes Wanderschild gibt an, dass Miesbach noch 30 Minuten entfernt ist (auf Weg 571). Auf der anderen Seite des Gatters laufen Sie auf niedergetretenem Gras über eine Freifläche. Falls der Pfad nicht gut zu erkennen ist, orientieren Sie sich an dem kleinen gelben Schild auf der anderen Seite, dort, wo das nächste Gatter überwunden werden muss. Auf der anderen Seite angekommen, folgen Sie dem schmalen, aber deutlich erkennbaren Pfad durch ein dichtes Waldstück. Wenn Sie an eine Straße gelangen, die zu einer großen Linkskurve ansetzt, können Sie entweder dieser Straße entlang der Kurve folgen oder das kurze Stück Grünfläche direkt vor Ihnen durchqueren. Es scheint, als würden die meisten Wanderer Letzteres tun. Danach gehen sie nach links zur Straße, die jetzt Floigerweg heißt. Folgen Sie dieser Teerstraße durch eine hübsche Wohngegend Richtung Miesbach. Kurz nach der 8-km-Marke macht die Straße eine Rechtsbiegung und wird zur Kleinthalstraße. Sie folgen ihr bis zur Stadlbergstraße, die sie vorsichtig überqueren, und gehen weiter auf dem Fußweg über einen kleinen Parkplatz, damit Sie nicht die große Straße links davon entlanglaufen müssen. Nach dem Parkplatz gehen Sie durch die Unterführung und unterqueren auf diese Weise die viel befahrene Bayrischzeller Straße. Auf der anderen Seite gehen Sie auf der Schlierseer Straße weiter, bis Sie zum Waitzinger Keller kommen, und biegen links ab auf die Susanna-Waitzinger-Straße. Sie folgen der Straße bergab, sie wird zum Habererplatz und Sie überqueren, sich links haltend, den großen Parkplatz. Geradeaus befindet sich die Moserhaus-Passage, die ins Zentrum von Miesbach führt. Danach biegen Sie links ab, laufen am Haus Wendelstein vorbei und gehen dann geradeaus in eine kleine Straße namens Lebzelterberg, der bald zur Frauenhoferstraße wird. An der nächsten Kreuzung biegen Sie nach rechts ab auf Heimbucherwinkl. Wenn Sie auf die Kirchgasse stoßen, halten Sie sich links und gehen weiter geradeaus zum Marienplatz. In der Mitte des Platzes gibt es eine kleine Grünanlage und das Weißbräustüberl befindet sich ein Stück weiter vorne auf der rechten Seite. Der Bahnhof Miesbach ist von hier aus nur einen kurzen Spaziergang entfernt, wenn Sie danach wieder zum Beispiel nach München zurückfahren wollen.

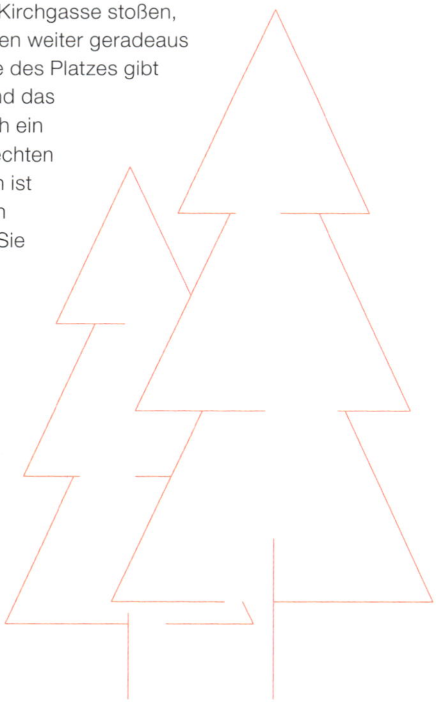

WEIẞBRÄUSTÜBERL

Die Weißbierbrauerei Hopf befindet sich nördlich des Bahnhofs Miesbach. Es gibt dort keinen Ausschank, aber wenn Sie im Zug nach München sitzen, können Sie die Brauerei auf der linken Seite sehen. Trinken können Sie ihr Bier in einer schönen, urbayerischen Braustube, in hellem Holz und mit dem klassischen grünen Kachelofen. Wenn Sie draußen sitzen, schauen Sie auf den kleinen Park am Marienplatz – der ideale Ort, um Ihre Wanderung mit einem der Weißbiere von Hopf zu begießen. Auf der Speisekarte stehen neben Klassikern der bayerischen Küche auch verschiedene Burger und, oh Wunder, sogar einige vegetarische Gerichte. Die Kellner tragen Miesbacher Tracht – die Stadt ist bekannt für ihre hochwertige Trachtenmode.

1923 übernahm die Familie Hopf die Weißbierbrauerei, die 1892 gegründet worden war. Sie braute ausschließlich das für Bayern typische Weizenbier. Durch das Reinheitsgebot von 1516 darf Bier nur aus Wasser, Malz und Hopfen bestehen; Weizen wurde erst später als Zutat akzeptiert, da diese Biersorte, vor allem in Bayern, auf eine lange Geschichte zurückblicken kann. Leider verlor das Weizenbier in den 1960er-Jahren die Gunst der Biertrinker und verschwand in den 1970er-Jahren beinahe ganz von der Bildfläche, bevor es in den 1980er-Jahren ein glänzendes Comeback erlebte. Die Brauerei Hopf spielte bei der Wiederbelebung der Weißbiertradition eine Schlüsselrolle, indem sie half, die nötige Technik zu entwickeln, um Weißbier vom Faß zu zapfen. Früher galt Weizenbier als ungeeignet für eine weitere Reifung aufgrund der in den Flaschen enthaltenen Resthefe. Manchen schmeckt Weißbier aus der Flasche wegen dieses Reifungsprozesses besser. Da es im Weißbräustüberl beides gibt, Weißbier vom Fass und in der Flasche, können Sie sich selbst ein Urteil bilden.

Bier vom Fass: Hopf Helle Weiße. In der Flasche: Hopf Helle Weiße, Hopf Dunkle Weiße, Hopf »Die Leichtere« (mit 3,4 % Alkohol) und Hopf »Alkoholfrei«. Saisonal in der Flasche: Hopf »Spezial Weiße«, Hopf Weißer Bock, Hopf Muospacher Bockfotzn, Hopf Sauberne Schixs und Hopf Bluat vo da Gams.

PRAKTISCHE INFORMATIONEN

Weißbräustüberl
Marienplatz 6
83714 Miesbach
08025 / 9979883
www.weissbraustuberl.de

Täglich geöffnet ab 10 Uhr

Auf der Website der Weißbierbrauerei Hopf finden Sie eine Beschreibung aller Biersorten: www.hopfweisse.de

TEGERNSEE

WANDERWEG ZUM RIEDERSTEIN UND ZUM BAUMGARTENSCHNEID

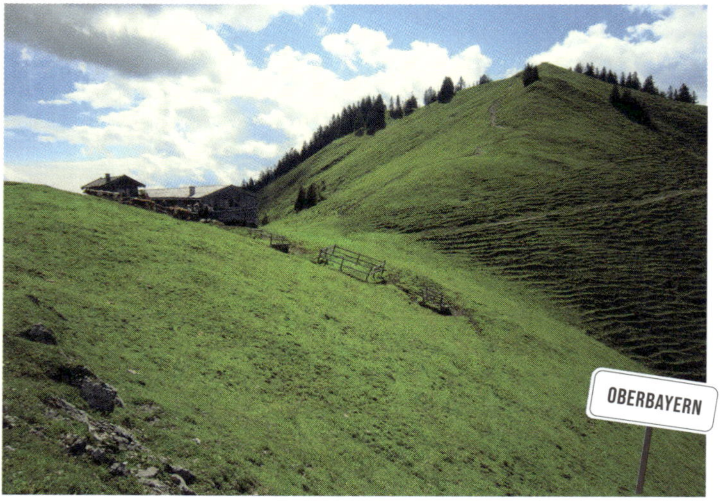

START	ZIEL
BAHNHOF TEGERNSEE	HERZOGLICHES BRÄUSTÜBERL TEGERNSEE
BIER	SCHWIERIGKEITSGRAD
TEGERNSEER DUNKEL EXPORT	BERGWANDERUNG
KARTE	LÄNGE/GEHZEIT
ATK25-Q12 TEGERNSEE	13 KM 4-5 STUNDEN
SEHENSWÜRDIGKEITEN	HÖHENMETER
RIEDERSTEINKAPELLE, BERGSEE, ALPEN, ALMEN, TYPISCHE BAYERISCHE BALKONE, KAPELLE MARIA SCHNEE	AUFSTIEG: 750 M ABSTIEG: 780 M

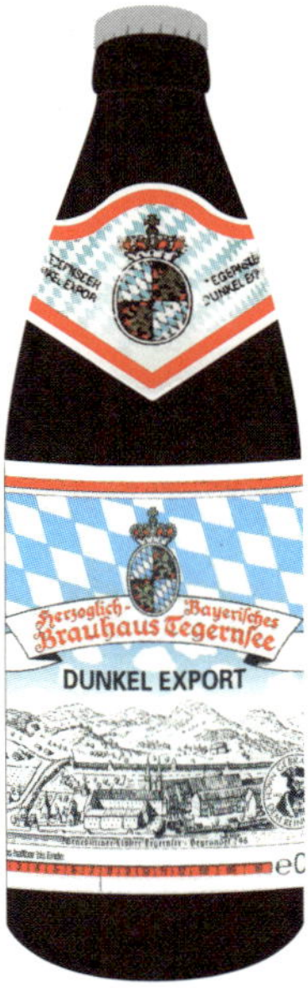

5,0 % ALKOHOL-GEHALT

DUNKLES

UNFILTRIERT, KASTANIENBRAUN; STABILER, HELLBRAUNER SCHAUM

RÖSTAROMEN, SCHOKOLADE

MALZIG, SCHOKOLADIG, BITTER-SÜß IM ABGANG

BITTERE SÜßE

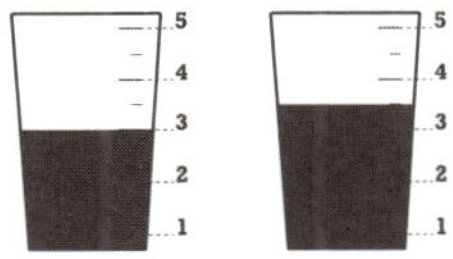

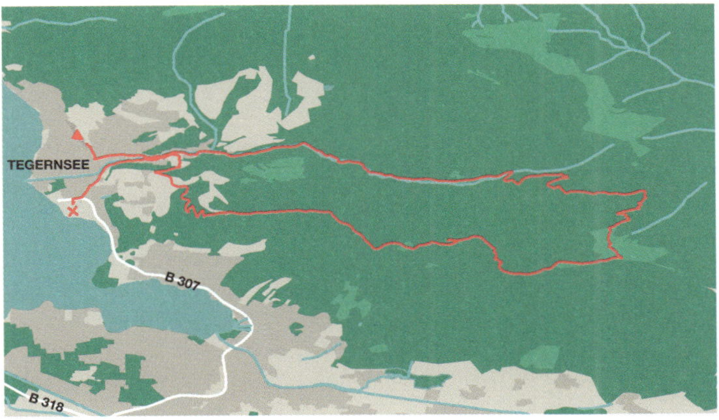

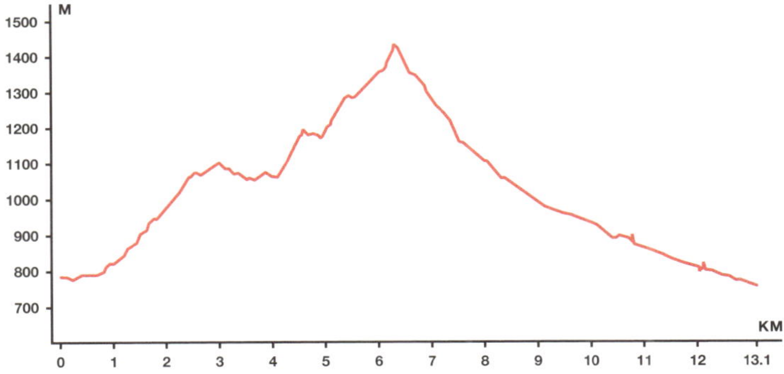

WEGBESCHREIBUNG

Der Tegernsee ist einer der schönsten Seen südlich von München und hat maßgeblichen Anteil daran, dass es sich in München so schön leben lässt. Der malerische See am Fuß der Alpen ist von grünen Hügeln umgeben und schon ein einfacher Spaziergang am Seeufer ist ein Genuss. Zur landschaftlichen Schönheit gesellen sich die Reize der typisch bayerischen Architektur wie zum Beispiel die geschnitzten Holzbalkone, die in den wärmeren Monaten mit Blumen geschmückt sind. Das Herzoglich Bayerische Brauhaus Tegernsee kennt in Südbayern jeder und das ganze Jahr über kommen Besucher in Scharen. Bei schönem Wetter wird es besonders voll, daher empfiehlt es sich, diese Wanderung an einem Werktag zu unternehmen und nicht am Wochenende. Andererseits macht es Spaß, den Einheimischen und Touristen am Wochenende dabei zuzuschauen, wie sie die Schönheit der Natur genießen, ob bei einer Wanderung oder im Liegestuhl am Seeufer. Dank des umfangreichen Wanderwegenetzes kann man es in Tegernsee gut mehrere Tage aushalten.

Die regelmäßig verkehrenden Züge zwischen München und Tegernsee benötigen etwa eine Stunde Fahrtzeit.

Wenn Sie aus dem Bahnhof Tegernsee herauskommen, müssen Sie nach rechts und der Bahnhofstraße folgen, egal, was Sie in der Stadt vorhaben. Für diese Wanderung biegen Sie links ab in die Max-Josef-Straße. An der Ecke sehen Sie gelbe Wanderschilder mit verschiedenen Routen. Die hier beschriebene Wanderung entspricht der roten Route zum 1449 m hohen Baumgartenschneid. In dieser Gegend markiert die Farbe den Schwierigkeitsgrad, und ein roter Wanderweg ist anspruchsvoller als ein blauer. Der erste Abschnitt zum Riederstein ist blau markiert und bietet herrliche Ausblicke. Wenn Sie also lieber einen leichteren Weg gehen möchten, können Sie einfach am Riederstein umkehren und wieder zurücklaufen. Auf jeden Fall folgen Sie jetzt erst einmal der Max-Josef-Straße, die langsam ansteigt und bald dem Lauf des Alpbachs folgt. Bei der Kreuzung halten Sie auf der rechten Seite nach der kleinen Kapelle Maria Schnee Ausschau. An dieser Stelle kreuzen sich verschiedene Wanderwege und Sie werden auf dem Rückweg wieder hier herauskommen. Es ist keine Frage von richtig oder falsch, aber ich persönlich bringe die steileren Abschnitte einer Wanderung lieber so früh wie möglich hinter mich und habe dann einen entspannteren Rückweg. Ein Wanderschild gibt an, dass der Baumgartenschneid 2,5 Stunden entfernt ist. Auf dem Weg nach oben gibt es Rastmöglichkeiten, zum Beispiel im Berggasthof Galaun und auf dem Riederstein. Sie laufen an der Kapelle vorbei und folgen dem ziemlich steilen und viel schmaleren Pfad bergauf. Wenn Sie an der Schützenstraße herauskommen, gehen Sie rechts und kommen am Eisstadion (zu Ihrer Linken) vorbei. Die Straße macht eine Rechtskurve und steigt stark an. An der nächsten größeren Abzweigung biegen Sie links ab auf den Auerweg (und gehen nicht geradeaus weiter auf dem Sonnleitenweg). Jetzt wird es richtig steil, aber Sie werden mit herrlichen Ausblicken auf den rechts unter Ihnen liegenden See belohnt. Dort, wo der Auerweg eine Linkskurve macht, suchen Sie den schmalen

Pfad, der nach rechts abgeht. Er ist wirklich schmal und manchmal etwas zugewachsen, aber es gibt ein Wanderschild. Wenn Sie auf dem Auerweg weitergehen würden, wäre es noch eine Stunde bis zum Berggasthof Galaun. Über den schmalen Pfad sind es 50 Minuten. Die Route ist deutlich steiler, aber auch weniger voll und wunderschön. Sie laufen durch dichten Wald, was Sie freuen wird, wenn es heiß ist und Sie bis jetzt durch die pralle Sonne laufen mussten. Der Weg arbeitet sich im Zickzack den Berg hinauf. Kurz nach der 2-km-Marke gelangen Sie an eine Lichtung mit Kruzifix und einer Bank. Dieser Bergrücken heißt Pfliegeleck und bietet sich für eine Rast an. Trinken Sie etwas Wasser und genießen Sie die Aussicht auf den See und die Stadt. Danach kehren Sie dem Tegernsee wieder den Rücken zu und folgen dem Schotterweg weiter bergauf. Auf diesem offenen Wegstück sind häufig die Spuren von Holzfällern oder anderen Waldarbeitern zu sehen. Durch die Baumlücken ist hin und wieder ein Blick auf die umliegenden Berggipfel möglich. Schilder weisen auf Ihr nächstes Ziel, den Gasthof Galaun. Nach einem schön schattigen Abschnitt öffnet sich der Wald und Sie sehen die kleine, rustikale Berggaststätte vor sich. Auch von hier aus ist der Blick ins Tal sehr schön. Wenn Sie nach oben schauen, sehen Sie schon die kleine Kapelle auf dem Gipfel des Riedersteins. Es sieht unglaublich steil aus und wirkt weit weg, aber keine Sorge, das täuscht. Allerdings müssen Sie noch einige Stufen überwinden. Wenn Sie entschieden haben, sich mit dem Riederstein zu begnügen, ist hier die beste Gelegenheit, sich vor dem Rückweg noch einmal zu stärken. Aber auch wenn Sie die Wanderung fortsetzen wollen und gerade durstig sind, sollten Sie die Gelegenheit nutzen, denn auf dem Rückweg kommen Sie nicht mehr am Galaun vorbei.

Nach dem Gasthof geht auf der linken Seite der Weg zum Riederstein ab. Sie können ihn eigentlich nicht verfehlen und das Schild informiert darüber, dass der Gipfel noch 30 Minuten entfernt ist. Hier beginnt der Kreuzweg, ein ziemlich schweißtreibender Aufstieg über 550 Holzstufen mit 14 Motivtafeln am Wegesrand, die an das Leiden Christi erinnern. Die erste Tafel steht an einer Abzweigung, von der aus ein leichterer Weg nach oben führt: Er ist länger, aber dafür weniger steil. Diesen Weg können Sie für den Rückweg nehmen, wenn Sie die Wanderung abkürzen wollen, aber der steile Kreuzweg ist die Mühe wert. Nach der vierten Tafel sehen Sie rechter Hand einen Schrein, der in den mächtigen Felsen gegraben wurde. Ein kleiner Pfad zweigt vom Weg ab und ermöglicht einen genaueren Blick auf den Schrein, aber danach kehren Sie wieder auf den Kreuzweg zurück. Nach der 13. Station kommt wieder eine beschilderte Abzweigung. Links geht es zum Riederstein (fünf Minuten) hinauf, rechts über die leichtere Route zum Galaun oder über die rote Route zum Baumgartenschneid. Nach dem letzten Anstieg zum Riederstein stoßen Sie auf die unglaublich niedliche kleine Kapelle. Hier trifft man häufig auf traditionell gekleidete Bayern, die auf der Holzbank ihr Vesper verzehren, manchmal spielt jemand Akkordeon. Das ist echt, die Leute hier sind so, das ist ihre Art, das Leben zu genießen! Wenn Sie um die Kapelle herumlaufen, finden Sie eine versteckte Bank, von der aus man eine fantastische Aussicht nicht nur auf den See, sondern auch auf die majestätischen Alpen in der Ferne hat.

Wenn Sie genug geschaut haben, kehren Sie zur letzten Abzweigung zurück und entscheiden, ob Sie nun den Rückweg antreten oder zum Baumgartenschneid weiterwandern wollen. Viel schwieriger wird der Weg nicht mehr, aber es geht noch einmal bergauf und die Route ist nicht ganz so gut beschildert. Normalerweise bewegt sich ein steter Strom an Wanderern über diesen Weg, vor allem am Wochenende. Wenn Sie diese Wanderung im Frühjahr, zu Beginn der Saison, machen und es ein harter Winter war, kann es sein, dass Bäume die Wege blockieren, und manchmal sind gerade die Bäume umgefallen, die einen roten Punkt tragen, daher sollten Sie eine gute Karte haben und ungefähr wissen, wo es langgeht. Nicht selten werden Alternativrouten häufiger genutzt als die eigentlichen Wege, aber wenn Sie die Augen aufhalten, werden Sie sich schon zurechtfinden. Ein Großteil der Route ist bewaldet und der Baumgartenschneid ist nur eine Stunde entfernt. Anfangs sind große Markierungen an den Bäumen zu sehen, häufig eher in Form von Strichen als Punkten. Es geht ein wenig auf und ab, und nach einer ziemlich steilen Strecke öffnet sich der Wald etwas. Sie sehen typisch bayerische Weideflächen, und bald ist der Baumgartenschneid direkt vor Ihnen in der Ferne zu erkennen. Der Berggipfel sieht eher wie eine runde Hügelkuppe aus, aber gerade bei sonnigem Wetter kann es anstrengend werden, weil es auf der Strecke gar keinen Schatten gibt. Gegen Ende macht der Weg ein paar Spitzkehren, die besonders strapaziös sind, aber kurz nach der 6-km-Marke sind sie oben angekommen. Von hier aus sieht man den See aus einem anderen Blickwinkel und das Alpenpanorama öffnet sich viel weiter. Wenn Sie genau hinsehen, können Sie den Riederstein erkennen, der von hier aus sehr klein und viel niedriger wirkt. Es ist immer wieder faszinierend, wie unterschiedlich die Dinge aussehen, je nachdem, von wo aus man sie betrachtet. Vielleicht haben Sie Glück und finden ein freies Plätzchen auf der aus einem Holzstamm gezimmerten kleinen Bank. Ein Stück weiter oben, auf dem eigentlichen Gipfel, steht das obligatorische Kreuz. Wenn Sie den Rückweg antreten wollen, müssen Sie ein Stück über das Gipfelkreuz hinausgehen, um den Weg nach unten zu finden. Es gibt mehrere Wanderschilder, aber sie zeigen im Moment noch alle in die gleiche Richtung. Tegernsee ist zwei Stunden entfernt. Der erste Abstieg ist steil und ein Schotterpfad, passen Sie also gut auf, wo Sie die Füße hinsetzen! Wenn Sie Wanderstöcke dabeihaben, ist jetzt der Moment, sie hervorzuholen. Während Sie absteigen, sehen Sie eine Almhütte und vielleicht ein paar Kühe auf den Wiesen drumherum. Und wenn Sie keine Kühe sehen, können Sie sie vielleicht hören, denn Sie tragen Glocken um den Hals. Sie laufen direkt an der Hütte vorbei und freuen sich vielleicht über das Schild, das angibt, dass es jetzt 15 Minuten weniger bis Tegernsee sind – nicht, weil Sie schon so weit gelaufen sind, sondern dank des steilen Teilstücks.

Der Rückweg verläuft weitgehend durch den Wald. Kurz nach der 7-km-Marke kommen Sie an eine weitere Abzweigung. Der rechte Wanderweg führt zum Schliersee; Sie gehen nach links Richtung Tegernsee über Alpbachtal. Von hier an befinden Sie sich wieder auf der blauen Wanderroute, die insgesamt besser in Schuss und leichter zu gehen ist. Sie passieren mehrere Abzweigungen und folgen immer dem Schild »Tegernsee über Alpbachtal«. Es gibt natürlich auch andere Wege, die zurück ins Tal führen, aber ich finde diesen sehr angenehm, und wenn man müde Beine hat, ist dieser Weg wahrscheinlich der einfachste. Schließlich kommen Sie auf den Prinzenweg, der dem Lauf des Alpbachs folgt, den Sie vom Beginn der Wanderung kennen. Wenn Sie den Wald hinter sich lassen und langsam in die Zivilisation zurückkehren, sehen Sie viele schöne Häuser am Wegesrand, manchmal mit toll geschmückten Holzbalkonen.

Wenn Sie an der Kreuzung Prinzenweg/Max-Josef-Straße angekommen sind, gehen Sie links auf die Waldschmidtstraße, die Sie auf direkteren Weg zum Bräustüberl bringt. Ungefähr bei Kilometer 12 kommt eine kleine Gabelung, wo Sie links in die Mühlgasse einbiegen. Falls Sie die Abzweigung verpassen, ist das nicht weiter schlimm, da Sie auch über Waldschmidtstraße und Bahnhofstraße zum Bräustüberl kommen, aber die Mühlgasse ist die schönere, malerischere Strecke durchs Grüne, und vielleicht sehen Sie ein paar Schafe in der Sonne faulenzen. Vor Ihnen sehen Sie zwei Turmspitzen aufragen: Sie gehören zum ehemaligen Kloster und bringen Ihnen für die letzten Meter noch einen Motivationsschub. Sie sind fast da!

HERZOGLICHES BRÄUSTÜBERL TEGERNSEE

Das ehemalige Benediktinerkloster geht auf das 8. Jahrhundert zurück. Die Brauerei soll um das Jahr 1050 gegründet worden sein, aber Mönche haben hier schon lange nicht mehr das Sagen. Im 19. Jahrhundert erwarb der bayerische König das säkularisierte Kloster und die Brauerei ist bis heute in blaublütigem Besitz. Glücklicherweise wird die schöne Kirche nach wie vor als solche genutzt, aber im Rest des Gebäudekomplexes sind die Brauerei und zwei Restaurants untergebracht. Eines davon ist das rustikale Bräustüberl, mit Gewölbedecke und viel Holz. Obwohl es permanent gut besucht ist, findet man eigentlich immer ein freies Plätzchen. Bei schönem Wetter sitzen die Leute natürlich am liebsten im Außenbereich, aber wenn es draußen heiß ist, ist es dank der dicken Wände und der hohen Decken drinnen angenehm kühl. Die einfache Karte bietet bayerische Klassiker wie Haxen oder Bierbrattl und einen der besten Obazda weit und breit. Das beliebteste Bier hier, insbesondere nach einer Wanderung an einem warmen Tag, ist das Helle. Ich persönlich mag das ungefilterte Dunkel Export am liebsten, zum Beispiel in Verbindung mit einem leckeren Schweinebraten.

Bier vom Fass: Tegernseer Hell, Tegernseer Spezial und Tegernseer Dunkel Export.

PRAKTISCHE INFORMATIONEN

Herzogliches Bräustüberl Tegernsee
Schloßplatz 1
83684 Tegernsee
08022 / 4141
www.braustuberl.de

Täglich geöffnet 9–23 Uhr

REUTBERG (SCHAFTLACH)

EIN MALERISCHER SPAZIERGANG ZUM DUNKELBIERPARADIES

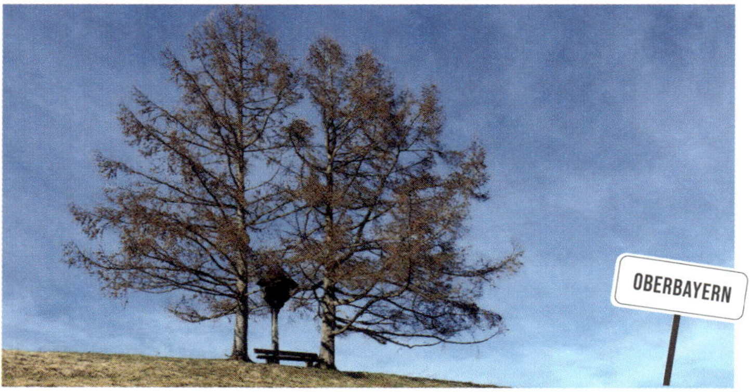

START	ZIEL
BAHNHOF SCHAFTLACH	BAHNHOF SCHAFTLACH
BIER	SCHWIERIGKEITSGRAD
REUTBERGER EXPORT DUNKEL	MITTELSCHWERE WANDERUNG
KARTE	LÄNGE/GEHZEIT
ATK25-Q11 BAD TÖLZ	15 KM 3–3,5 STUNDEN
SEHENSWÜRDIGKEITEN	HÖHENMETER
KLOSTER REUTBERG, BERGLANDSCHAFT, WEIHER	AUFSTIEG: 169 M ABSTIEG: 170 M

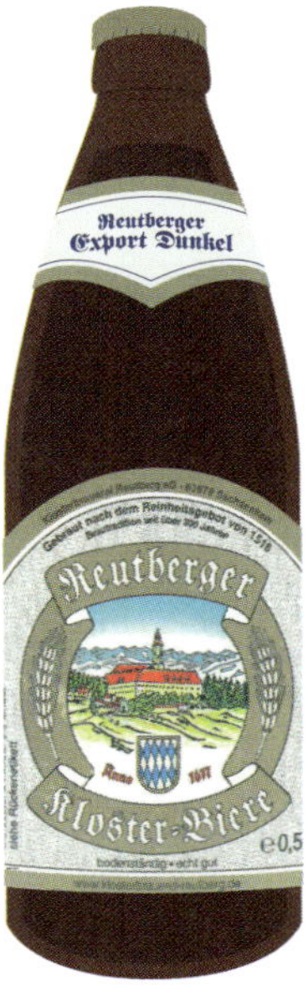

4,8 %
ALKOHOL-GEHALT

DUNKLES AUS DUNKLEM MALZ

KASTANIENBRAUN; FESTER HELLBRAUNER SCHAUM

MALZIG, SCHWACH SCHOKOLADIG

STARK MALZIG, SCHOKOLADE, UNTERSCHWELLIG HOPFIG, TROCKEN, BITTER-SÜß IM ABGANG

BITTERE

SÜßE

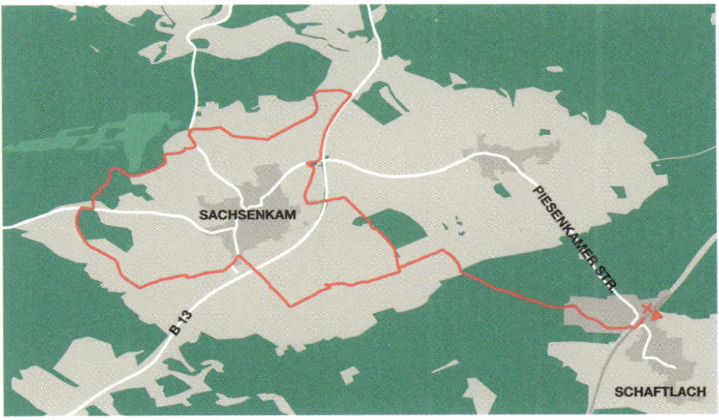

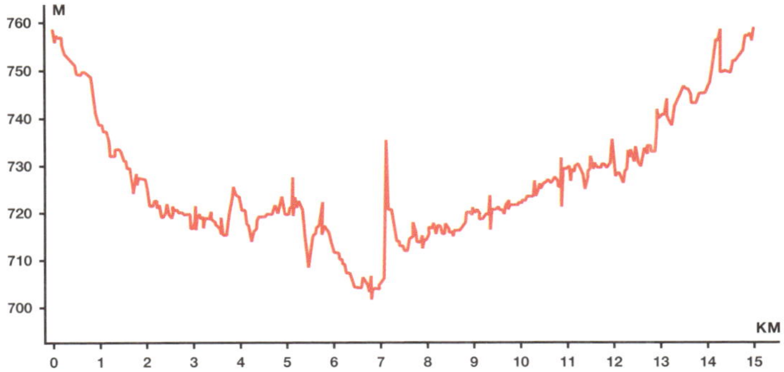

WEGBESCHREIBUNG

Das 1618 gegründete Franziskanerinnenkloster Reutberg liegt malerisch am Fuß der Alpen, 40 km südlich von München. Zwar wurde es im frühen 19. Jahrhundert im Zuge der Säkularisation aufgelöst, aber König Ludwig I. von Bayern – der viele Klöster in Bayern wieder zum Leben erweckte – ermöglichte den Wiederaufbau. Dass die Gebäude nicht in tadellosem Zustand sind, erhöht nur ihren Charme, und die idyllische Lage oberhalb des Kirchsees ist kaum zu schlagen. Bei schönem Wetter wird das Kloster von Fahrradfahrern, Wanderern und sonstigen Ausflüglern stark frequentiert, vor allem natürlich am Wochenende.

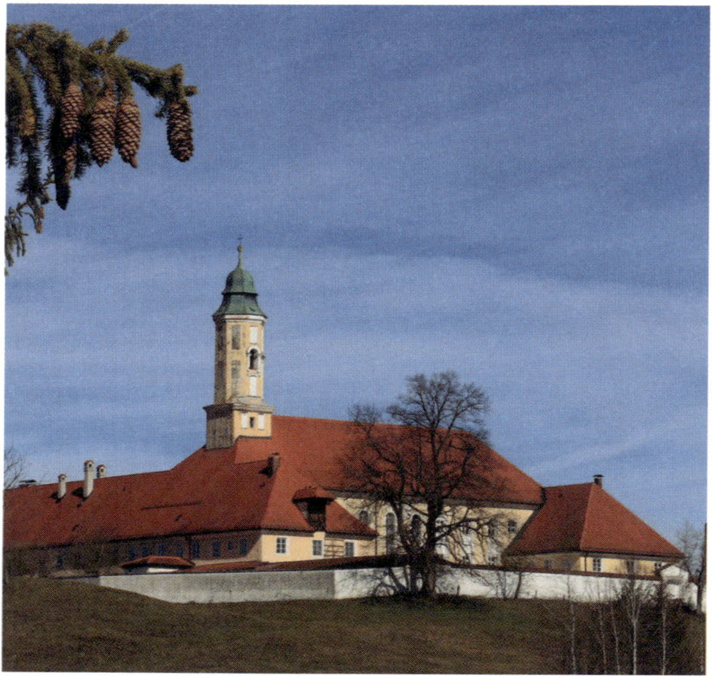

Von Holzkirchen gibt es werktags eine direkte Busverbindung zum Kloster Reutberg. Holzkirchen ist per Zug und S-Bahn von München aus gut zu erreichen. Der nächstgelegene Bahnhof zu Kloster Reutberg ist Schaftlach, wo regelmäßig Züge von und nach München halten. Die unten beschriebene Wanderung startet am Bahnhof Schaftlach und schließt den Rundweg in der Nähe des Klosters ein.

Vom Bahnhof aus gehen Sie nach rechts auf die Bahnhofstraße, die bald zur Piesenkamer Straße wird und in einer Rechtskurve über die Gleise führt. Nach der Überquerung der Schienen sehen Sie eine Reihe von Wanderschildern. Sie biegen links ab auf die Reutbergstraße, die – Überraschung! – zum Kloster Reutberg führt. Sie schlängelt sich durch ein Wohngebiet und Sie passieren mehrere Abzweigungen. An einer Gabelung, wo verwirrenderweise beide Optionen »Reutbergstraße« heißen, nehmen Sie die linke und kommen gleich darauf in den Wald. Gut einen Kilometer weiter verlassen Sie den Wald wieder und befinden sich auf der Schaftlacher Straße. Sie biegen die erste Straße (nach der langen Einfahrt zu einem privaten Anwesen) links ab. Am Ende dieses Feldwegs stoßen Sie auf den Rundweg. Sie könnten in beide Richtungen gehen, aber wenn Sie jetzt nach links gehen, durchlaufen Sie den größeren Teil des Rundwegs, bevor Sie zu Kloster und Brauerei gelangen. An dieser Stelle laufen Sie direkt auf die Berge zu und haben an klaren Tagen ein herrliches Panorama vor sich. Sie passieren eine Wegkreuzung und eine Abzweigung, bleiben aber auf Ihrem Weg, bis Sie zu einem Bauernhof kommen. Hier gehen Sie links und dann gleich wieder rechts in die Rauchenbergstraße. An der folgenden T-Kreuzung biegen Sie rechts ab und laufen auf die Schnellstraße zu, die Sie per Unterführung hinter sich lassen. Ein Rundweg-Schild bestätigt, dass Sie auf dem richtigen Weg sind. Der Weg heißt nun Waakirchner Straße und Sie laufen auf das Dorf Sachsenkam zu, biegen aber am Ortseingang gleich scharf links ab auf die Tölzer Straße. Indem Sie nicht durch den Ort laufen, erreichen Sie Kloster Reutberg auf einer zwar etwas längeren, aber viel schöneren Route.

Ein Stück nach der 5-km-Marke biegen Sie rechts ab auf einen Feldweg, der das Rundweg-Zeichen trägt. Sie laufen eine Weile durch landwirtschaftliche Flächen und kommen dann an ein Waldstück, an dessen Rand Sie entlanglaufen, bis rechter Hand ein kleiner Parkplatz auftaucht und Sie auf eine größere Straße stoßen. Sie überqueren die Straße vorsichtig, gehen nach rechts und danach gleich wieder links, um auf dem Rundweg zu bleiben. Die Straße heißt Am Neuweiher. Andere Schilder klären Sie darüber auf, dass Sie sich außerdem auf dem Fußweg zum Kirchsee befinden. An der nächsten Gabelung halten Sie sich rechts (links geht es zu einem Bauernhof). Rechts von Ihnen erstreckt sich nun das Feuchtgebiet Neuweiher. Am Ende dieses Naturschutzgebiets führt Sie der Rundweg nach rechts und macht dann eine Linkskurve. Von hier können Sie schon das Kloster in der Ferne vor sich sehen. Nachdem Sie ein weiteres Feuchtgebiet (Mühlweiher) passiert haben, das sich rechts von Ihnen befindet, biegen Sie links ab und laufen auf das nun deutlich sichtbare Kloster zu. Nach einer Rechtskurve kommen Sie direkt am Biergarten an, von dem viele sagen, er böte bayernweit die schönste Aussicht.

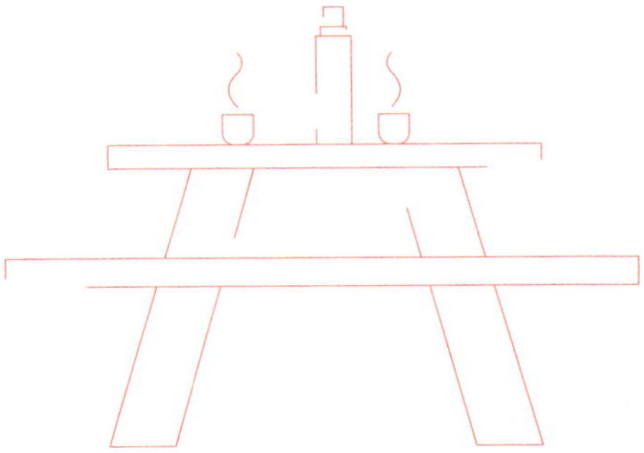

KLOSTERBRÄUSTÜBERL REUTBERG

Das Kloster wurde zwar schon 1618 gegründet, aber der Braubetrieb startete erst 1677. Seit 1924 wird die Brauerei als Genossenschaft geführt. Der Brauereischornstein aus rotem Backstein steht noch, Sie kommen auf dem Weg zur sehenswerten Kirche daran vorbei. Das Bräustüberl ist, wie es für diese Gaststätten typisch ist, in dunklem Holz gehalten und tischt leckere bayerische Küche auf. Der Schweinebraten mit Klößen ist hervorragend und harmoniert vortrefflich mit dem köstlichen Dunkel Export. An kalten Wintertagen ist es urgemütlich, und wenn Sie Glück haben, gibt es Josefi-Bock. Sobald es warm genug ist, gibt es keinen besseren Ort als den Biergarten, dessen grandiose Aussicht auf die Umgebung Scharen von Ausflüglern anlockt.

Bier vom Fass: Reutberger Export Hell, Reutberger Kloster Hell, Reutberger Export Dunkel und Reutberger Kloster Weiße; in der Fastenzeit Josefi-Bock, im Sommer Aegigius-Trunk. Flaschenbier: Kloster Maerzen, Pils, Daisenberger Dunkle Weiße, Heller Bock und Weissbier-Bock.

Das einzige, was Kloster Reutberg fehlt, sind Fremdenzimmer, Sie müssen also irgendwann den Rückweg antreten. Wenn kein Bus mehr fährt oder Sie nach Schweinebraten und Klößen sowieso einen Fußmarsch vorziehen, verlassen Sie das Gelände auf dem Weg, der Sie hergeführt hat, und biegen links auf die Reutbergstraße ab. Sie kommen an einem vollen Parkplatz vorbei (dort findet in der Fastenzeit das Josefifest statt) und biegen danach nach rechts ab. Sie folgen dem Weg, der erst eine Rechts-, dann eine Linkskurve macht, bis zu einer Gabelung.

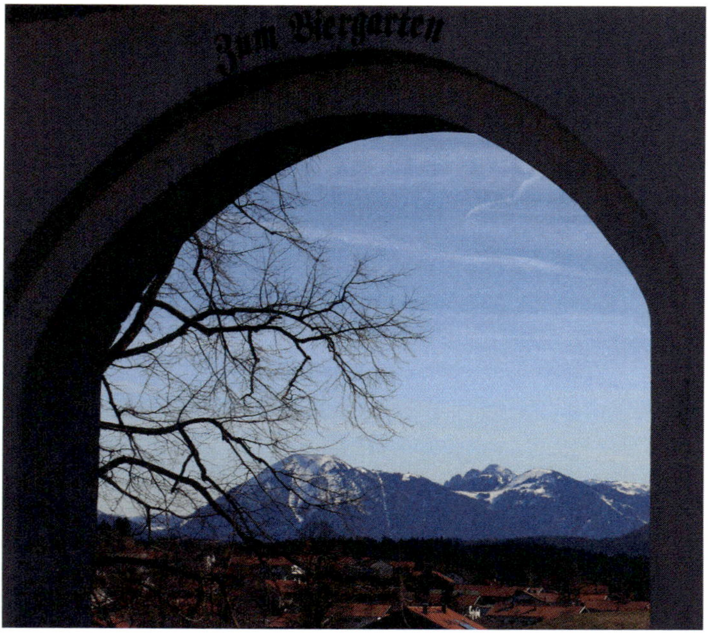

Dort biegen Sie nach links ab. Der Weg umschließt in einer großen Schleife eine Ackerfläche und verläuft dann ein gutes Stück parallel zur Schnellstraße, ohne sie zu überqueren. Das ist zwar nicht der kürzeste Rückweg, bietet aber viele schöne Ausblicke auf die Berge. Am Ende dieses Teilstücks kommen Sie an eine große Abzweigung mit einer Unterführung zu Ihrer Linken, aber Sie folgen den Rundweg-Schildern und gehen nach rechts. Sie laufen ein paar Meter die größere Straße entlang und biegen dann links ab auf einen namenlosen Feldweg (dazu überqueren Sie die größere Straße). Am Ende des Feldwegs biegen Sie links ab auf die Piesenkamer Straße. Sie gehen durch die Unterführung und biegen dann die dritte rechts ab, in die Hirschbergstraße. Dieser folgen Sie, bis links ein Ihnen bekannter Weg abbiegt, der Sie zur Schaftlacher Straße bringt, auf die Sie rechts einbiegen. Sie folgen der Straße, bis sie sich ungefähr bei Kilometer 13 gabelt. Dort halten Sie sich links und sind wieder in dem Wald, den Sie vom Hinweg kennen. Wenn Sie aus dem Wald herauskommen, sind Sie auf der Reutbergstraße und folgen ihr nach rechts und zurück zum Bahnhof.

PRAKTISCHE INFORMATIONEN

Klosterbräustüberl Reutberg
Am Reutberg 2
83679 Sachsenkam
08021 / 8686
www.klosterbraeustueberl.de

Täglich geöffnet 10–23 Uhr

MITTENWALD

EINE LEICHTE WANDERUNG MIT VIEL ALPENBLICK UND ZWEI BERGSEEN

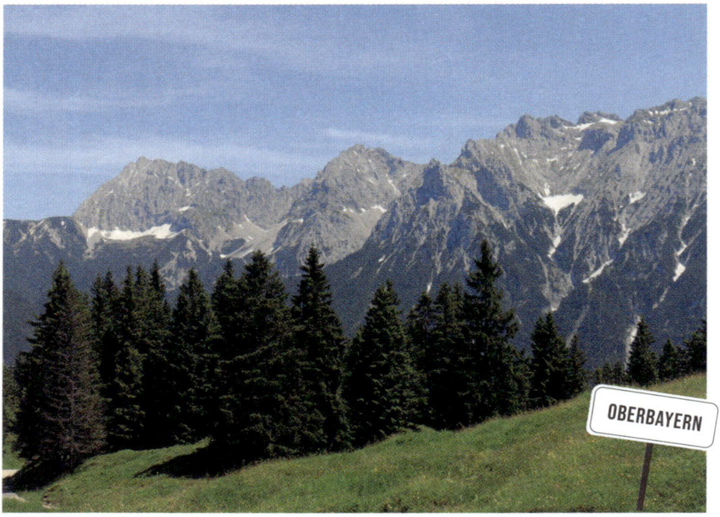

START	ZIEL
KRANZBERG-SESSELBAHN, MITTENWALD	BRAUEREIGASTSTÄTTE POSTKELLER, MITTENWALD
BIER	SCHWIERIGKEITSGRAD
MITTENWALDER NATURTRÜBES KELLERBIER	BERGWANDERUNG
KARTE	LÄNGE/GEHZEIT
ATK25-S10 MITTENWALD	9 KM 2,5–3 STUNDEN
SEHENSWÜRDIGKEITEN	HÖHENMETER
KARWENDEL, FERCHENSEE, LAUTERSEE, KÖNIGIN MARIA KAPELLE, BERGHÜTTEN, KIRCHE ST. PETER UND PAUL	AUFSTIEG: 270 M ABSTIEG: 530 M

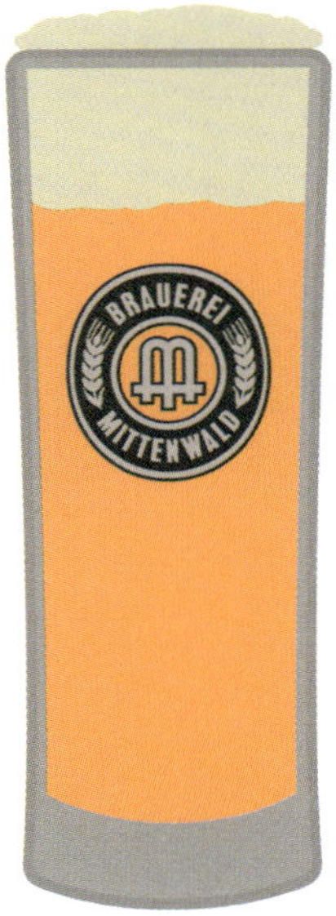

5,0 %
ALKOHOL-GEHALT

KELLERBIER, DIREKT AUS DEM KELLER SERVIERT, WIRD AUSSCHLIEßLICH HIER AUSGESCHENKT

STROHGELB, FESTER SCHAUM

GETREIDIG, SCHWACH HOPFIG

TROCKEN, FRUCHTIG, GETREIDIG

BITTERE SÜßE

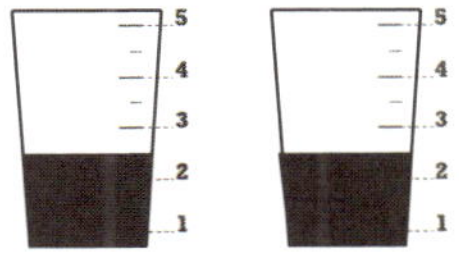

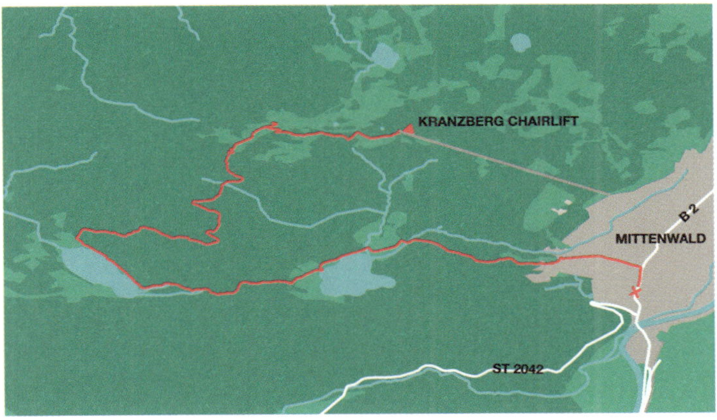

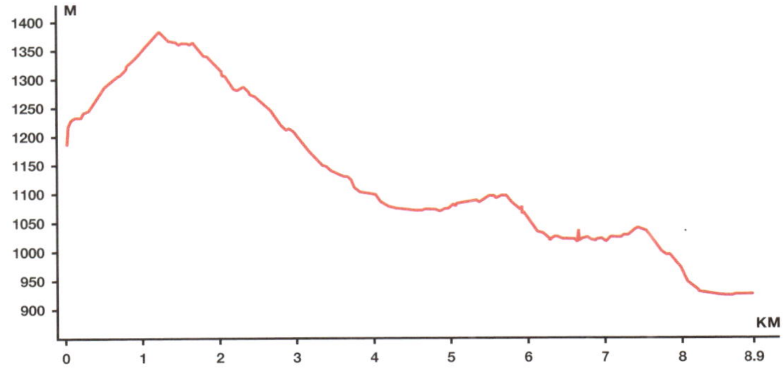

WEGBESCHREIBUNG

Die Bayerischen Alpen sind vielleicht nicht so berühmt oder so hoch wie ihre Nachbarn, aber sie sind genauso atemberaubend. Mittenwald ist ein Alpenörtchen wie aus dem Bilderbuch, mit schön bemalten Häusern und überbordendem Blumenschmuck auf den traditionellen Holzbalkons. Mit seinen zahlreichen Übernachtungsmöglichkeiten und einem breiten gastronomischen Angebot ist Mittenwald ein idealer Ausgangspunkt, um die malerische Gegend zu erkunden. Mehr noch als die hübschen Häuser ist es jedoch die Lage, die den Ort zu etwas ganz Besonderem macht. Die zerklüfteten Gipfel des Karwendel stehlen der unweit gelegenen Zugspitze, die immerhin der höchste Berg Deutschlands ist, mühelos die Schau, und sein spektakulärer Anblick ist unvergesslich. Da noch ein paar schöne Bergseen in Laufweite hinzukommen und zahlreiche Wanderwege im Ortszentrum starten, könnte man problemlos einige Tage in Mittenwald verbringen.

Mittenwald erreichen sie mit dem Zug aus München. Die Fahrt dauert zwei Stunden, mit Zwischenhalt in Garmisch-Partenkirchen.

Eine Wanderung im Karwendel ist eine tolle Erfahrung mit nur einem Nachteil: Sobald Sie im Karwendel sind, können Sie es nicht mehr sehen! Diese Wanderung führt Sie auf die Höhen gegenüber des Karwendels, wo der Blick atemberaubend ist. Startpunkt der Wanderung ist die Kranzberg-Sesselbahn. Sie liegt am Ortsrand, und je nachdem, ob Sie vom Bahnhof kommen oder von Ihrer Unterkunft in Mittenwald, können Sie auf dem Weg dorthin einen schönen Spaziergang durch den alten Ortskern machen. Schauen Sie sich auf jeden Fall die Kirche St. Peter und Paul an und die riesige Violinenstatue, sie liegen vom Bahnhof aus auf dem Weg. Die bekannte Sesselbahn ist gut ausgeschildert und daher leicht zu finden. Das letzte Stück ist ziemlich steil, erlaubt aber schon den ersten schönen Blick auf die Altstadt mit dem Karwendel als dramatischer Hintergrund. An der Kranzbergbahn angekommen, kaufen Sie sich einen Fahrschein (einfache Fahrt) und steigen ein. Wenn Sie ein Problem mit Höhen haben, sollten Sie sich die Bahn genau anschauen, bevor Sie ein Ticket kaufen. Alternativ können Sie von hier aus den gut markierten Fußweg zum Kranzberg nehmen, allerdings ist die Strecke eine ziemliche Schinderei und verläuft die ganze Zeit in der prallen Sonne, ist also ein recht heftiges Workout. Wenn Sie nicht furchtbar schwindelempfindlich sind, empfehle ich daher den Lift. Ich habe beides ausprobiert, und von oben, aus der Luft, hat man eine noch viel bessere Aussicht.

Wenn Sie aus dem Lift geklettert sind, sehen Sie beim Verlassen der Station viele Wanderschilder. Suchen Sie nach dem, auf dem Hoher Kranzberg steht, das ist der Weg Nr. 830 und hat einen blauen Punkt, was bedeutet, er ist leicht zu laufen. Allerdings werden Sie fast die ganzen 270 m Aufstieg auf diesem ungefähr 40 Minuten langen Abschnitt hinter sich bringen. Viel Schatten gibt es nicht und wenn es ein heißer Tag ist, sollten Sie möglichst früh loswandern. Sie laufen Richtung St. Anton's, ein nettes Restaurant mit toller Aussicht. Auf dem Weg dorthin folgen Sie der Route zum Hohen Kranzberg nach rechts. Es ist eine breite Schotterstraße, auf der es sich, abgesehen von der Steigung, leicht laufen lässt. Der Weg ist sehr eindeutig und Sie laufen weiter Richtung Hoher Kranzberg, teils auf dem Fußweg, teils auf der Straße. Sie kommen an einigen traditionellen Berghütten vorbei. Kurz vor der 1-km-Marke gelangen Sie an eine Abzweigung. Geradeaus geht es Richtung Ferchensee und Lautersee, das sind die beiden Bergseen, die Sie ebenfalls besuchen werden, aber zunächst geht es weiter hinauf Richtung Hoher Kranzberg. Der Weg ist nur fünf Minuten lang so steil und der spektakuläre Ausblick auf dem Weg nach oben und vom Aussichtspunkt aus entschädigt für alle Mühen. Oben angekommen, laden Holzbänke zum Verweilen ein. Wenn Sie sich ausgeruht haben, gehen Sie das Stück Weg zur Abzweigung zurück.

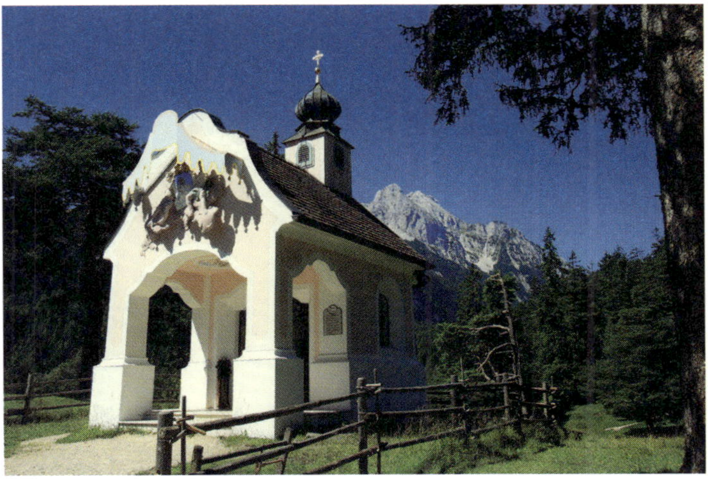

Nun folgen Sie der 813er-Markierung Richtung Ferchensee auf einem breiten Schotterweg. Genießen Sie den Ausblick zu Ihrer Linken, solange Sie noch können, bevor es wieder bergab geht. Sie passieren eine kleine Abzweigung, bleiben aber auf der Route Richtung Ferchensee und gehen weiter geradeaus. Bald taucht der Weg in den Wald ein und wird schmaler. Jetzt geht es bergab. Wenn Sie aus dem Wald herauskommen, treffen Sie wieder auf einen Schotterweg. Biegen Sie nach links ab und halten Sie nach der nächsten Abzweigung Ausschau, die sich auf der linken Seite in einer Kurve befindet. Gehen Sie links Richtung Ferchensee und Lautersee, zurück in den Wald. Sie kommen an eine kleinere Abzweigung, wo Sie die Möglichkeit haben, direkt zum Lautersee und nach Mittenwald zu laufen, aber Sie gehen geradeaus weiter und folgen der 813 Richtung Ferchensee. Es geht bergab, größtenteils durch Wald, aber wann immer sich der Wald lichtet, bieten sich Ihnen fantastische Ausblicke. Kurz nach der 4-km-Marke kommen Sie an eine weitere breite Schotterstraße. Hier gehen Sie nach links Richtung Lautersee und Mittenwald. Sie kommen am Ferchensee vorbei, einem wunderschönen See vor atemberaubender Gipfelkulisse. Wenn Sie hungrig oder durstig sind, können Sie hier einkehren. Wenn nicht, laufen Sie weiter am See entlang und gelangen an eine weitere kleine Abzweigung, wo Sie, der 872 folgend, weiter Richtung Lautersee und Mittenwald gehen. Am Ende des Sees führt ein Pfad nach rechts, um den See herum, aber Sie folgen dem Weg Richtung Lautersee nach links. Bald befinden Sie sich sowohl auf der 872 Richtung Mittenwald/Lautersee als auch auf der 828 Richtung Lautersee. Wenn Sie an eine größere Straße kommen, überqueren Sie sie und gehen auf der anderen Seite auf der 828 Richtung Lautersee weiter. Ein Stück weiter gehen Sie nach rechts, und wenn eine Gabelung kommt, halten Sie sich rechts, um auf der 828 zu bleiben. Eine Reihe von Stufen führt zum zweiten See hinab. Der Lautersee ist genauso schön wie der Ferchensee, und hier gibt es sogar eine noch größere Auswahl an Speisen und Getränken. Das erste Restaurant hat sogar Mittenwalder Bier vom Fass, falls Sie es nicht mehr erwarten können!

Sie folgen dem Weg, am See entlang, und sehen kurz nach dem Ende des Sees eine kleine Kapelle. An dieser Abzweigung können Sie nach rechts gehen und nach einem Bogen um die Kapelle auf verschiedenen Wanderwegen Richtung Mittenwald laufen. Am Ende dieser Freifläche sehen Sie ein Schild Richtung Mittenwald auf der 828. Sie können dieses Schild ignorieren und auf dem inoffiziellen, aber ziemlich offensichtlichen Weg weiter geradeaus gehen. Wenn nicht, folgen Sie dem Schild zu einer Abzweigung, wo Sie ein weiteres Schild für diese beiden Wege nach Mittenwald (828) sehen, aber wenn Sie den schnelleren Weg zur Brauerei nehmen möchten, gehen Sie nach rechts. Das Schild ist falsch herum am Pfosten. Wenn Sie auf die andere Seite schauen, sehen Sie Mittenwald ü. Felseneck. Nehmen Sie diese Route, und Sie werden den eben erwähnten Weg sehen. Auf dem gehen Sie weiter. Der Weg wird zu einem breiteren Schotterweg und führt durch den Wald. Es kommt eine kleine Abzweigung, aber Sie gehen weiter geradeaus. Hier sind es, laut Schild, ungefähr noch zehn Minuten bis Mittenwald. Ein Stück weiter überqueren Sie eine befestigte Straße und gehen auf der anderen Seite auf einem schmalen, aber deutlich zu erkennenden Pfad weiter. Er umrundet ein kleines, umzäuntes Privatgrundstück, bevor Sie über ein paar Stufen zur Stadt hinunter gelangen und auf dem Lauterseeweg herauskommen. Sie biegen nach links ab, folgen dem Lauterseeweg bis zur Abzweigung, wenden sich nach rechts, überqueren die Straße (Elmauer Weg) und halten nach der Wettersteinstraße Ausschau. Gehen Sie die paar Stufen hinunter und folgen Sie der ruhigen Wohnstraße eine Weile, bis Sie auf die Ludwig-Murr-Straße stoßen. Jetzt überqueren Sie die Kreuzung und gehen gegenüber auf der Adolf-Baader-Straße geradeaus weiter. Nach einer Weile kommen Sie an die Innsbrucker Straße und biegen nach rechts ab. Die Brauereigaststätte Postkeller befindet sich vor Ihnen auf der linken Seite.

BRAUEREIGASTSTÄTTE POSTKELLER

Die Brauereigaststätte Postkeller ist eine von drei Gaststätten, die das Bier der Brauerei Mittenwald ausschenken, und ist, da sie unmittelbar neben der Brauerei liegt, direkt an der Quelle. Meines Wissens wird nur hier das Kellerbier direkt aus den Kellertanks gezapft. Abgesehen davon ist die Aussicht grandios, und nach der letzten Generalsanierung vor wenigen Jahren ist der Postkeller eine moderne Gaststätte, die sich aber ein traditionelles Flair bewahrt hat. Neben den typischen bayerischen Klassikern bietet die Karte auch einige innovative Gerichte.

Die Brauerei Mittenwald wurde 1830 gegründet und ist in fünfter Generation im Besitz der Familie Neuner, die das Unternehmen nun für die Zukunft fit macht. So haben sie zum Beispiel ihr Logo überarbeitet und scheinen mehr Biere vom Fass anzubieten. Dennoch sind sie eine traditionelle Brauerei und stolz darauf, nur regional angebautes Malz und besten Hallertauer Hopfen zu verwenden. Natürlich besteht Bier hauptsächlich aus Wasser, und hier kommt es aus einer Quelle unweit des Lautersees, des Sees, an dem Sie vorhin vorbeigelaufen sind.

Bier vom Fass: Mittenwalder Karwendel Hell, Mittenwalder Naturtrübes Kellerbier, Mittenwalder Berg Gold, Mittenwalder Jager Dunkel, Mittenwalder Pils, Werdenfelser Weiße; saisonal Mittenwalder Edel-Märzen, Weihnachtsbock und Josefi-Bock (zur Fastenzeit). In der Flasche: Werdenfelser Hefe Dunkel, Werdenfelser Hefe Leicht.

Nähere Informationen zu den Biersorten finden Sie auf der Website der Brauerei Mittenwald: www.brauerei-mittenwald.de

PRAKTISCHE INFORMATIONEN

Brauereigaststätte Postkeller
Innsbrucker Straße 13
82481 Mittenwald
08823 / 9379480
www.brauereigaststaette-postkeller.de

Öffnungszeiten:
Freitag bis Dienstag ab 10 Uhr
Donnerstag ab 17 Uhr
Ruhetag Mittwoch

Eine weitere der drei zur Brauerei gehörigen Gaststätten, in der man außerdem übernachten kann:

Gasthof Stern
Fritz-Prölß-Platz 2
82481 Mittenwald
08823 / 8358
www.stern-mittenwald.de

Montag Ruhetag

MURNAUER MOOS

HEIMAT DES »BLAUEN REITERS« UND DER BRAUEREI KARG

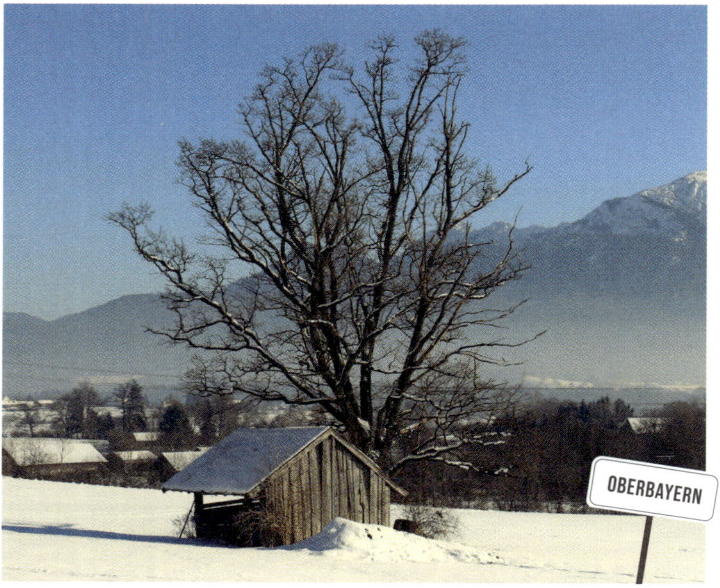

START	ZIEL
MÜNTER-HAUS, MURNAU	MÜNTER-HAUS, MURNAU
BIER	SCHWIERIGKEITSGRAD
KARG HELLES HEFE-WEIẞBIER	MITTELSCHWERE WANDERUNG
KARTE	LÄNGE/GEHZEIT
ATK25-Q10 MURNAU A.STAFFELSEE	14 KM 3-4 STUNDEN
SEHENSWÜRDIGKEITEN	HÖHENMETER
MÜNTER-HAUS, MURNAUER MOOS (MOORGEBIET), ALPEN, KLEINE KAPELLE	AUFSTIEG: 205 M ABSTIEG: 208 M

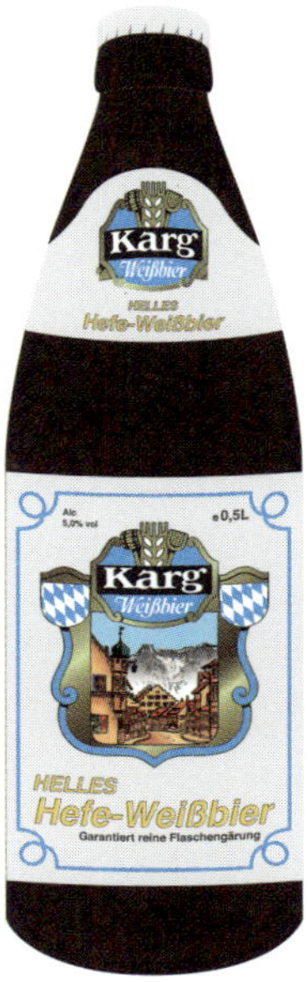

5,0 %
ALKOHOL-GEHALT

WEIßBIER

UNFILTRIERT, HONIGFARBEN, STABILE SCHAUMKRONE

BANANE, NELKE

FRUCHTIG, FÜR DIE BIERSORTE TROCKEN, BANANE

BITTERE

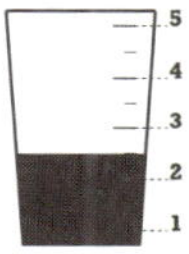

SÜßE

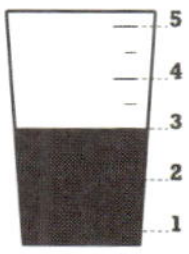

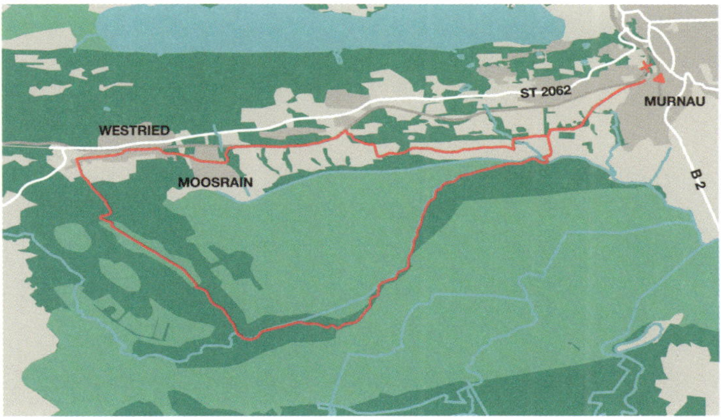

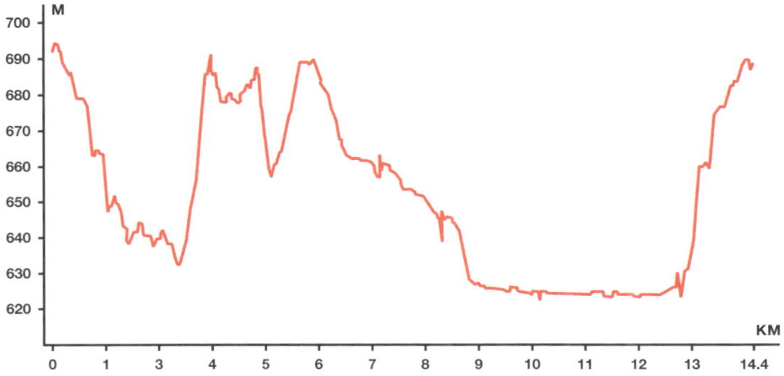

WEGBESCHREIBUNG

Murnau am Staffelsee ist eine bezaubernde Stadt südwestlich von München. Obwohl die Stadt in einem relativ flachen Tal liegt, wirken die Berge unglaublich nah, und an klaren Tagen meint man sie fast berühren zu können. Berühmt geworden ist die Stadt als Heimat der Künstlergruppe »Der Blaue Reiter«, der unter anderem Wassily Kandinsky angehörte. Das Haus, in dem er mit Gabrielle Münter wohnte, ist heute eine beliebte Sehenswürdigkeit und als Münter-Haus bekannt. Das Murnauer Moos ist eines der größten Moorgebiete Mitteleuropas und bildet einen atemberaubenden Kontrast zu den umgebenden Bergen. Dieser Gegensatz macht die Gegend für Wanderer und Radfahrer so interessant.

Von München aus ist Murnau in etwa einer Stunde mit dem Zug zu erreichen.

Egal, ob Sie nur einen Tagesausflug von München aus machen oder ein oder zwei Abende in Murnau verbringen – das Münter-Haus ist ein Muss! Sie können es nicht verfehlen, denn am Bahnhof und in der Altstadt wimmelt es nur so von Wegweisern. Selbst wenn Sie sich nicht für Kunst interessieren, ist das Haus ein schöner Anblick und der ideale Ausgangspunkt für unsere Wanderung zum Murnauer Moos. Vom Münter-Haus aus folgen Sie der Kottmüllerallee stadtauswärts (d. h., wenn Sie mit dem Rücken zum Münter-Haus stehen, gehen Sie nach rechts). Sie können sich an den Markierungen für den Murnauer-Moos-Rundweg 5 orientieren. Der Weg macht eine sanfte Biegung nach links und verwandelt sich in einen idyllischen, schmalen Pfad, der auf beiden Seiten von Bäumen gesäumt wird. Wenn Sie aus diesem »grünen Tunnel« heraustreten, macht der Weg einen Rechtsknick und linker Hand breitet sich eine offene Landschaft vor Ihnen aus. An klaren Tagen können Sie die Alpen sehen. Wenig später müssen Sie nach links abbiegen, es geht etwas bergab und es ergibt sich ein schöner Blick auf einen Bauernhof mit den Bergen im Hintergrund – sehr malerisch, vor allem am späten Nachmittag. Beim ersten Plateau haben Sie zwei Möglichkeiten. Wenn Sie weiter geradeaus und bergab gehen, kommen Sie zum »Ramsachkircherl«, einer niedlichen kleinen Kapelle, neben der sich praktischerweise ein Biergarten befindet. Stattdessen biegen Sie jedoch rechts ab und laufen Richtung Drachenstich. Sie werden es heute nicht ganz zu dieser Attraktion schaffen, aber auf dem Weg dorthin steht ein kleines Metallteleskop. Wenn Sie hindurchschauen, sehen Sie die Turmspitzen dreier Kirchen; die am nächsten gelegene werden Sie auf dem Rückweg passieren. Diese Stelle ist als Asam-Punkt bekannt, denn alle drei Kirchen wurden von den berühmten Brüdern Asam erbaut. Nun trennen sich die beiden Wanderrouten und Sie folgen dem Murnauer-Moos-Rundweg. Sobald Sie auf eine größere Straße stoßen, gehen Sie nach rechts. Sie folgen der Straße und lassen die Abzweigung nach links unbeachtet, die Sie hinunter zum malerischen Fluss bringen würde. Später kommen Sie über diesen Weg zurück. Sie durchlaufen eine offene Landschaft, sehen aber die ganze Zeit linker Hand die Berge.

Am Ende dieser Straße haben Sie keine andere Wahl, als der Moos-Rundweg-Markierung zu folgen und nach rechts zu gehen. Sie haben es sicher schon erraten: Es geht aufwärts! Dort, wo Sie auf einige hölzerne Stufen treffen, stehen glücklicherweise ein paar Bäume, die etwas Schatten spenden. Weiter oben sehen Sie ein kleines Blockhaus, eine Art Schutzhütte. Sie können einen Abstecher dorthin machen, aber der Wanderweg führt nach rechts, gefolgt von einer Linkskurve. Das ist ein bisschen umständlich, aber sofern Sie nicht zur Hütte wollen, um dort Rast einzulegen, ist es eine schöne Strecke, mit schönen Ausblicken auf die Blockhütte und die Berge dahinter. Sie laufen ein Stück entlang der Bahngleise, wenden sich dann nach rechts, um sie zu überqueren, und biegen danach gleich wieder links ab. Nun gehen Sie auf der anderen Seite der Schienen, bevor Sie sie erneut überqueren. Dort, wo der Weg eine Linkskurve macht und sich von der Bahnstrecke entfernt, führt er in den Wald hinein und kommt schließlich im Dorf Moosrain an der gleichnamigen Straße heraus. Hier biegen Sie nach rechts ab, dem gut sichtbaren Hinweis auf den Moos-Rundweg 5 folgend, und laufen eine Weile die Asphaltstraße entlang. Dem Straßenverlauf folgend, gelangen Sie wieder an die Gleisstrecke, biegen links ab und laufen parallel zu den Schienen. An der nächsten Gabelung halten Sie sich links und befinden sich nun auf der Graf-Alban-Straße, die durch ein nettes Wohngebiet führt. Hier haben alle Häuser eine schöne Aussicht. An der Kreuzung gehen Sie nach links und folgen der Straße Im langen Filz, an der Sie auch die bekannten Moos-Rundweg-5-Schilder sehen können. Bald darauf führt die Straße durch einen schönen, dichten Wald, und wenn Sie aus dem Wald herauskommen und die offene Landschaft beginnt, befinden Sie sich schon im Naturschutzgebiet Murnauer Moos. Der Bohlenweg, auf dem Sie jetzt laufen, soll nicht nur verhindern, dass Sie nasse Füße bekommen, sondern auch die empfindliche Moorlandschaft schützen. Daher ist es auch wichtig,

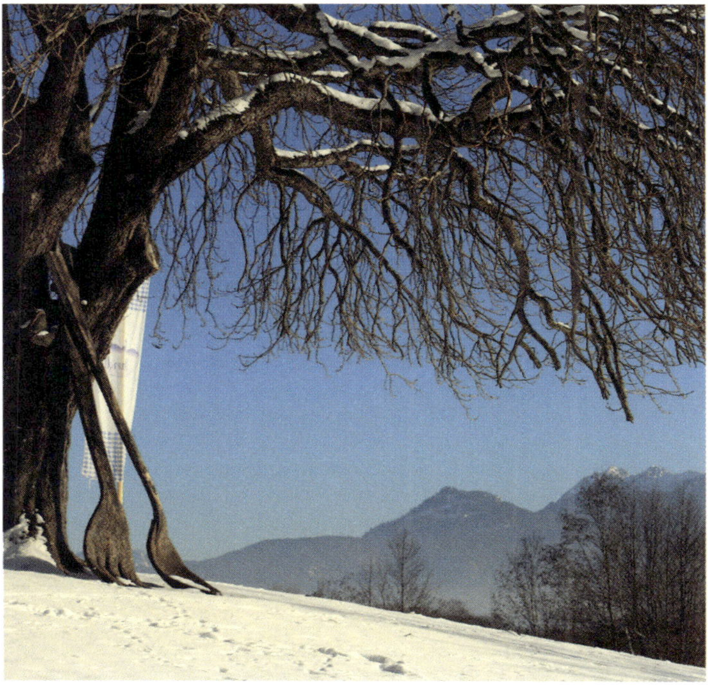

dass Sie den Weg nicht verlassen! Es ist eine schöne Strecke, zumal Sie direkt auf die Bergkulisse zulaufen, die in der Ferne aufragt.

Am Ende dieses zauberhaften Abschnitts sind Sie wieder von Feldern umgeben. Wenn Sie eine kleine Holzbrücke sehen, nutzen Sie die Gelegenheit, den Lindenbach zu überqueren, und gehen dann nach links. Diesem Bach folgen Sie im ersten Abschnitt Ihres Rückwegs. Er schlängelt sich hin und her und entfernt sich dann vom Weg, aber hier können Sie nicht falsch laufen und sich ganz auf das grandiose Panorama konzentrieren. Wenn der Weg sich dem Fluss wieder nähert, ändert der seinen Namen in Ramsach. Sie folgen der Ramsach bis zu der kleinen Kapelle, die Sie vom Asam-Punkt aus gesehen haben. Sie überqueren eine kleine Brücke und biegen links ab auf die Ramsachstraße. Sie können einen Blick in die Kapelle riskieren, und wenn Sie es gar nicht mehr aushalten, können Sie in der Gaststätte Ähndl schon einmal ein erfrischendes Getränk nehmen – hier gibt es auch Bier von der örtlichen Brauerei Karg – und die unglaubliche Aussicht genießen. Bei schönem Wetter empfiehlt sich natürlich der kleine Biergarten. Ob Sie Rast machen oder nicht, wenn Sie die Kapelle hinter sich gelassen haben, sind Sie auf dem Weg, den Sie auf dem Hinweg gesehen haben, als Sie Richtung Drachenstich abgebogen sind. Wenn Sie an dieser Abzweigung angekommen sind, gehen Sie weiter bergauf, bis der Weg nach rechts abbiegt. Genießen Sie die schöne Landschaft, die jetzt, im Spätnachmittagslicht, vielleicht noch atemberaubender aussieht. Über die Ihnen ja schon bekannte Kottmüllerallee gehen Sie zurück zum Münter-Haus und von dort aus weiter Richtung Stadtmitte, ins Karg Bräustüberl am Untermarkt.

KARG BRÄUSTÜBERL

Das Bräustüberl der Brauerei Karg befindet sich direkt an der Hauptstraße der Altstadt. Die Familie Karg übernahm die Brauerei 1912, die 20 Jahre zuvor als Weißbierbrauerei Hirschvogel gegründet worden war. Mittlerweile führt die fünfte Generation den Familienbetrieb. Südbayern ist bekannt für seine ungewöhnlichen Biersorten. Ungewöhnlich deswegen, weil für die Herstellung von Weiß- bzw. Weizenbier Weizenmalz verwendet wird, eine Zutat, die das Bayerische Reinheitsgebot aus dem Jahr 1513 nicht vorsieht. Da das Bier aber obergärig ist (was in Bayern ebenfalls nicht die Regel ist), scheint es sich nicht an die strengen Vorgaben halten zu müssen. Ebenfalls ungewöhnlich ist die Flaschengärung – durch die zugesetzte Hefe wird das Bier trüb. Einige der besten Weißbiersorten werden hier in der Gegend gebraut, und Karg bewegt sich im absoluten Spitzenfeld. Karg braut ausschließlich Weißbier. Auf der Speisekarte des Bräustüberls findet sich gute bayerische Küche, und wenn Sie noch nie ein Weißwurst-Frühstück probiert haben, ist jetzt die ideale Gelegenheit, diese regionale Spezialität zu kosten. Da das Weißwurst-Frühstück nur bis 11 Uhr serviert wird, stärken Sie sich entweder am Morgen vor der Wanderung oder Sie verbringen die Nacht nach der Wanderung im Hotel Griesbräu, wenige Häuser weiter, und genießen es am nächsten Morgen.

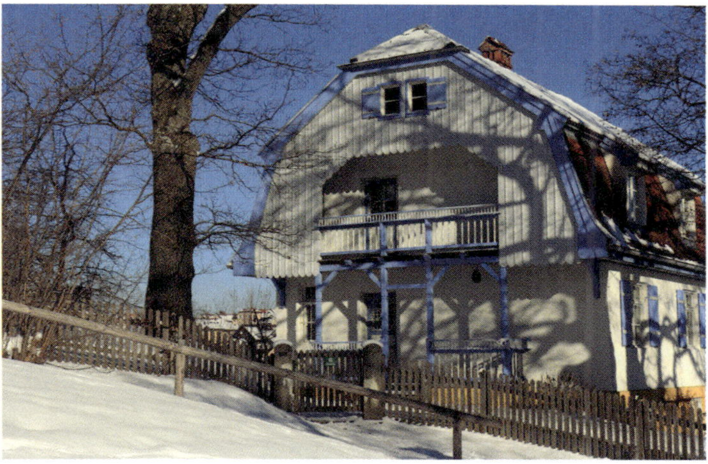

Bier vom Fass: Karg Helles Hefe-Weißbier. Flaschenbiere: Dunkles Hefe-Weißbier, Leichtes Hefe-Weißbier und einige saisonale Biere wie Weizenbock (in der kälteren Jahreszeit).

PRAKTISCHE INFORMATIONEN

Karg Bräustüberl
Untermarkt 27
82418 Murnau am Staffelsee
08841 / 8272
www.karg-weissbier.de

Öffnungszeiten:
Mittwoch bis Sonntag 10–14 Uhr und 18–23 Uhr
Montag und Dienstag Ruhetag

MURNAUER DRACHENSTICH-RUNDWEG

ERST WIRD DER DRACHE DURCHBOHRT, DANN TRINKEN WIR SEIN BLUT

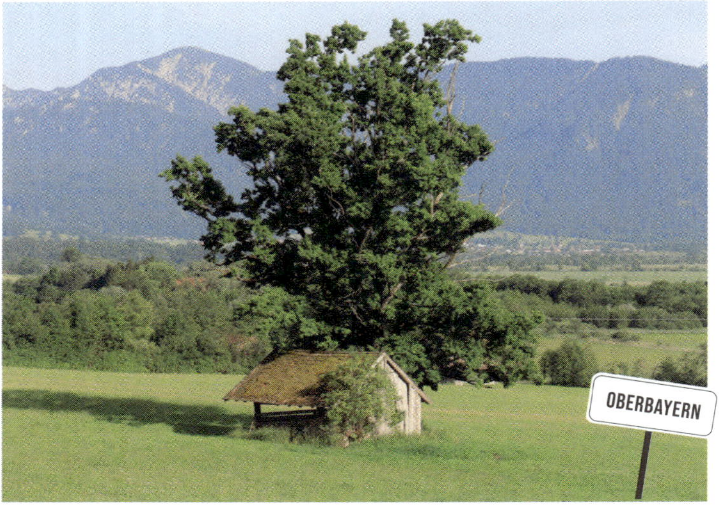

START	ZIEL
GRIESBRÄU ZU MURNAU	GRIESBRÄU ZU MURNAU
BIER	**SCHWIERIGKEITSGRAD**
GRIESBRÄU HELLES	MITTELSCHWERE WANDERUNG
KARTE	**LÄNGE/GEHZEIT**
ATK25-Q10 MURNAU A.STAFFELSEE	6,5 KM 2–2,5 STUNDEN
SEHENSWÜRDIGKEITEN	**HÖHENMETER**
DRACHENSTICH, STAFFELSEE, ASAM-PUNKT, BERGLANDSCHAFT, KIRCHE MARIA HILF	AUFSTIEG: 150 M ABSTIEG: 160 M

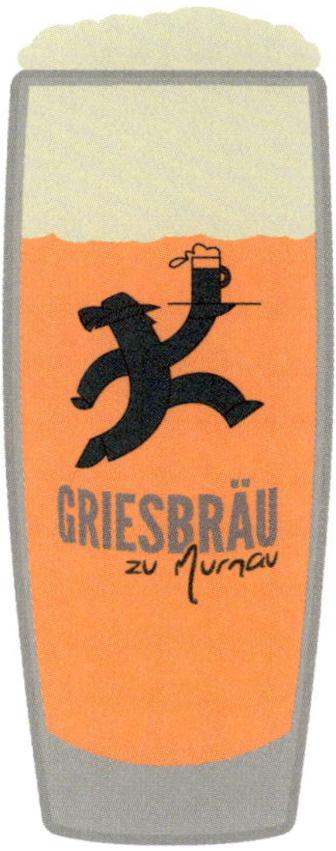

4,9 % ALKOHOLGEHALT

UNFILTRIERTES HELLES

UNFILTRIERT, HELL-BERNSTEINFARBEN

ZITRUSHOPFIG, GETREIDIG

FRUCHTIG, GETREIDIG, TROCKEN, BITTER IM ABGANG

BITTERE SÜẞE

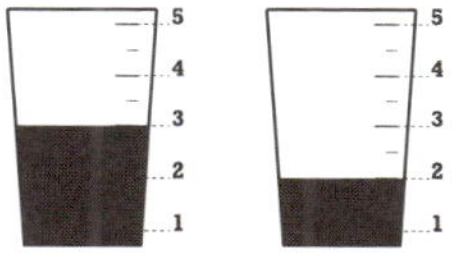

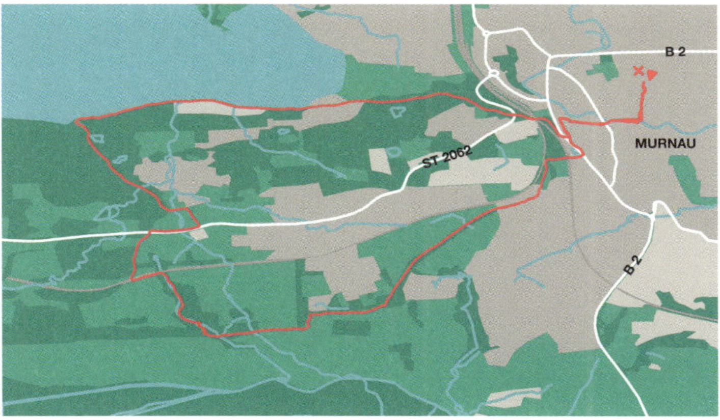

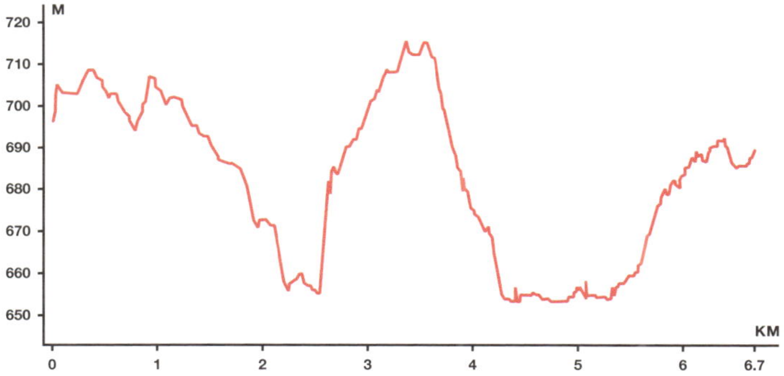

WEGBESCHREIBUNG

Die Stadt Murnau ist in der Kunstwelt eine feste Größe, insbesondere natürlich als Heimat der Kunstgruppe »Blauer Reiter«. Wenn Sie die Wanderung durch das Murnauer Moos (siehe Seite 76) schon gemacht haben und sich klugerweise dafür entschieden haben, in der Stadt zu übernachten, wird Sie diese Wanderung nicht nur zu dem schönen großen See vor den Toren Murnaus führen, sondern auch in eine Gegend, wo vielleicht einmal Drachen getötet wurden. Und wenn Sie diese Wanderung im Sommer machen, haben Sie sogar die Möglichkeit, Drachenblut zu trinken.

Murnau erreichen Sie von München aus mit dem Zug. Die Fahrt dauert etwa eine Stunde.

Wenn Sie das Griesbräu verlassen und auf die Straße treten, gehen Sie nach rechts, den Obermarkt entlang, eine beliebte Straße, wo man vortrefflich im Café sitzen und Leute beobachten kann. Aber jetzt gehören Sie zu den Leuten, die beobachtet werden, denn Sie laufen geradeaus auf die Kirche vor Ihnen zu. Wenn Sie nicht hineinwollen, können Sie den Turm vor der Bergkulisse bewundern. Biegen Sie nach rechts ab auf die Postgasse und folgen Sie ihr bis zur Bahnhofstraße. Diese geschäftige Kreuzung überqueren Sie vorsichtig und laufen auf der anderen Seite auf der Kohlgruber Straße weiter. Die verwandelt sich in einen Fußweg, und an der T-Kreuzung gehen Sie nach links. Ein Straßenschild weist Richtung Staffelsee und Münter-Haus. Zuerst steuern Sie das Münter-Haus an. Ein Schild für den Drachenstich-Rundweg ist ebenfalls zu sehen, das ist Ihre Route. Sie gehen also, wie gesagt, nach links und folgen diesem Pfad durch einen kleinen Stadtpark. Sie kreuzen hier den Rundweg. Sie werden später zu dieser Stelle zurückkommen, aber jetzt gehen Sie geradeaus. Nachdem Sie eine kleine Holzbrücke überquert haben, gehen Sie ein paar Stufen hinab und dann nach rechts, der Rundweg-Markierung folgend. Nachdem Sie noch ein Stück durch den Park gelaufen sind, stehen Sie vor den Bahngleisen, die Sie vorsichtig überqueren. Auf der anderen Seite geht es weiter durch den Park, an einigen schönen alten Bäumen vorbei. Der Weg krümmt sich etwas nach links und verläuft ein kurzes Stück parallel zu einer anderen Bahnstrecke. Rechts und links säumen Bäume den Weg. Sie kommen zu einem Kreuz, und auf der anderen Seite befindet sich eine Informationstafel. Hier haben sich die Künstler des »Blauen Reiters« gerne getroffen. Von hier aus hat man einen schönen Blick auf die Kirche. Sie gehen weiter und sehen bald das Münter-Haus links vor sich.

Der erste Teil der Route folgt dem Murnauer-Moos-Wanderweg. Über ihn gelangt man zu vielen anderen Wanderwegen und glücklicherweise ist er so schön, dass es nichts ausmacht, ihn mehrmals zu gehen. Biegen Sie rechts ab auf die Kottmüllerallee und folgen Sie den Drachenstich-Rundweg-Schildern. Die befestigte Straße verwandelt sich bald in einen schmalen Pfad, und wenn dieser die Rückseite einiger Häuser erreicht hat, gehen Sie auf dem mittleren Pfad weiter, der gut markiert ist. Wenn Sie an eine Abzweigung kommen, gehen Sie weiter geradeaus auf der Kottmüllerallee und biegen nicht links zur Lourdesgrotte ab! Auf diesem schönen Abschnitt säumen auf beiden Seiten große Bäume den Weg. Sie können sich vorstellen, dass dieser Weg auch bei Einheimischen beliebt ist, die hier ihren Morgen- oder Abendspaziergang machen, also wundern Sie sich nicht, wenn hier viele Leute unterwegs sind. Sie gelangen an einen Aussichtspunkt mit einem kleinen Unterstand. Von hier aus haben Sie einen tollen Blick auf die Berge und das Murnauer Moos. Folgen Sie dem Weg, der eine Rechtskurve macht und dann wieder ein Stück gerade verläuft. Wenn er nach links abbiegt, gelangen Sie an eine weitere Abzweigung. Verwirrenderweise geht der Drachenstich geradeaus und nach rechts. Für unsere Wanderung gehen Sie nach rechts, wo der Weg auf gleicher Höhe weiterführt, statt abzufallen. Sie kommen an einer Skulptur vorbei, die eine Hand darstellt, die ein Teleskop hält. Wenn Sie hindurchschauen, sehen Sie die Turmspitzen dreier Kirchen, die von den Asam-Brüdern gebaut wurden, daher heißt diese Stelle auch Asam-Punkt. Wenn Sie an eine Abzweigung kommen, gehen Sie nach rechts und folgen der Route Richtung Drachenstich. Es ist im Grunde nichts weiter als eine kleine Lichtung im Wald. Der Legende nach soll hier der Murnauer Lindwurm seine vielen Jungfrauen verspeist haben, aber ehrlich gesagt fand ich den Ort wenig geheimnisvoll und war etwas enttäuscht. Ich schaute mich um und versuchte, mir einen Drachen vorzustellen, der hier herumlag, aber es wollte mir nicht recht gelingen.

Danach kommen Sie an eine lange Treppe und gehen hinauf. Oben angekommen, laufen Sie durch ein schönes Waldstück und überqueren ein paar kleine Brücken. Der Weg biegt nach links ab, verläuft ein Stück parallel zu den Schienen, und ein Drachenstich-Rundweg-Schild weist nach rechts. Überqueren Sie vorsichtig die Gleise (das ist kurz nach der 3-km-Marke). Auf der anderen Seite weist ein weiteres Schild nach rechts und Sie folgen dem unbefestigten Weg, bis Sie auf die Kohlgruber Straße stoßen. Überqueren Sie die Straße vorsichtig und biegen Sie auf der anderen Seite nach rechts ab auf den Fußweg parallel zur Straße. Bei der ersten Gelegenheit biegen Sie nach links ab auf die Straße, die zur Klinik führt, bleiben aber auf der linken Straßenseite. Wenn Sie das Schild Zum Staffelsee sehen, biegen Sie links ab. Das Drachenstich-Schild darunter gibt an, dass der See weniger als einen Kilometer entfernt ist. Folgen Sie dem Weg durch den Wald bis zum See und dann der Markierung nach rechts. Nun laufen Sie am Seeufer entlang und genießen die Aussicht. An heißen Tagen ist der See voller Schwimmer und Kanufahrer. Der unbefestigte Weg wird zum befestigten Seewaldweg und Sie nähern sich dem Ende des Sees. Wenn Sie am See noch etwas trinken wollen, ist hier ein Kiosk, an dem Sie etwas kaufen können.

Die Schilder sind hier ein bisschen verwirrend, aber am besten gehen Sie einfach weiter geradeaus. Aus dem Seewaldweg wird die Seestraße und es gibt einen Fußweg links von der Straße. Dort, wo er sich gabelt, halten Sie sich links, danach gehen Sie rechts. So kommen Sie zurück zur Seestraße, die Sie vorsichtig überqueren, um die Unterführung vor Ihnen zu erreichen. Die Drachenstich-Schilder weisen Richtung Stadtmitte. Auf der anderen Seite sehen Sie eine weitere Unterführung, durch die Sie ebenfalls gehen. Unter den bunten Graffitis an den Wänden ist auch ein Drache. Auf der anderen Seite folgen Sie weiter den Drachenstich-Schildern, die Sie über einen erhöhten Fußweg nach rechts führen, das ist ungefähr bei Kilometer 6. Der Weg verläuft entlang der Gleise und kommt an der kleinen Wegkreuzung im Park heraus, die Sie schon vom Hinweg kennen. Diesmal biegen Sie nach links ab und laufen durch die Grünanlage zurück zum Fußweg Richtung Stadtzentrum. Biegen Sie rechts ab auf die Kohlgruber Straße und folgen Sie ihr bis zur Kreuzung, danach weiter geradeaus auf der Postgasse. Am Ende der Straße biegen Sie rechts ab auf den Obermarkt und laufen weiter, bis Sie auf der linken Seite das Griesbräu sehen.

GRIESBRÄU ZU MURNAU

Das Griesbräu zu Murnau ist ein Ort mit langer Tradition. Die erste Erwähnung einer Braustätte an diesem Standort stammt aus dem Jahr 1676. Die Brauerei Griesbräu wurde 1836 gegründet, stellte aber weniger als 100 Jahre später den Braubetrieb ein. Zu einem Neubeginn kam es im Jahr 2000, als die Familie Gilg die Geschichte der Brauerei nach 83-jähriger Pause weiterschrieb. Die denkmalgeschützten Gebäude wurden restauriert, und die Stadt gewann mit der Brauerei auch einen Teil ihres kulturellen Erbes zurück. Heute verkörpert Griesbräu eine gelungene Mischung aus alter Brautradition und modernem Innovationsgeist und braut nicht nur die

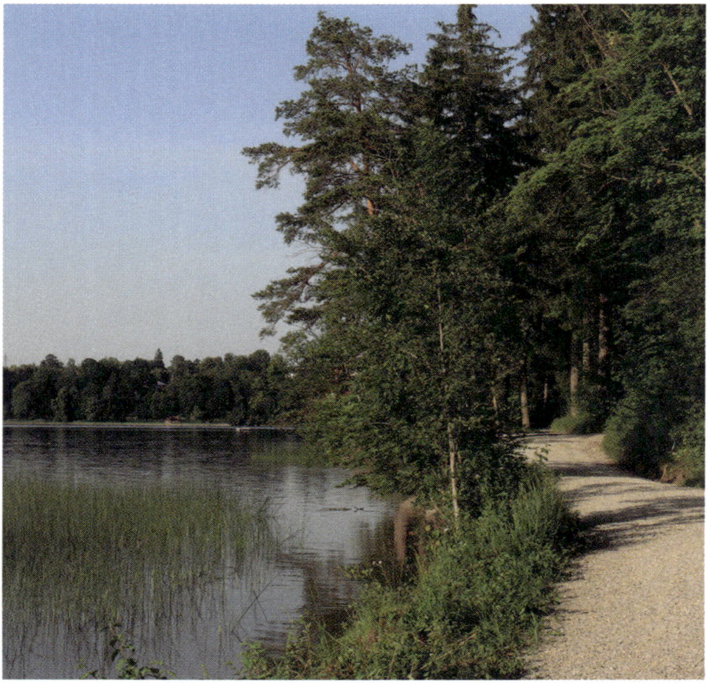

typisch bayerischen Sorten, sondern auch einige Craft-Biere. Im altehrwürdigen Gewölbekeller sitzt man neben den auf Hochglanz polierten kupfernen Sudkesseln, was aber der gemütlichen Atmosphäre in keinster Weise schadet. Bei den Speisen gilt Selbstbedienung, nur die Getränke werden am Tisch bestellt und serviert.

Das Brauhaus macht mit vielen Veranstaltungen von sich reden. In Bierseminaren kann man etwas über das Brauereihandwerk und neue Biersorten lernen. Griesbräu hat viele saisonale Biere und ich fand es schön zu sehen, wie ältere Bayern genüsslich ein IPA tranken – das hat in dieser Region noch Seltenheitswert! Als ich im Mai dort war, konnte ich sowohl den regulären Maibock als auch eine Craft-Bier-Version davon kosten und war von beiden höchst beeindruckt. Sie schmeckten recht unterschiedlich und es war ein interessanter Vergleich. Wenn Sie die Wanderung im Juni machen, haben Sie sogar Gelegenheit, ein Drachenblut zu trinken!

Bier vom Fass: Griesbräu Helles, Griesbräu Weiße, Griesbräu Ur-Dunkel. Saisonal: Griesbräu Murnator (zur Fastenzeit), Griesbräu Maibock (Mai), Braunbier Bruno (August), Griesbräu Märzen (September), Griesbräu Weizen Dunkel (Oktober), Weihnachts-Weizenbock (Adventszeit). Saisonale Craft-Biere: Griesbräu IPA (Januar), Pfeifal (Januar), MaiOr (ein Craftbier-Maibock, Mai), Drachenblut (Juni), Sommerfrische (August), Barley Wine (Ende August), Ein Stout zu Nikolaus (November/Dezember), HoWeiBo (Advent).

PRAKTISCHE INFORMATIONEN

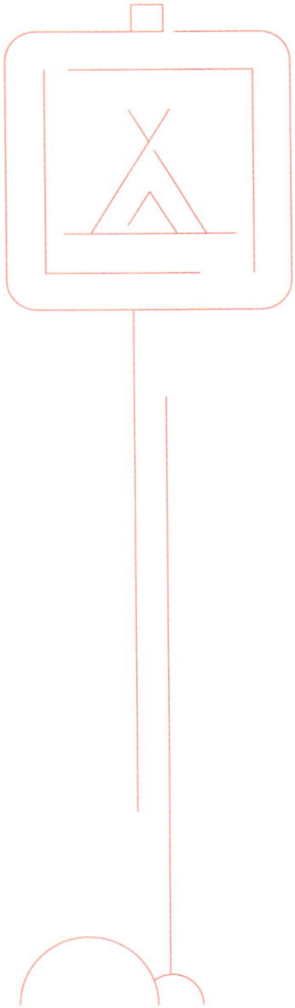

Griesbräu zu Murnau
Obermarkt 37
82418 Murnau a. Staffelsee
08841 / 1422
www.griesbraeu.de

Täglich geöffnet 10–23 Uhr

Zimmer können über die Website gebucht werden.

OBERAMMERGAU

EINE BESTEIGUNG DES BRAUEREILOGOS

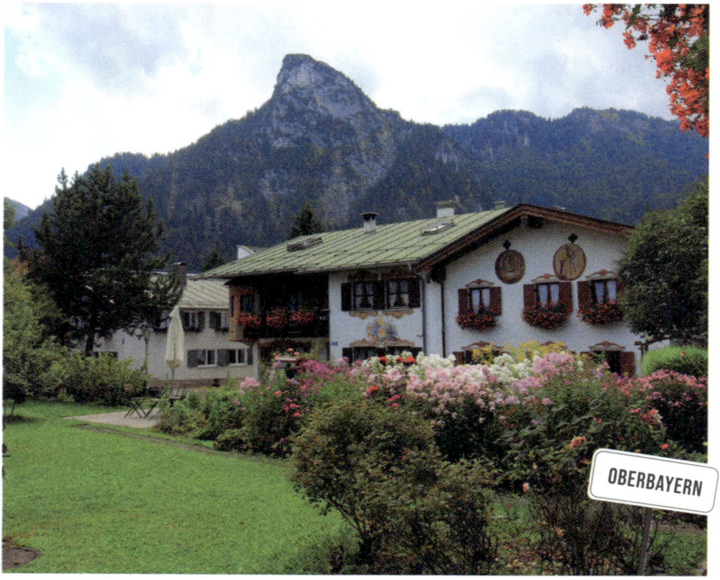

START	ZIEL
AMMERGAUER MAXBRÄU, OBERAMMERGAU	AMMERGAUER MAXBRÄU, OBERAMMERGAU
BIER	SCHWIERIGKEITSGRAD
AMMERGAUER MAXBRÄU NATURTRÜBES KELLERBIER	BERGWANDERUNG
KARTE	
ATK25-R09	LÄNGE/GEHZEIT
GARMISCH-PARTENKIRCHEN	12 KM 4–5 STUNDEN
SEHENSWÜRDIGKEITEN	HÖHENMETER
KOFEL, LÜFTLMALEREI, ALPENLANDSCHAFT, PFARRKIRCHE ST. PETER UND PAUL, AMMER	AUFSTIEG: 640 M ABSTIEG: 620 M

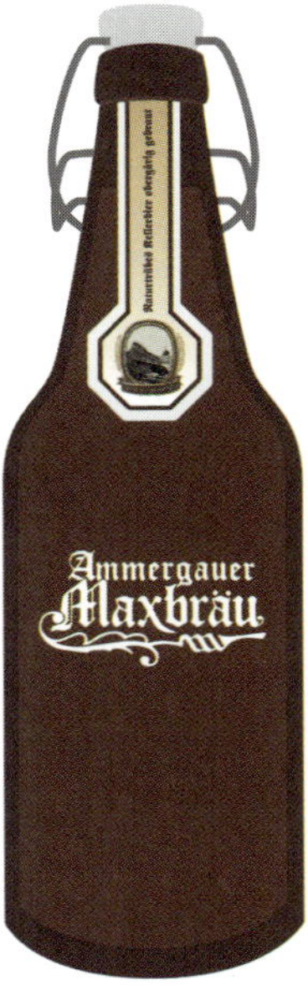

4,9 %
ALKOHOL-
GEHALT

OBERGÄRIGES KELLERBIER MIT WIENER MALZ, PILSNER MALZ UND DINKELMALZ SOWIE HERSBRUCKER SPÄT AROMAHOPFEN

UNFILTRIERT,
DUNKEL HONIGFARBEN

ZITRONIG HOPFIG,
EIN HAUCH PFIRSICH

TROCKEN, FRUCHTIG,
KOMPLEX-MALZIG,
ZITRONIG-HOPFIG,
BITTER IM ABGANG

BITTERE SÜẞE

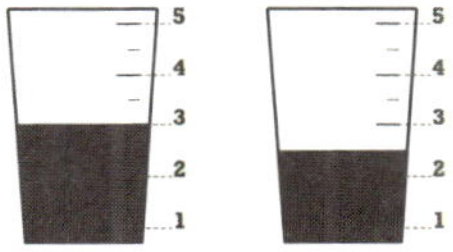

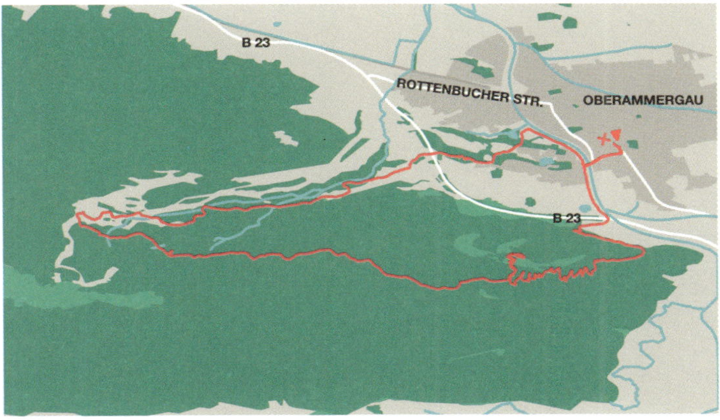

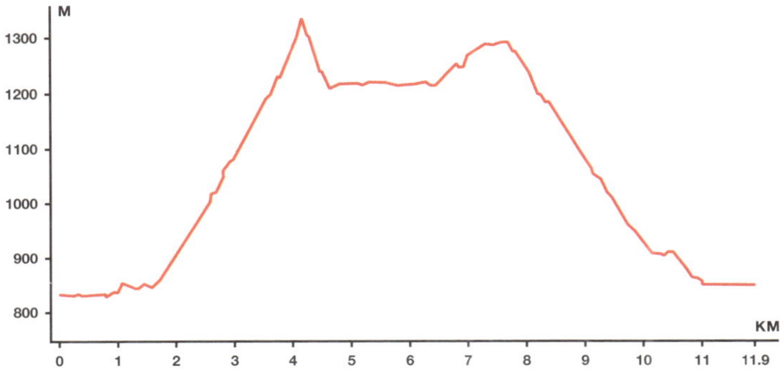

WEGBESCHREIBUNG

Oberammergau ist vielen vor allem als Aufführungsort der weltweit bekanntesten Passionsspiele ein Begriff. Seit dem 17. Jahrhundert spielen die Bewohner der kleinen Alpengemeinde im letzten Jahr eines Jahrzehnts (also das nächste Mal 2020) die letzten fünf Tage im Leben Jesu nach und Leute aus aller Welt reisen an, um dem beizuwohnen. Ein weiterer Trumpf Oberammergaus ist die Vielzahl der mit Lüftlmalerei verzierten traditionellen Berghäuser. Bei dieser in Oberbayern und Österreich beheimateten barocken Fassadenmalerei werden architektonische Elemente wie Fenster und Türen, aber auch Szenen aus dem dörflichen und ländlichen Leben dargestellt. Der in Oberammergau geborene Franz Seraph Zwinck ist der vielleicht bekannteste Lüftlmaler. In Verbindung mit der spektakulären Alpenkulisse des Orts kann man sich vor malerischen Fotomotiven kaum retten. Oberammergau verkörpert genau das Bild, das Nicht-Bayern vor Augen haben, wenn sie an Bayern denken.

Zwischen Oberammergau und Murnau bzw. Oberau verkehren regelmäßig Züge. Die beiden genannten Orte erreichen Sie von München oder von Garmisch-Partenkirchen aus.

Das Erste, was Ihnen auffallen wird, wenn Sie aus dem Zug steigen, ist wahrscheinlich der herrliche Berggipfel, der so nah wirkt, als könnte man ihn berühren. Nun, genau das werden Sie bald können: Wenn Sie zu den Leuten gehören, die auf jeden Berg, den sie sehen, hinaufkraxeln wollen, ist das die ideale Wanderung für Sie! Startpunkt ist zwar das Ammergauer Maxbräu in der Ettaler Straße, aber das erste Bier heben Sie sich besser für nach der Wanderung auf.

Wenn Sie aus dem Maxbräu kommen, gehen Sie links die Ettaler Straße entlang. Wenn Sie sich umdrehen, sehen Sie die schöne Pfarrkirche St. Paul und Peter. Bald werden Sie vom Kofel aus auf sie hinabblicken, von diesem faszinierenden Berggipfel, der Ihren Weg vom Bahnhof zum Maxbräu begleitet hat. Sie bleiben rechts und biegen dann rechts ab auf die König-Ludwig-Straße, der Sie bis zur Ammer folgen. Sie überqueren den Fluss, und von der Brücke aus haben Sie linker Hand noch einmal einen besonders tollen Blick auf den Kofel. Nach der Brücke biegen Sie links ab auf den Malensteinweg und gehen den hübschen Uferpfad direkt am Fluss entlang, der parallel zur Straße verläuft. Sie kommen an der Jugendherberge und ein paar Tennisplätzen vorbei, gehen durch die Unterführung und wenden sich dann nach rechts, Richtung Parkplatz. Dort informiert ein Wanderschild darüber, dass der Kofel 1342 m hoch ist und Sie von hier aus 1,5 Stunden brauchen, um den Gipfel zu erreichen. Folgen Sie der Straße, am Parkplatz (zu Ihrer Rechten) und einem Friedhof (links) vorbei, bis ein weiteres Wanderschild Sie nach links schickt. Das ist ungefähr bei der 1-km-Marke, und nun beginnt der Weg sanft anzusteigen. Sie kommen in einen Wald und können Teile des Friedhofs sehen, da Sie um ihn herumlaufen. Sie passieren die Mariengrotte (eine Marienstatue vor einer steil aufragenden Felswand). Wenn Sie an eine kleine Abzweigung kommen, gehen Sie nach rechts. Links befindet sich ein weiterer Wanderparkplatz – die Wanderung ist sehr beliebt. Bald laufen Sie durch Wiesen und haben den Kofel direkt im Blick. Aus dieser Perspektive scheint er eine ganz andere Form zu haben und er sieht verflixt steil aus. Zwar ist der Aufstieg einfacher, als es jetzt den Anschein hat, aber steil wird es schon, machen wir uns nichts vor! Nach der offenen Landschaft geht es wieder in den Wald. Nun beginnt der Serpentinenweg, der aber zum Glück durch den Wald verläuft, sodass Sie bei all der Anstrengung wenigstens Schatten haben. Rote Punkte auf Steinen und Bäumen markieren Ihre Route, aber der Verlauf des Serpentinenwegs ist sowieso ziemlich eindeutig. Überall dort, wo ein leiser Zweifel aufkommen könnte, in welcher Richtung es weitergeht, ist garantiert ein roter Punkt zu sehen und gibt Orientierung. Vergessen Sie nicht, ins Tal zu schauen und den Blick auf die Berge in der Ferne zu genießen, wenn eine Lücke zwischen den Baumkronen es zulässt. Dabei können Sie auch gleich eine Verschnaufpause einlegen und etwas Wasser trinken.

An einer Abzweigung mit einer kleinen Schutzhütte und mehreren Wanderschildern erfahren Sie, dass »Geübte« noch 20 Minuten bis zum Kofel brauchen. Hier beginnt der Kofelsteig. Das Terrain wird felsiger, mit teilweise steilen Felsabbrüchen. In den schwierigen Abschnitten sind Halteseile und -griffe in den Felsen eingelassen. Nehmen Sie sich so viel Zeit, wie Sie brauchen, und passen Sie gut auf. Schnellere und erfahrenere Kletterer können Sie ruhig vorbeilassen. Es ergeben sich immer wieder herrliche Ausblicke, bevor Sie den Gipfel erreichen, halten Sie also ruhig inne und genießen Sie die Aussicht. Wenn das Ihr erster Klettersteig ist und Sie sich überfordert fühlen, können Sie jederzeit umkehren. Denken Sie immer daran, dass Sie den Weg, den Sie gekommen sind, auch wieder zurückmüssen. Wenn Sie oben angekommen sind, werden Sie mit einem fantastischen 360-Grad-Panorama der umliegenden Gipfel und Oberammergau tief unten im Tal belohnt. Ja, da ist auch die Kirche, die Sie unten gesehen haben! Wenn Sie genau hinsehen, können Sie vielleicht sogar die Brauerei erkennen. Aber genug der Vorfreude: Das Bier, das Sie dort trinken möchten, müssen Sie sich erst noch erarbeiten.

Nach einer wohlverdienten Pause auf dem Gipfel und hoffentlich einer Stärkung aus Ihrem Rucksack ist es Zeit für den Rückweg. Lassen Sie sich beim Abstieg Zeit und achten Sie darauf, wo Sie den Fuß hinsetzen. Wenn Sie wieder an der Kreuzung angekommen sind, klopfen Sie sich auf die Schulter und folgen dem Weg Richtung Kolbensattelhütte. Die ist etwa eine Stunde entfernt, und verglichen mit dem Kofelsteig ist der Abschnitt, der nun vor Ihnen liegt, ein Spaziergang. Die meiste Zeit laufen Sie durch den Wald. Ab und zu passieren Sie eine Klamm oder eine Stelle, wo der Weg unterspült wurde, da müssen Sie natürlich aufpassen. Kurz nach der 6-km-Marke gelangen Sie an eine kleine Abzweigung. Unser Weg führt zur Kolbensattelhütte, aber wenn Sie müde sind oder das Wetter schlecht ist, können Sie abkürzen und über die Kolbenalm nach Oberammergau zurücklaufen. Der längere Weg zur Hütte steigt nur am Anfang etwas an und ist danach meist eben. In der Kolbensattelhütte können Sie bei Bedarf etwas essen und trinken, und hier können Sie den Kofel wieder aus einer anderen Perspektive aus bestaunen. Von hier aus geht es jetzt nur noch bergab nach Oberammergau. Der ganze Abschnitt ist voll der Sonne ausgesetzt und Sie werden froh sein, dass der Aufstieg nicht auf diesem

Weg erfolgte. Wer Ihnen jetzt entgegenkommt, wird Sie sicher beneiden, also versuchen Sie, nicht allzu selbstzufrieden dreinzublicken. Sie kommen an der Kolbenalm vorbei und könnten jetzt auch den Kofelauweg nehmen, der an der König-Ludwig-Straße endet, aber auf dieser Route ist der Rückweg ein klein wenig länger.

Nach dem Abstieg von der Kolbenalm kommen Sie über eine schöne Wiese und haben rechts wieder einen schönen Blick auf den Kofel. Halten Sie Ausschau nach dem Schild Richtung Kreuzigungsgruppe (es ist ein wenig hinter Bäumen verborgen), das Ihnen verrät, dass Oberammergau 25 Minuten entfernt ist, während der direkte Weg 20 Minuten dauert. Der kürzere Weg ist noch kürzer, wenn Sie direkt zur Brauerei gehen, aber wenn Sie es noch abwarten können, nehmen Sie doch die längere, schönere Route. Sie folgen einem hübschen, schattigen Pfad und kommen dann zu einem mächtigen steinernen Kreuz, einer großzügigen Gabe von König Ludwig II., der von den Passionsspielen derart gerührt war, dass er den Oberammergauern dieses Geschenk machen wollte. Von der Kreuzigungsgruppe führen ein paar Stufen hinab, dann wieder durch ein Stück Wald, und bald darauf sind Sie auf der König-Ludwig-Straße. Jetzt könnten Sie wieder direkt in die Stadt und zum Maxbräu laufen, aber schöner ist es, links auf einen schmalen Pfad abzubiegen. Dieser idyllische Weg führt zum Bahnhof, und von da ist es ja nicht mehr weit bis zur Brauerei. Schilder weisen zum Bahnhof und zum Ortskern. Es geht noch einmal durch etwas Wald, an einem tollen Waldkindergarten vorbei und dann durch ein nettes Wohngebiet, bevor Sie wieder an der Ammer ankommen. Vor dem Fluss gehen Sie nach rechts und laufen am Ufer entlang, zurück zur König-Ludwig-Straße. Dann biegen Sie links ab und überqueren dieselbe Brücke, die Sie schon auf dem Hinweg überquert haben. Sie gehen weiter zur Ettaler Straße, dann links ins Maxbräu hinein. Zeit für ein leckeres Kellerbier!

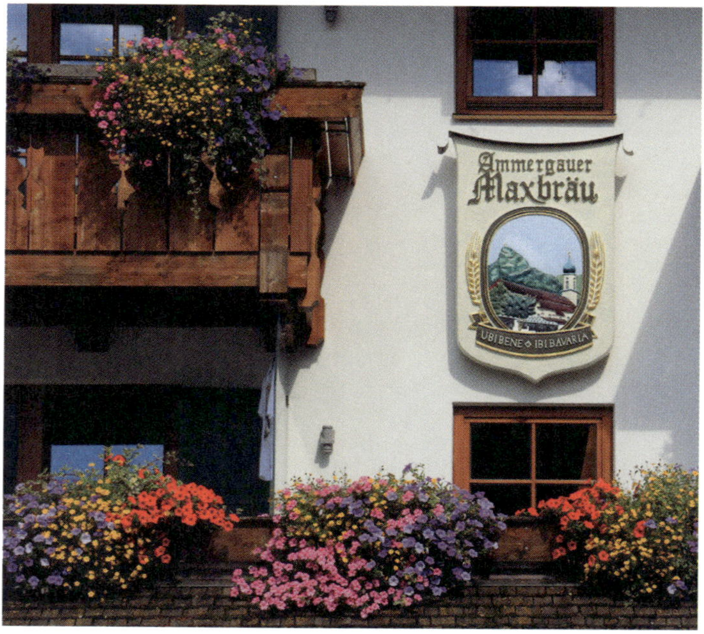

AMMERGAUER MAXBRÄU

Das Ammergauer Maxbräu ist eines der Restaurants im Hotel Maximilian. Das noble Spa-Hotel inmitten von Lüftlmalerei-Gebäuden bietet seinen Gästen eine tolle Aussicht auf den Kofel, und tatsächlich prägt die Silhouette des Oberammergauer Hausbergs auch das Hotellogo. Was liegt näher, als eines ihrer Biere zu trinken, während man auf den Berg schaut, den man gerade bestiegen hat? Die hoteleigene Brauerei gibt es erst seit 2007, bleibt aber bei aller Innovation den Grundwerten traditioneller Braukunst treu. Auf der eklektischen Speisekarte findet sich moderne Fusionsküche neben bayerischen Klassikern. Wem es im Maxbräu mit seinen glänzenden Kupferkesseln zu zünftig zugeht, kann auch im edlen Benedikt's dinieren. Das Angebot der Brauerei beschränkt sich auf ein reguläres Bier, das aus drei verschiedenen Malzsorten und Aromahopfen gebraut wird und, untypischerweise, obergärig ist. Darüber hinaus gibt es ein wechselndes Spezialbier, im Sommer ein Weißbier.

Bier vom Fass: Ammergauer Maxbräu Naturtrübes Kellerbier und ein saisonales Bier.

PRAKTISCHE INFORMATIONEN

Ammergauer Maxbräu & Hotel Maximilian
Ettaler Straße 5
82487 Oberammergau
08822 / 948740
www.maximilian-oberammergau.de

Öffnungszeiten:
Mittwoch bis Sonntag ab 11 Uhr
(Küche ab 12 Uhr)
Montag und Dienstag Ruhetag

Zimmer können über die Website gebucht werden.

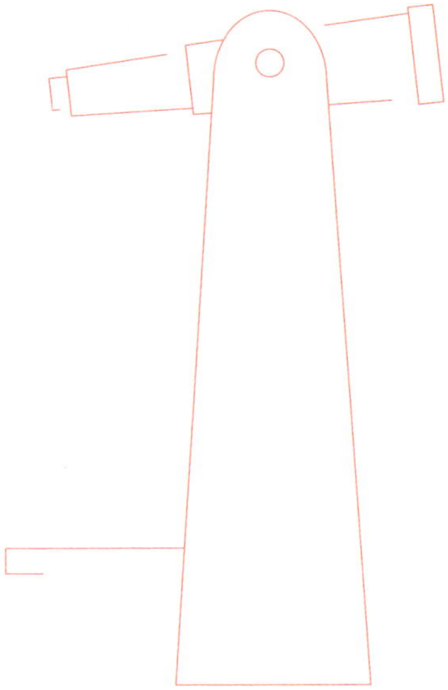

VON OBERAMMERGAU NACH ETTAL

KLEINE WANDERUNG ZUM KLOSTER ETTAL

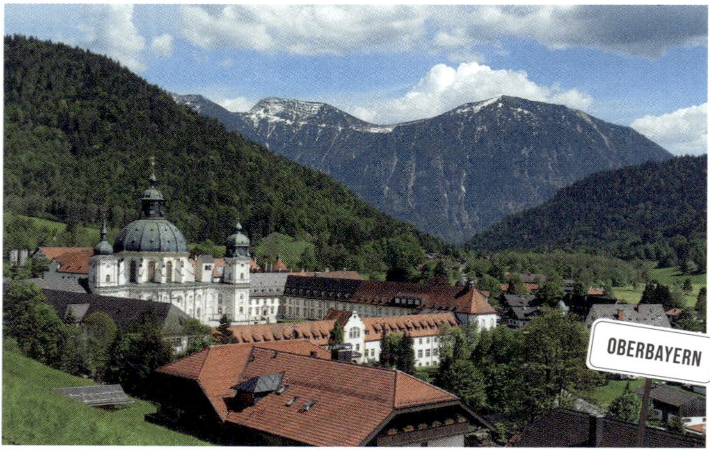

OBERBAYERN

START	ZIEL
AMMERGAUER MAXBRÄU, OBERAMMERGAU	KLOSTER ETTAL, ETTAL
BIER	SCHWIERIGKEITSGRAD
ETTALER DUNKEL	LEICHTE WANDERUNG
KARTE	LÄNGE/GEHZEIT
ATK25-R09 GARMISCH-PARTENKIRCHEN	5,5 KM 1,5–2 STUNDEN
SEHENSWÜRDIGKEITEN	HÖHENMETER
KLOSTER ETTAL, KOFEL, LÜFTLMALEREI, SCHAUKÄSEREI ETTAL	AUFSTIEG: 155 M ABSTIEG: 120 M

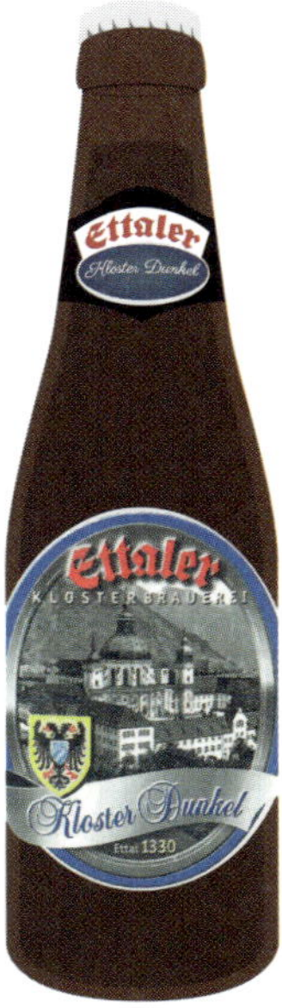

5,0 % ALKOHOL-GEHALT

DUNKLES

KASTANIENBRAUN; GRAUWEIẞE STABILE SCHAUMKRONE

RÖSTMALZIG, EIN HAUCH DUNKLE SCHOKOLADE

RÖSTAROMEN, MALZ, DUNKLE SCHOKOLADE, BITTER-SÜẞ IM ABGANG

BITTERE SÜẞE

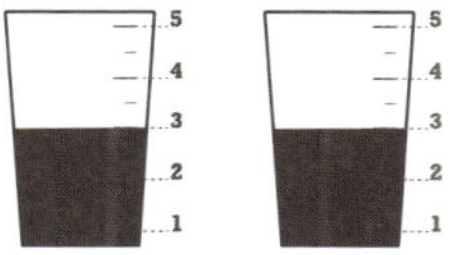

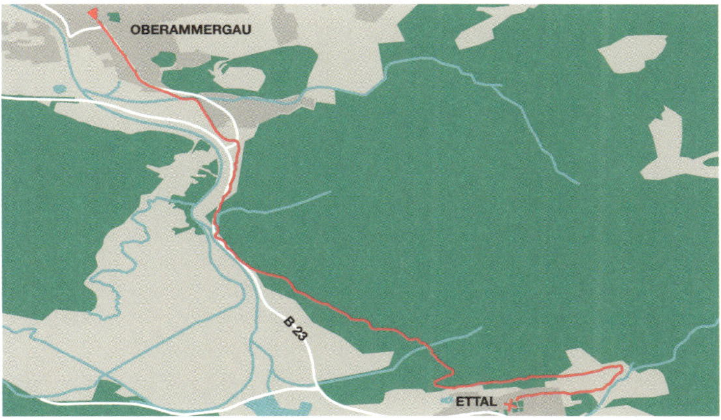

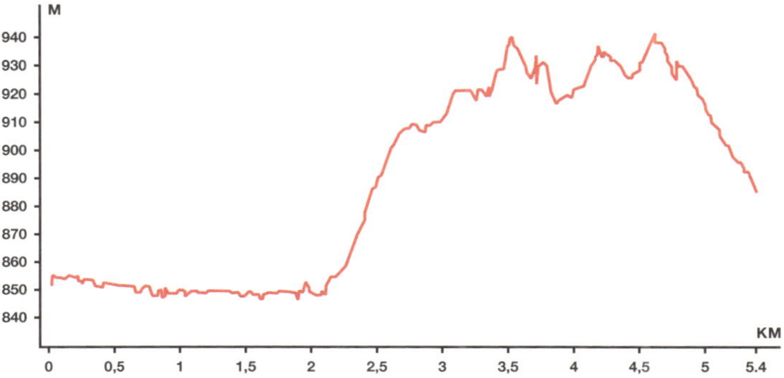

WEGBESCHREIBUNG

Das Kloster Ettal ist vielleicht weniger spektakulär als Neuschwanstein oder die Zugspitze, aber durch seine Nähe zu diesen beiden Touristenattraktionen kann es nicht über mangelnde Besucher klagen. Gerechterweise muss man aber ergänzen, dass es auch ohne diese strategisch günstige Lage jede Menge Touristen anlocken würde, allein wegen der überwältigenden Schönheit der Umgebung und der Architektur. Das Benediktinerkloster wurde 1330 gegründet, erfuhr aber im 18. Jahrhundert eine barocke Erweiterung. Das prunkvolle Innere der Kirche versetzt so manchen Besucher in ehrfürchtiges Staunen. Wie bei den meisten bayerischen Klöstern ist die Brauerei fester Bestandteil der Geschichte und wird glücklicherweise von den Mönchen selbst fortgeführt.

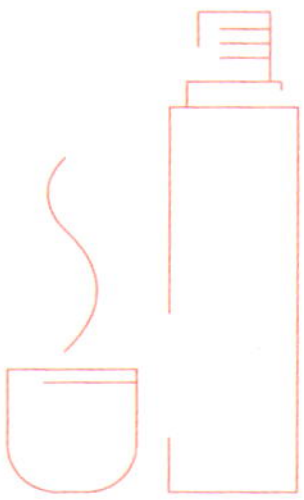

Zwar reisen die meisten Besucher mit Bus oder Auto an, aber viel schöner und spektakulärer ist der unten beschriebene Weg zu Fuß. Wenn Sie in Oberammergau sind, ist das ein toller Ausflug, aber auch von München aus kann man einen Tagesausflug zum Kloster Ettal machen. In Oberammergau halten regelmäßig Züge aus Murnau und Oberau, die beide an der Strecke zwischen München und Garmisch-Partenkirchen liegen.

Die Wanderung beginnt im Stadtzentrum von Oberammergau, vor dem Ammergauer Maxbräu. Wenn Sie hier übernachten, können Sie vor oder nach der Wanderung ein Wellness-Programm buchen. Vom Maxbräu aus gehen Sie links die Ettaler Straße entlang Richtung Ortsausgang. Dabei kommen Sie an vielen schönen Beispielen für die ortstypische Lüftlmalerei vorbei. Dort, wo die Straße eine Linkskurve macht, sehen Sie einen kleinen Fußweg, der geradeaus an einem Minigolfplatz vorbeiführt. Das ist der Fußweg nach Ettal. Sie wandern durch ein hübsches kleines Wohngebiet mit Einfamilienhäusern, die eine fantastische Aussicht genießen. Wenn Sie nach rechts schauen, sehen Sie den Hausberg von Oberammergau, den Kofel. Der Weg biegt nach links ab und stößt auf die Ettaler Straße. Überqueren Sie die Ettaler Straße vorsichtig. Auf der anderen Seite halten Sie nach dem Fußweg Ausschau, der nach rechts abbiegt, und dem Schild »Ettal über Vogelherdweg«. Die Route verläuft zwar parallel zu der viel befahrenen Straße, aber dafür haben Sie fast die ganze Zeit einen fantastischen Blick auf den Kofel. Hin und wieder zwingen Felsen oder andere Hindernisse Sie näher an die Straße, aber dieser Abschnitt ist weniger als einen Kilometer lang, also halten Sie durch! Wie oft haben Sie schon im Auto gesessen und sich gewünscht, Sie könnten aussteigen und ein Foto von dem Berg machen, an dem Sie gerade vorbeifahren, konnten aber nirgendwo rechts ranfahren. Jetzt können Sie solche Fotos machen, so viele Sie wollen! Sie kommen an einem kleinen Schrein vorbei, der in den Felsen gemeißelt wurde, und kurz danach führt der Weg endlich in den Wald und lässt Autos und Straße hinter sich. Es geht bergauf, wodurch Sie den Kofel aus immer neuen Blickwinkeln bestaunen können.

Der Weg wird bald flacher und breiter und Schilder weisen darauf hin, dass Ettal nur noch 40 Minuten entfernt ist. Natürlich führen viele Wege nach Ettal, kein Grund, zu verzweifeln. An einer beschilderten Weggabelung halten Sie sich rechts, wo ein Schild behauptet, jetzt seien es nur noch 25 Minuten bis Ettal, und lassen den längeren und offensichtlich steileren Weg links liegen. Bei der nächsten Gabelung nehmen Sie den linken Weg Richtung Ettal, nicht den Weg zur Ettaler Mühle. Es geht wieder bergauf und Sie überqueren ein paar kleine Brücken. Entlang des Wegs sehen Sie bebilderte Informationstafeln zu den Baumarten im Wald, an einer Stelle sogar ein Goethe-Zitat. Der Weg fällt ab und an der nächsten T-Kreuzung biegen Sie links ab, auch wenn das die längere Route nach Ettal ist: der Höhenweg. Der Weg rechts ist vielleicht kürzer, wenn man ins Dorf will, aber nicht, wenn man zum Kloster möchte, und vor allem würde man den besten Teil der gesamten Wanderung verpassen. Nach ungefähr 4 km gelangen Sie an einen Punkt, von dem aus Sie einen atemberaubenden Blick auf das Kloster zu Ihrer Rechten haben. Dieses Panorama, der Blick hinab auf den eindrucksvollen Klosterkomplex mit den Bergen im Hintergrund, ist das Highlight auf dem Weg nach Ettal. Wenn Sie nun weitergehen, entfernen Sie sich wieder etwas vom Kloster und gehen noch ein Stück bergauf. Das erscheint Ihnen vielleicht wie ein grausamer Scherz, wenn Sie müde sind und schwitzen, aber kurz danach sehen Sie rechter Hand eine schöne Kneippanlage. Die kommt wie gerufen. Das kalte Wasser aus der Quelle bringt die Lebensgeister zurück, während Sie durch das Becken waten, und wenn der anfängliche Kälteschmerz vorbei ist, fühlen Sie (und Ihre Füße und Beine!) sich wie neugeboren. Auf der Bank können Sie sich ausruhen und die Aussicht genießen, die von hier aus besonders schön ist. Vielleicht kneippen Sie noch eine zweite Runde? Bringen Sie sich Sandalen mit, denn jetzt haben Sie keine Lust, gleich wieder die dicken Wanderstiefel anzuziehen!

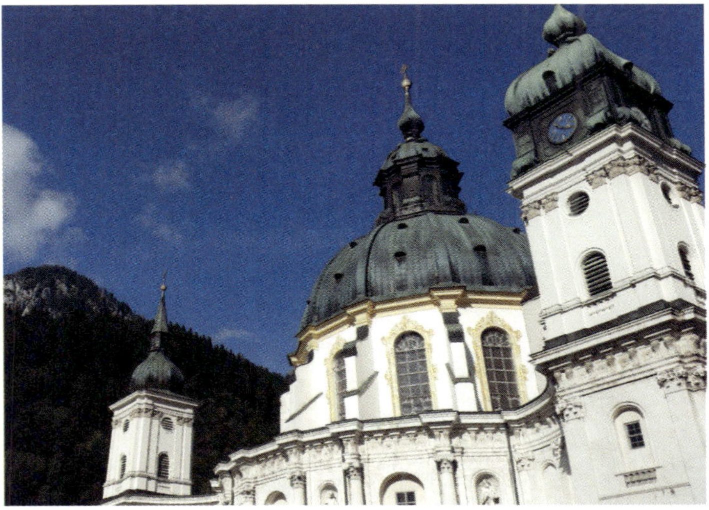

Von hier aus geht es abwärts durch die Felder, die das Kloster umgeben. Hier können Sie sich eigentlich nicht verlaufen, aber achten Sie rechter Hand auf das Schild »Ortskern über Kloster«, das ist der direkteste Weg. Bevor Sie sich versehen, sind Sie schon im Kloster. Da gibt es viel zu sehen. Die Basilika ist die Hauptattraktion, aber wenn Sie rechtzeitig kommen, können Sie auch an einer Führung durch Brauerei und Liqueurmanufaktur teilnehmen. Der Klostermarkt verkauft die Erzeugnisse der Mönche und es gibt eine Schaukäserei. Wir haben einen Mönch getroffen, der auf dem Weg in die Käserei war, und er sagte, die Butter sei himmlisch! Vielleicht möchten Sie hier zu Mittag essen, und natürlich ist es jetzt höchste Zeit für ein Bier. Zwar gibt es auf dem Klostergelände keinen Bierausschank, aber direkt gegenüber der Benediktinerabtei befindet sich das Klosterhotel Ludwig der Bayer mit Bräustüberl.

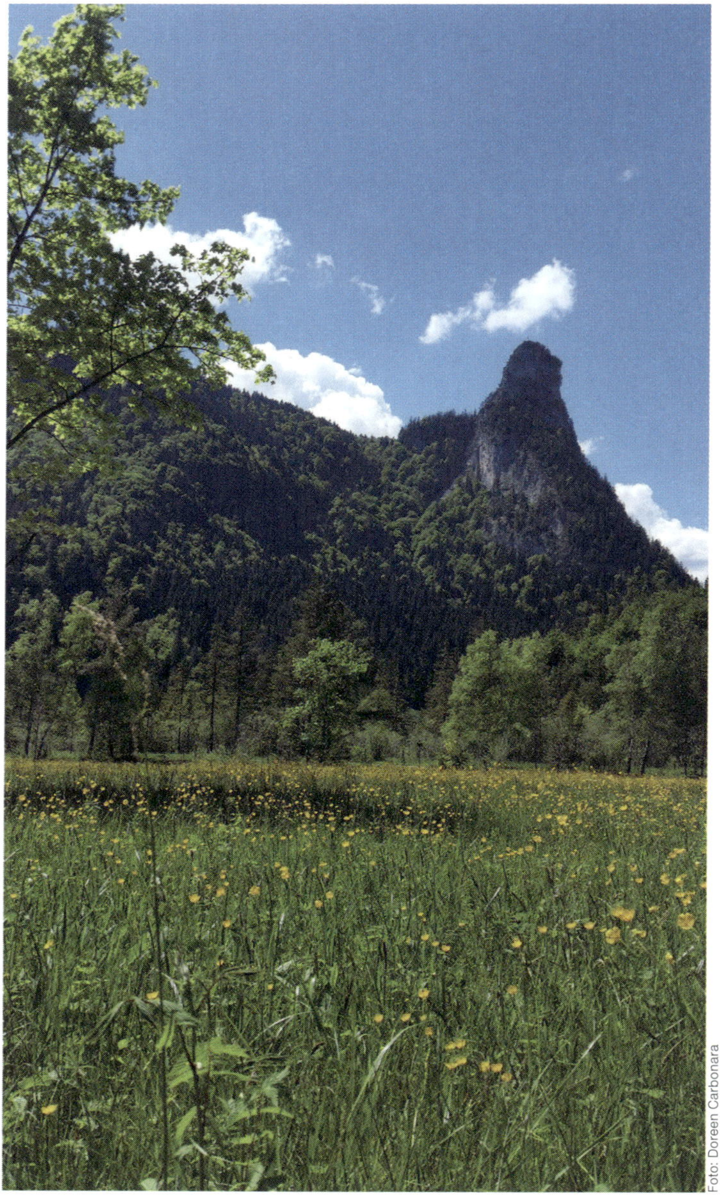

Foto: Doreen Carbonara

KLOSTERHOTEL & BRÄUSTÜBERL LUDWIG DER BAYER

Das malerisch gelegene Hotel mit Schwimmbad, Sauna und anderen Wellnessangeboten ist ein idealer Ausgangspunkt für herrliche Wanderungen. Von den verschiedenen kulinarischen Angeboten ist eindeutig das Bräustüberl zu bevorzugen, bei schönem Wetter natürlich der stimmungsvolle Biergarten mit Blick aufs Kloster. Die Speisekarte bietet original bayerische Spezialitäten und das Bier kommt von der Ettaler Klosterbrauerei – somit ist das Bräustüberl der perfekte Endpunkt einer Wanderung. In der 1609 gegründeten Ettaler Klosterbrauerei wird seit über 400 Jahren durchgehend Bier gebraut. Die Bierauswahl ist klein, aber traditionsbewusst, darunter ein Dunkler Doppelbock namens Curator und ein Heller Bock.

Biere vom Fass: Ettaler Kloster Dunkel, Ettaler Edel Hell, Benediktiner Weißbier. In der Flasche: Ettaler Kloster Curator.

PRAKTISCHE INFORMATION

Klosterhotel & Bräustüberl Ludwig der Bayer
Kaiser-Ludwig-Platz 10–12
82488 Ettal
08822 / 9150
www.ludwig-der-bayer.de

Täglich geöffnet 9–21.30 Uhr

Zimmer können über die Website gebucht werden.

ANDECHS
(HERRSCHING AM AMMERSEE)

FASTEN MACHT SPAß, SOLANGE ES FLÜSSIGES BROT GIBT!

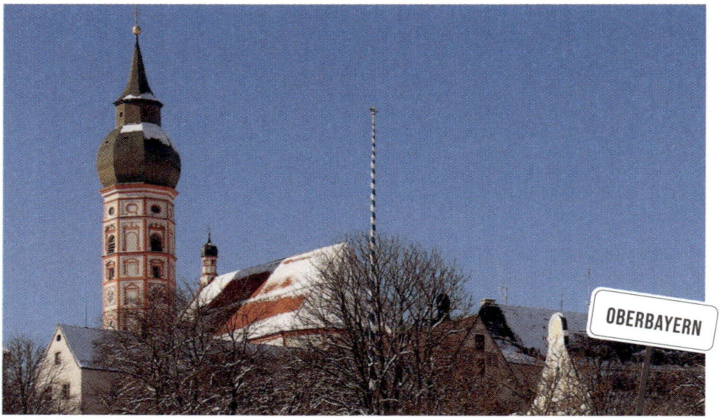

START	ZIEL
S-BAHNHOF HERRSCHING	ANDECHSER BRÄUSTÜBERL
BIER	SCHWIERIGKEITSGRAD
ANDECHSER DOPPELBOCK DUNKEL	MITTELSCHWERE WANDERUNG
KARTE	LÄNGE/GEHZEIT
ATK25-010 STARNBERG	5 KM / ETWAS ÜBER EINE STUNDE (PRO WEG)
SEHENSWÜRDIGKEITEN	HÖHENMETER
KLOSTER ANDECHS, BERGLANDSCHAFT	AUFSTIEG: 200 M ABSTIEG: 6 M

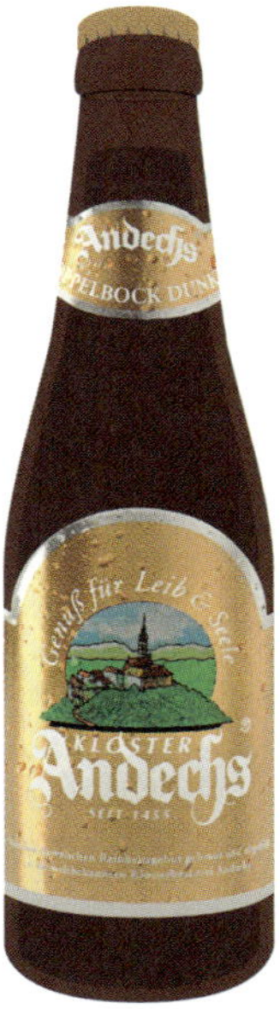

7,1 %
ALKOHOL-
GEHALT

DOPPELBOCK

TIEFES MAHAGONIBRAUN;
HOHE HELLBRAUNE
SCHAUMKRONE

RÖSTMALZIG,
KARAMELLIG

VOLLMUNDIG, STARK MALZIG,
RÖSTAROMEN,
DUNKLE SCHOKOLADE,
DEUTLICHE HOPFENNOTE

BITTERE

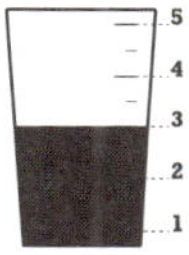

SÜẞE

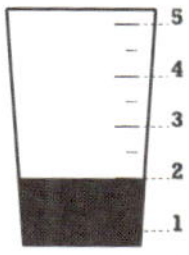

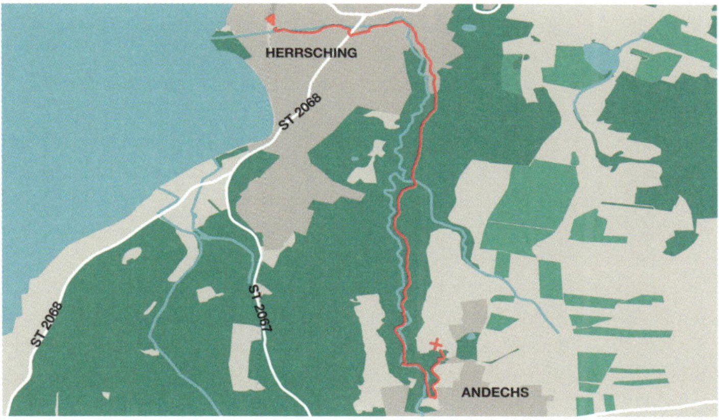

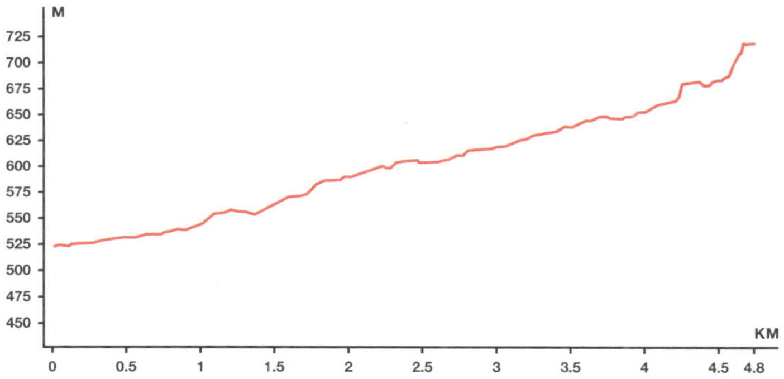

WEGBESCHREIBUNG

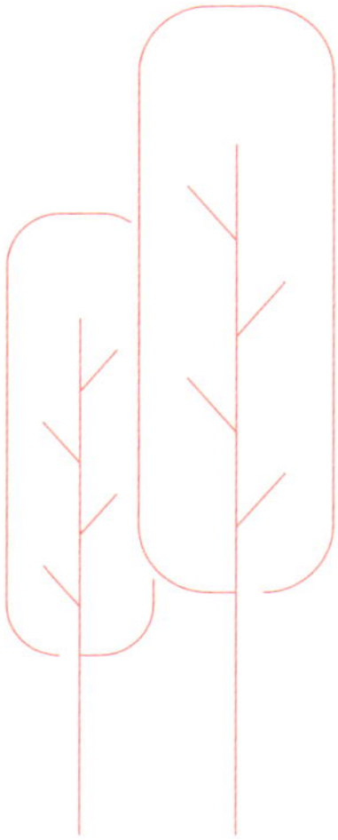

Das Kloster Andechs lockt seit rund 1000 Jahren Pilger an. In letzter Zeit dürfte es sich allerdings zunehmend um Bier-Pilger handeln! Dieser Ort ist für Leute aus München und Umgebung längst kein Geheimtipp mehr, und an schönen Wochenenden kann es schnell sehr voll werden. Aus diesem Grund empfiehlt es sich, den Besuch auf einen Wochentag (am besten Wochenanfang) zu legen, dann haben Sie mehr davon.

Die S-Bahn fährt alle 20 Minuten von München nach Herrsching am Ammersee. Zwischen dem S-Bahnhof und Kloster Andechs verkehrt ein Bus. Wenn Sie den nehmen, verpassen Sie natürlich die schöne Wanderung, aber wenn Sie am Ende des Tages zu müde sind, um zum Bahnhof zurückzulaufen, kommt der Bus gerade recht.

Aus dem Bahnhofsgebäude kommend, fällt der Blick auf die Tourist-Information, die aber am Wochenende geschlossen ist (ein weiterer Grund, unter der Woche herzukommen). Den Bahnhof im Rücken, gehen Sie nach rechts und biegen nach einigen Metern links in die Fischergasse ein, die zur Kienbachstraße wird. Danach rechts in die stärker befahrene Mühlfelder Straße und dann gleich wieder links in die Abertstraße. Der Abertstraße eine Weile folgen (sie macht eine Linkskurve) und dann rechts in die Andechsstraße. Achten Sie beim Überqueren von Steindlgasse/Schönbichlstraße auf die hübsche Kirche St. Martin mit der goldenen Mariensäule. Nun sehen Sie schon die ersten Wegzeichen des Jakobswegs: eine goldene Jakobsmuschel auf dunkelblauem Hintergrund. Dies ist der Pilgerweg nach Andechs. Auf der Straße bleiben, links von der Mariensäule, und bei der Gabelung rechts halten und weiter auf der Andechsstraße. Kurz danach gabelt sich die Straße erneut, aber dieses Mal links halten und die Kientalstraße nehmen. Von hier aus geht es im Grunde immer geradeaus; regelmäßig zieren Jakobsweg-Zeichen den Weg. Hier wäre es verwunderlich, wenn keine anderen Pilger zu sehen wären, die in die eine oder andere Richtung unterwegs sind. Der Weg führt durch eine sehr schöne Wohngegend, in der Sie wahrscheinlich gerne wohnen würden – und das, bevor Sie beim Kloster angekommen sind und das grandiose Bier gekostet haben.

Bald darauf laufen Sie durch einen schönen Wald. Der Weg verläuft neben dem Kienbach und überquert ihn auch einige Male auf kleinen Brücken. So langsam geht es bergauf. Kurz vor dem Ziel haben Sie verschiedene Möglichkeiten, zum Kloster zu gelangen. Ich persönlich gehe am liebsten bis zur Lichtung und biege bei den großen Holzstufen links ab. Das hat den Vorteil, dass Sie auf die andere Seite der Kirche gelangen und von dort ein paar schöne Fotos schießen können. Am Ende der Treppe gehen Sie nach links und genießen die Aussicht. Die andere Route ist auch schön, wenn auch ein bisschen voller, und bringt Sie direkt zum eindrucksvollen Kirchenportal. Und dann gibt es noch die Option, bei einem großen Kruzifix Halt zu machen, von wo aus man einen unfassbar schönen Blick auf die Umgebung hat und an klaren Tagen sogar die Alpen sehen kann.

Abgesehen von dem großartigen Bier, das hier gebraut wird, lohnt sich der Weg hierher auch für Pilger. Allein die große Barockkirche, die den Klosterkomplex dominiert, ist einen Besuch wert – Sie müssen nur entscheiden, ob Sie vor oder nach dem wohlverdienten Bier dort vorbeischauen wollen.

ANDECHSER BRÄUSTÜBERL

Andechser Bier findet man natürlich an vielen Orten in Südbayern (und darüber hinaus), aber der atmosphärischste Ort, um das ein oder andere Glas zu genießen, ist sicher das Bräustüberl, der Ausschank der traditionsreichen Brauerei. Im Innenraum mit der schönen Gewölbedecke erscheint ein Literkrug des kräftigen Doppelbocks gar nicht dekadent. Dieses Bier brauten die Mönche ursprünglich, um durch die Fastenzeit zu kommen, weshalb es auch »flüssiges Brot« getauft wurde. Wenn Ihnen beim Hinaufsteigen auf den Hügel der Duft von Schweinebraten in die Nase steigt, können Sie sich auf eine köstliche gegrillte Haxe freuen, die perfekt zu dem herzhaften Dunkelbier passt. Für Vegetarier empfiehlt sich eine Portion Obazda zu einer ofenfrischen Brez'n.

Beim Rückweg können Sie zwischen verschiedenen Routen wählen, die aber meist weniger Schatten bieten als der Hinweg. Sie können auch, wenn Ihre Zeit und Ihr Budget es erlauben, einfach über Nacht bleiben und die schöne Gegend ganz entspannt genießen, nachdem sich die Tagesausflügler wieder Richtung Tal verzogen haben.

PRAKTISCHE INFORMATIONEN

Andechser Bräustüberl
Bergstraße 2
82346 Andechs
08152 / 376-261
www.andechs.de
Täglich geöffnet 10–20 Uhr

Wenn Sie über Nacht bleiben möchten:

Bernhardhof Andechs
Andechser Str. 32
82346 Andechs
0170 / 4411222
www.bernhardhof.de

SCHEYERN (PFAFFENHOFEN A. D. ILM)

AUF PILGERPFADEN ZUM HEILIGEN BIER

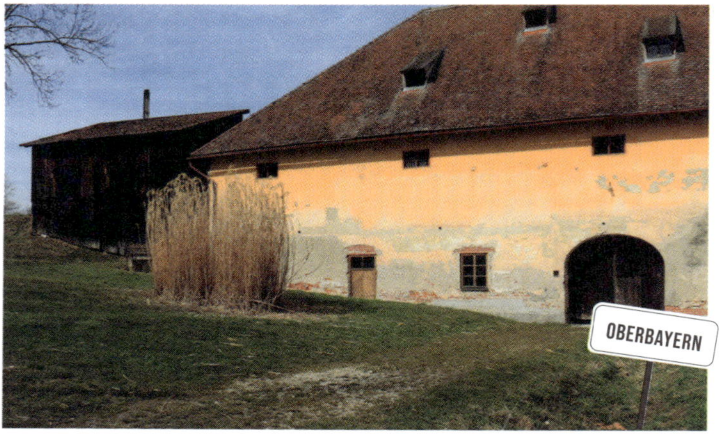

START	ZIEL
BAHNHOF PFAFFENHOFEN (ILM)	KLOSTER SCHEYERN, SCHEYERN
BIER	SCHWIERIGKEITSGRAD
SCHEYERN KLOSTERBIER-DUNKEL	MITTELSCHWERE WANDERUNG
KARTE	LÄNGE/GEHZEIT
ATK25 L11 PFAFFENHOFEN A.D.I	13 KM / 3-4 STUNDEN (EIN WEG, RÜCKFAHRT MIT DEM BUS)
SEHENSWÜRDIGKEITEN	HÖHENMETER
KLOSTER SCHEYERN MIT BASILIKA, KLOSTERBRAUEREI SCHEYERN (DRITTÄLTESTE BRAUEREI DEUTSCHLANDS), HOPFENFELDER, HEILIGES KREUZ VON SCHEYERN (KREUZRELIQUIE)	AUFSTIEG: 210 M ABSTIEG: 160 M

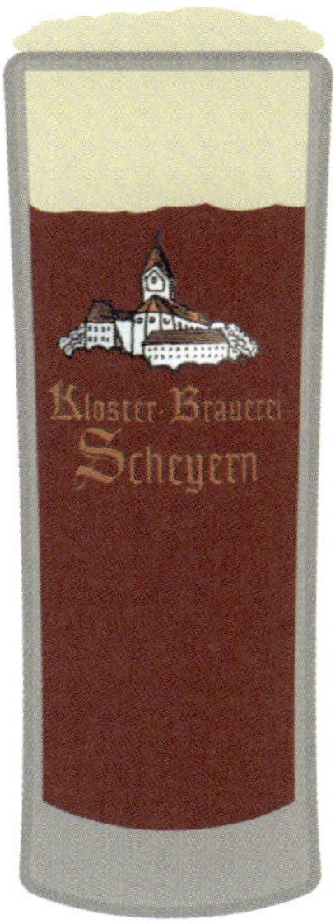

5,5 %
ALKOHOL-GEHALT

DUNKLES, GEBRAUT AUS REGIONALEN DUNKLEN MALZEN UND WASSER AUS EIGENER QUELLE

KASTANIENBRAUN; FESTER, HELLBRAUNER SCHAUM

SCHWACH SCHOKOLADIG

VOLLMUNDIG-MALZIG, SCHOKOLADE- UND HOPFENNOTEN, BITTER-SÜß IM ABGANG

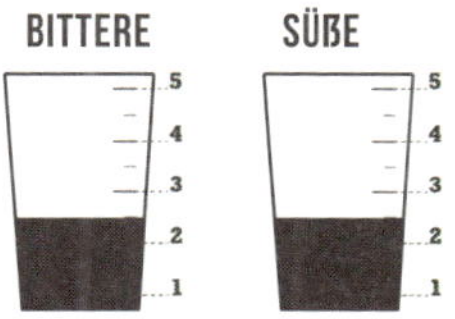

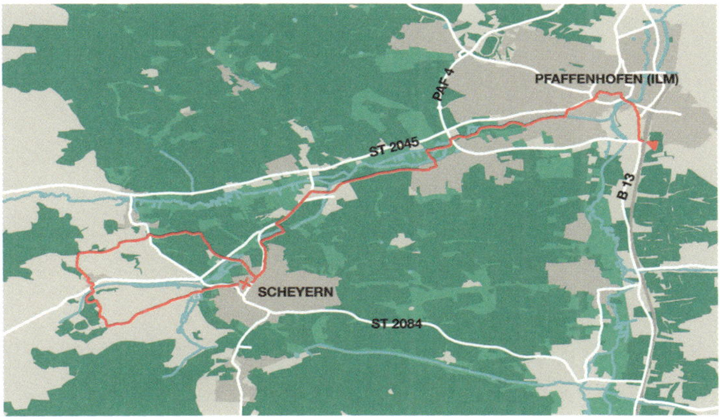

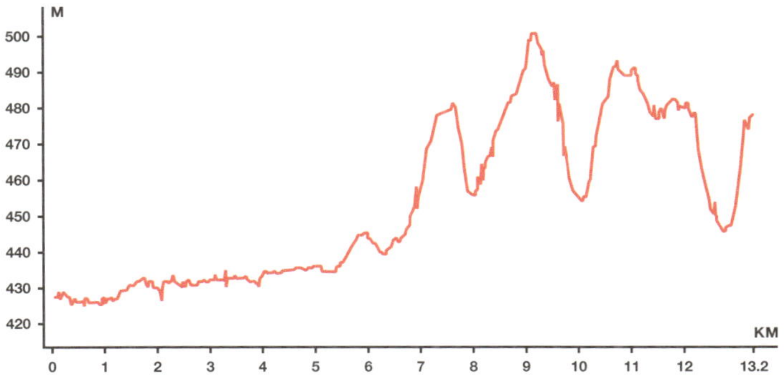

WEGBESCHREIBUNG

Dort, wo heute das Kloster Scheyern steht, hat das berühmte Haus Wittelsbach seine Wurzeln. Als die Familie in eine andere Burg umzog, schenkte sie den Benediktinermönchen vom Petersberg ihre Burg. 1119 zogen die Benediktiner ein, und dieses Jahr gilt als Gründungsjahr des Klosters. Wie bei den meisten bayerischen Klöstern erlitt es im Dreißigjährigen Krieg große Zerstörungen und wurde im frühen 19. Jahrhundert im Zuge der Säkularisation aufgehoben. Doch dann nahm sich König Ludwig I. dieses Klosters an, richtete es wieder her, und seit 1843 ist es eine Benediktinerabtei. Einige Jahre später wurden die Gebäude umgebaut und reromanisiert. Heute befindet sich das Ensemble in einem hervorragenden Zustand. Einige Berühmtheit erlangte das Kloster als Aufbewahrungsort des Heiligen Kreuzes, eines uralten Kreuzpartikels aus Jerusalem. Die Reliquie lockt seit 1180 Pilger nach Scheyern. Die hier beschriebene Wanderung beginnt mit einem Abschnitt des Jakobswegs, Sie wandern also auf Pilgerpfaden, unabhängig davon, ob Sie das Scheyrer Kreuz bestaunen oder das klösterliche Bier kosten möchten. Der zweite und landschaftlich idyllischere Teil ist ein Rundweg, der Sie durch die bäuerliche Landschaft führt, von wo aus Sie immer wieder den schönen Blick aufs Kloster genießen können. Dabei können Sie ein paar der Hopfenfelder, für die die Region berühmt ist, aus der Nähe betrachten. Es gibt noch einige weitere Wanderwege in der Gegend, und wenn Sie eine Übernachtung in Scheyern einplanen, können Sie diese hübsche Region noch besser kennenlernen.

Von München aus fahren regelmäßig Züge nach Pfaffenhofen (Ilm), die Fahrt dauert etwa eine halbe Stunde. Wenn Sie die Wanderung zum Kloster abkürzen wollen, können Sie mit dem Bus von Pfaffenhofen (Ilm) zum Kloster Scheyern fahren, allerdings nur werktags, nicht am Wochenende. Auch der Busverkehr vom Kloster zurück nach Pfaffenhofen ist begrenzt. Es empfiehlt sich daher, morgens frühzeitig loszulaufen, vor allem, wenn Sie die ganze Wanderung machen und nicht in Scheyern übernachten möchten. Wenn Sie also den Bus nehmen möchten, müssen Sie früh aufstehen und unter der Woche wandern. Eine andere Möglichkeit ist natürlich die Anreise mit dem Auto – von München aus ein Katzensprung.

Wenn Sie in Pfaffenhofen (Ilm) den Bahnhof verlassen, suchen Sie nach Schildern Richtung Stadtzentrum. Sie gehen nach rechts, entweder auf der Bahnhofstraße oder auf der Münchener Straße. Beides ist möglich, da die Bahnhofstraße nach einer Linkskurve in die Münchener Straße mündet. Sie bleiben auf der Münchener Straße, bis Sie zu einem Kreisverkehr kommen, von dem Schulstraße und Stadtgraben abgehen. Sie gehen geradeaus über den Kreisverkehr und weiter auf der Münchener Straße, die zum Hauptplatz führt. Hier sehen Sie zum Beispiel das alte Rathaus, und wenn Sie von der Münchener Straße kommend geradeaus über den Platz gehen, laufen Sie direkt auf das Hotel Müllerbräu zu, das vielleicht farbenfrohste Gebäude des Hauptplatzes. Sie wenden sich nach links und laufen den langgezogenen Platz entlang. Nun tauchen die ersten Jakobsweg-Schilder auf: eine gelbe Muschel vor blauem Hintergrund. Am Ende des Platzes sehen Sie rechts die zartrosa gestrichene Spitalkirche mit ihrem auffälligen Glockenturm. Links davon, vor der Stadtpfarrkirche, biegen Sie links ab in die Scheyerer Straße. Sie überqueren den Kreisel und gehen weiter geradeaus. Jakobsweg-Schilder und Fahrradschilder zur Hopfentour (eine Tour durch die Hopfenregion) weisen Ihnen den Weg. Vor der 2-km-Marke geht links die Niederscheyerer Straße ab, auf die Sie nach links abbiegen. Nun wird es Zeit, die geteerten Straßen zu verlassen: Den Markierungen folgend, biegen Sie rechts ab auf den unbefestigten Weg. Sie laufen am baumbestandenen Ufer des Gerolsbachs entlang, an einem Sportplatz (rechter Hand) vorbei und überqueren die Adolf-Rebl-Straße. Auf der anderen Seite beginnt ein schöner Stadtpark, und Sie folgen weiter dem Gerolsbach, der hier freier mäandern darf. Kurz nach der 3-km-Marke überqueren Sie die Schrobenhausener Straße und folgen weiter dem Weg. Vielleicht sehen Sie auf der rechten Seite ein paar Schafe weiden. An einer Gabelung biegen Sie, der Markierung folgend, rechts ab. Bei der folgenden T-Kreuzung biegen Sie links ab auf Zur Mühle. Die Straße stößt auf die Niederscheyerer Straße, und hier biegen Sie nach rechts ab. Sie folgen der Niederscheyerer Straße, die aus Niederscheyern hinaus in ein kleineres Dorf führt. Sie durchqueren das Dorf und biegen links ab auf die Scheyerer Straße. Während Sie die Straße entlanglaufen, sehen Sie zu Ihrer Rechten die ersten Hopfenfelder. Ungefähr bei Kilometer 6 biegen Sie links ab auf ein schmales Sträßchen. Fahrradschilder geben an, dass Kloster Scheyern 1,1 km entfernt ist. Der Weg überquert einen Bach und umrundet einen Teich. Nach dem Teich biegen Sie links ab auf den Weg, der parallel zur Scheyerer Straße verläuft. Er führt bis zum Kloster, das rechts vor Ihnen zu sehen ist. Sie betreten das Klostergelände durch die Pforte; die Basilika liegt weiter hinten, auf der rechten Seite, und ist, einschließlich Scheyrer Kreuz, einen Besuch wert – vor oder nach dem Bier.

Sie überqueren die weitläufige Freifläche, kommen an einen weiteren Torbogen und sehen auf der anderen Seite die Brauerei. Zu Ihrer Linken befindet sich die Klosterschenke Scheyern, wo erfrischendes Bier und leckere Speisen auf Sie warten, aber Sie müssen zuerst eine Entscheidung treffen: Wenn Sie einen Tagesausflug machen und Hunger haben, könnten Sie hier jetzt zu Mittag essen und danach den Panoramaweg machen. Die Busse zurück nach Pfaffenhofen (Ilm) fahren nur unter der Woche, aber wenn der Tag stimmt, könnten Sie nach der 6-km-Wanderung und einem Mittagessen samt Bier in den Bus steigen. Erkundigen Sie sich vorab nach den Abfahrtszeiten! Wenn Sie über Nacht bleiben möchten, deponieren Sie Ihr Gepäck und machen sich eine schöne Zeit.

Wenn Sie bereit sind für den Panoramaweg, überqueren Sie die recht verkehrsreiche Straße vor der Klosterschenke. Halten Sie nach den Panoramaweg-Schildern Ausschau, die einen grünen Punkt tragen, und nach dem Sträßchen Schöneck, das gegenüber der Klosterbrauerei abzweigt. Sie folgen der Straße und halten sich an der Gabelung rechts. Nach einem Stück durch den Wald kommen Sie an einen großen Teich. Sie laufen rechts vom Teich, dem grünen Punkt folgend. Rechter Hand sehen Sie das historische Klostergut Prielhof, dort finden regelmäßig Kunstausstellungen und -märkte statt, und dahinter befinden sich landwirtschaftliche Flächen des Klosters, auf denen zum Beispiel Ziegen gehalten werden. Sie sind jetzt bei Kilometer 8 (gerechnet ab Bahnhof Pfaffenhofen). Sie gehen geradeaus weiter, bis Sie auf der rechten Seite eine kleine Abzweigung sehen, mit grünem Punkt und einem Schild mit der Aufschrift »Station Kometen« (Teil des Planetenwegs Scheyern). Folgen Sie dem Weg bergauf, und kurz vor der 9-km-Marke geht es, der Markierung folgend, nach rechts. Von hier aus haben Sie einen schönen Blick auf das Kloster Scheyern. Geradeaus und rechts erstrecken sich Hopfenfelder. Auf dem Weg nach unten geht es kurz durch den Wald, dann kommen Sie an eine schmale Straße. Dort biegen Sie nach links ab und stoßen kurz darauf auf eine größere, verkehrsreichere Straße. Sie überqueren sie vorsichtig und gehen dann nach rechts, danach gleich wieder links. Sie folgen diesem Weg ein Stück und biegen bei der ersten Gelegenheit rechts ab und kommen durch ein kleines Dorf. Der Weg macht eine Linkskurve und bei der 10-km-Marke sind Sie wieder zurück in der offenen Landschaft und können, wenn Sie nach rechts schauen, das Kloster sehen. Der Markierung folgend biegen Sie rechts ab – nun beginnt der Rückweg. Nachdem Sie eine weitere größere Straße überquert haben, führt der Weg wieder bergauf, und kurz vor Kilometer 12 biegen Sie rechts ab, Richtung Kloster. Der Feldweg wird bald zum asphaltierten Hohlweg, und während Sie ihn entlanglaufen, sehen Sie zu Ihrer Linken ein großes Hopfenfeld. Wenn Sie Anfang August wandern, können Sie es nicht übersehen, aber nach der Ernte sind natürlich nur noch kahle Stängel übrig. An der Kreuzung überqueren Sie vorsichtig die Straße und folgen weiter dem Hohlweg, vorbei an einem Teich zu Ihrer Rechten. Es geht bergauf, an Häusern vorbei, dann kommt links ein Friedhof mit kleiner Kapelle und gleich danach stoßen Sie auf die Scheyerer Straße. Hier biegen Sie nach rechts ab und sind im Nu wieder im Kloster Scheyern.

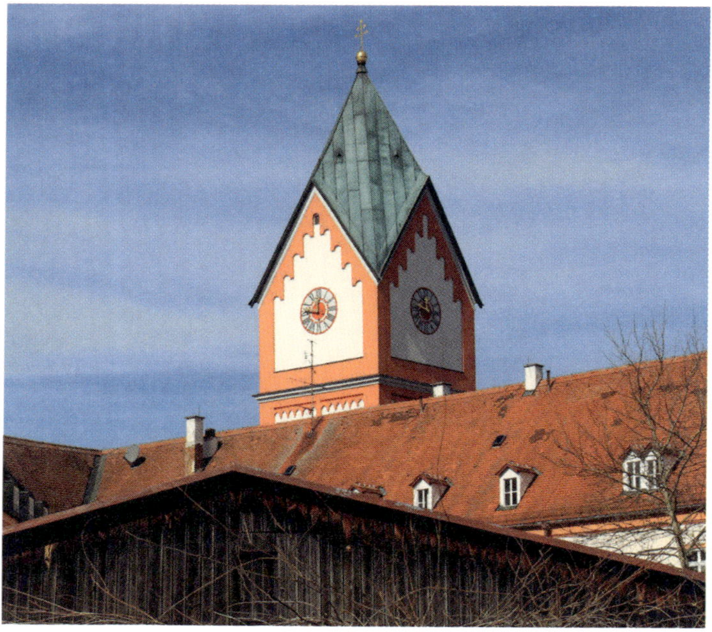

KLOSTERSCHENKE SCHEYERN

Die Klosterschenke bietet verschiedene Räumlichkeiten. Das Bräustüberl ist auf geschmackvolle Weise traditionell, mit Gewölbedecken und hübschem Hopfenschmuck. Bei schönem Wetter ist der Biergarten der perfekte Ort, um eine Wanderung gebührend zum Abschluss zu bringen. Die Speisen sind eine Art Nobelvariante bayerischer Klassiker, aber zu günstigen Preisen, und sogar an die Vegetarier wurde gedacht. Das Personal trägt Lederhosen und Dirndl als Ausdruck des Selbstverständnisses des traditionsbewussten Hauses. Ein weiterer Pluspunkt sind die preiswerten Zimmer.

Die Klosterbrauerei Scheyern wurde 1119 gegründet, als die Mönche das Kloster bezogen, und ist damit die drittälteste Brauerei Deutschlands. Nach einer langen Phase, in der Hasen-Bräu in Augsburg ihre Biere braute, hat das Kloster 2006 den Braubetrieb wieder selbst in die Hand genommen. Das Bier, das Sie in den Geschäften sehen, kommt immer noch von der Vertragsbrauerei, aber nach umfangreichen Modernisierungsmaßnahmen wird alles Bier, das vor Ort serviert wird, sowie das Flaschenbier im Klosterladen wieder in den Mauern des alten Brauereigebäudes gebraut. Ich habe beide Varianten probiert: Es gibt einen Unterschied, aber ich kann nicht sagen, welche besser ist. Auf jeden Fall gibt es keinen besseren Platz, dieses Bier zu genießen, als hier, und nach der Wanderung werden Sie mir sicher zustimmen!

Bier vom Fass: Klosterbier-Hell, Klosterbier-Hell naturtrüb (eher ein Kellerbier), Klosterbier-Dunkel und Kloster-Weißbier; saisonal ein Dunkler und ein Heller Bock. In der Flasche: Dunkel, Weißbier und Pils.

PRAKTISCHE INFORMATIONEN

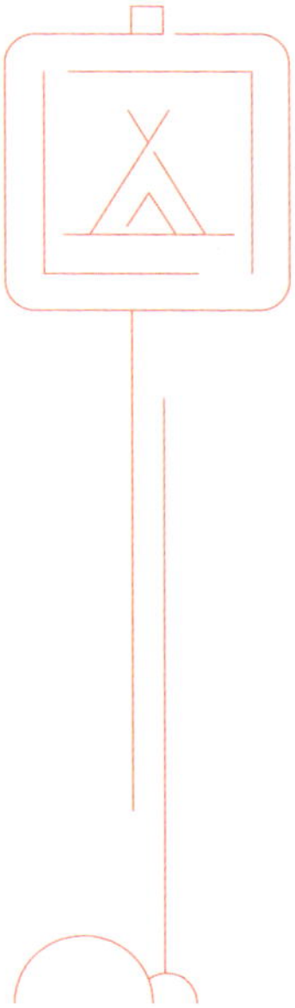

Klosterschenke Scheyern & Schyrenhof Hotel
Schyrenplatz 1
85298 Scheyern
08441 / 27890
klosterschenke-scheyern.de

Täglich geöffnet 10–23 Uhr

Zimmer können über die Website gebucht werden.

SCHWABEN

IRSEE (KAUFBEUREN)

WO DER DURSTIGE PILGER DEN RECHTEN LOHN ERHÄLT

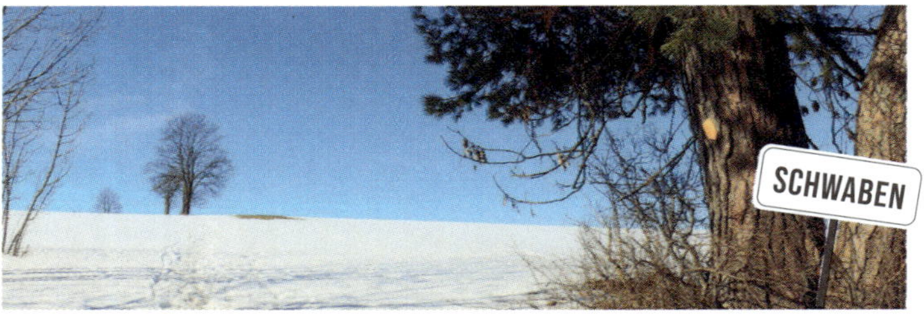

START	ZIEL
BAHNHOF KAUFBEUREN	KLOSTER IRSEE
BIER	SCHWIERIGKEITSGRAD
IRSEER KLOSTER-URTRUNK	MITTELSCHWERE WANDERUNG
KARTE	LÄNGE/GEHZEIT
ATK25-P07 KAUFBEUREN	7,5 KM 2–2,5 STUNDEN (PRO WEG)
SEHENSWÜRDIGKEITEN	HÖHENMETER
KLOSTER IRSEE, KIRCHE ST. PETER UND PAUL, ALTES RATHAUS KAUFBEUREN, ALPEN	AUFSTIEG: 215 M ABSTIEG: 175 M

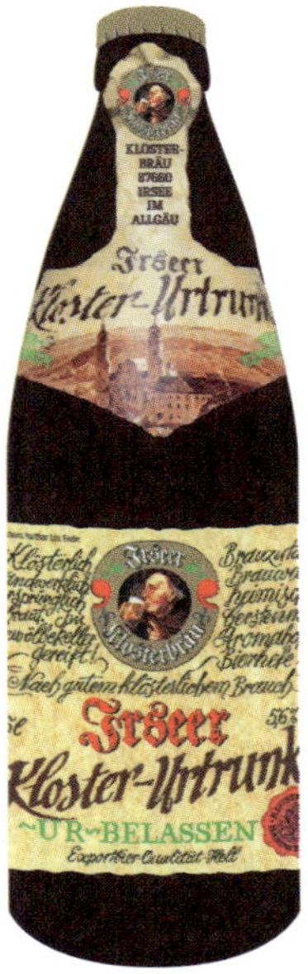

5,4 %
ALKOHOL-GEHALT

KELLERBIER,
HALLERTAUER HOPFEN,
80 TAGE GELAGERT

HELL-BERNSTEINFARBEN,
UNFILTRIERT

LEICHT HOPFIG,
VANILLE,
FRUCHTIG

FRUCHTIG;
LANGER, TROCKENER,
LEICHT BITTERER ABGANG

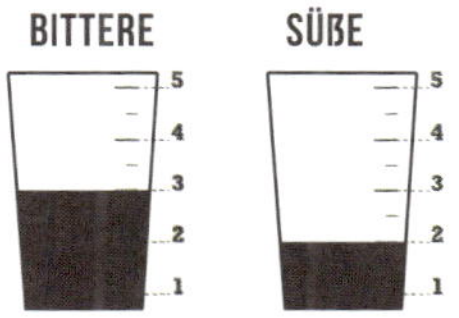

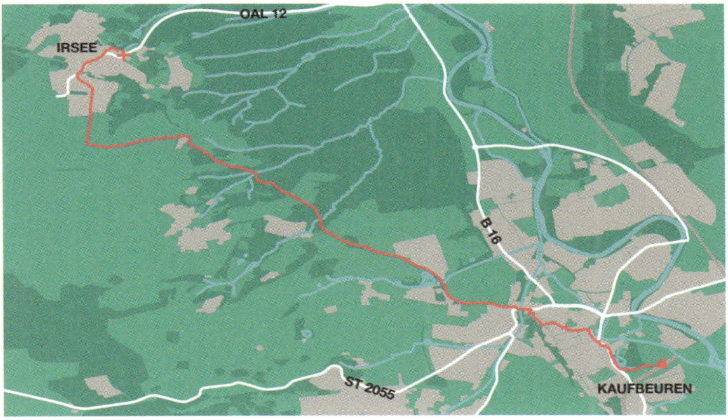

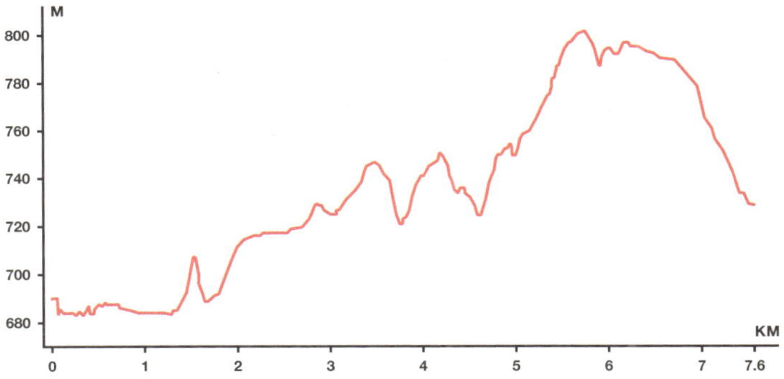

WEGBESCHREIBUNG

Die ehemalige Benediktinerabtei Kloster Irsee liegt malerisch eingebettet in den Ausläufern der Allgäuer Alpen. Diese sind zwar nicht so bekannt wie die Alpen oder die Zugspitze, aber dennoch ein eindrucksvoller Anblick, wenn Sie zur früheren Heimat der bierbrauenden Mönche pilgern. Eine sehr fähige Gruppe weltlicher Braumeister braut das Bier noch immer, nach uralten Originalrezepten. Die genaue Zusammensetzung scheint ein Geheimnis zu sein, jedenfalls findet man keine Informationen auf der Website.

Wo wir gerade vom Pilgern sprechen: Einen Großteil der hier beschriebenen Wanderung legen Sie auf dem Crescentia-Pilgerweg zurück. Dieser Wanderweg durch Ottobeuren und Markt Rettenbach ist 86 km lang. Aber keine Angst: So weit müssen Sie an diesem Tag nicht! Das dazugehörige Schild zeigt eine Nonne mit Schreibfeder in einem gelben Kreis.

Von München aus fahren regelmäßig Züge nach Kaufbeuren, Fahrtdauer etwa eine Stunde.

Wenn Sie den Bahnhof von Kaufbeuren verlassen, sehen Sie auf der anderen Straßenseite einen kleinen Stadtpark. Sie überqueren die Straße und laufen entweder am linken Parkrand entlang oder auf der Bahnhofstraße nach links und biegen dann rechts ab auf die Ganghoferstraße. Auf jeden Fall folgen Sie dem Verlauf der viel befahrenen Ganghoferstraße. Nach einer Linkskurve und bevor Sie an ein Kriegsdenkmal (Mann mit Schwert) kommen, biegen Sie links ab auf die Schraderstraße, um gleich darauf nach rechts auf den Ringweg abzubiegen. Jetzt befinden Sie sich in der Altstadt. Nach etwa 150 m kommen Sie zum Alten Rathaus mit seiner hübschen rosa Fassade. Jetzt biegen Sie links ab auf die Kaiser-Max-Straße und laufen auf eine große Kirche und den Neptunbrunnen zu. Hier biegen Sie halbrechts auf den Salzmarkt ab. An all diesen Abzweigungen sehen Sie Fahrradschilder Richtung Irsee.

Sie folgen dem kurvenreichen Verlauf des Salzmarkts, der zur Schmiedgasse wird. Nach 140 m kommen Sie an den Tänzelfestbrunnen (das alljährlich stattfindende Tänzelfest ist das älteste Kinderfest Bayerns). Der Gasthof Rose, eine ehemalige Brauerei, ist auch an dieser Ecke. Hier biegen Sie links ab auf den Obstmarkt; beachten Sie das Crescentia-Kloster. Biegen Sie rechts ab auf Unter dem Berg, um gleich danach links in das kleine Sträßchen Blasiusberg einzubiegen. Hier sind die ersten Schilder des Crescentia-Pilgerwegs zu sehen. Die steile Kopfsteinpflasterstraße führt hinauf zur Kirche St. Blasius, von der aus Sie einen schönen Blick auf Kaufbeuren haben. Gehen Sie rechts an der Kirche vorbei und folgen Sie dem Weg bergab, bis Sie auf den Schießstattweg treffen. Hier biegen Sie rechts ab. Dieser Abschnitt ist gut mit Crescentia-Schildern markiert. Sie biegen links ab auf die Kemptenerstraße, überqueren den Kreisverkehr und folgen der Kemnaterstraße bis zum nächsten Kreisverkehr, den sie ebenfalls überqueren, und zwar am besten auf der linken

Seite. Zu Ihrer Linken sehen Sie einen kleinen Teich. Die Straße steigt hier etwas an und parallel dazu verläuft, gut markiert, ein schöner Fuß- und Radweg. Linker Hand befindet sich ein Pferdehof, und an klaren Tagen haben Sie einen schönen Blick auf die Alpen.

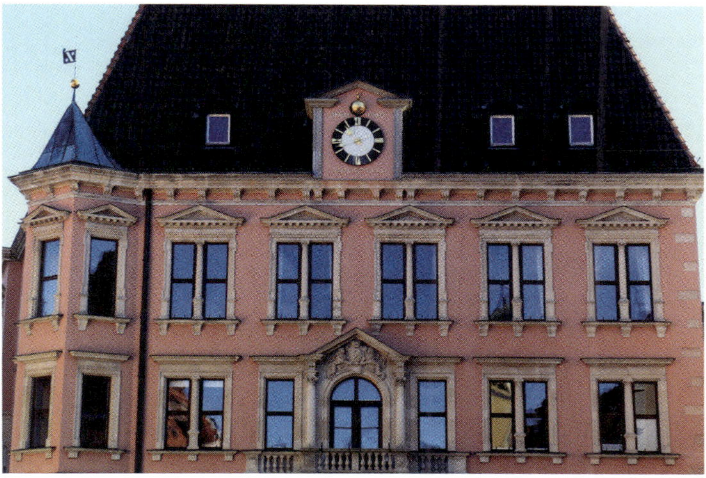

Kurz bevor Sie nach Ölmühlhang kommen, überqueren Sie, dem Crescentia-Schild folgend, die Kemnaterstraße. Sie kommen an einem kleinen Denkmal der Heiligen Crescentia vorbei, der Namensgeberin dieses Pilgerwegs, die im Crescentia-Kloster lebte und 2001 heiliggesprochen wurde. Sie befinden sich nun auf einem hübschen schmalen Pfad, der durch den Wald führt, auf Holzbrücken kleine Flüsschen überquert und Sie dann plötzlich in eine offene Wiesenlandschaft entlässt. Etwa auf halber Strecke kommen Sie an einem kleinen Picknicktisch vorbei, falls Sie eine Pause einlegen möchten. Bald darauf gelangen Sie zu dem kleinen Dörfchen Bickenried, mit einem irgendwie merkwürdig-modernen Kruzifix und einer Statue des Heiligen Franz von Assisi (der Heilige, der mit Vögeln sprechen konnte). Nach dem Dorf wandern Sie durch offene Felder und Wiesen, und wenn Sie nach links schauen, sehen Sie die Alpen. Genießen Sie diesen idyllischen Abschnitt! Bald darauf können Sie einem Schild entnehmen, dass die Ortsmitte von Irsee nur noch 15 Minuten entfernt ist. In Irsee angekommen, laufen Sie die Hochstraße entlang durch ein hübsches Wohngebiet. Die Straße macht eine Linkskurve und gabelt sich dann in Oberes Dorf. Sie halten sich links und kommen an der Kirche St. Stephan vorbei, mit dem Friedhof daneben (beides auf der rechten Seite). Danach stoßen Sie auf die Marktstraße. Hier biegen Sie rechts ab und folgen der Straße, bis sie nach einer Rechtskurve zum Klosterring wird. Nun können Sie rechter Hand schon die Pfarrkirche St. Peter und Paul sehen, eine prachtvoll ausgestattete, barocke Klosterkirche mit einer bemerkenswerten Schiffskanzel und einer original erhaltenen Orgel.

In Kloster Irsee gibt es natürlich jede Menge zu besichtigen, aber jetzt dürfte das Hinweisschild zum Irseer Klosterbräu die größte Anziehungskraft auf Sie ausüben – höchste Zeit für ein zünftiges bayerisches Gericht, das Sie genüsslich mit einem Irseer Kloster-Urtrunk hinunterspülen.

IRSEER KLOSTERBRÄU BRAUGASTHOF & HOTEL

Die lange, wechselhafte Geschichte von Kloster Irsee beginnt bereits im Mittelalter. Nach der Säkularisation Anfang des 19. Jahrhunderts war bis Anfang des 20. Jahrhunderts eine Nervenheilanstalt im Klosterkomplex untergebracht – wahrscheinlich der düsterste Abschnitt in der Geschichte des Klosters. Heute befindet sich hier ein Tagungs- und Bildungszentrum, aber bei einem Spaziergang über das Gelände fällt es leicht, sich in die Vergangenheit zurückzuversetzen. Es gibt auch ein Brauereimuseum. Der jahrhundertealte Braugasthof verströmt altertümlichen Charme und ist auch bei Nicht-Wanderern sehr beliebt, die die herzhafte bayerische Küche und das renommierte Irseer Bier zu schätzen wissen. In der Brauerei kommen immer noch die traditionell offenen Gärbottiche zum Einsatz, wo das Bier den Elementen ausgesetzt ist und die Gärung dank der kühlen Temperaturen langsam abläuft. Die meisten Brauer sind davon überzeugt, dass der Gärprozess dadurch vollständiger ablaufen kann und dies zu einem charaktervolleren Bier führt. Ihre Biere reifen mindestens 80 Tage lang, das Starkbier sogar 180 Tage. Das ist ziemlich lang und entsprechend kostenintensiv, aber zweifellos mitverantwortlich für den vollmundigen, ausgewogenen Geschmack des Biers. Der renommierte britische Bierexperte Graham Lees von CAMRA (Campaign for Real Ale) erklärte ihren Kloster-Urtrunk zu einem von nur einer Handvoll Biere, die in seinem Bierführer *Good Beer Guide to Munich and Bavaria* vier Sterne erhielten. Das war der Grund, warum ich 1997 zum ersten Mal hierherkam. Ich habe das Bier im Lauf der Jahre ein paarmal aus der Flasche getrunken und immer gedacht, ich hätte seinen Stellenwert in der Erinnerung vielleicht ein bisschen überhöht. Aber nachdem ich nun wieder dort war und es vom Fass getrunken habe, kann ich wirklich nur bestätigen, dass das ein verflixt gutes Bier ist und definitiv hopfiger als die Flaschen-Variante.

Im Klosterbräuhotel kann man prima übernachten, und es gibt zahlreiche interessante Wanderwege in der Gegend. Wenn Sie am gleichen Tag wieder zurückwollen, sollten Sie vorab auf den Fahrplan schauen, da zwischen Irsee und Kaufbeuren nicht so viele Busse fahren. In Anbetracht der geringen Entfernung wäre eventuell eine Taxifahrt eine Option. Natürlich können Sie auf dem gleichen Weg zurücklaufen, den Sie hergekommen sind, aber dieser Rückweg würde nach einer Nacht in dem komfortablen Hotel wahrscheinlich mehr Spaß machen. Habe ich schon erwähnt, dass es eine Sauna mit Gewölbedecke gibt?

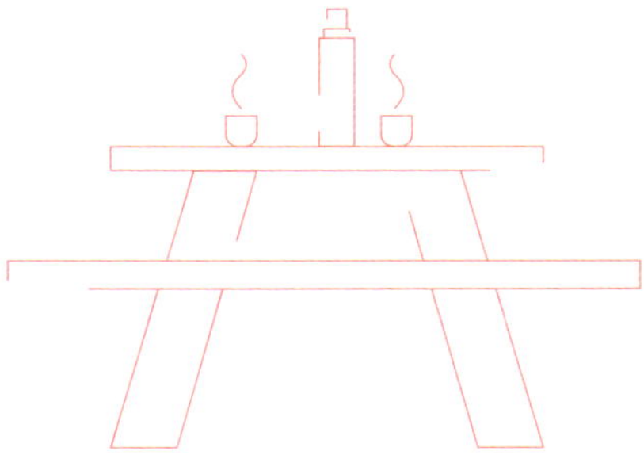

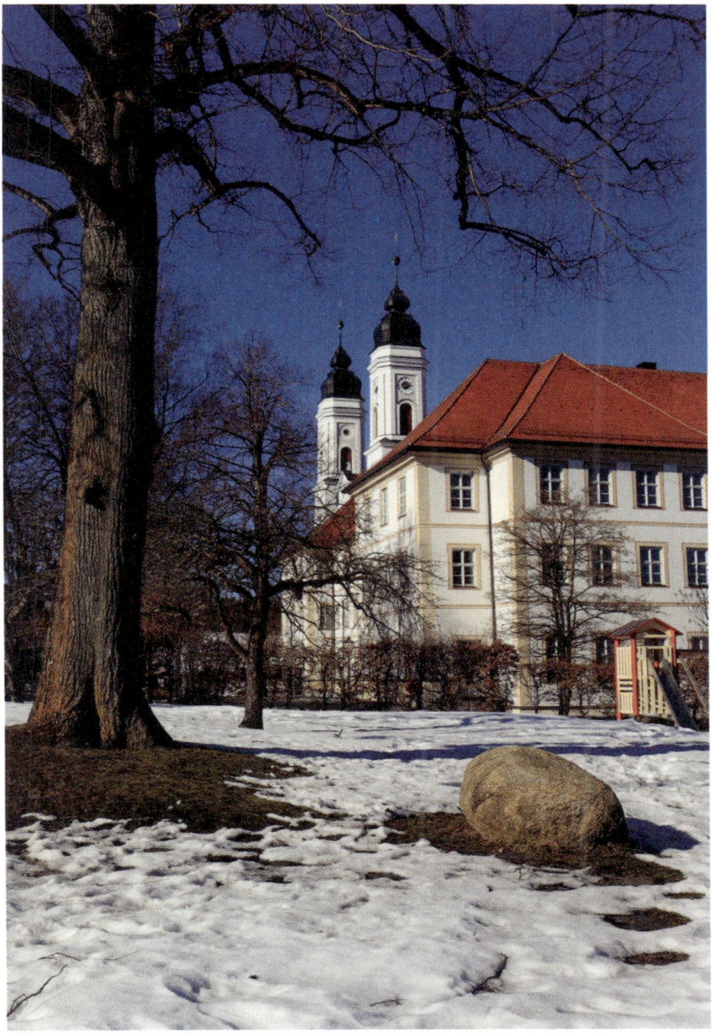

PRAKTISCHE INFORMATIONEN

Irseer Klosterbräu Braugasthof & Hotel
Klosterring 1–3
Irsee 87660
08341 / 43 22 00
ikb@irsee.com
www.irsee.com

Täglich geöffnet 10–23 Uhr

Zimmer können über die Website gebucht werden.

NESSELWANG

EINE WANDERUNG ZUR WALLFAHRTSKIRCHE MARIA TROST

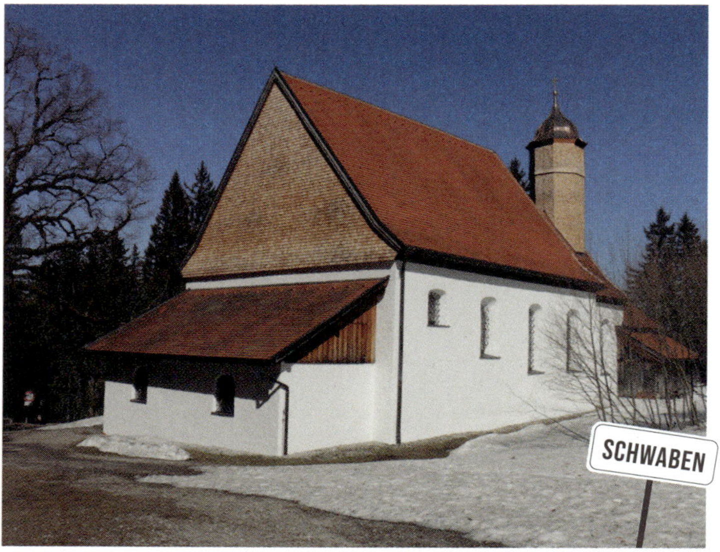

START	ZIEL
BRAUEREI-GASTHOF HOTEL POST, NESSELWANG	BRAUEREI-GASTHOF HOTEL POST, NESSELWANG
BIER	SCHWIERIGKEITSGRAD
NESSELWANGER WEIZEN	MITTELSCHWERE WANDERUNG
KARTE	LÄNGE/GEHZEIT
ATK25-Q07 MARKTOBERDORF	6 KM 2–3 STUNDEN
SEHENSWÜRDIGKEITEN	HÖHENMETER
WALLFAHRTSKIRCHE MARIA TROST, ALPEN, PFARRKIRCHE ST. ANDREAS, DAS ALTE RATHAUS VON NESSELWANG	AUFSTIEG: 358 M ABSTIEG: 368 M

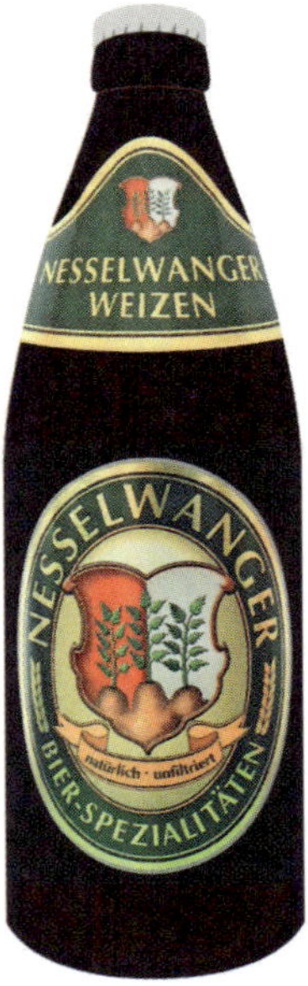

4,9 % ALKOHOL-GEHALT

WEIßBIER

UNFILTRIERT, BERNSTEINFARBEN

BANANE, NELKE, HEFE

FRUCHTIG, BANANE, NELKE, HEFE, SÄUERLICH, BITTER-SÜß IM ABGANG

BITTERE

SÜßE

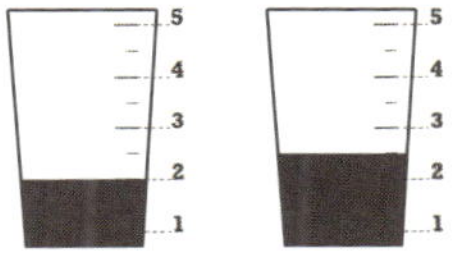

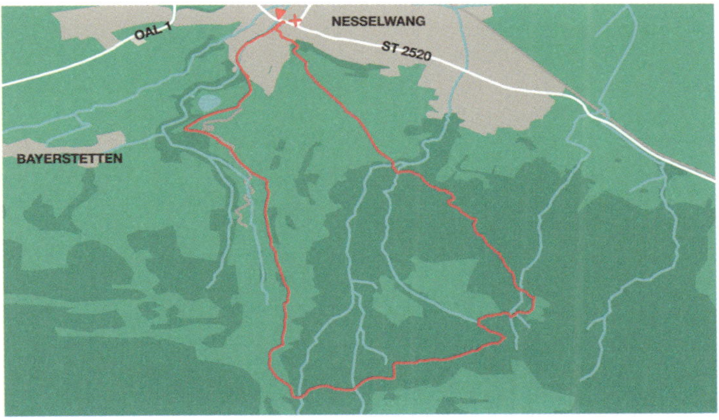

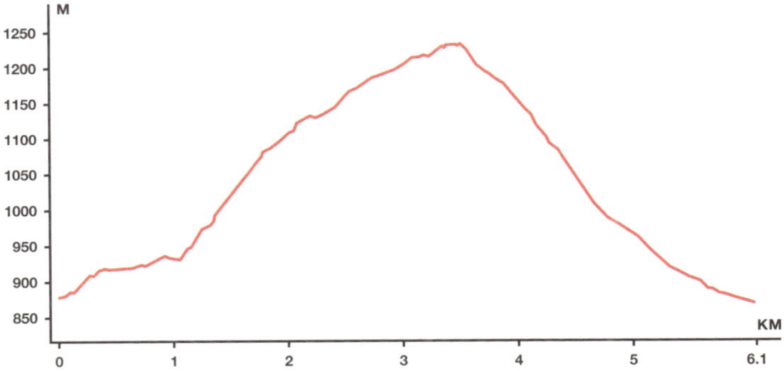

WEGBESCHREIBUNG

Der Markt Nesselwang ist ein hübscher kleiner Luftkurort im hügeligen Voralpenland, am Fuß der Allgäuer Alpen. Berühmte Touristenattraktionen wie Neuschwanstein sind nicht weit entfernt, sodass Nesselwang sich auch als Ausgangspunkt anbietet, um die Umgebung zu erkunden, vor allem, wenn Sie mit dem Auto unterwegs sind und sich Zeit für die hiesige Braukunst nehmen möchten. Die nahe Wallfahrtskapelle Maria Trost liegt auf einer Höhe von 1123 m und ist nur zu Fuß zu erreichen.

Von Kempten (Allgäu) verkehren regelmäßig Züge nach Nesselwang, und Kempten ist über München oder Ulm gut zu erreichen.

Wenn Sie aus dem Brauerei-Gasthof Hotel Post heraustreten, sehen Sie auf der gegenüberliegenden Straßenseite die Pfarrkirche St. Andreas. Sie ist einen kurzen Besuch wert, um das zauberhafte barocke Interieur zu bewundern, Sie können sich die Besichtigung aber auch für nach der Wanderung aufheben. Sie gehen nach links, die Hauptstraße entlang, biegen kurz darauf links ab auf An der Riese und dann noch einmal links auf die Maria-Trost-Allee. Hier sehen Sie die ersten Wanderschilder und den Hinweis, dass Maria Trost 45 Gehminuten entfernt ist. Folgen Sie der Straße und achten Sie auf den Brauereischornstein aus rotem Backstein zu Ihrer Linken, bevor Sie die Ortschaft hinter sich lassen. An der Gabelung bei einer kleinen Kapelle folgen Sie den gut sichtbaren Markierungen nach rechts auf die Maria-Trost-Allee. Während Sie durch die schöne offene Landschaft laufen, gewinnen Sie langsam an Höhe. Der Name verspricht nicht zu viel: Die Allee wird tatsächlich beidseitig von Bäumen gesäumt. Vergessen Sie nicht, ab und zu zurückzuschauen und den Blick auf Nesselwang und die Pfarrkirche St. Andreas zu genießen. Der Berg, den Sie bezwingen möchten, liegt direkt vor Ihnen. Dieser Abschnitt ist angenehm zu laufen. Sie kommen an einem Hotel vorbei und erreichen nach etwa einem Kilometer den Waldrand. Von hier aus sind es nur noch 30 Minuten bis zur Kirche, aber jetzt beginnt der Weg stark anzusteigen und der Schatten der Bäume

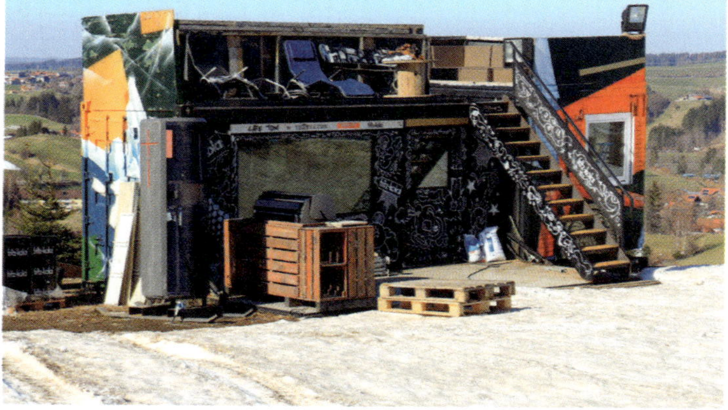

kommt gerade recht. Nach etwa 2 km lichtet sich der Wald, und die Kirche liegt vor Ihnen. Sie gibt ein schönes Fotomotiv ab und es lohnt sich auch, einen Blick ins Innere zu werfen, bevor Sie weitergehen.

Nun gehen Sie an der Kirche vorbei und biegen nach rechts auf den breiten Weg. Folgen Sie der rot gestreiften Markierung Richtung Nesselwang und Parkplatz Alpspitzbahn. Der Weg führt abwechselnd durch Wald und offene Landschaft. Im Frühling, als ich ihn gegangen bin, lag auf dem Weg noch Schnee. Wenn die Landschaft offener wird und Sie die Kabel der Alpspitzbahn sehen, halten Sie sich rechts, Richtung Nesselwang und Alpspitzbahn. Biegen Sie *nicht* links Richtung Alpspitze ab, es sei denn, Sie möchten eine ungleich längere Wanderung machen als die hier beschriebene. Wenn Sie an der Station der Alpspitzbahn angekommen sind, gehen Sie an der Gabelung nach rechts und weiter bergab Richtung Nesselwang. Wenn die Alpspitzbahn in Betrieb ist, können Sie einen Ausflug zum Gipfel unternehmen, wenn Sie möchten. Der Alpspitzweg schlängelt sich mehr oder weniger parallel zum Skilift bergab zur Stadt. Dort, wo der Alspitzweg endet, biegen Sie links ab auf An der Riese und folgen der Straße, die Sie wieder zurück zur Hauptstraße bringt. Noch einmal nach rechts, und schon haben Sie die Brauerei erreicht und können sich das leckere Weißbier schmecken lassen.

BRAUEREI-GASTHOF HOTEL POST

Der 1650 gegründete Betrieb wird seit 1883 von der Familie Meyer geführt. Der Brauerei-Gasthof Hotel Post – tatsächlich Hotel, Restaurant und Braumanufaktur in einem – braut viele verschiedene Biersorten und hat sogar Craft-Bier im Sortiment. Zur jüngsten Generation zählt eine Braumeisterin und Biersommelière, deren Biere wunderbar mit der Traditionsküche des Restaurants harmonieren. Die Adlerstube mit ihrer Holzdecke und dem grünen Kachelofen ist urgemütlich und der schöne Biergarten befindet sich zwischen Gaststube und Brauerei. Die Gegend ist berühmt für ihr Weißbier, und dieses ist erfrischend herb – der perfekte Bierdurstlöscher nach einer Wanderung.

Bier vom Fass: Nesselwanger Hell, Nesselwanger Gold, Nesselwanger Dunkel, Nesselwanger Weizen und Nesselwanger Bock. In der Flasche gibt es Craft-Biere wie Hopfen Royal und Braukatz Red Ale.

PRAKTISCHE INFORMATIONEN

Brauerei-Gasthof Hotel Post
Hauptstraße 25
87484 Nesselwang
08361 / 30910
www.hotel-post-nesselwang.de

Täglich 11–22 Uhr geöffnet

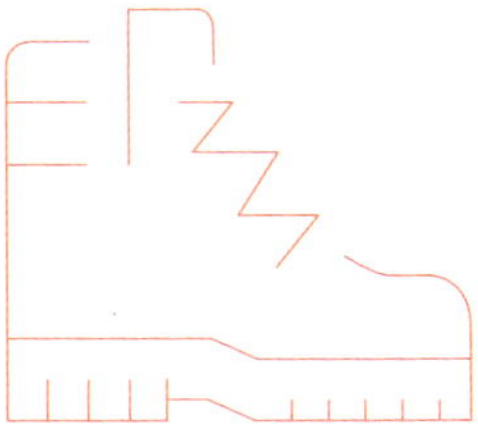

NIEDERBAYERN

WELTENBURG (KELHEIM)

DIE ÄLTESTE KLOSTERBRAUEREI DER WELT

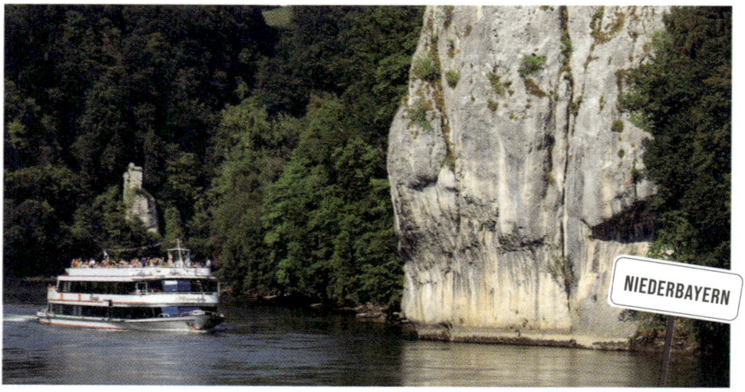

START	ZIEL
WÖHRDPLATZ, KELHEIM	KLOSTER WELTENBURG
BIER	SCHWIERIGKEITSGRAD
WELTENBURGER KLOSTER ASAM-BOCK	MITTELSCHWERE WANDERUNG
KARTE	LÄNGE/GEHZEIT
ATK25-J12 KELHEIM	5,5 KM / 1,5–2 STUNDEN (EIN WEG, RÜCKFAHRT MIT DEM SCHIFF)
SEHENSWÜRDIGKEITEN	HÖHENMETER
KLOSTER WELTENBURG, KLOSTERKIRCHE ST. GEORG, DONAUDURCHBRUCH, BEFREIUNGSHALLE, FRANZISKANERKIRCHE (ORGELMUSEUM)	AUFSTIEG: 120 M ABSTIEG: 102 M

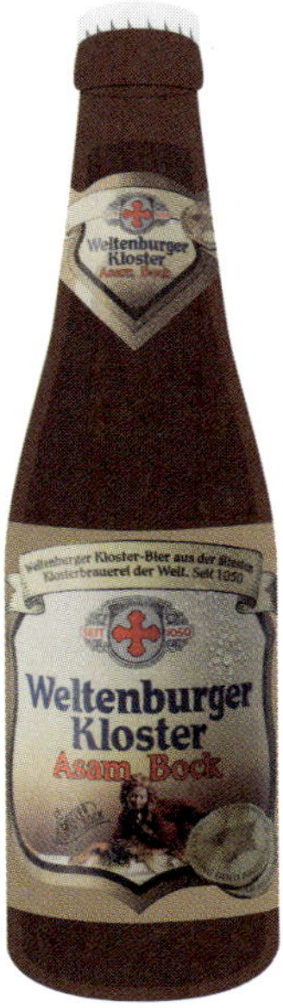

6,9 %
ALKOHOL-GEHALT

DOPPELBOCK AUS DUNKLEM MALZ, KARAMELLMALZ UND HALLERTAUER PERLE (HOPFEN)

DUNKELBRAUN MIT MAHAGONI-AKZENTEN; DICHTER, HELLBRAUNER SCHAUM

TROCKENFRÜCHTE, EIN HAUCH LAKRITZ

STARK MALZIG, TROCKENFRÜCHTE, LANGER, BITTER-SÜßER ABGANG

BITTERE SÜßE

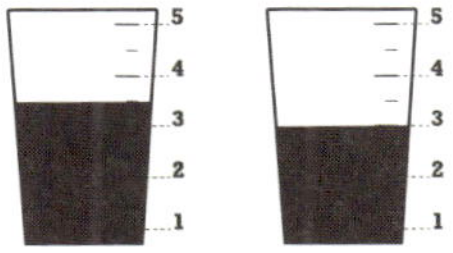

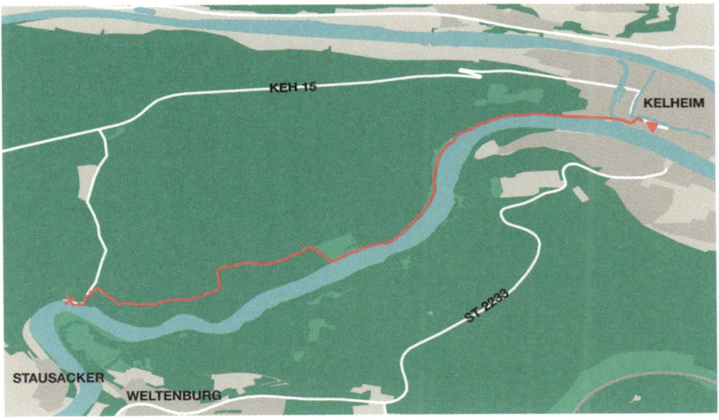

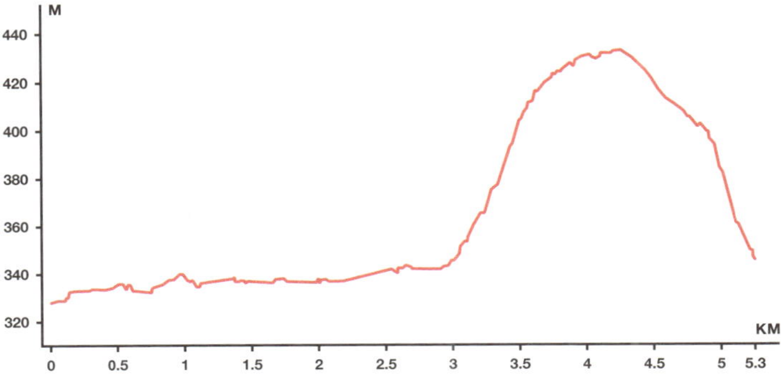

WEGBESCHREIBUNG

Das Kloster Weltenburg blickt auf eine lange, wechselhafte Geschichte zurück. Es ist das älteste Kloster Bayerns (617 gegründet) und lockt dank seiner ungemein malerischen Lage direkt an der Donau zahllose Besucher an, vom religiösen Pilger bis zum fotografierwütigen Touristen. Jedes Jahr kommen schätzungsweise eine halbe Million Menschen per Schiff, Bus, Fahrrad oder zu Fuß im Kloster an. Anfang des 10. Jahrhunderts verließen die Mönche die Abtei, nachdem ein zerstörerisches Nomadenvolk weite Teile Bayerns und andere Gebiete überfallen hatte. 30 Jahre später wurde das Kloster wieder neu besiedelt, im 16. Jahrhundert während der Schmalkaldischen Kriege und auch während des Dreißigjährigen Kriegs mehrfach geplündert. Sein heutiges Aussehen verdankt das Kloster den berühmten Asam-Brüdern, die das Ensemble im 18. Jahrhundert spätbarock umgestalteten. Nach dem katastrophalen Alpenhochwasser 2005 musste das Gebäude umfassend renoviert werden. Die atemberaubende Barockkirche St. Georg ist der größte Besuchermagnet, nicht zuletzt dank des prächtigen Altarbilds mit einer Statue des Heiligen Georg, der den Drachen tötet. Doch über all die architektonischen Sehenswürdigkeiten dürfen wir nicht die Natur vergessen! Die Landschaft, in die das Kloster eingebettet ist, ist nicht weniger atemberaubend als die Schätze innerhalb der Klostermauern – die eindrucksvollen Felsen des Donaudurchbruchs, die dicht bewaldeten Hügel und dazwischen die majestätisch dahinfließende Donau.

Nach Kelheim fahren regelmäßig Busse vom Bahnhof Saal (Donau) aus, und Saal erreicht man mit dem Zug über Regensburg und Ingolstadt. Wer von weiter weg anreist, muss öfter umsteigen.

Zugegeben, eine Anreise mit dem Schiff zum Kloster Weltenburg wäre ungemein spektakulär, aber die Wanderung dorthin ist ebenfalls wunderschön, und wenn Sie mit dem Schiff zurückfahren, können Sie auch den Anblick vom Wasser aus kosten. Wenn Sie mit dem Bus in Kelheim ankommen, steigen Sie am besten am Wöhrdplatz aus. Hier befindet sich übrigens auch die Anlegestelle der Schiffe, die auf der Donau zum Kloster fahren. Sie überqueren den Parkplatz und steuern auf die Stufen (egal, welche) zu, die Sie von der Bushaltestelle aus sehen können. Dort oben beginnt der Fußweg und von dort haben Sie bereits einen schönen Blick auf die Donau und das ganze geschäftige Treiben hier. Wenn Sie die Stufen erklommen haben, gehen Sie nach rechts, wo Sie in einiger Entfernung das rote Dach einer Kirche sehen. Das ist die Franziskanerkirche. Oben auf dem Hügel sehen Sie die gelbe Befreiungshalle, die wie ein Wachposten über Kelheim thront. Sie überqueren eine kleine Brücke und sehen die ersten Schilder des Altmühltal-Panoramawegs. Dieser 200 km lange Wanderweg geht bis nach Gunzenhausen, aber da wollen wir heute nicht hin. Die Schilder geben die Entfernung zum Kloster Weltenburg mit 6 km an. Gleichzeitig folgen Sie dem Jakobsweg (gelbe Jakobsmuschel vor blauem Hintergrund) und dem roten Dreieck. Man kann mit Fug und Recht behaupten, dass der Weg sehr gut beschildert ist. Sie folgen dem Weg bis zu einer Gabelung und nehmen dort den rechten Weg, der in den sehr grünen Wald hineinführt. Der Weg entfernt sich manchmal vom Fluss, was möglicherweise mit dem Wasserstand zusammenhängt. Das letzte Mal, als wir diese Wanderung machten, war der Weg zum Teil ziemlich matschig, an manchen Stellen stand er sogar unter Wasser. Es hatte viel geregnet, und der Weg verläuft immerhin direkt an der mächtigen Donau entlang. Achten Sie daher auf passendes Schuhwerk. Gleichwohl ist dies eine wunderschöne und einfache Route. Durch die Bäume können Sie immer wieder die Donau sehen und manchmal wird die Sicht auf die eindrucksvollen Felsenschluchten frei. Ungefähr nach 2 km kommen Sie an einem ehemaligen Kloster vorbei, heute ein zauberhafter Biergarten namens Einsiedelei Klösterl. Wenn Sie möchten, können Sie hier eine Pause einlegen, heute werden Sie hier nicht mehr vorbeikommen.

Kurz vor der 3-km-Marke biegen Sie, den Wanderschildern folgend, rechts ab. Der Weg beginnt langsam anzusteigen. Bald darauf geht es nach links. Es ist ein schöner Weg und er ist so gut beschildert, dass Sie immer genau wissen, wohin Sie gehen müssen. Lediglich zwischen Kilometer 4 und 5 gibt es ein paar unmarkierte Abzweigungen auf der linken Seite, manche sind einen Abstecher wert, andere weniger. Mein Tipp: Schauen Sie, was die anderen Wanderer machen, und wenn ein paar dort langgehen, lohnt es sich wahrscheinlich. Diejenigen, die näher an ihrem Wanderziel liegen, sind es sicher wert, einen kurzen Blick zu riskieren. Oben auf den Felsen angekommen, können Sie auf das Kloster am Donauufer hinabblicken. Ab der 5-km-Marke geht es langsam abwärts, der Donau entgegen. Sobald Sie unten auf der Straße angekommen sind, sehen Sie die Hinweisschilder auf die Boote. Das sind nicht die großen Schiffe, die Sie wahrscheinlich während der Wanderung gesehen haben, die große Gruppen von Menschen von Kelheim zum Kloster Weltenburg befördern. Nein, diese kleinen Motorboote bringen Wanderer von dieser Seite der Donau zum

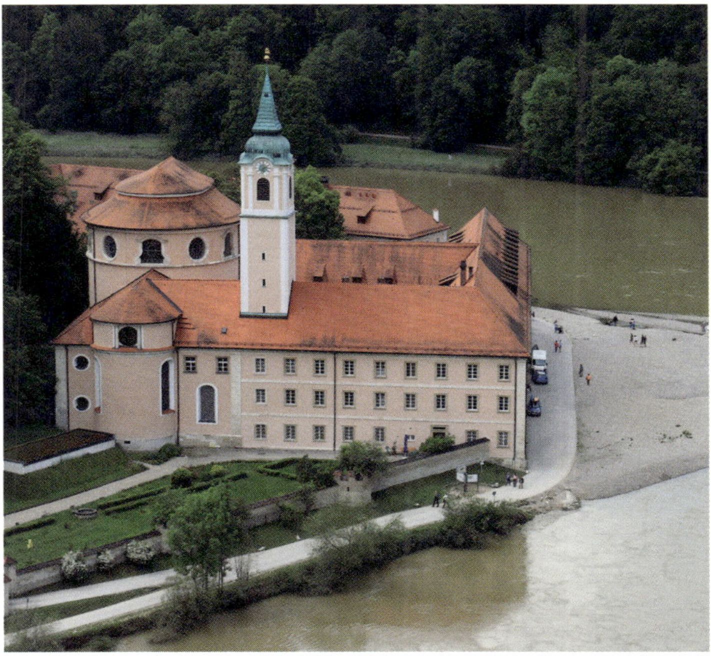

Kloster hinüber. Steigen Sie ein! Es dauert nur ein paar Minuten. Es ist interessant, dem Kapitän zuzuschauen, wie er sein Boot durch die starke Strömung manövriert. Das Kloster sieht vom Boot aus besonders schön aus. Dort angekommen, befinden Sie sich auf einem Kieselstrand und können sich auf den Weg zu den Sehenswürdigkeiten machen. Nehmen Sie sich genug Zeit dafür, aber wenn Hunger und Durst Sie plagen und Sie einen freien Platz im Biergarten entdecken, sollten Sie ihn sich schnappen. Hier wird es bei schönem Wetter ziemlich voll.

KLOSTERSCHENKE WELTENBURG

Die Klosterbrauerei Weltenburg trägt den stolzen Titel »älteste Klosterbrauerei der Welt«. Seit ihrer Gründung im Jahr 1050 ist sie mit einer kurzen Unterbrechung während der Säkularisation im 19. Jahrhundert in Betrieb. Der Konkurrent Weihenstephan wurde zwar bereits 1040 gegründet, ist aber heute keine Klosterbrauerei mehr. Und was sind schon zehn Jahre, wenn man auf eine 1000-jährige Geschichte zurückblicken kann? Auf jeden Fall wird hier seit sehr langer Zeit Bier gebraut, und das auf Weltklasseniveau. Seit 1973 werden die Klosterbrauerei und die Regensburger Brauerei Bischofshof von demselben Team geführt, was mit einer Modernisierung der Anlagen einherging. Ihr Barock Dunkel gewann mehrere Auszeichnungen und ihr Asam-Bock gilt als Klassiker auf Weltniveau. Derzeit braut Bischofshof jene Weltenburger Biere, die in den Vertrieb gehen, während die Biere, die im Kloster ausgeschenkt werden (vom Fass und in der Flasche), nach wie vor im Kloster von Mönchen gebraut werden. Ich weiß nicht, ob es Einbildung ist oder sie sich wirklich unterscheiden, aber vor Ort schmeckt mir ihr Bier auf jeden Fall besser!

Die Klosterschenke mit dem vielen dunklen Holz und der Gewölbedecke ist einfach urgemütlich, aber bei schönem Wetter ist es doch im grünen Biergarten am schönsten. Am Wochenende ist es dort natürlich überfüllt, daher empfiehlt es sich, unter der Woche und am besten etwas früher hinzugehen. Man findet zwar eigentlich immer einen Platz, muss sich dann aber wahrscheinlich zu anderen Leuten an den Tisch quetschen – typisch bayerische Geselligkeit eben. Auf der Speisekarte stehen traditionelle bayerische Klassiker und der Käse kommt aus der klösterlichen Käserei. Die meisten Leute trinken das preisgekrönte Barock Dunkel, aber den Asam-Bock vom Fass sollten Sie sich nicht entgehen lassen, wenn Sie dieser Biersorte etwas abgewinnen können. Aber Vorsicht: Er hat einen Alkoholgehalt von 6,9 %, und wenn Sie davon ein paar trinken, werden Sie auf jeden Fall mit dem Boot zurück nach Kelheim fahren und nicht mehr wandern!

Bier vom Fass: Weltenburger Kloster Barock Dunkel, Weltenburger Kloster Anno 1050 und Weltenburger Kloster Hefe-Weizen.

Sie können auf dem gleichen Weg nach Kelheim zurücklaufen, den Sie hergekommen sind. Es gibt auch einige Wanderwege auf dieser Seite der Donau. Aber egal, ob Sie ein paar Bier zu viel haben oder nicht, empfehle ich das Schiff für den Rückweg. Der Blick vom Wasser aus ist einzigartig.

PRAKTISCHE INFORMATIONEN

Klosterschenke Weltenburg
Asamstraße 32
93309 Kelheim
09441 / 67-57-0
www.klosterschenke-weltenburg.de
www.weltenburger.de

Öffnungszeiten:
Mitte März – Anfang November täglich 9.30–19.00 Uhr
In den anderen Monaten Mittwoch bis Sonntag 11–17 Uhr, Montag und Dienstag geschlossen
Januar geschlossen

Die aktuellen Öffnungszeiten entnehmen Sie bitte der Website.

Zimmer können über die Website gebucht werden.

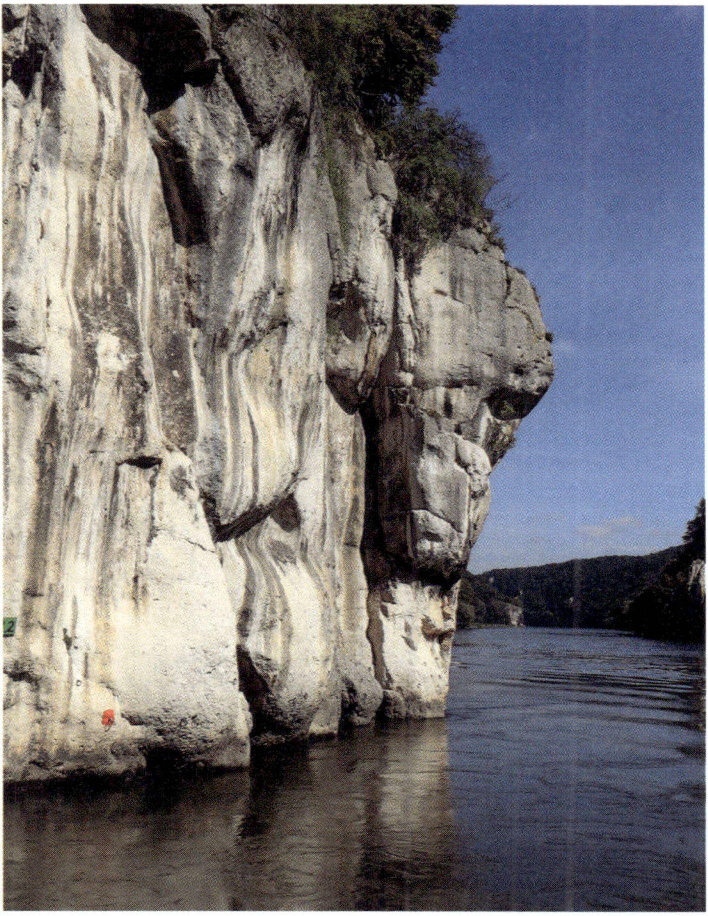

ESSING

WANDERUNG ÜBER DIE JURAFELSEN

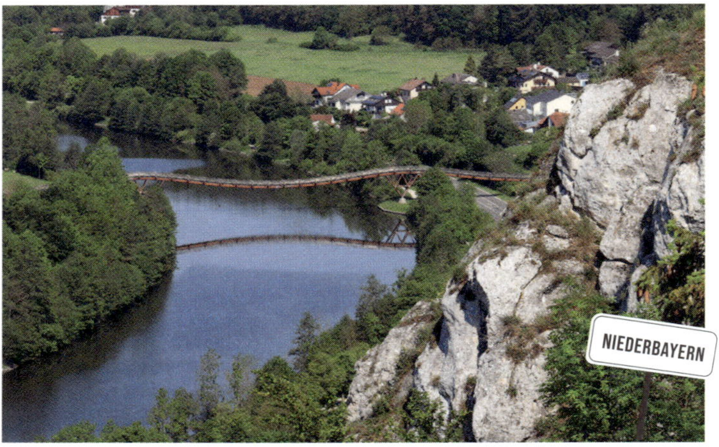

START	ZIEL
BRAUEREIGASTHOF SCHNEIDER, ESSING	BRAUEREIGASTHOF SCHNEIDER, ESSING
BIER	SCHWIERIGKEITSGRAD
SCHNEIDER LAGER DUNKEL	MITTELSCHWERE WANDERUNG
KARTE	LÄNGE/GEHZEIT
ATK25-J12 KELHEIM	11,5 KM 2,5–3,5 STUNDEN
SEHENSWÜRDIGKEITEN	HÖHENMETER
FELSEN, BURGRUINE RANDECK, DONAUKANAL, TATZELWURM-BRÜCKE, KAPELLE ST. BARTLMÄ, TROPFSTEINHÖHLE SCHULERLOCH	AUFSTIEG: 334 M ABSTIEG: 334 M

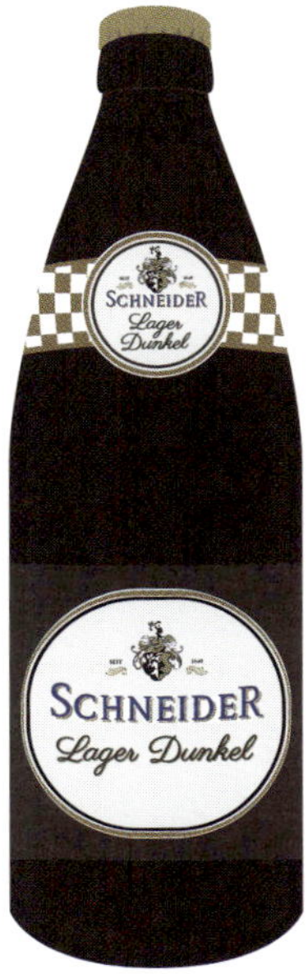

4,8 %
ALKOHOL-GEHALT

DUNKLES, MIT DUNKLEM GERSTENMALZ UND GERÖSTETEM MALZ

MAHAGONI, GRAUWEIßE BLUME

RÖSTAROMEN, SCHOKOLADE

STARK MALZIG, RÖSTAROMEN, BITTER-SÜß IM ABGANG

BITTERE SÜßE

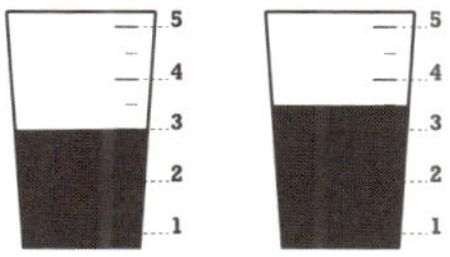

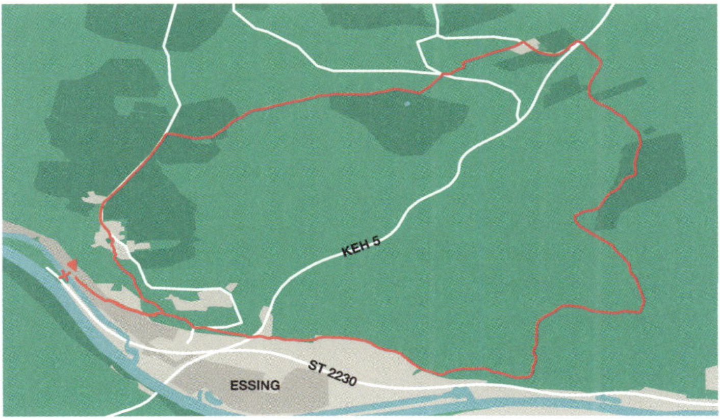

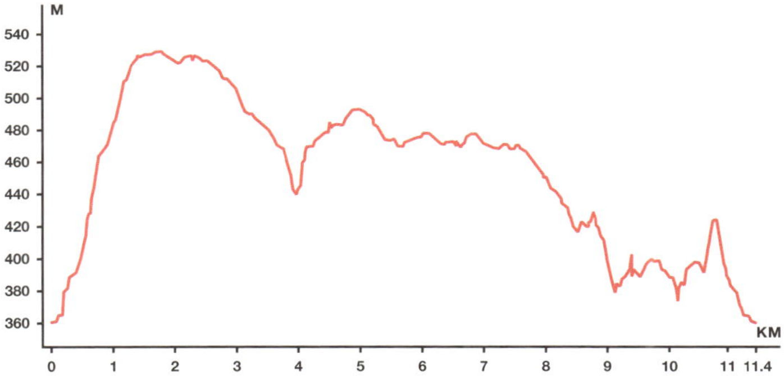

WEGBESCHREIBUNG

Essing ist ein malerischer kleiner Ort am Fuß einer atemberaubenden Felswand im Altmühltal. Das schöne Tal, das in weiten Teilen Naturschutzgebiet ist, beherbergt sowohl den Main-Donau-Kanal als auch den Ludwigskanal. Die Mischung aus fließendem Gewässer, jähen Felsformationen und zahllosen Höhlen lockt Touristen in großer Zahl an. Gemächliche Spaziergänger kommen hier genauso auf ihre Kosten wie Wanderer, Kletterer, Radfahrer und andere Aktivurlauber. Auch Bootsfahrten sind beliebt. Die kleine Marktgemeinde Essing zählt zu den schönsten Ortschaften der Gegend. Die berühmte Holzbrücke, ein beliebtes Fotomotiv, führt direkt zum Ortseingang.

Vom Bahnhof in Saal (Donau) fahren regelmäßig Busse nach Essing, und Saal ist gut an Regensburg und Ingolstadt angeschlossen. Wer von weiter weg kommt, findet eine Anreise mit dem Auto wahrscheinlich einfacher.

Startpunkt ist der Brauereigasthof Schneider in der Altmühlgasse. Wenn Sie aus der Brauerei kommen, wenden Sie sich nach rechts. Die Altmühlgasse mündet bald darauf in die Hauptstraße der Stadt, den Unteren Markt. Dort, wo die beiden Straßen sich vereinigen, steht rechts die hübsche Pfarrkirche Heilig Geist. An der Gabelung nach dem Kirchparkplatz wechseln Sie links auf den Burgweg. Hier finden sich Markierungen verschiedener Wanderwege, da es innerhalb des kleinen Wanderwegnetzes viele Überschneidungen gibt. Sie werden heute dem Rundweg 2 folgen. Der erste Abschnitt führt zur Burg Randeck. Die Straße steigt zunächst steil an und wenn Sie zurückschauen, haben Sie einen schönen Blick auf die Kirche. Nach kurzer Zeit zweigt links ein gut markierter Feldweg ab. Auf ihm geht es sanft bergan, hinter einigen Wohnhäusern vorbei und dann in den Wald hinein. Nach einer Linkskurve gelangen Sie zu einer Abzweigung mit einem Picknicktisch. Schilder weisen nach rechts zum Schulerloch (einer Tropfsteinhöhle) und nach links zur Burgruine Randeck. Sie gehen zur Burg, aber da es ein Rundweg ist, kommen Sie nachher über den anderen Weg zurück.

Der Waldweg steigt stark an, aber die Anstrengung wird mit einer herrlichen Aussicht belohnt, die sich Ihnen linker Hand immer wieder bietet, wenn Sie auf den Ludwigskanal, den »Tatzelwurm« (so nennen die Einheimischen die Brücke, die zu den längsten Holzbrücken Europas zählt), die grüne Hügellandschaft und die nette kleine Kirche von vorhin hinabblicken. Und das alles innerhalb der ersten 5 km! Wenn Sie genug von der schönen Aussicht haben, gehen Sie weiter Richtung Burgruine. Das Gemäuer blitzt nun immer wieder zwischen den Bäumen hindurch. Sie passieren die Ritterschänke und können nun bei der Burg vorbeischauen, wenn Sie möchten. Wenn nicht, folgen Sie dem Weg weiter, der nun asphaltiert ist und sie wieder aus dem kleinen Dorf Randeck herausführt. Am Ortsausgang zweigt links ein Weg ab, aber Sie bleiben auf dem Hauptweg. Der Abzweig führt zu einer anderen Burg in Prunn, aber das heben Sie sich für einen anderen Tag auf. Sie wandern nun durch Felder und Wiesen und sehen bald die kleine Sankt Bartholomä Kapelle (die Einheimischen sagen Bartlmä) rechts vor sich auftauchen. Kurz darauf geht ein gut markierter Weg nach rechts zur Kapelle ab, dem Sie folgen. Ein kleiner Abstecher zu Bartlmä lohnt sich, selbst wenn Sie sich nicht sonderlich für Gotteshäuser interessieren, denn davor gibt es einen sehr malerischen, von Bäumen umstandenen Teich, und im richtigen Licht ergeben sich tolle Fotomotive. Doch nun weiter auf dem Wanderweg! Der macht eine Linkskurve und verläuft am Waldrand entlang, bevor er wieder ganz in den Wald eintaucht. Hier sehen Sie schon die ersten Hinweise auf das Naturfreundehaus. Ein paar Hundert Meter weiter erstreckt sich rechter Hand ein Feld und bald sehen Sie auch den dazugehörigen Bauernhof. Sie laufen weiter am Waldrand entlang und biegen dann links auf einen Feldweg ab. Sie folgen dem Weg, bis er auf eine größere Straße stößt, die Sie vorsichtig überqueren. Dann geht es auf einem schmalen Pfad durch den Wald direkt zum Naturfreundehaus. Probieren Sie den schönen kleinen Biergarten aus und belohnen Sie sich mit einem kühlen Bier: Sie haben fast die Hälfte geschafft!

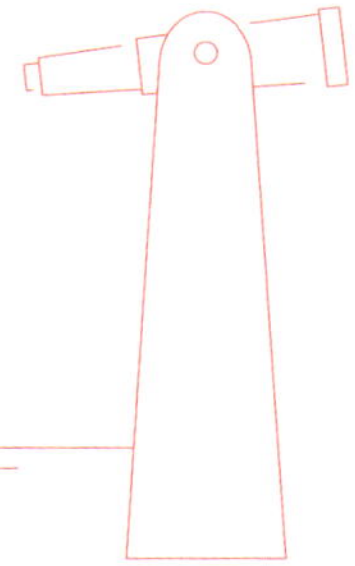

Nach der Rast folgen Sie dem Weg (auf dem sich der Biergarten befindet), bis Sie auf eine größere Straße stoßen, biegen nach rechts ab und gehen auf dieser Straße weiter, die eine lange Linkskurve macht. Hier scheint die Rundweg-2-Markierung zu fehlen, aber jetzt laufen Sie in Richtung Schulerloch. Markierungen am Weg zeigen ein grünes Rechteck. Am Ende der Linkskurve stoßen Sie auf eine andere Straße, die Sie vorsichtig überqueren, um auf der anderen Seite Ihren Weg geradeaus durch den Wald fortzusetzen. Der schmale Weg, der im Wald links abzweigt, führt nach Kelheim, ist also für Sie irrelevant. Sie folgen weiter dem Weg mit den grünen Rechtecken und durchqueren mal waldige Abschnitte, mal Felder. Nach einer Weile kommen Sie durch ein von Feldern umgebenes kleines Dorf, danach führt der Weg wieder durch den Wald. Hier ist die Rundweg-2-Markierung wieder da und führt Sie zuverlässig zur Tropfsteinhöhle. Dass Sie sich der Höhle nähern, merken Sie auch daran, dass Sie mehr Menschen sehen. Sie kommen an einem kleinen Museum und einem Café/Restaurant vorbei. Jetzt wird es immer voller, denn viele Leute laufen zur Höhle hinauf. Gleichwohl bietet dieser Wegabschnitt linker Hand einen schönen Blick über das Tal und rechter Hand sind einige kleinere Höhlen zu sehen. Allerdings ist dieser Abschnitt kurz, der Weg fällt rasch zum Tal hin ab und verläuft zwischen Waldrand auf der rechten und offenen Feldern auf der linken Seite. Zahlreiche Schilder weisen nach Essing, bald haben Sie es geschafft. Sie überqueren einige kleine Straßen und stoßen schließlich auf eine größere Straße, die Sie vorsichtig überqueren. Gehen Sie nach links und suchen Sie nach einer kleinen Lücke im Wald; diesem Pfad folgen Sie. Am Ende dieses kurzen schattigen Abschnitts gelangen Sie wieder an eine größere, relativ viel befahrene Straße, die an dieser Stelle gerade eine Kurve macht. Sie überqueren sie, folgen der Kurve ein Stück nach links und halten rechter Hand nach einer Lücke Ausschau. Nun geht es ein paar hölzerne Stufen hinauf und danach weiter bergan. Bald haben Sie die Abzweigung zwischen Randeck und Schulerloch erreicht, die Sie vom Hinweg kennen. Dort angekommen, führt Sie der Ihnen bereits bekannte Pfad zurück in die Stadt, durch die hübsche Wohngegend und an der gelben Kirche vorbei. Und jetzt stärken Sie sich im Brauereigasthof Schneider mit einem schönen Bier. Das haben Sie sich verdient!

BRAUEREIGASTHOF SCHNEIDER

Die Brauerei, die 1640 gegründet wurde, ist seit drei Generationen im Besitz der Familie Schneider. Matthias Schneider ist der Braumeister, sein Bruder Johannes Küchenchef und ihr Vater Josef Geschäftsführer. Der Brauereigasthof verbindet die Liebe zur Tradition mit modernem Flair. Drinnen ist es gemütlich, aber wenn das Wetter mitmacht, ist es natürlich viel schöner, draußen am Fluss unter Bäumen zu sitzen. Der Familienbetrieb legt größten Wert auf die Qualität und Präsentation der Speisen. Er verarbeitet fast ausschließlich regionale Produkte. Die Tiere, deren Fleisch auf dem Teller landen soll, zerlegen die Köche in Essing vor Ort und verwerten sie vollständig. Die Süßwasserfische vom örtlichen Fischwirt halten sie im eigenen Frischwasserbassin und bereiten sie frisch zu. Matthias ist begeisterter Jäger, daher steht häufig Wild auf der Speisekarte. Alles, was aus der Küche kommt, sieht großartig aus und schmeckt auch so. Aber natürlich sind Sie vor allem wegen des Biers hier, das mit dem Niveau der Speisen problemlos mithalten kann – und das will etwas heißen! Zum Glück kann man sich hier ein Zimmer nehmen, denn ein Besuch alleine reicht nicht aus, um sich durch die Karte zu schlemmen.

Hier fiel es mir mal wieder schwer, mich für ein Lieblingsbier zu entscheiden. Aufmerksam geworden bin ich auf die Schneiders durch einen Artikel von Graham Lees (Autor von Campaign for Real Ale) über ihr dunkles Lager, und dieses Bier ist es dann auch geworden. Ihr helles Lager ist überraschend hopfig, und auch das Josefibock sollten Sie, wenn es gerade welches gibt, unbedingt probieren, am besten in Verbindung mit einem der leckeren Desserts.

Biere vom Fass: Schneider Lager Hell, Schneider Lager Dunkel, Schneider Hefeweizen, eventuell ein Saisonbier. In der Flasche: Rotbier (obergärig), Märzen und Josefibock (zur Fastenzeit).

PRAKTISCHE INFORMATIONEN

Schneider Hotel & Brauereigasthof
Altmühlgasse 10
93343 Essing
09447 9180-0
www.brauereigasthof-schneider.de

Öffnungszeiten:
Täglich 8–23 Uhr

Warme Küche: 11.30–13.45 Uhr und 18–21 Uhr
Zwischen 13.45 und 18 Uhr werden Brotzeiten und kleine warme Gerichte serviert.

Zimmer können über die Website gebucht werden.

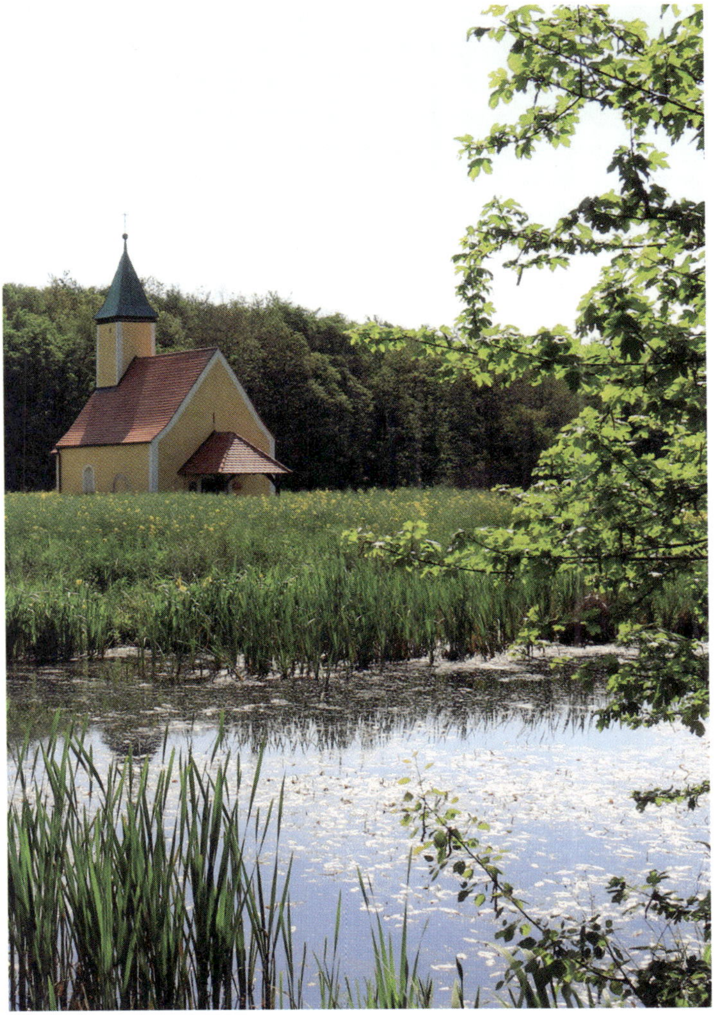

RIEDENBURG

DREI BURGEN UND EIN SCHWAN

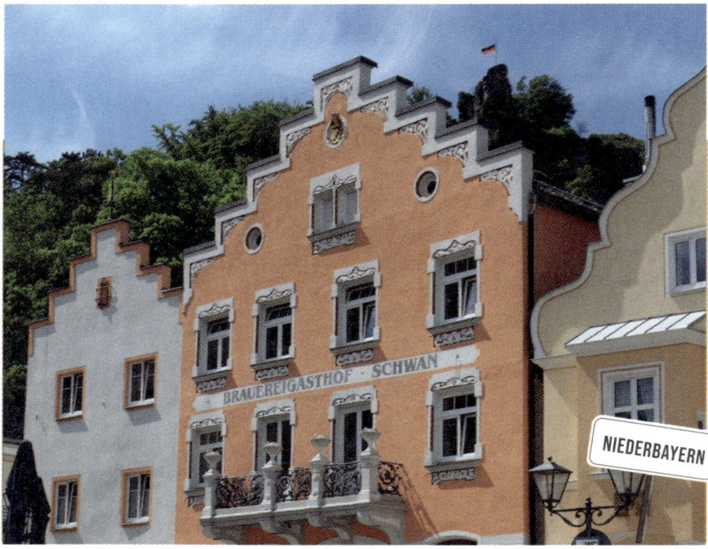

START	ZIEL
BRAUEREIGASTHOF SCHWAN	BRAUEREIGASTHOF SCHWAN
BIER	SCHWIERIGKEITSGRAD
RIEMHOFER SCHWANEN-WEIßE	MITTELSCHWERE WANDERUNG
KARTE	LÄNGE/GEHZEIT
ATK25-J12 KELHEIM	2,5 KM 1-1,5 STUNDEN
SEHENSWÜRDIGKEITEN	HÖHENMETER
ROSENBURG, BURGRUINE RABENSTEIN, BURGRUINE TACHENSTEIN, ALTSTADT RIEDENBURG, BLICK AUF BURG PRUNN UND DIE ALTMÜHL	AUFSTIEG: 162 M ABSTIEG: 166 M

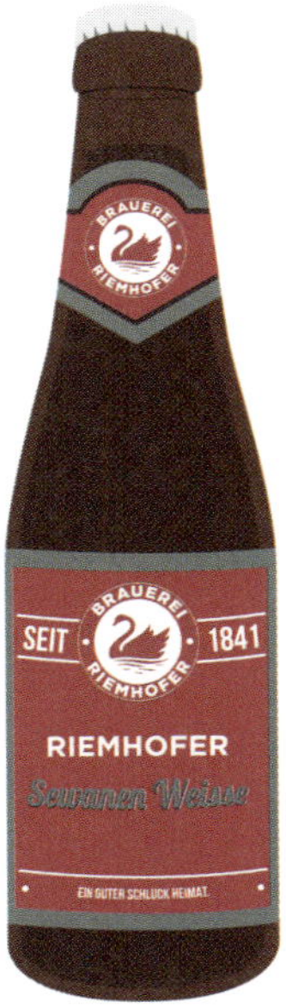

5,0 % ALKOHOL-GEHALT

WEIßBIER

GOLDGELB,
SCHWACH FILTRIERT

FRUCHTIG,
HEFIG,
BANANE

FRUCHTIG,
PFIRSICHNOTEN,
HEFE

BITTERE SÜßE

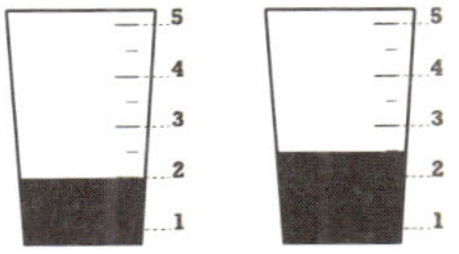

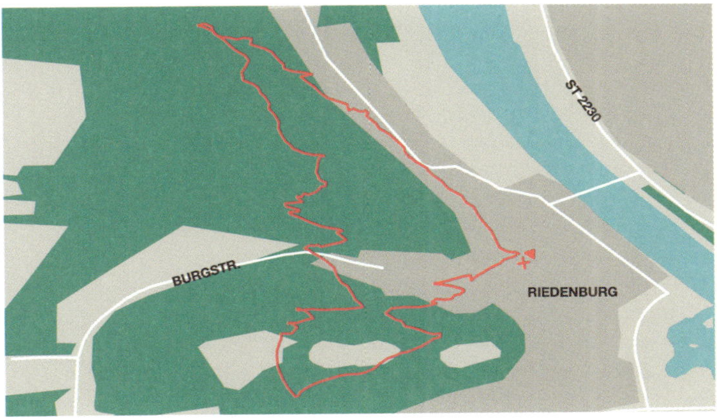

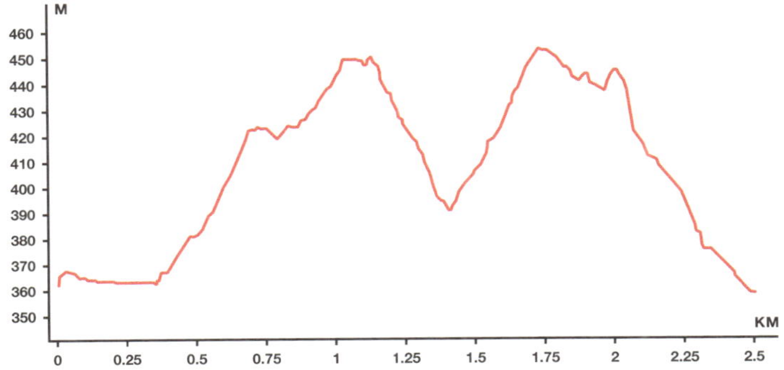

WEGBESCHREIBUNG

Riedenburg ist einer der größten Touristenmagnete im Altmühltal, in einer idyllischen Landschaft mit grünen Hügeln, interessanten Felsformationen, intakten Burganlagen und Ruinen. Im Tal der über 200 km langen Altmühl können Besucher aus einem breiten gastronomischen Angebot wählen. Dank der zahlreichen Übernachtungsmöglichkeiten ist das Altmühltal ein guter Ausgangspunkt, um die Umgebung zu erkunden. Es gibt ein gut ausgebautes Wanderwegenetz und zwei Brauereien löschen den Bierdurst von Gästen und Einheimischen. Der Drei-Burgen-Steig ist ein sehr kurzer, aber relativ steiler Wanderweg, der Sie zu den Burgruinen Tachenstein und Rabenstein und zur Rosenburg führt und nebenbei herrliche Ausblicke auf die Stadt und das Flusstal bietet.

Riedenburg erreichen Sie mit dem Bus vom Bahnhof Saal (Donau). Nach Saal gelangen Sie mit Zügen von Regensburg und Ingolstadt. Wer von weiter weg kommt, muss weitere Umstiege in Kauf nehmen. Das Auto ist da wahrscheinlich die bequemere Variante.

Wenn Sie den Brauereigasthof Schwan verlassen, gehen Sie nach rechts und biegen vom Marktplatz rechts ab auf die Austraße. Sie folgen der Austraße und lassen die Altstadt hinter sich. Den zahlreichen Schildern des Drei-Burgen-Steigs folgend, laufen Sie durch ein Wohngebiet. Irgendwann werden die Häuser spärlicher und links vor Ihnen befindet sich die Brauerei Riemhofer, deren Bier Sie nach der Wanderung trinken werden. Sie kommen aber nicht an der Brauerei vorbei, denn Sie biegen, der Beschilderung folgend, vorher links ab Richtung Tachenstein. Der Drei-Burgen-Steig führt einige Stufen hinauf und wird dann, hinter ein paar Wohnhäusern, zu einem schmalen, steil ansteigenden Pfad. Die Mühe des Aufstiegs wird mit der schönen Aussicht auf das Tal belohnt. Sie kommen durch einen dichten Wald, und ehe Sie sich's versehen, sind Sie auch schon an der Burgruine Tachenstein angekommen. Von der Burg ist wirklich nicht mehr viel übrig, aber der Bergfried ist recht imposant und gibt mit der umgebenden Landschaft ein schönes Fotomotiv ab. Für Kinder, Junggebliebene und Mittelalter-Fans ist das eine tolle Wanderung. Vom ausgeschilderten Aussichtspunkt aus haben Sie einen spektakulären Blick auf die Altmühl und sehen in der Ferne die Burg Prunn aufragen.

Wenn Sie genug von Rittern und Burgfräulein geträumt haben, kehren Sie zum Drei-Burgen-Steig zurück und folgen den Schildern Richtung Rosenburg und Burgruine Rabenstein. Nach einem Abstieg erreichen Sie eine Lichtung, wo Sie vorsichtig die Burgstraße überqueren. Wer nicht wandern kann oder will, fährt über diese Straße zur Burg hinauf. Auf der anderen Seite folgen Sie dem Drei-Burgen-Steig wieder in den Wald hinein. Nun geht es bergauf bis zur Rosenburg, Oben angekommen, können Sie die Burg samt Museum besichtigen und, wenn Sie möchten, auch der Falknerei (gegen Eintritt) einen Besuch abstatten (die Flugshow der Greifvögel findet in der Regel um 11 Uhr und um 15 Uhr statt). Dann geht es weiter. Sie umrunden die Burg, folgen dem Drei-Burgen-Steig und sehen bald ein Schild Richtung Rabenstein. Dort gibt es einen weiteren Aussichtspunkt, weniger spektakulär als der erste am Tachenstein, aber trotzdem einen Besuch wert. Jetzt führt der Weg wieder bergab und Sie sehen die ersten Schilder Richtung Riedenburg. Sie laufen zurück zur Burgstraße, biegen auf den Marktplatz ein und belohnen sich im »Schwan« mit einem erfrischenden Bier.

SCHWAN RIEDENBURG, GASTHAUS & HOTEL

Mit seiner hübschen pfirsichfarbenen Fassade liegt der »Schwan« direkt am Marktplatz und ist ein guter Ort, um den Tag ausklingen zu lassen. Der Gasthof braut zwar nicht selbst, ist aber ein traditionsreiches Haus, dessen Geschichte bereits im 17. Jahrhundert begann. Seit 1841 war es im Besitz der Brauerfamilie Riemhofer, und auch wenn der Gasthof ihr heute nicht mehr gehört, wird dort immer noch ihr Bier ausgeschenkt, und der Schwan ist auch immer noch auf dem Logo präsent. Heute werden Gasthof und Hotel von der Familie Sollinger geleitet, der auch der benachbarte Gasthof Zur Post gehört. Dank der guten Küche und des leckeren Biers ist hier vor allem zu den üblichen Essenszeiten viel los und an schönen Tagen füllt sich der »Freisitz« im Nu.

Die eigentliche Brauerei haben Sie zu Beginn Ihrer Wanderung gesehen. Früher befanden sich dort in den kühlen Felsen unterhalb der Burg die »Sommerkeller«, wo die Biere für den Sommer eingelagert wurden, als es noch keine elektrischen Kühlmöglichkeiten gab.

Bier vom Fass: Riemhofer Schwanen-Weiße, Riemhofer Helles Vollbier und Riemhofer Zwickl.

PRAKTISCHE INFORMATIONEN

Schwan Riedenburg, Gasthaus & Hotel
Marktplatz 5
93339 Riedenburg
09442 /1272
www.schwan-riedenburg.de

Öffnungszeiten:
Mittwoch bis Sonntag 10–22 Uhr
Freitag 16–22 Uhr
Montag und Dienstag Ruhetag

Der benachbarte Gasthof Zur Post hat montags und dienstags geöffnet, und hier gibt es ebenfalls einige der Riemhofer Biere.

Zimmer können über die Website gebucht werden.

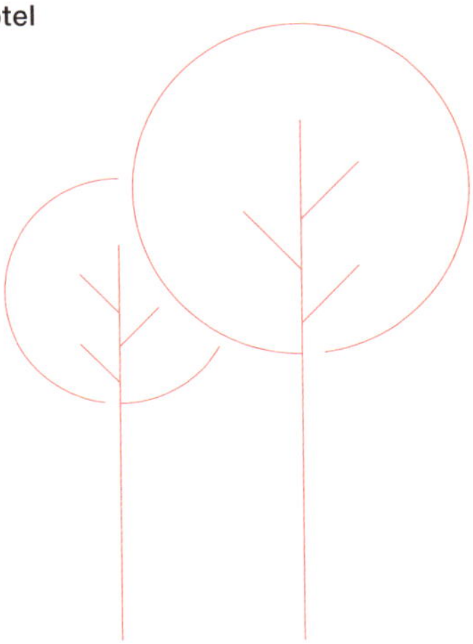

ZWIESEL

DURCH DEN BAYERISCHEN WALD DEM DAMPFBIER AUF DER SPUR

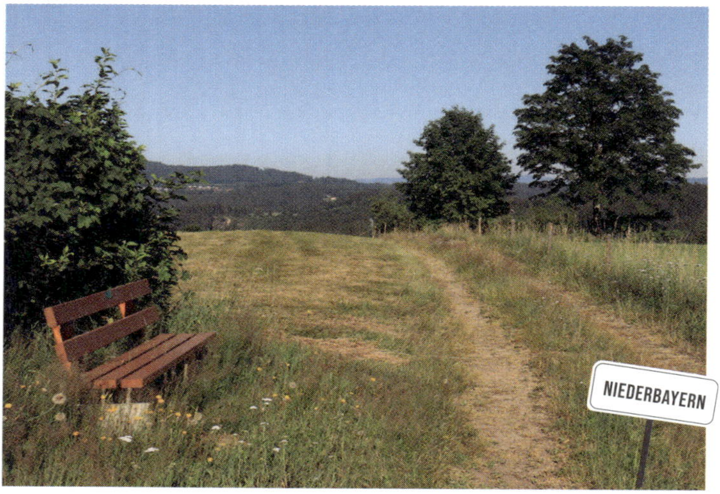

START	ZIEL
BRÄUSTÜBERL ZWIESEL, ZWIESEL	BRÄUSTÜBERL ZWIESEL, ZWIESEL
BIER	SCHWIERIGKEITSGRAD
1. DAMPFBIERBRAUEREI DAMPFBIER	MITTELSCHWERE WANDERUNG
KARTE	LÄNGE/GEHZEIT
ATK25-I18 ZWIESEL	7,5 KM 2–2,5 STUNDEN
SEHENSWÜRDIGKEITEN	HÖHENMETER
BAYERISCHER WALD, SCHWARZER REGEN (FLUSS), ALTER BACKSTEIN-SCHLOT DER DAMPFBIERBRAUEREI ZWIESEL	AUFSTIEG: 240 M ABSTIEG: 165 M

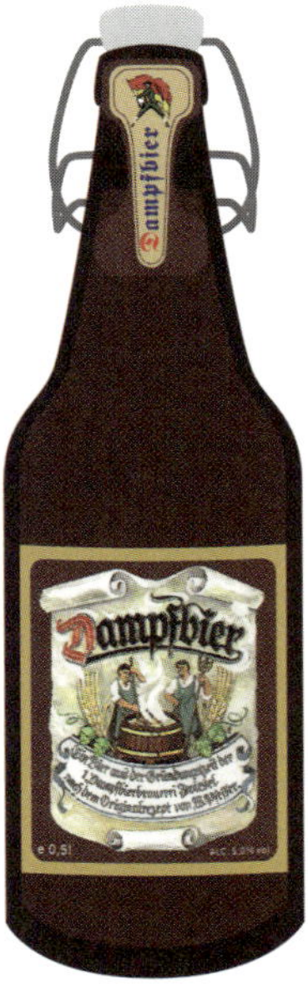

5,0 % ALKOHOL-GEHALT

DAMPFBIER, OBERGÄRIGES SPEZIALBIER. DAS ZERPLATZEN DER WÄHREND DES GÄRPROZESSES ENTSTEHENDEN BLASEN ERWECKTE DEN EINDRUCK, ALS WÜRDE DAS BIER »DAMPFEN«, DAHER DER NAME.

BERSTEINFARBEN, GRAUWEIßER SCHAUM

STARK MALZIG

FRUCHTIG, TROCKEN, LEICHT SÄUERLICH, TROCKEN IM ABGANG

BITTERE SÜßE

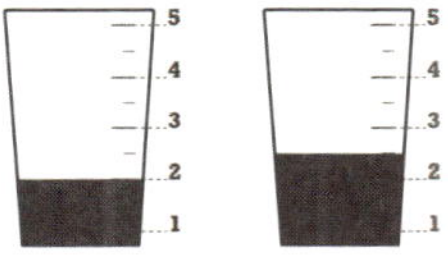

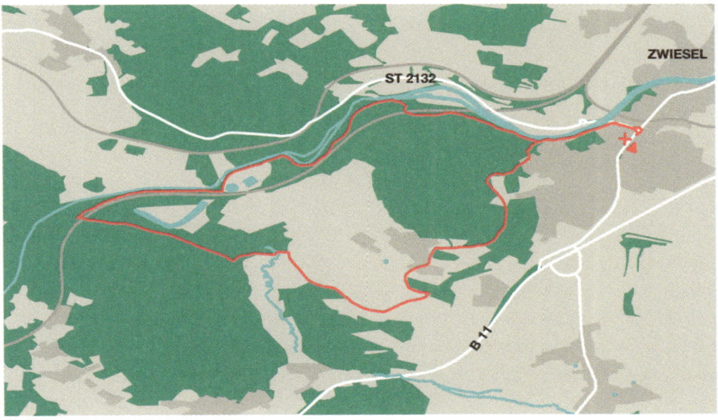

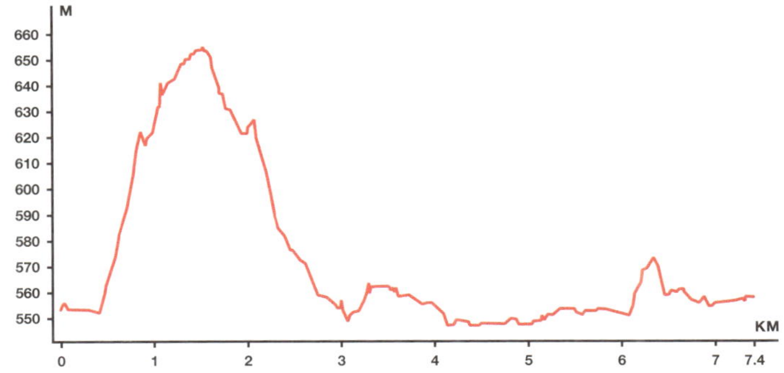

WEGBESCHREIBUNG

Nur ein relativ kleiner Teil des Bayerischen Waldes wurde zum Nationalpark erklärt, aber auch die übrigen Teile dieses dicht mit Bäumen bestandenen, großen, hügeligen Waldgebiets an der tschechischen Grenze sind wunderschön und ein lohnendes Ausflugsziel. Zwiesel ist dank seiner Lage, der guten Verkehrsanbindung sowie der zahlreichen Übernachtungs- und Essensmöglichkeiten ein prima Startpunkt für Wanderungen. Eine Besonderheit ist die dortige 1. Dampfbierbrauerei, von der die Wiederbelebung der bayerischen Dampfbiertradition ausging. Die meisten der bekannteren Wanderwege liegen innerhalb des Nationalparks, aber die hier beschriebene Wanderung bleibt in der Umgebung der Stadt und verläuft auf schönen Waldwegen mit malerischen Ausblicken auf den Fluss. Den meisten dürfte die Stadt eher im Zusammenhang mit Wintersport ein Begriff sein, zum Beispiel verläuft die Bayerwaldloipe, ein 150 km langer Skifernwanderweg, durch Zwiesel.

Zwiesel hat eine gute Zuganbindung an Plattling, das wiederum über München, Regensburg und Passau zu erreichen ist. Von München aus dauert die Fahrt etwa 2,5 Stunden, von den anderen beiden Städten aus ist es näher.

Wenn Sie aus dem Bräustüberl Zwiesel herauskommen, können Sie auf der anderen Straßenseite den alten Schornstein der 1. Dampfbierbrauerei bewundern, bevor Sie sich nach links wenden und die Regener Straße ein Stück entlanglaufen. An der Ecke biegen Sie links ab auf die Langdorfer Straße. Gleich nach dem Baumarkt, den Sie linker Hand passieren, sehen Sie eine Reihe von Wanderschildern. Sie biegen hier links ab und folgen dem Fußweg, der in diesem Abschnitt dem Flusswanderweg (ein Fernwanderweg) entspricht. Es ist ein hübscher Pfad, der am Rechten Regen entlangführt. Sie gelangen an eine kleine Abzweigung, wo die Wege Nr. 6 und 10 links abgehen, aber Sie laufen weiter geradeaus, den Markierungen 21 (Flusswanderweg) und 20 folgend. Sie gehen durch die Unterführung und stoßen danach auf eine weitere Abzweigung: Nach rechts geht es auf den Flusswanderweg (21), aber diesen Abschnitt heben wir uns für den Rückweg auf; stattdessen nehmen Sie den linken Weg der Gabelung und folgen dem Panoramaweg mit der Nummer 14. Sobald Sie im Wald sind, sehen Sie Schilder der Routen 14 und 21. Sie folgen dem Rundweg Nr. 21. Er führt Sie nach links an einem Parkplatz vorbei, dann nach rechts, mit einem Gebäudekomplex zu Ihrer Linken, bevor es wieder in den Wald geht. Im Wald steigt der Weg leicht an, ab und zu sehen Sie Markierungen an den Bäumen. Auf einer Lichtung kommen Sie zu einer Gabelung und halten sich rechts, und der Weg wird bald zur Schotterstraße. Beim Verlassen des Waldes kommen Sie an einer Bank vorbei und laufen auf ein Dorf zu. Sie gehen nach links, laufen durch Zwieselberg, und nach dem Überqueren einer Straße verlassen Sie das Dorf wieder. An einer T-Kreuzung mit einer größeren Straße biegen Sie nach links ab. Sie folgen der Straße, bis auf der rechten Seite ein schmaler Pfad abgeht, der mit der 21 markiert ist. Hier verlassen Sie den Panoramaweg 14. Sie gehen durch ein paar Bäume und dann nach rechts über eine offene Fläche. Wenn Sie geradeaus schauen, sehen Sie einen Baum mit einem kleinen Pfosten daneben. Sie gehen darauf zu und sehen das Schild mit der Nummer 21. Sie biegen rechts ab auf eine geteerte Straße, folgen ihr durch den Wald und passieren eine Abzweigung zum Weg Nr. 6. Sie gehen geradeaus weiter, und beim nächsten 21-Schild, das nach links weist, kurz nach der 3-km-Marke, nehmen Sie den unbefestigten Weg durch ein kurzes Waldstück. Danach öffnet sich die Landschaft, durch die ein Flüsschen fließt. Zuerst sieht es so aus, als würden Sie am Waldsaum entlanglaufen, aber wenn Sie genau hinschauen, sehen Sie eine 21 auf einem Baum am Waldrand. Hier gehen Sie wieder in den Wald hinein, laufen aber nicht geradeaus; da ist zwar ein Weg, aber der ist manchmal ziemlich matschig, mit riesigen Pfützen. Stattdessen werden Sie auf der linken Seite einen etwas zugewachsenen, schmalen Pfad entdecken, den nehmen Sie.

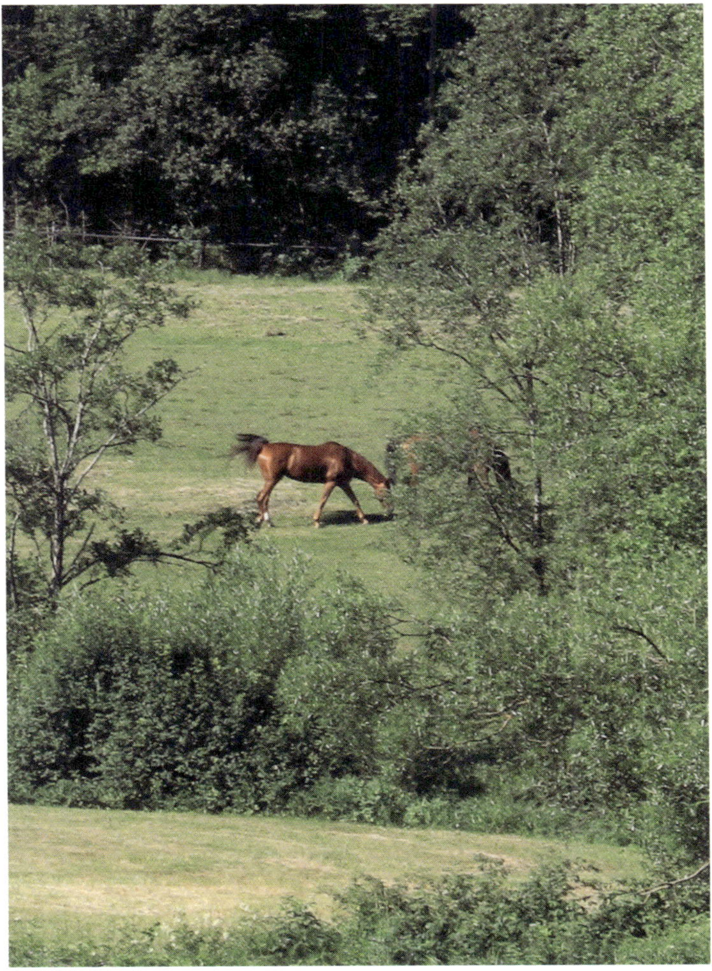

Sobald Sie auf dem Pfad laufen, ist er gut zu erkennen, und Sie sehen auch wieder ein paar Wanderschilder. Sie folgen diesem Weg, bis Sie auf eine Schotterstraße stoßen, auf die Sie rechts abbiegen. Sie folgen der Straße bis zu einer Eisenbahnüberführung und biegen auf der anderen Seite nach rechts ab, der 21 folgend. Jetzt sind Sie wieder auf dem Flusswanderweg. Dieser schöne Abschnitt führt durch den Wald und folgt, wenn auch in einiger Entfernung, dem Flussverlauf. Sie überqueren eine kleine Brücke und kommen an einen Schotterweg, wo Sie, den Markierungen folgend, nach links abbiegen. Nachdem Sie ein kleines bebautes Areal passiert haben, führt die unbefestigte Straße zurück zum Fluss, dieses Mal näher am Ufer entlang. Es gibt mehrere Abzweigungen nach rechts, die Sie nehmen könnten, aber sie sind recht schmal und je nach Jahreszeit manchmal auch stark zugewachsen. Alternativ können Sie auch auf dem Schotterweg bleiben, denn die schmalen Pfade führen später ebenfalls wieder zu diesem Weg zurück. Sie laufen weiter am Fluss entlang, bis es, kurz nach der 6-km-Marke, der Markierung folgend nach rechts geht. Nun geht es durch den Wald. Wenn Bahngleise Ihren Weg kreuzen, überqueren Sie sie und biegen dann nach links ab. Nun sind Sie dem Fluss noch näher und kommen schließlich an eine Abzweigung. Das ist die Stelle, die Sie vom Anfang kennen, wo der Weg Nr. 21 begann. Jetzt gehen Sie hier links, wieder unter der Überführung hindurch, die Sie schon kennen. Sie folgen dem Flussverlauf zurück zur Langdorfer Straße und biegen rechts ab, danach noch einmal rechts und schon sind Sie wieder in der Regener Straße, beim Bräustüberl Zwiesel.

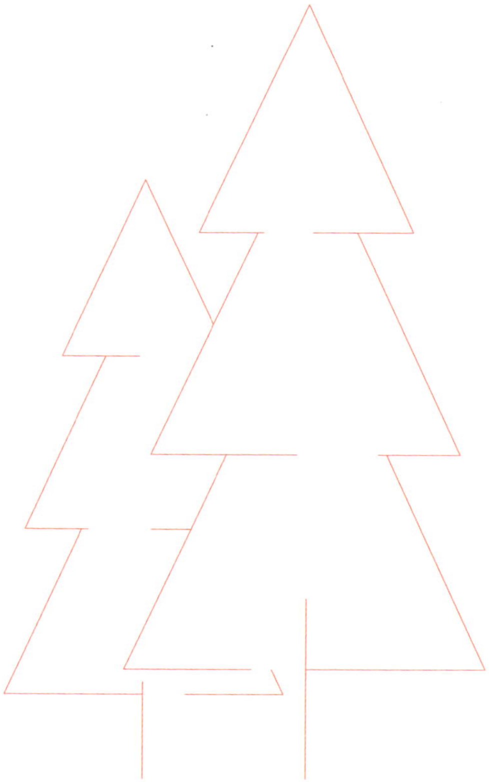

BRÄUSTÜBERL ZWIESEL

Direkt gegenüber der 1. Dampfbierbrauerei Zwiesel W. Pfeffer befindet sich das gemütliche Bräustüberl mit einem grünen Kachelofen und einem schönen Biergarten. Seit die Brauerei 1989 beschlossen hat, die Dampfbiertradition nach dem alten Originalrezept wiederzubeleben, hat sich viel verändert. Als Wolfgang Pfeffer diese Brauerei 1889 gründete, nannte er sie naheliegenderweise Pfefferbräu. Hopfen und Weizen waren damals im Bayerischen Wald ein knappes Gut, daher braute er sein Bier mit Gerstenmalz, wenig Hopfen und einer obergärigen Hefe, was in Bayern sonst nur bei Weißbier üblich ist. Der Gärprozess lief in offenen Bottichen ab, an deren Oberfläche sich rege Blasen bildeten und zerplatzten, sodass es so aussah, als würde das Bier dampfen. Über die Jahre verlor das Bier jedoch an Beliebtheit, und da es mittlerweile genügend Hopfen gab, verlegte Pfefferbräu sich auf das Brauen von Pilsner. Als man zur Feier des 100-jährigen Brauerei-Jubiläums noch einmal Dampfbier braute, war die Nachfrage so groß, dass man sich entschloss, es ins reguläre Sortiment aufzunehmen. Zwar trinken die meisten Einheimischen am liebsten ihr Helles, aber die Brauerei ist weltweit für ihr Dampfbier bekannt und hat schließlich auch den Namen geändert, um dem Rechnung zu tragen. Das Bier reift nach wie vor in den alten, tief ins Gestein getriebenen Kellern neben der Brauerei.

Bier vom Fass: 1. Dampfbierbrauerei Zwiesel Dampfbier, 1. Dampfbierbrauerei Zwiesel Export Hell. In der Flasche: Nationalpark Pils, Hefe Weißbier und saisonale Biere.

PRAKTISCHE INFORMATIONEN

Bräustüberl Zwiesel
Regener Straße 6
94227 Zwiesel
09922 / 6686
www.braeustueberl-zwiesel.de

Täglich geöffnet 9.30–2 Uhr

Brauerei-Website: www.dampfbier.de

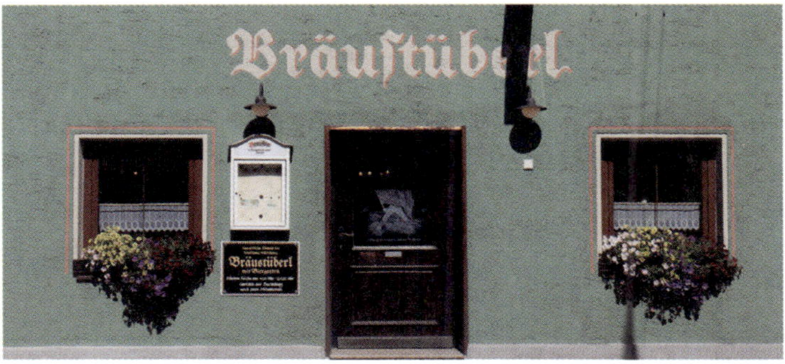

BÖBRACH

AM FLUSS ENTLANG NACH ECK

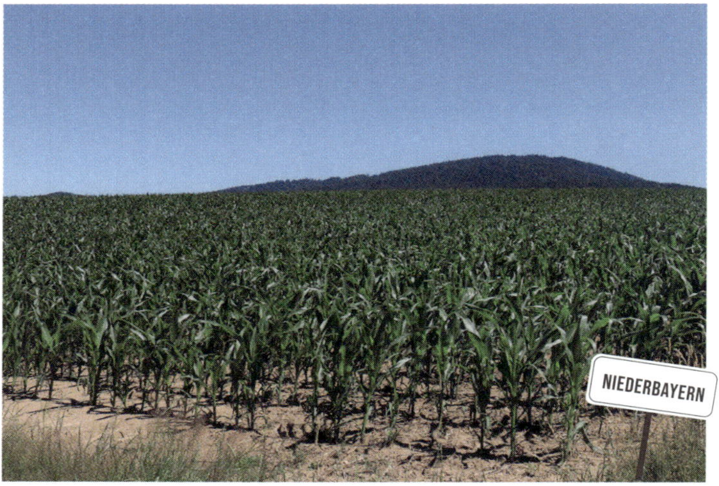

START	ZIEL
BRAUEREI-GASTHOF ECK, ECK (BÖBRACH)	BRAUEREI-GASTHOF ECK, ECK (BÖBRACH)
BIER	**SCHWIERIGKEITSGRAD**
WILDERER DUNKEL	MITTELSCHWERE WANDERUNG
KARTE	**LÄNGE/GEHZEIT**
ATK25-I17 VIECHTACH	6,5 KM 1,5–2 STUNDEN
SEHENSWÜRDIGKEITEN	**HÖHENMETER**
BAYERISCHER WALD, SCHWARZER REGEN (FLUSS), PFARRKIRCHE ST. NIKOLAUS IN BÖBRACH, BÄUERLICHE LANDSCHAFT	AUFSTIEG: 180 M ABSTIEG: 180 M

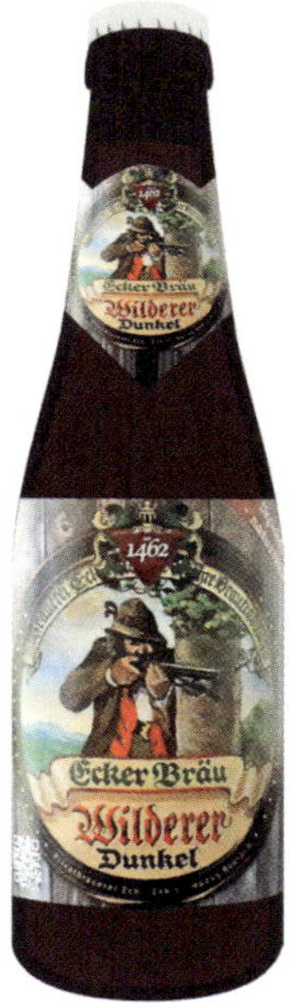

5,5 % ALKOHOL-GEHALT

DUNKLES

UNFILTRIERT, KASTANIENBRAUN, GRAUWEIßER SCHAUM

SCHOKOLADIG, MALZIG

MALZIG, TROCKEN, ZARTE SCHOKOLADENNOTE, BITTER-SÜß IM ABGANG

BITTERE

SÜßE

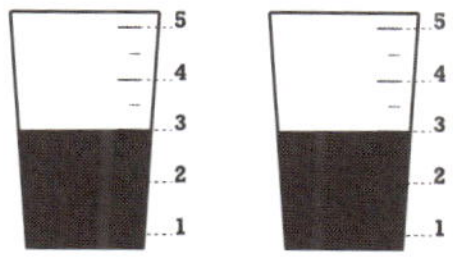

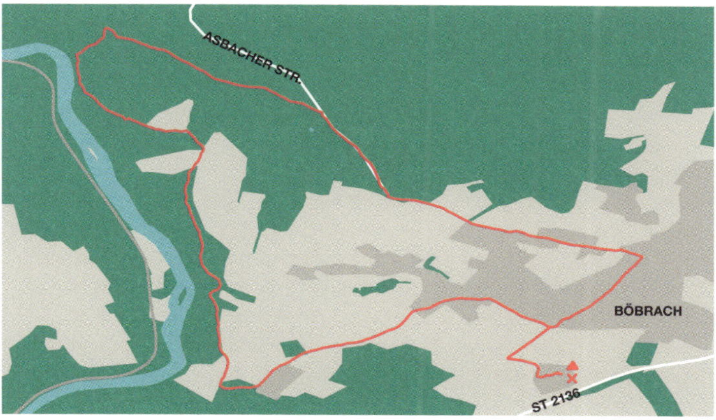

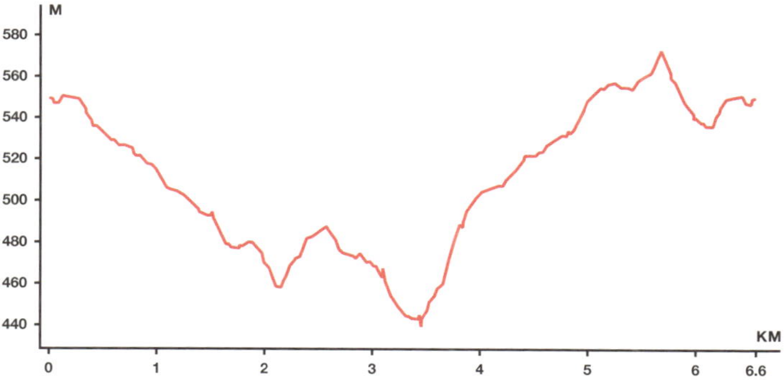

WEGBESCHREIBUNG

Böbrach ist ein hübsches Örtchen, das malerisch im Bayerischen Wald liegt, unweit der tschechischen Grenze. Dank der Nähe zum Nationalpark Bayerischer Wald ist Böbrach ein guter Ausgangspunkt für Ausflüge und Unternehmungen, zumindest, wenn Sie mit dem Auto unterwegs sind. Wenn Sie wirklich gute Brauereigasthöfe zu schätzen wissen, sind Sie hier goldrichtig. Die bekannteren Wanderwege wie der Goldsteig (ein Fernwanderweg) befinden sich innerhalb der Grenzen des Nationalparks, aber rund um Böbrach gibt es ebenfalls schöne Routen. Die hier beschriebene Wanderung führt Sie am Schwarzen Regen entlang aufs Land hinaus.

Mit öffentlichen Verkehrsmitteln ist Böbrach leider nicht so gut zu erreichen. Den nächsten Bahnhof, Teisenach, erreicht man nur mit mehrmaligem Umsteigen. Zwischen Teisenach und Böbrach verkehren nur sogenannte Rufbusse, die am Vorabend bis 21 Uhr bestellt werden müssen. Auch deswegen besucht man Böbrach am besten mit dem Auto.

Wenn Sie aus dem Brauerei-Gasthof Eck herauskommen, gehen Sie nach rechts durch den Biergarten und einmal um das Gebäude herum. Nun stehen Sie zwischen dem Biershop und der Brauerei (links). Geradeaus vor Ihnen befindet sich der große Saal, der für Hochzeiten und andere Veranstaltungen gemietet werden kann. Wenn Sie rechts von Ihnen einen Durchlass sehen, gehen Sie hindurch. Rechts befindet sich ein überdachtes, offenes Gebäude voller Pferdekutschen und Holzräder, was dem Ganzen eine Art Wild-West-Feeling gibt. Sie gehen daran vorbei und biegen gleich rechts ab, um außen an dem Komplex entlangzulaufen. Am Ende des Gebäudes gehen Sie nach links hinaus aufs offene Feld. Auf der anderen Seite der Wiese steht ein einsamer Baum und Sie laufen auf einer Art Trampelpfad auf ihn zu. Dort angekommen, sehen Sie einen kleinen Schrein bzw. eine Art Denkmal. Hier biegen Sie nach rechts ab auf einen deutlicher zu erkennenden Pfad, der auf die Straße zuführt. An der Teerstraße namens Wiesenhof angekommen, sehen Sie Hinweise auf den Panoramaweg 11. Dem Schild folgend, biegen Sie nach links ab. Bei der ersten Abzweigung biegen Sie links ab auf den Lindenweg. Bald sehen Sie die ersten Schilder des Wanderwegs Nr. 10, des Rundwegs, dem Sie folgen. Der Weg führt durch ein kleines Wohngebiet und dann an einem Spa-Hotel (links) vorbei, macht dann eine Rechtskurve und führt kurz in den Wald. Danach öffnet sich die Landschaft und Sie laufen am Waldrand entlang, rechts von Ihnen erstrecken sich Felder. Sie werden feststellen, dass Sie sich nicht nur auf Weg 10 befinden, sondern auch auf dem Flusswanderweg. Der Schwarze Regen befindet sich links von Ihnen, ist aber nicht immer zu sehen.

Auf dem nun meist geraden Weg durchqueren Sie abwechselnd Wald und Felder, immer den Schildern von Wanderweg 10 und Flusswanderweg nach. Kurz nach der 3-km-Marke rückt der Weg nah an den Fluss heran und Sie können einen Abstecher ans andere Ufer machen. Ungefähr einen halben Kilometer später überqueren Sie eine kleine Fußgängerbrücke und kommen an eine Abzweigung. Nach links geht es weiter auf Wanderweg

10 und Flusswanderweg, aber Sie gehen nach rechts und folgen der 10 in die andere Richtung, nach Böbrach. Eine Weile danach führt der Weg nach rechts, über eine weitere kleine Fußgängerbrücke, wieder über den gleichen Fluss. Hier stoßen Sie wieder auf den Rundweg 10, denn Sie haben gerade eine Abkürzung genommen. Folgen Sie der 10 bergauf, bis Sie auf eine Teerstraße stoßen, auf der Sie nach rechts weitergehen. Ein wenig weiter vorne sehen Sie dann wieder Schilder für die Wanderwege 10 und 5. Sie folgen der Straße, die eine Linkskurve macht und kurz vor der 5-km-Marke zur Asbacher Straße wird. Folgen Sie der Straße am Lindenweg vorbei bis zum Ortszentrum Böbrach. In einiger Entfernung sehen Sie die Kirche. Kurz vor der Kirche sehen Sie rechter Hand einen Fußweg, der auch das Panoramaweg-11-Zeichen trägt und nach rechts weist. Wenn Sie möchten, schauen Sie sich die Kirche an und kommen danach wieder hierher zurück. Wenn nicht, gehen Sie gleich weiter auf dem Fußweg, der in den Fichtenweg übergeht. Sie folgen dem Fichtenweg bis zum Wieshof, zu der Straße, die Sie vom Anfang kennen. Auf der anderen Seite der Straße geht der Panoramaweg weiter. Auf ihm laufen Sie zurück, über das Feld und zu dem einsamen Baum. Dort biegen Sie nach links ab und folgen dem Trampelpfad zum Brauerei-Gasthof Eck.

BRAUEREI-GASTHOF ECK

Dieser Landgasthof ist ein Ereignis für sich, mit Brauereiführungen, Bierseminaren, Schnapsmuseum, Biershop und Räumlichkeiten unterschiedlichster Größe, die für Feierlichkeiten wie Hochzeiten gemietet werden können. Im Biergarten spenden jahrhundertealte Linden Schatten. Schon seit 1462 wird hier Bier gebraut und ausgeschenkt und die kleine Brauerei hat traditionelle Methoden wie die Verwendung von offenen Gärbottichen bewahrt. Neben Klassikern der bayerischen Küche stehen hier Fischgerichte, vegetarische und sogar vegane Speisen auf der Karte. Besonders erwähnenswert sind auch die Desserts, zum Beispiel die Alt Bayerisch-Böhimischen Liwanzen, eine Mehlspeise mit Pflaumenkompott nach einem Originalrezept von 1658.

Ihr Wilderer Dunkel wurde 2009 mit dem »European Beer Star« in Gold und 2012 mit Silber ausgezeichnet. Heller Saphir Bock ist die Craft-Bier-Variante eines traditionellen Biers mit der Hopfensorte Hallertauer Saphir.

Bier vom Fass: Eck Wilderer Dunkel, Eck Lager Hell, Eck Heller Saphir Bock.
Saisonale Biere: Eck Festbier (15. Juni bis 15. September), Eck Maibock.

PRAKTISCHE INFORMATIONEN

Brauerei-Gasthof Eck
Eck 1
94255 Böbrach
09923 / 84050
www.brauerei-eck.de

Öffnungszeiten:
Mittwoch bis Sonntag 10–22 Uhr
Montag und Dienstag Ruhetag
Zimmer können über die Website gebucht werden.

OBERPFALZ

VON FALKENBERG NACH NEUHAUS

ZU FUẞ AUF DER SUCHE NACH ZOIGL-BIER

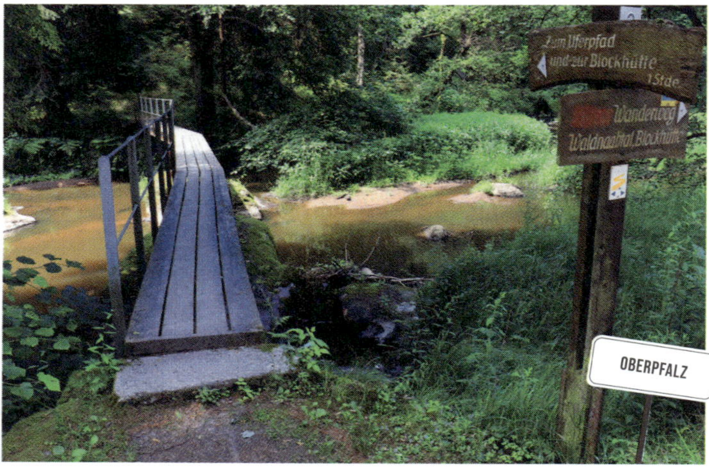

OBERPFALZ

START

FALKENBERG, PFARRKIRCHE ST. PANKRATIUS

ZIEL

HOTEL ZUM WALDNAABTAL, NEUHAUS

BIER

ZOIGL

SCHWIERIGKEITSGRAD

MITTELSCHWERE WANDERUNG

KARTE

ATK25-E14

NEUSTADT A.D. WALDNAAB

LÄNGE/GEHZEIT

14 KM
3-4 STUNDEN

SEHENSWÜRDIGKEITEN

WALDNAABTAL, BUTTERFASS, KOMMUNBRAUHAUS, BURG NEUHAUS, ZOIGL-STUBEN

HÖHENMETER

AUFSTIEG: 199 M
ABSTIEG: 184 M

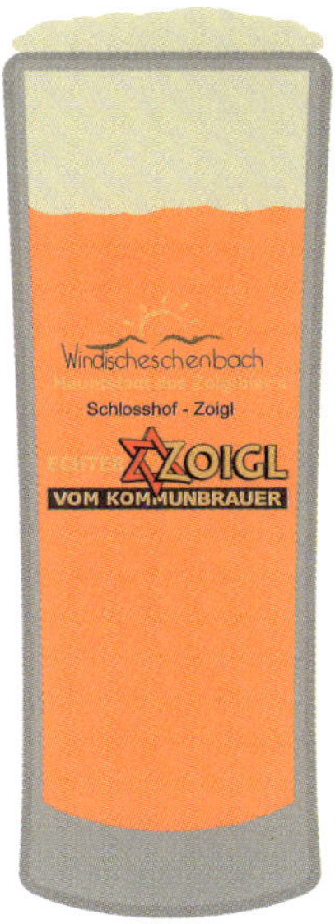

5,0 %
ALKOHOL-
GEHALT

ZOIGL

BERNSTEINFARBEN,
UNFILTRIERT

FRUCHTIG,
GETREIDIG

FRUCHTIG,
TROCKEN,
BITTER

BITTERE   SÜßE

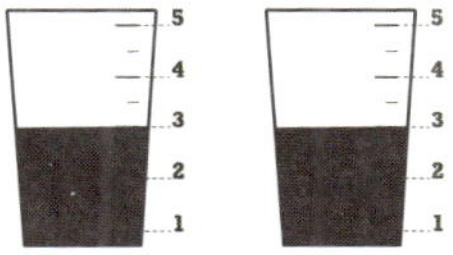

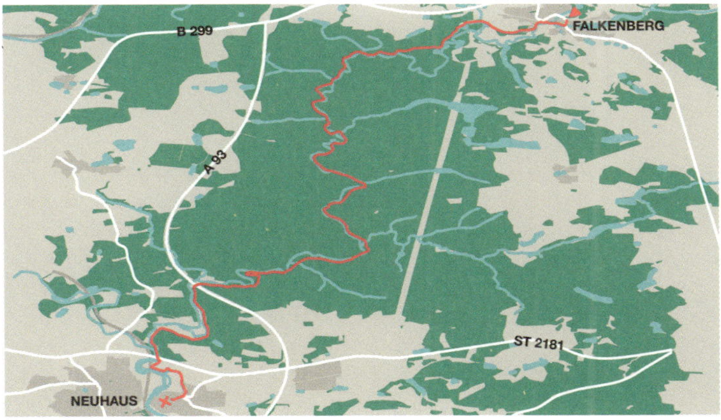

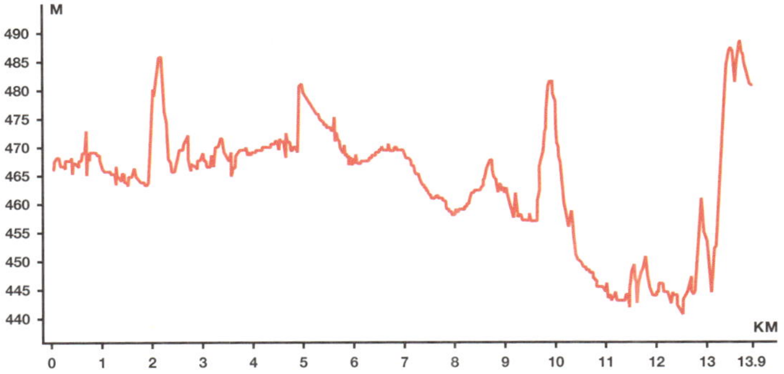

WEGBESCHREIBUNG

Das Naturschutzgebiet Waldnaabtal ist ein über 180 ha großes Gebiet rund um den namengebenden Fluss Waldnaab. Zwischen Falkenberg und Neuhaus in der Oberpfalz gelegen, ist diese wunderschöne Gegend auch ein Paradies für Zoigl-Fans. Auf diese besondere Bierspezialität sind viele erst aufmerksam geworden, als 2007 der 660 km lange Goldsteig eröffnet wurde, Deutschlands längster Wanderweg. Der Goldsteig führt durch zahlreiche unglaublich schöne Landschaften, aber kaum ein Abschnitt dürfte so spektakulär sein wie der Teil, der Sie zu zwei von insgesamt nur fünf original Zoigl-Brauorten führt.

Es gibt zwar einen einigermaßen regelmäßigen Busverkehr zwischen Wiesau und Falkenberg (Oberpfalz), aber einige Busse fahren nur nach vorheriger telefonischer Anmeldung (AST-Verkehr, d. h. Anruf-Sammel-Taxi für maximal acht Personen). Die Fahrt dauert etwa zehn Minuten. Wenn Sie mehr vom Fernwanderweg sehen wollen: Die Goldsteig-Etappe von Friedenfels nach Falkenburg verläuft unweit von Wiesau.

Der Bus hält in der Altstadt von Falkenberg, auf dem Marktplatz. Falkenberg ist ein hübsches Städtchen mit einer eindrucksvollen Höhenburg, es lohnt sich also, hier über Nacht zu bleiben. Wenn Sie das nicht einrichten können, empfehle ich, vor der Wanderung einen kleinen Stadtrundgang zu machen. Um das Kommunbrauhaus am Fuß der Burg zu besuchen, müssen Sie nur die Wiesauer Straße entlanglaufen. Vom Marktplatz aus sehen Sie auch die wunderschöne Pfarrkirche St. Pankratius. Nun geht es los mit der Wanderung. Sie gehen die Schönfichter Straße entlang, bis rechts die kleine Straße Am Netzbach abbiegt. Unter den zahlreichen Wandermarkierungen ist auch die vom Goldsteig: ein gelbes S. Dieser sehr gut beschilderten Route folgen Sie bei dieser Wanderung.

Am Netzbach geht bald in Am Steg über und überquert die Waldnaab. Von dort lohnt ein Blick zurück auf Falkenberg und die Burg. Nach der Brücke halten Sie sich links und stoßen bald auf die Premenreuther Straße, biegen links ab und dann gleich noch einmal links in die Färbergasse. Die Strecke ist sehr gut ausgeschildert, das Goldsteig-S ist nicht zu übersehen. Sie folgen der Färbergasse, die zunächst parallel zum Fluss verläuft, dann aber nach rechts abbiegt. Sie kommen an einem Wanderparkplatz vorbei, den Sie, dem gelben S folgend, überqueren. Nun geht es wieder eine Weile an der Waldnaab entlang, zunächst durch Felder, dann am Waldrand entlang und schließlich in den Wald hinein. Dieser Abschnitt ist angenehm schattig und verläuft in großen Teilen parallel zu dem idyllisch mäandernden Fluss (er folgt aber nicht jeder seiner zahllosen Schlingen, das wären viele Wanderkilometer zusätzlich). Wenn Sie eine Pause einlegen wollen, ist der Kammerwagen ein idealer Platz. Die großen Blöcke der Granitformation erinnern an eine Art Zugwaggon. Nach der Rast geht es weiter durch einen besonders schönen Teil des Waldes. Sie kommen an mehreren Sehenswürdigkeiten vorbei wie zum Beispiel dem Amboss, dem Sauerbrunnen und einer Formation, die wirklich aussieht wie das Profil eines Manns mit einer großen Nase. Dank der zahlreichen geologischen

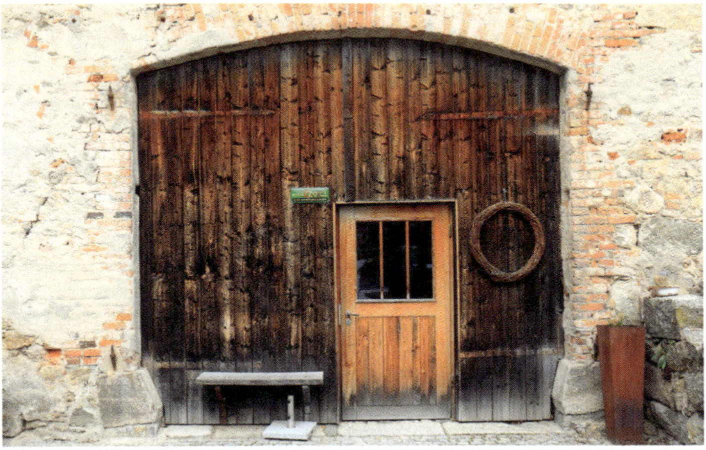

Besonderheiten ist die Wanderung sehr abwechslungsreich und macht auch Kindern Spaß. Ein Highlight ist das Butterfass, wo Wasserwirbel erstaunliche Hohlformen in den Stein geschliffen haben. Wenn Sie einen schweren Rucksack tragen, setzen Sie ihn ab und gehen Sie die Felsenstufen hinunter, um einen besseren Blick zu haben. Der Fluss rauscht und gurgelt über die häufig moosbewachsenen Steine. Wenn Sie Glück haben und gerade keiner außer Ihnen da ist, verweilen Sie ein wenig und genießen das entspannende Geräusch.

Vom Butterfass ist es nicht weit bis zur Blockhütte, direkt hinter der großen Brücke über die Waldnaab. Hier können Sie richtig Rast machen und etwas essen. Das ursprüngliche, alte Gebäude auf der rechten Seite ist gut in Schuss und immer noch eine Touristenattraktion, war aber der großen Zahl an Wanderern, die hier einkehren wollen, nicht mehr gewachsen. Das übernimmt nun ein ebenfalls im Blockhausstil errichteter Neubau. An kalten Tagen freut man sich über den grünen Kachelofen, der gemütliche Wärme verbreitet, aber bei schönem Wetter sitzen die meisten lieber draußen. Es gibt sicher nicht viele Biergärten, die derart malerisch gelegen sind. Zum Plätschern des Wasserschöpfrads lässt es sich herrlich speisen und es gibt sogar Zoigl-Bier (allerdings die kommerzielle Variante in der Flasche).

Von der Blockhütte aus können Sie auf dieser Seite des Flusses den Uferpfad entlanglaufen – gutes Training für Ihre Füße! Sie stoßen dann weiter flussabwärts wieder auf den Goldsteig, nachdem Sie eine kleine Brücke überquert haben.

Die andere Variante folgt weiter dem Goldsteig: Nach der Rast in der Blockhütte gehen Sie ein Stück zurück und überqueren die große Brücke. Sie folgen dem gelben S und nehmen den breiten Weg rechts. Nun geht es wieder am Fluss entlang. Auf der anderen Seite sehen Sie ein paar hölzerne Stufen und Leitern, das ist der Uferpfad. Ehe Sie sich's versehen, sind Sie schon an der hübschen kleinen Holzbrücke angelangt, die vom Uferpfad herüberführt. Weiter geht es auf dem gut markierten, breiten Weg durch das wunderschöne, grüne Waldnaabtal. An der Abzweigung einfach weiter dem gelben S folgen. Schilder geben Auskunft darüber, wie weit es noch bis Neuhaus ist. Der Weg bleibt relativ eben, bis Sie an einen schmalen

Waldweg kommen, dort geht es ein Stück bergauf, bevor Sie auf das Flussniveau zurückkehren. Nach diesem Abschnitt kommt ein weniger schönes Teilstück des Wegs: Eine Autobahnüberführung taucht vor Ihnen auf, nachdem Sie das Naturparadies hinter sich gelassen haben. Aber keine Sorge: Auf der anderen Seite geht es weiter an der Waldnaab entlang, jetzt durch eine offenere Landschaft. Achten Sie auf das Exerzitienhaus, das sich rechts von Ihnen befindet. Neuhaus ist jetzt nur noch wenige Kilometer entfernt. Es gibt einige Weggabelungen, die Sie aber dank weiterhin tadelloser Markierung problemlos passieren. Nach der zweiten Straßenüberführung gabelt sich der Weg erneut: Links geht es nach Neuhaus hinauf, rechts nach Windischeschenbach. Wer in Windischeschenbach übernachtet, nimmt den rechten Weg; es ist auch der schnellste Weg zum nächsten Bahnhof. Der Goldsteig führt jedoch durch Neuhaus, also halten Sie sich links. An heißen Tagen kann dieses Stück etwas beschwerlich sein, da Sie immer wieder der Sonne ausgesetzt sind.

Sie erreichen Neuhaus auf dem Demeshofweg, der zu einer T-Kreuzung führt. Sie bleiben auf dem Demeshofweg und halten sich rechts. An der nächsten Kreuzung biegen Sie rechts ab und gelangen zum Marktplatz. Auch in der Stadt sind die Goldsteig-Markierungen gut zu sehen. Am anderen Ende des Marktplatzes sehen Sie rechts das Hotel Zum Waldnaabtal, das sich für eine Übernachtung anbietet. Nach einer erfrischenden Dusche ist es Zeit für das wohlverdiente Zoigl!

ZOIGL

Die Zoigl-Tradition ist in der Bierbrauerwelt etwas ganz Besonderes und wird vor allem in der nördlichen Oberpfalz gepflegt. Seit Dezember 2018 ist die »Oberpfälzer Zoigl-Kultur« sogar bundesweites »Immaterielles Kulturerbe«. In Orten wie Neuhaus oder Falkenberg gibt es ein sogenanntes Kommunbrauhaus, wo Privatpersonen seit dem 15. Jahrhundert ihr eigenes Bier brauen. Nach dem gemeinschaftlichen Braugang nehmen die einzelnen Zoigl-Wirte ihren Anteil der »Würze« mit in ihren eigenen Gärkeller und versetzen sie mit Hefe. Erst durch diesen Gärprozess wird Bier daraus. Der Ausschank erfolgt reihum unter den Kommunbrauern in deren Zoigl-Stuben. Wer gerade an der Reihe ist, hängt einen »Zoigl« (das Dialektwort für Bierzeigel) über seiner Haustür auf, einen sechseckigen Stern aus zwei Dreiecken. Das erste steht für die Bierzutaten Wasser, Hopfen und Gerste, das zweite für die Elemente Wasser, Feuer und Luft. Nach vielen Jahren des Nischendaseins haben sich die Zoigl-Brauer heute erfolgreich organisiert. Die Website www.zoiglbier.de leistet unschätzbare Dienste, wenn es darum geht, Zoigl-Wirte ausfindig zu machen, und klärt auf, welche Kriterien für »echten Zoigl« gelten. Eine der Bedingungen ist die Beschränkung auf die drei genannten Zutaten und die Erhitzung der Maische in der Sudpfanne mit echtem Holzfeuer. Und der Zoigl muss aus einem Kommunbrauhaus stammen. In der Oberpfalz existieren noch fünf dieser Brauhäuser und zwei davon befinden sich in Neuhaus und Windischeschenbach. Der Startpunkt der Wanderung, Falkenberg, zählt ebenfalls dazu, daher die Empfehlung, einen Abstecher dorthin zu machen.

ZOIGL-STUBEN

Die heutigen Zoigl-Stuben sind ein normaler öffentlicher Ausschank, haben sich aber ihre urige Atmosphäre bewahrt und man fühlt sich gleich wie unter Freunden. Sie befinden sich meist in Wohnhäusern und gewöhnlich gehört auch eine Küche im alten Stil dazu. Einige bieten einfache kalte und warme Speisen zum Bier, manchmal auch größere Mahlzeiten. Die meisten Zoigl-Wirte gibt es wahrscheinlich in Neuhaus und Windischeschenbach, aber da sie sich abwechseln, kann man davon ausgehen, dass am Wochenende immer irgendwo mindestens einer geöffnet hat, manchmal mehrere. Die beiden Zoigl-Hauptstädte haben auch den Vorteil, dass es einen Ort gibt, an dem jeden Tag (außer samstags) echtes Zoigl ausgeschenkt wird. Wer es also am Wochenende nicht schafft, sollte diese Möglichkeit nutzen. Zum Weißen Schwan ist ein feines Restaurant mit hervorragendem Essen, das auch Mitglied der Vereinigung Echter Zoigl ist. Es widerspiegelt aber die typische Zoigl-Stuben-Atmosphäre nicht ganz. Auf der genannten Website finden Sie die aktuellen Ausschanktermine, sodass Sie Ihren Aufenthalt dementsprechend planen können. Lassen Sie sich dieses urige, traditionsbewusste Biererlebnis nicht entgehen!

PRAKTISCHE INFORMATIONEN

Gasthof Zum Weißen Schwan
Pfarrplatz 1
92670 Windischeschenbach
09681/1230
www.schwanerer.de

Öffnungszeiten:
Montag bis Freitag ab 17 Uhr
An Sonn- und Feiertagen zum Mittagessen bis 15 Uhr geöffnet
Samstag Ruhetag

Sie können hier auch übernachten. Der Gasthof liegt sehr zentral.

Das Zoigl-Schild wird Ihnen in diesen beiden Städten immer wieder auffallen. Hinter manchen verbergen sich kommerzielle Brauereien, andere gehören zwar nicht zur Schutzgemeinschaft Echter Zoigl e.V., brauen aber trotzdem gutes Bier, was der Verein auch bestätigt. Manche Biere sind deshalb kein Zoigl im engeren Sinn, weil sie nicht die oben beschriebenen Kriterien erfüllen. Andere weniger kommerzielle Brauer befolgen nicht alle und sind daher nicht Teil der Schutzgemeinschaft. Natürlich können Sie trinken, was Sie wollen und was Ihnen in den Weg kommt, aber wenn Sie die Zoigl-Stuben über die Website aussuchen, unterstützen Sie diese und leisten einen Beitrag zum Erhalt dieses Kulturerbes. Die Zoigl-Stuben, die ich ausprobiert habe, waren alle großartig.

Es gibt neben dem Zum Weißen Schwan fünf weitere Echte Zoigl-Stuben in Windischeschenbach. Es gibt außerdem sechs Echte Zoigl-Stuben in Neuhaus. Besuchen Sie die Website, um das Programm und die Öffnungszeiten zu konsultieren.

Echter Zoigl e.V., www.zoiglbier.de

FALKENBERG

HÖHENBURG UND KOMMUNBRAUHAUS

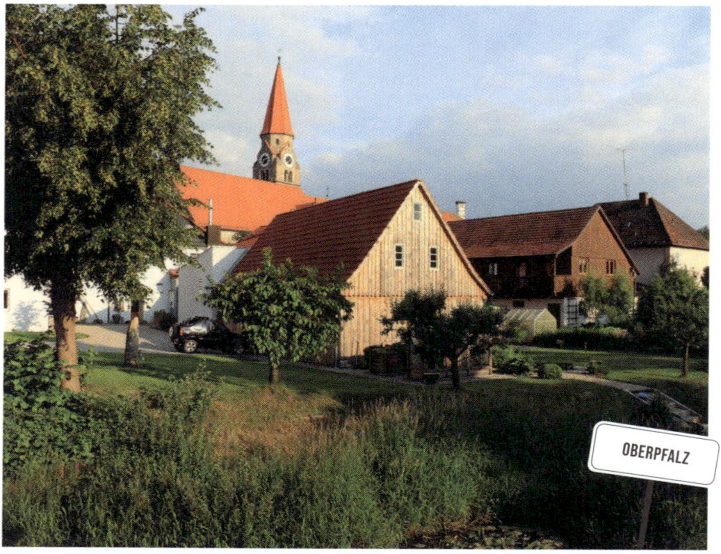

START	ZIEL
MARKTPLATZ, FALKENBERG	MARKTPLATZ, FALKENBERG
BIER	SCHWIERIGKEITSGRAD
ZOIGL	MITTELSCHWERE WANDERUNG
KARTE	LÄNGE/GEHZEIT
ATK25-E14 NEUSTADT A.D. WALDNAAB	5 KM 1,5–2 STUNDEN
SEHENSWÜRDIGKEITEN	HÖHENMETER
BURG FALKENBERG, KIRCHE ST. PANKRATIUS, ALTSTADT VON FALKENBERG, BÄUERLICHE LANDSCHAFT	AUFSTIEG: 127 M ABSTIEG: 127 M

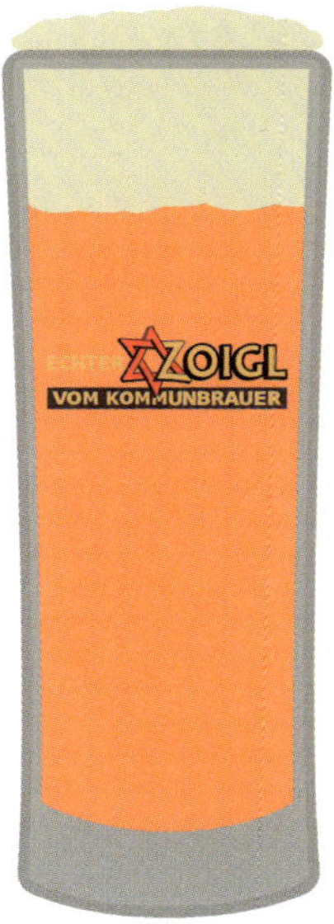

5,0 % ALKOHOL-GEHALT

ZOIGL

LEICHT FILTRIERT, BERNSTEINFARBEN

GETREIDIG, MALZIG

FRUCHTIG, HOPFIG, TROCKEN

BITTERE

SÜßE

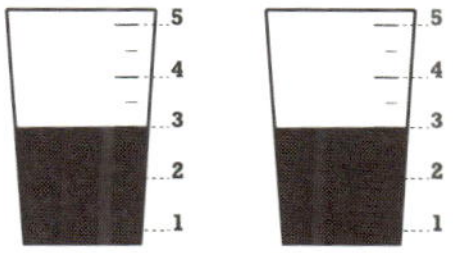

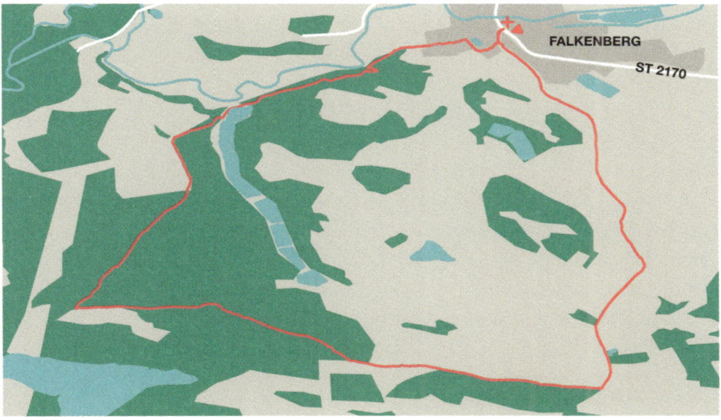

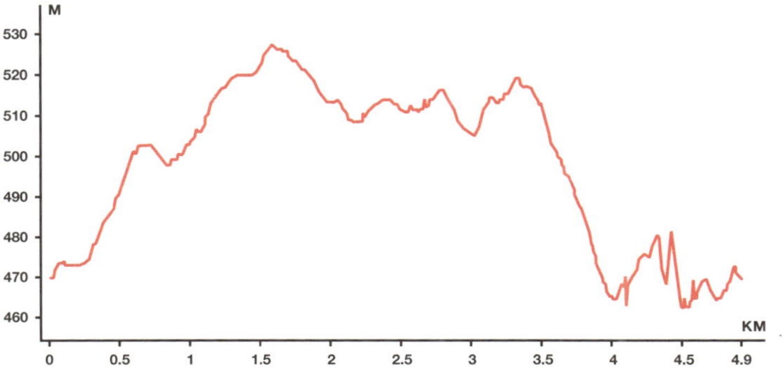

WEGBESCHREIBUNG

Der Markt Falkenberg ist ein hübsches Örtchen in der Oberpfalz, malerisch an der Waldnaab gelegen und mit einer bewohnten Höhenburg aus dem 12. Jahrhundert. Den Marktplatz zieren eine eindrucksvolle Kirche und ein schönes Rathaus, aber was Falkenberg vor allem von vergleichbaren bayerischen Orten unterscheidet, ist sein Kommunbrauhaus. In der Oberpfalz gibt es fünf solcher Brauhäuser, aber das in Falkenstein ist sicher das malerischste. Hier können Sie einen besonders schönen Abschnitt des Goldsteigs in Angriff nehmen, aber es gibt auch andere schöne Wanderwege in der Umgebung. Wenn man jetzt noch das verlockende Zoigl-Bier hinzunimmt, kann man es in Falkenberg sicher zwei oder drei Tage aushalten.

Von Wiesau aus fahren regelmäßig Busse nach Falkenberg (Oberpfalz), allerdings fahren einige Busse nur nach vorheriger telefonischer Anmeldung (AST-Verkehr, d. h. Anruf-Sammel-Taxi für maximal acht Personen). Einfacher ist es, nach Möglichkeit die regelmäßig verkehrenden Busse zu nehmen. Die Fahrtzeit beträgt ungefähr zehn Minuten.

Der Falkenberg Rundweg 5 beginnt am Rand der Altstadt. Vom Marktplatz aus biegen Sie auf die Schönfichter Straße ab. Achten Sie dabei auf die schöne Pfarrkirche St. Pankratius zu Ihrer Rechten. Dort, wo die Straße eine Linkskurve macht, geht rechts der Bodenreuther Weg ab, auf den Sie abbiegen. Sie folgen dieser kleinen Teerstraße, die zunächst eine Linkskurve macht, fast einen Kilometer lang. An der Gabelung halten Sie sich links. Mittlerweile ist der Bodenreuther Weg zu einer unbefestigten Straße geworden. Nun, da Sie sich auf dem Wanderweg befinden, sehen Sie an einem Baum auf der linken Seite ein kleines Schild mit einer 5 darauf. Das ist die Route, der Sie folgen. Bald befinden Sie sich auf offenem Feld und der Weg windet sich nach rechts und links. Bei der T-Kreuzung biegen Sie rechts ab und laufen am Rand eines Wäldchens

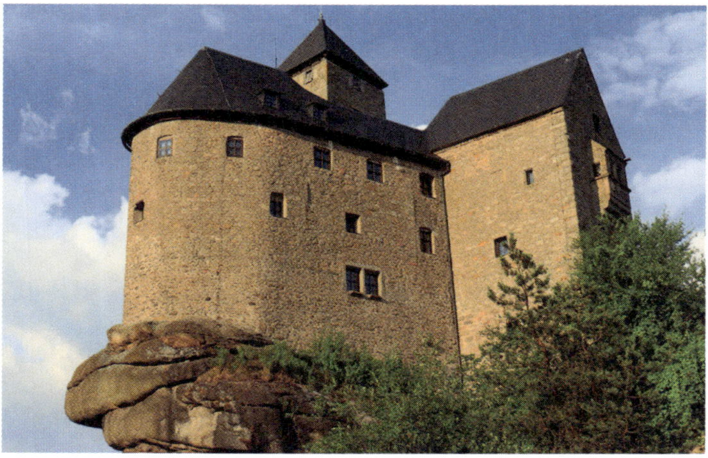

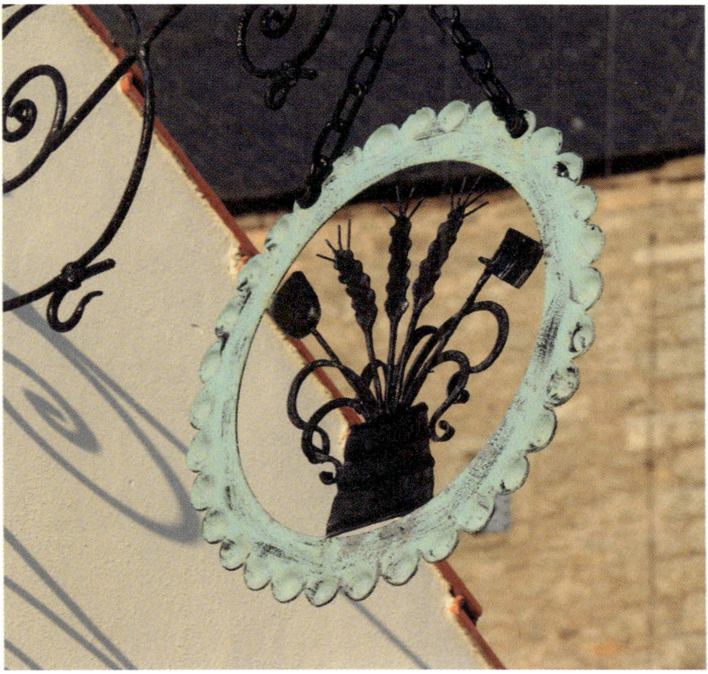

entlang. Die Landschaft öffnet sich kurz, bevor der Weg in ein größeres Waldstück eintaucht. In diesem Wald sind auch einige Schilder mit einem roten Punkt zu sehen, die den entsprechenden Wanderweg markieren. Der Weg macht eine Linkskurve, verläuft kurz zwischen einem Feld und dem Waldrand und biegt gleich darauf scharf nach rechts ab, ungefähr bei Kilometer 3. Nun geht es wieder durch den Wald. Wenn Sie das nächste Mal aufs freie Feld kommen, verschmilzt der Wanderweg 5 mit dem roten X. Bald darauf kommen Sie zur Hammerkapelle. An dieser Gabelung halten Sie sich rechts und folgen dem Weg durch den Wald, bis Sie rechts an einem kleinen Teich vorbeikommen. Sie befinden sich außerdem auf Weg Nr. 1, es sind also viele Wanderschilder zu sehen. Wenn Sie den Teich hinter sich gelassen haben, können Sie auf Weg Nr. 5 weiterlaufen, aber zu Ihrer Rechten geht es auf die Wege 1 und X. Wenn Sie sich für diesen Umweg entscheiden, folgen Sie dem schmalen Pfad ein kurzes Stück, bis Sie zu einer kleinen Bank kommen und durch eine Lücke zwischen den Bäumen einen herrlichen Blick auf Burg Falkenberg haben. Folgen Sie weiter Weg 5, bis Sie ein paar Stufen vor sich sehen, die zu einer religiösen Darstellung führen, die Sie bei Interesse genauer in Augenschein nehmen können. Danach kommen Sie zurück zum Weg und folgen ihm weiter, um den Rundweg abzuschließen. Nun geht der Weg in den Holzbrunnenweg über. Wenn Sie nach links schauen, haben Sie immer wieder einen schönen Blick auf die Burg. Am Ende der Straße biegen Sie rechts ab auf den Kalvarienbergweg, auf dem Sie aber nicht lange bleiben werden: Sie gehen bei der ersten Abzweigung nach links. Nun sind Sie schon wieder am Bodenreuther Weg angekommen, wo Sie den Rundweg begonnen haben. Auf dem Bodenreuther Weg gehen Sie nach links und danach noch einmal links auf die Schönfichter Straße, um zur Altstadt zurückzugelangen. Höchste Zeit für ein Zoigl!

ZOIGL-STUBEN

Der Zoigl ist ein ganz besonderer Teil des Brau-Universums, bei dem in Kommunbrauhäusern nach strengen Vorgaben (was die Zutaten und die Methode angeht) Bier gebraut wird. In der Oberpfalz gibt es fünf Städte, in denen Zoigl gebraut wird: Neuhaus, Windischeschenbach, Mitterteich, Eslarn und Falkenberg. Auch wenn es am einfachsten ist, den Zoigl in den Nachbarorten Neuhaus/Windischeschenbach kennenzulernen, punktet Falkenberg mit seiner landschaftlichen Schönheit und der Vielzahl an Wanderwegen in der Umgebung. In den sogenannten Zoigl-Stuben wird das im Kommunbrauhaus gebraute Bier ungefähr einmal im Monat ausgeschenkt. Am besten schauen Sie in einen Zoigl-Kalender, um herauszufinden, wann wo welche Zoigl-Stube offen hat (z. B. auf der Website von Echter Zoigl, www.zoiglbier.de). Wenn Ihnen das zu kompliziert ist, sollten Sie, wenn Sie durch die Straßen laufen, auf jeden Fall nach dem Zoigl-Stern Ausschau halten, dem Zeichen, das die Zoigl-Wirte außen an ihr Haus hängen, wenn sie mit dem Ausschank an der Reihe sind.

In Falkenberg gibt es zwei Zoigl-Stuben, die von der »Schutz-Gemeinschaft Echter Zoigl vom Kommunbrauer e. V.« (www.zoiglbier.de) anerkannt werden. Ich ergänze noch eine, weil ich dort war, als der Zoigl-Brauer sein Zoigl im Kommunbrauhaus braute. Im Grunde können Sie Zoigl das ganze Jahr über an Wochenenden bekommen, Sie müssen nur nachschauen, wo es gerade ausgeschenkt wird.

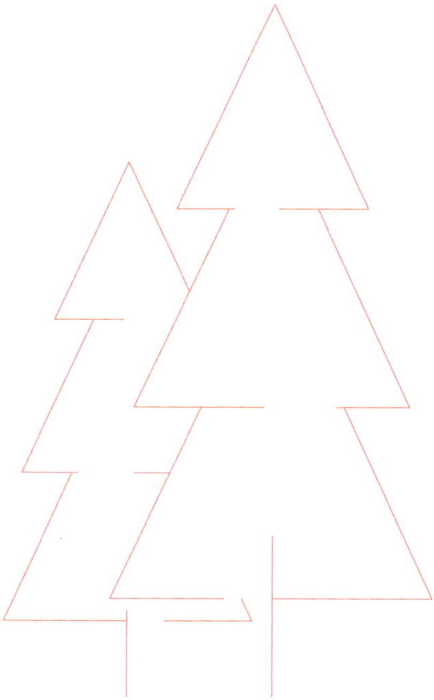

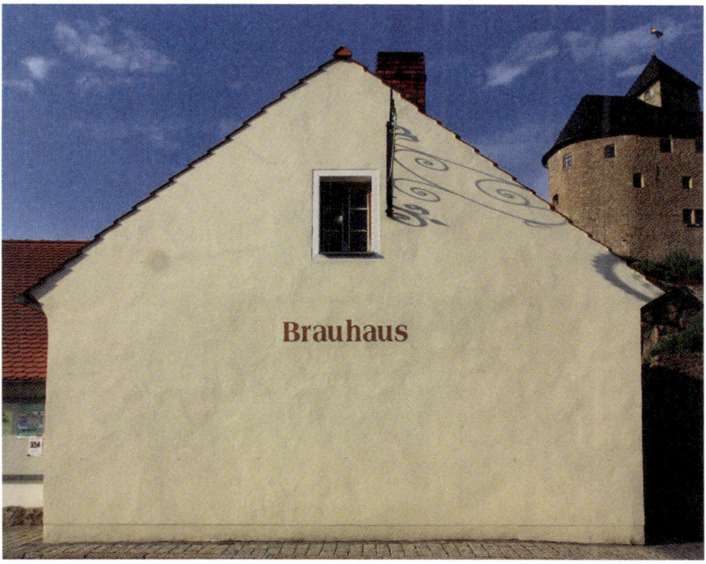

PRAKTISCHE INFORMATIONEN

Kramer-Wolf
Tirschenreuther Straße 4
95685 Falkenberg
09637 / 328
www.zoigl-kramer-wolf.de

Freitag bis Montag ab 10 Uhr (wenn im Rahmen des Zoigl-Kalenders geöffnet)

Schwoazhansl-Zoigl
Tirschenreuther Straße 7
95685 Falkenberg
0172-9106756
www.schwoazhansl-zoigl.de

Freitag und Montag ab 17 Uhr
Samstag und Sonntag ab 15 Uhr (wenn im Rahmen des Zoigl-Kalenders geöffnet)

Der folgende Wirt wird in der Liste der Website www.zoiglbier.de nicht aufgeführt, hat also unabhängig vom Zoigl-Kalender geöffnet:

Wolfadl-Zoigl
Gumpener Weg 1
95685 Falkenberg
0157-72067495
www.wolfadl-zoigl.de

Freitag bis Montag 10–23 Uhr

REGENSBURG

EIN BLICK AUF DIE ALTSTADT VOM ANDEREN UFER

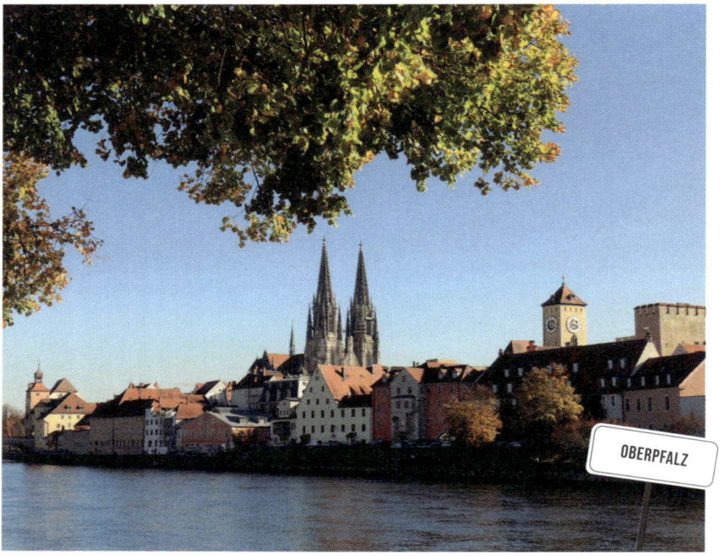

▷··· START	··✕ ZIEL
DOM ST. PETER, REGENSBURG	BRAUEREIGASTSTÄTTE KNEITINGER, REGENSBURG
BIER	SCHWIERIGKEITSGRAD
KNEITINGER DUNKEL EXPORT	LEICHTE WANDERUNG
KARTE	LÄNGE/GEHZEIT
ATK25-I13 REGENSBURG-NORD	2 KM 30–45 MIN
SEHENSWÜRDIGKEITEN	HÖHENMETER
REGENSBURGER DOM, ALTER KORNMARKT, DONAU, STEINERNE BRÜCKE	AUFSTIEG/ABSTIEG: KEIN NENNENSWERTER HÖHENUNTERSCHIED

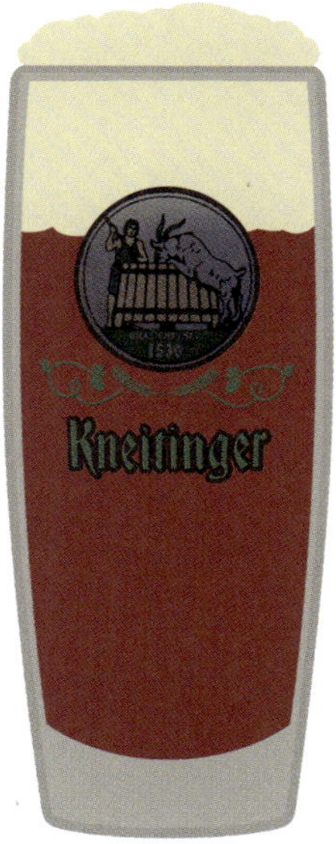

5,5 %
ALKOHOL-
GEHALT

DUNKLES

KASTANIENBRAUN; FESTER, HELLBRAUNER SCHAUM

MALZIG, SCHWACH HOPFIG, LEICHT SCHOKOLADIG

VOLLMUNDIG-MALZIG, HOPFENNOTEN, RÖST-AROMEN, SCHOKOLADE

BITTERE SÜßE

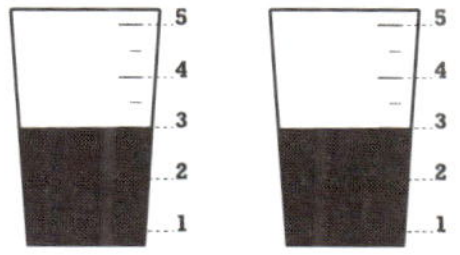

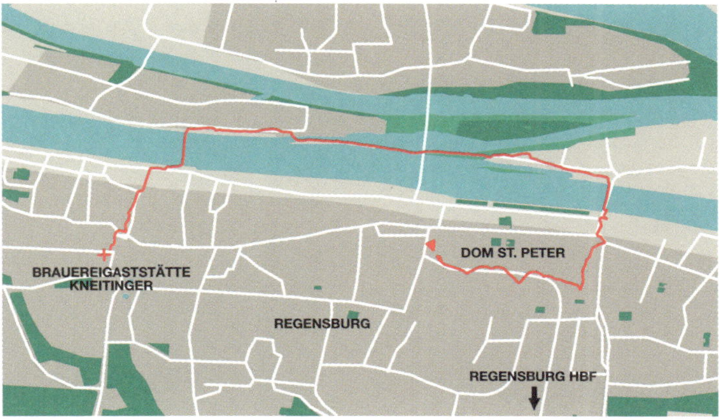

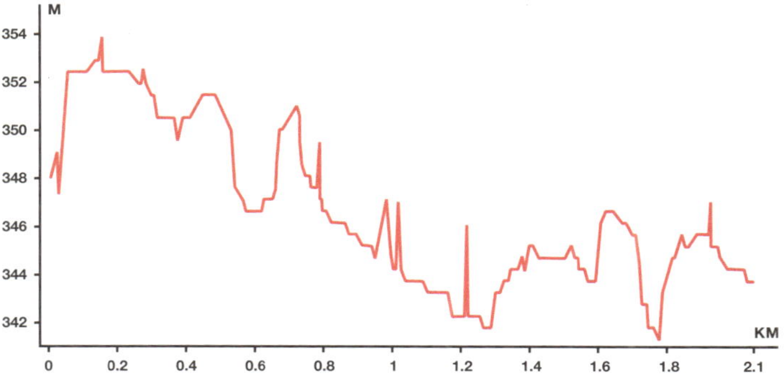

WEGBESCHREIBUNG

Regensburg scheint in der Liste der beliebtesten Touristenziele in Bayern keinen Spitzenplatz zu erreichen, aber das kümmert jene nicht, die sich in die bezaubernde Altstadt und den ergreifend schönen Dom verliebt haben. Zwar ist Regensburg die Hauptstadt der Oberpfalz, hat aber aufgrund der geografischen Lage und der Nähe zum Altmühltal starke Bezüge zu Niederbayern und ist daher ein guter Ausgangspunkt für Ausflüge in diese Region. Die meisten Touristen strömen zum berühmten Dom St. Peter, aber viele scheinen die Donauinseln zu vergessen, die nur darauf warten, erkundet zu werden. Die hier beschriebene leichte Wanderung führt dorthin und eröffnet einen schönen Blick auf die Altstadt von der anderen Seite.

Regensburg erreichen Sie mit dem Zug über München und Nürnberg, die Fahrt dauert etwa 90 Minuten bzw. eine Stunde.

Nachdem Sie ausgiebig den Dom besichtigt haben, laufen Sie über den Domplatz Richtung Alter Kornmarkt; auf dem früheren Getreideumschlagplatz findet heute regelmäßig ein Wochenmarkt statt. Während Sie die Domstraße entlanglaufen, können Sie den Römerturm und den Herzogshof bewundern, bevor die Domstraße geradeaus in die Pfluggasse übergeht. Direkt danach biegen Sie links ab in die Erhardigasse. Am Ende der schmalen Kopfsteinpflastergasse gelangen Sie über eine Treppe auf den St.-Georgen-Platz. Sie gehen nach links und überqueren auf der linken Seite der Eisernen Brücke den Fluss. Genießen Sie den schönen Blick auf die Donau. Auf der anderen Seite der Brücke biegen Sie nach links ab auf einen kleinen Fußweg, der direkt zum Flussufer hinabführt. Auf diesem Pfad laufen Sie Richtung Steinerne Brücke, um dieses Regensburger Wahrzeichen aus einer anderen Perspektive als der sonst üblichen bewundern zu können. Sie laufen unter der Steinernen Brücke hindurch und weiter den sehr ruhigen Weg am Ufer entlang. Bei schönem Wetter kommen die Einheimischen gerne hierher, um ein Sonnenbad zu nehmen und zu picknicken. Sie laufen weiter bis zum Ende dieser schmalen Halbinsel und gehen über die kleine Fußgängerbrücke zur Hauptinsel hinüber. Wenn Sie zur Badstraße kommen, biegen Sie links ab. Während Sie die Badstraße entlanglaufen, haben Sie linker Hand den vielleicht besten Blick auf Regensberg. Diese Uferwiese ist ebenfalls bei Einheimischen beliebt. An der Fußgängerbrücke (Eiserner Steg) überqueren Sie die Donau wieder. Auch von hier aus haben Sie eine tolle Aussicht. Nach der Brücke gehen Sie nach rechts auf die Holzländerstraße und biegen kurz darauf links ab ins schmale Rehgäßchen, das sich bald zu einer normalen Straße verbreitert. Sie laufen weiter geradeaus und landen auf dem Arnulfsplatz, wo sich rechts vor Ihnen die Brauereigaststätte Kneitinger befindet.

BRAUEREIGASTSTÄTTE KNEITINGER

An diesem Ort ist seit 1530 eine Brauerei ansässig. Die Familie Kneitinger kam 1861 ins Spiel. Der neue Braumeister entwickelte das berühmte Bockbier, dessen Anstich alljährlich im Herbst immer noch ein Ereignis ist. Nach drei Generationen rief die kinderlose Alleinerbin eine gemeinnützige Stiftung ins Leben, die seit ihrem Tod 1991 Inhaberin und Betreiberin der Brauerei ist. Eine bewegende Geschichte, doch auch unabhängig davon ist die Erfolgsgeschichte der Brauerei bemerkenswert. Die Gaststätten, in denen das Kneitinger-Bier in Regensburg und Umgebung ausgeschenkt wird, werden von der Brauerei unabhängig eigenständig geführt. Die traditionellste unter ihnen ist das sogenannte Mutterhaus am Regensburger Arnulfsplatz, das von der Familie Reichinger geführt wird. Die Brauereigaststätte Kneitinger wurde 1892 eröffnet und hat sich, trotz Sanierungsarbeiten, einen ursprünglichen Charme bewahrt. Das Traditionshaus bietet auch großen Gruppen immer genügend Platz. Wer draußen sitzen möchte, kann im überdachten Innenhof Platz nehmen. Das richtige Biergarten-Feeling kommt hier allerdings nicht auf. Das finden Sie dann eher im Kneitinger Keller oben auf dem Galgenberg.

Das Mutterhaus ist für die gute bayerische Küche ebenso bekannt wie für das traditionsreiche Bier und ist ein beliebter Ort für Feierlichkeiten aller Art. Hier findet auch jedes Jahr am ersten Donnerstag im Oktober der erste der zahlreichen Kneitinger Bockbier-Anstiche statt. Dann werden Ziegen vor einen Karren mit dem Bockbierfass gespannt und ziehen ihn durch die Altstadt bis zur Gaststätte.

Bier vom Fass: Kneitinger Edel-Pils, Kneitinger Dunkel Export. Saisonal: Kneitinger Bock.

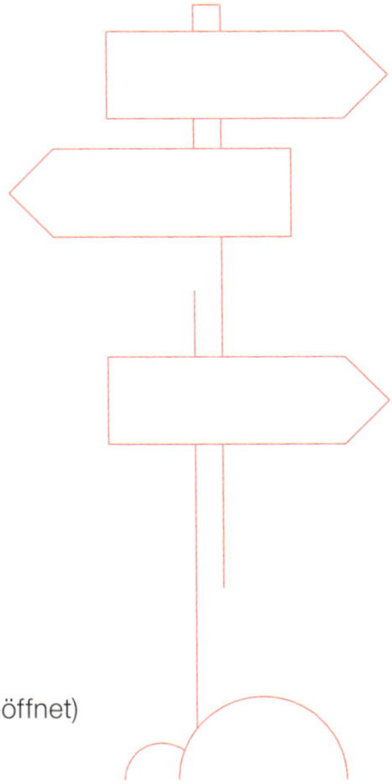

PRAKTISCHE INFORMATIONEN

Brauereigaststätte Kneitinger
Familie Reichinger
Arnulfsplatz 3
93047 Regensburg
0941 / 52455
www.knei.de

Täglich geöffnet 9 Uhr bis Mitternacht
Warme Küche 11–22.30 Uhr

Kneitinger Keller
Galgenbergstraße 18
93053 Regensburg
0941 / 76680
Täglich geöffnet 9 Uhr bis Mitternacht

(Biergarten nur in den warmen Monaten geöffnet)

Brauerei-Website: www.kneitinger.de

MITTELFRANKEN

UEHLFELD

AUF DEM STORCHEN-LEHRPFAD

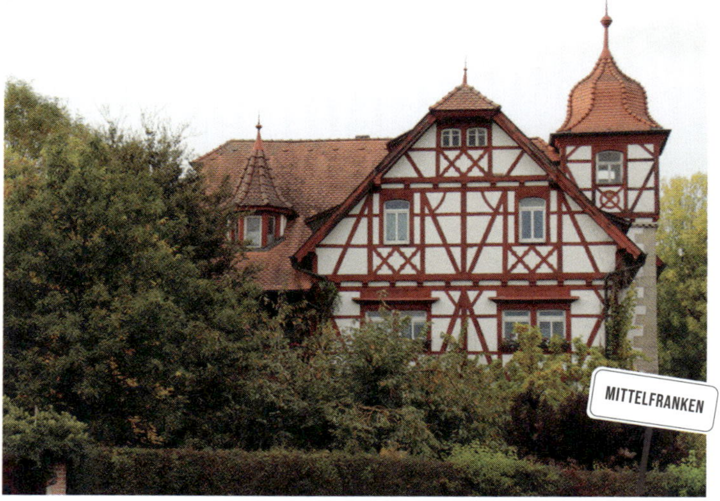

START	ZIEL
BRAUEREIGASTSTÄTTE PRECHTEL, UEHLFELD	BRAUEREIGASTSTÄTTE PRECHTEL, UEHLFELD
BIER	SCHWIERIGKEITSGRAD
PRECHTEL SCHNAPPERLA	LEICHTE WANDERUNG
KARTE	
ATK25-F07	LÄNGE/GEHZEIT
NEUSTADT A.D. AISCH	7 KM 1,5–2 STUNDEN
SEHENSWÜRDIGKEITEN	HÖHENMETER
STORCHENNESTER, KARPFENTEICHE, JAKOBUS-KIRCHE, SCHÖNE LANDSCHAFT, ORIGINAL FRÄNKISCHER BIERKELLER	AUFSTIEG: 45 M ABSTIEG: 45 M

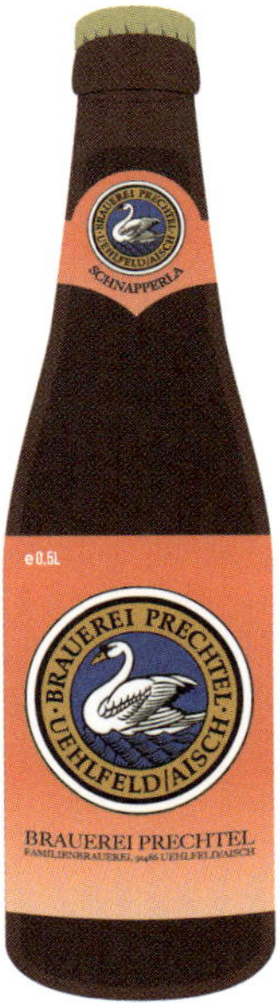

4,5 %
ALKOHOL-
GEHALT

KELLERBIER

SCHWACH FILTRIERT, GOLDEN

MALZIG, GETREIDIG

FRUCHTIG, TROCKEN, LEICHT GETREIDIG, IM ABGANG SCHWACH BITTER

BITTERE

SÜẞE

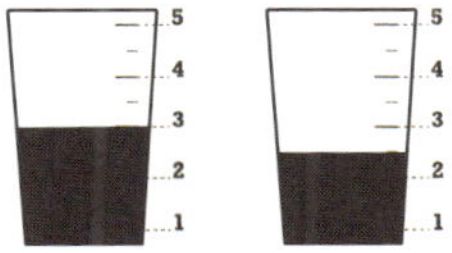

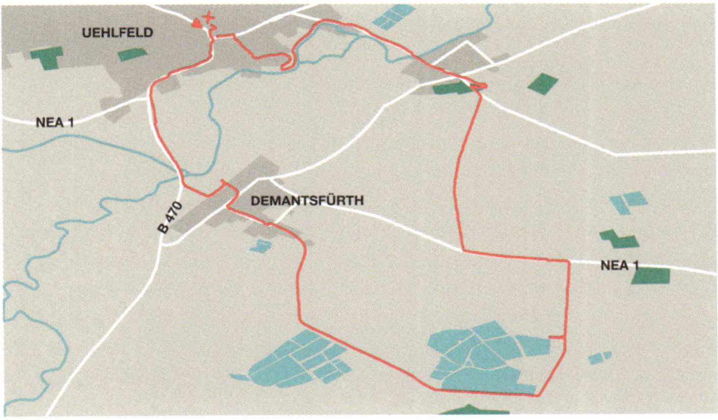

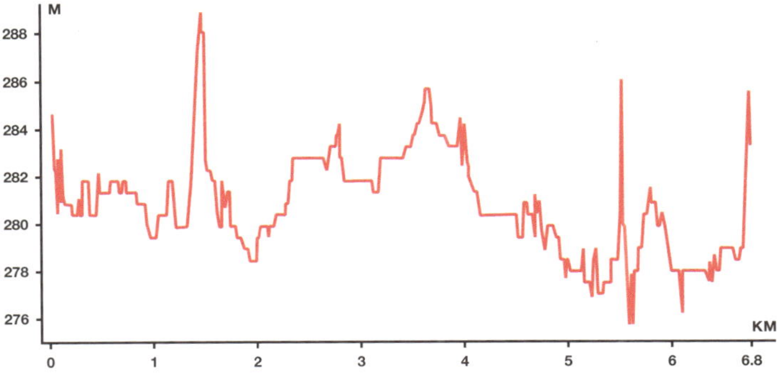

WEGBESCHREIBUNG

Uehlfeld liegt am östlichen Ende der Aischgründer Bierstraße, einer Touristenstraße rund um das Thema Bier, die am Fluss Aisch entlang bis Bad Windsheim verläuft. Die landschaftlich reizvolle mittelfränkische Region Aischgrund ist vor allem für ihre Karpfen bekannt. Entsprechend viele Karpfenteiche sind hier zu finden, und auch die beiden hier aufgeführten Brauereien haben sich auf Karpfen spezialisiert. Aber keine Sorge: Wer sich für diesen kulinarischen Sonderfall nicht begeistern kann, findet genügend andere Dinge auf der Speisekarte. Wenn Sie es auf einen Versuch ankommen lassen wollen, empfiehlt es sich, dies in Monaten mit R zu tun, da der Fisch dann auf jeden Fall verfügbar und am frischesten ist. Außerdem ist Uehlfeld für seine Störche bekannt. Auch wenn die großen Vögel leider nicht mehr so zahlreich den Ort bevölkern wie früher, haben Sie gute Chancen, das ein oder andere Storchennest zu erblicken.

Vom Bahnhof Neustadt (Aisch) fahren Busse nach Uehlfeld (die Haltestelle »Kirche« ist am nächsten an den Brauereien dran). Neustadt (Aisch) ist gut an Nürnberg angebunden, die Zugfahrt dauert etwa 90 Minuten, mit dem Auto ist man halb so lang unterwegs. Wenn Sie noch weitere Brauereien entlang der Bierstraße besuchen wollen, ist das Auto vielleicht vorzuziehen.

Wenn Sie die Brauereigaststätte Prechtel verlassen, werfen Sie einen Blick auf die schöne Jakobus-Kirche gegenüber, bevor Sie sich nach links wenden und von der Hauptstraße aus links abbiegen in die Kirchenstraße. Wenn Sie an eine T-Kreuzung kommen, gehen Sie links in die Raiffeisenstraße. An der Gabelung halten Sie sich rechts. Nach der Rechtskurve sehen Sie linker Hand die farbenfrohen Schilder des Storchen-Lehrpfads. Sie kommen zu einer kleinen Holzbrücke, überqueren sie und gehen dann nach links, auf einem baumgesäumten Pfad am Ufer der Aisch entlang. Der Pfad macht eine Linkskurve, wendet sich dann nach rechts und folgt dem Verlauf des Mühlkanals. Am Ende des Wegs biegen Sie rechts ab auf die Mühlenstraße. Normalerweise ist auf dieser Straße nicht viel Verkehr, aber seien Sie trotzdem vorsichtig. Zum Glück gibt es abschnittsweise einen erhöhten Holzweg links von der Straße – ein wenig wie in den skandinavischen Parks, wenn auch nicht so abgeschieden. Sie überqueren die Aisch und laufen durch das kleine Bauerndorf Voggendorf. Sie stoßen auf eine Straße und überqueren Sie. Links befindet sich der Voggendorfer Felsenkeller. Er sitzt auf einem kleinen Hügel und erlaubt einen schönen Blick über das Tal, ist also einen Abstecher wert. Unter dem Hügel befinden sich alte Höhlen, in denen bis heute Bier gelagert wird. Wenn der Bierkeller geöffnet hat, können Sie dort ein Prechtel Schnapperla vom Fass genießen. Wenn nicht, heben Sie sich den Durst für die Brauerei auf, laufen am Felsenkeller vorbei und biegen bei der ersten Gelegenheit rechts ab auf einen namenlosen Feldweg, der das Storchenzeichen trägt. Folgen Sie dem Weg bis zum nächsten größeren Feldweg und biegen Sie, den Storch-Schildern folgend, erst links und dann gleich wieder rechts ab. Diese Straße wird von einigen Teichen gesäumt, auf der rechten Seite größere, links kleinere Teiche. Nach dem letzten und größten biegen Sie rechts ab und laufen am Teich entlang. An der nächsten Wegbiegung sind Sie schon fast wieder auf dem Rückweg nach Uehlfeld.

Nach dem Teich biegen Sie halbrechts auf einen weiteren Feldweg. Nun geht es eine ganze Weile geradeaus. Bei der nächsten T-Kreuzung gehen Sie wieder rechts. Von hier aus haben Sie einen schönen Blick auf Uehlfeld. Achten Sie auf Störche! Der Weg macht eine Linkskurve und führt Sie nach Demantsfürth, einem kleinen Vorort von Uehlfeld. Sie laufen durch das kleine Dorf, und am Ortsausgang befindet sich ein niedriger Beobachtungsturm, ideal für Kinder. Wenn Sie hier nichts beobachten wollen, biegen Sie links ab und danach rechts auf die Landstraße 470. Nach ein paar Metern gibt es einen Fußweg, auf dem Sie die Aisch überqueren. Weiter vorne verläuft ein Fahrradweg an der Straße entlang nach Uehlfeld. Ab der Rechtskurve beim Ortseingang heißt die Straße Bahnhofstraße und wird in der Linkskurve zur Hauptstraße, die Sie wieder zum Ausgangspunkt zurückbringt. Wenn Sie schon in der Brauereigaststätte Prechtel waren und lieber etwas anderes ausprobieren möchten, können Sie auch den Brauerei-Gasthof Zwanzger ansteuern: Dort, wo die Hauptstraße nach rechts abbiegt, gehen Sie geradeaus weiter auf der Burghaslacher Straße, bis Sie rechts das Brauereigebäude sehen. Vielleicht waren Sie ja sogar so vorausschauend, dort ein Zimmer zu reservieren, damit Sie beide Brauereien gründlich testen können.

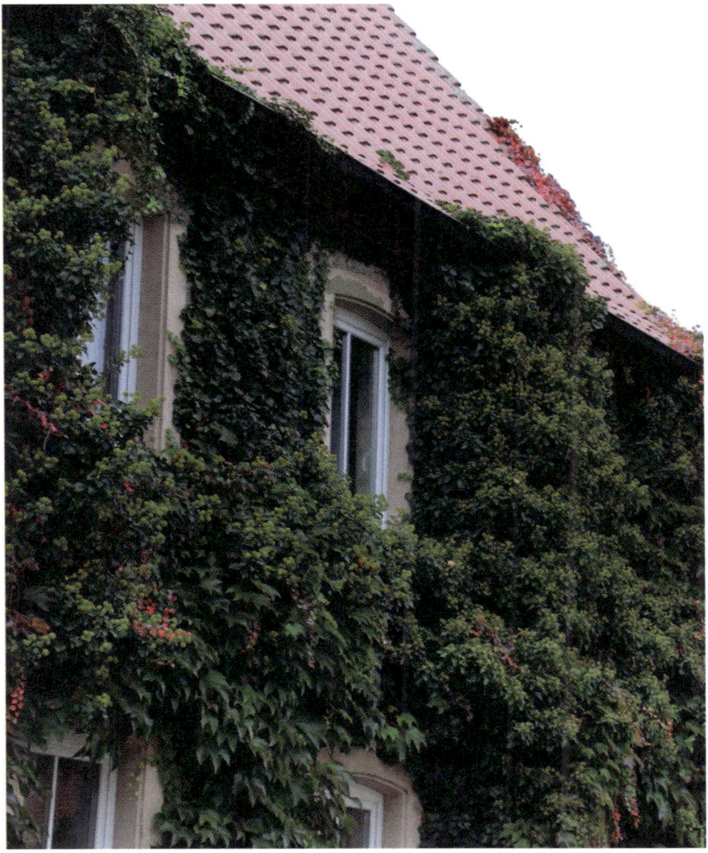

BRAUEREIGASTSTÄTTE PRECHTEL

Mit ihrer heimeligen Atmosphäre hat die um 1900 gegründete Brauereigaststätte Prechtel eigentlich die Ausstrahlung einer gemütlichen Dorfkneipe. Dennoch war die Wirtschaft jedes Mal, wenn ich sie besucht habe, proppenvoll. Kein Wunder, ist das Essen doch genauso hervorragend wie das Bier. Ungeachtet der Karpfen-Spezialitäten habe ich mich beide Male für Schäuferla entschieden – es war so gut! Meine Frau, die mich beim zweiten Besuch begleitete, kann bestätigen, dass ich ausnahmsweise nicht übertreibe. Der zur Brauerei gehörige Biergarten ist der Felsenkeller in Voggendorf. Dort gibt es Schnapperla (ein Kellerbier) vom Fass. Ich war extra angereist, um es zu probieren, musste aber enttäuscht feststellen, dass ich es saisonbedingt nur in der Flasche bekam. Bis jetzt habe ich es noch nicht geschafft, zur Bierkeller-Saison dort vorbeizuschauen – ein hervorragender Grund, bald dorthin zurückzukehren. Dafür habe ich ihr Kirchweihbier probieren können, und das war auch aus der Flasche hervorragend. Vom Fass bekommt man es nur während der jährlichen Kirchweih.

Bier vom Fass: Prechtel Hopfenstoff. In der Flasche: Schnapperla, Schmankerl Weiße und saisonale Biere wie ihr wunderbares Kirchweihbier.

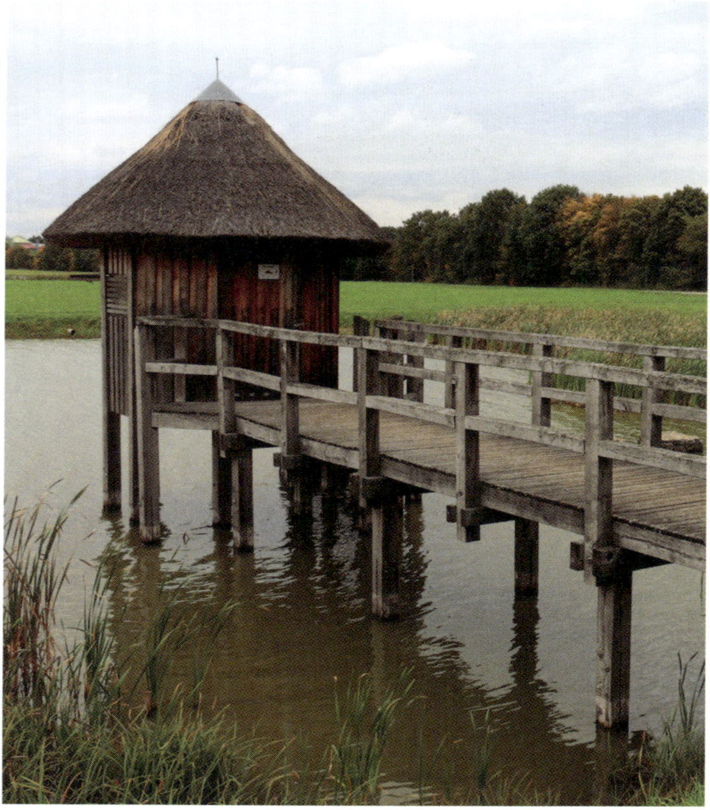

PRAKTISCHE INFORMATIONEN

Brauereigaststätte Prechtel
Hauptstraße 24
91486 Uehlfeld
09163 / 228
www.brauerei-prechtel.de

Täglich ab 11 Uhr geöffnet
Montag Ruhetag

Von Mai bis September abends keine warme Küche wegen Bierkellerbetrieb.

Voggendorfer Bierkeller/Felsenkeller
Mühlenstraße
91486 Uehlfeld
09163 / 441 oder 09163 / 228 (Brauereigaststätte, s. o.)

Öffnungszeiten (wetterabhängig von Mai bis August):
Montag bis Donnerstag ab 17 Uhr
Freitag und Samstag ab 15 Uhr
Sonn- und Feiertag ab 11 Uhr

Die Brauerei informiert auf ihrer Website auch über Veranstaltungen im Bierkeller. Der Bierkeller liegt auf dem Storchen-Lehrpfad, Sie können ihn also kaum verfehlen. Er hat nur von Mai bis Ende August und nur bei gutem Wetter geöffnet, da man nur draußen sitzen kann.

Brauerei-Gasthof Zwanzger
Burghaslacher Straße 10
91486 Uehlfeld
09163 / 959756
www.brauerei-gasthof-zwanzger.de

Öffnungszeiten:
Von Pfingstsonntag bis Mitte Oktober:
Dienstag ab 16 Uhr
Mittwoch bis Freitag ab 11 Uhr
Samstag ab 10 Uhr
Sonntag 10–20 Uhr
Von Mitte Oktober bis Pfingstsonntag:
Dienstag bis Donnerstag ab 16 Uhr
Freitag und Samstag ab 10 Uhr
Sonntag 10–20 Uhr

Die zweite Brauerei der Stadt ist ebenfalls gut und hat den Vorteil, dass man dort übernachten kann. Sie haben eine gute Bierauswahl einschließlich Craft-Bier, und wenn Sie mit dem Auto anreisen, empfiehlt es sich, ein Zimmer zu nehmen.

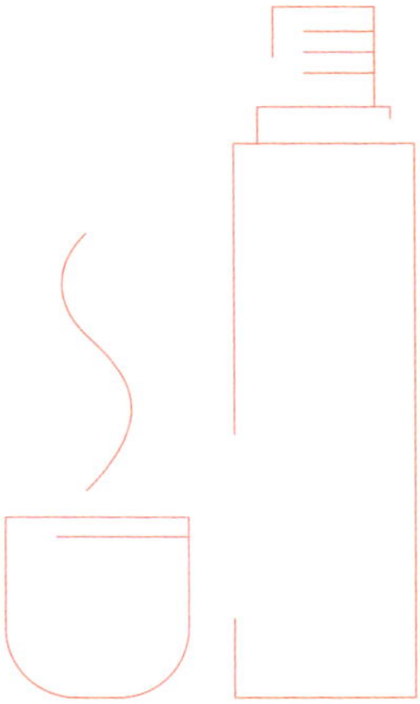

OBERFRANKEN

GRÄFENBERG

AUF DEM OBEREN TEIL DES FÜNF-SEIDLA-STEIGS®

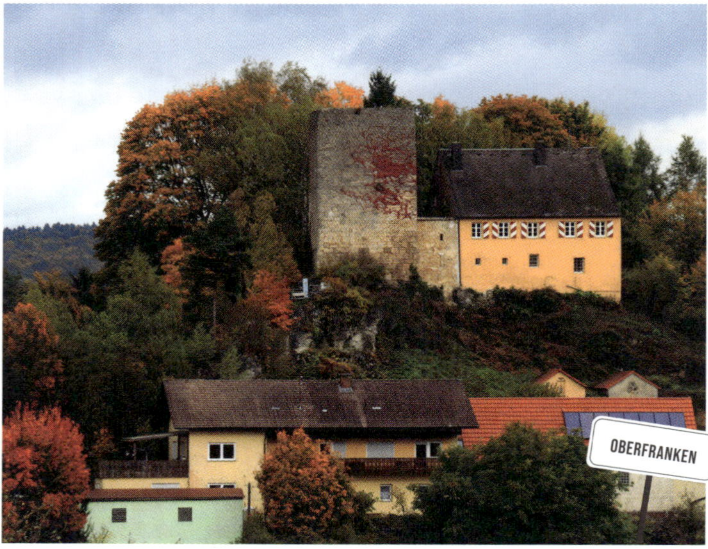

OBERFRANKEN

START	ZIEL
LINDENBRÄU, GRÄFENBERG	LINDENBRÄU, GRÄFENBERG
BIER	**SCHWIERIGKEITSGRAD**
LINDENBRÄU VOLLBIER	MITTELSCHWERE WANDERUNG
KARTE	**LÄNGE/GEHZEIT**
ATK25-E10 & ATK25-F10 EBERMANNSTADT & ECKENTAL	12 KM 2,5–3 STUNDEN
SEHENSWÜRDIGKEITEN	**HÖHENMETER**
BURGRUINE THUISBRUNN, BRAUEREIMUSEUM BREHMER, GASTHOF SEITZ, WALD- UND WIESENLANDSCHAFT DER SÜDLICHEN FRÄNKISCHEN SCHWEIZ	AUFSTIEG: 279 M ABSTIEG: 276 M

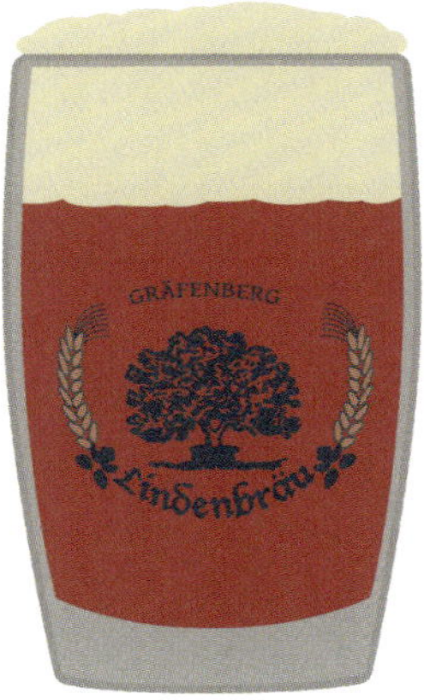

5,2 %
ALKOHOL-GEHALT

NACH ALTER TRADITION GEBRAUTES FRÄNKISCHES LAGER MIT ACHTSTÜNDIGEM BRAUPROZESS, EINWÖCHIGER KALTER BOTTICHGÄRUNG UND VIER- BIS SECHSWÖCHIGER LAGERUNG

BERNSTEINFARBEN, FESTER SCHAUM

MALZIG, HOPFIG

WEICH, FRUCHTIG, SCHWACH BITTER; KLAR UND TROCKEN IM ABGANG

BITTERE

SÜẞE

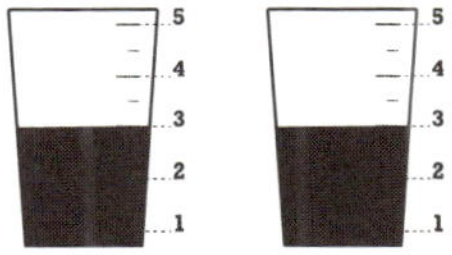

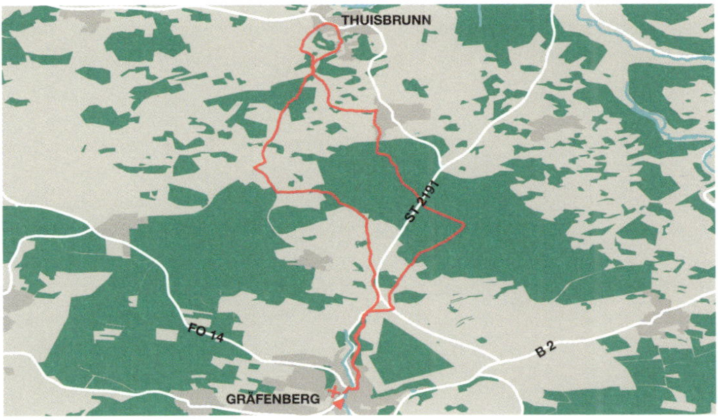

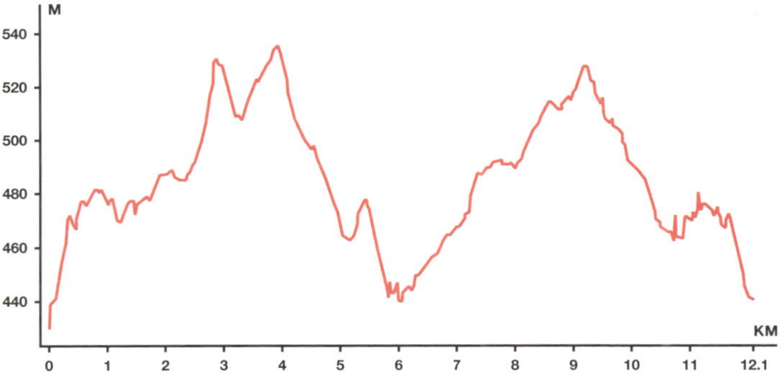

WEGBESCHREIBUNG

Der Fünf-Seidla-Steig® ist sicher nicht der älteste bayerische Bierwanderweg, aber möglicherweise der beliebteste. Kein Wunder, bietet er doch fünf renommierte Brauereien, einen sehr gut beschilderten Wanderweg, eine Burgruine, Fachwerkhäuser und eine abwechslungsreiche Landschaft – was will man mehr? Viele der Wege, aus denen sich der Fünf-Seidla-Weg zusammensetzt, gibt es schon seit Jahrhunderten, und in Anerkennung ihres Freizeitwerts tragen sie bereits seit vielen Jahren Markierungen. Die Idee, diese Wege zu kombinieren, um die Brauereien miteinander zu verbinden, kam 2008 auf, als die vormals stillgelegte Brauerei im Gasthaus Seitz ihre Arbeit wieder aufnahm. Der Verkehrsverbund Großraum Nürnberg (VGN) sprang auf den Zug auf und sorgte dafür, dass der Wanderweg mit dem einprägsamen Namen mit öffentlichen Verkehrsmitteln gut zu erreichen ist. Seitdem kommen die Nürnberger am Wochenende in Scharen aufs Land, um die gute frische Luft und natürlich das großartige Bier zu genießen. Das bedeutet, dass Sie an einem Wochenende oder Feiertag bei schönem Wetter auf diesem Weg garantiert nicht alleine unterwegs sein werden, aber das gehört dazu. Man fühlt sich ein wenig wie auf einem Bierfest, wo alle von einem Stand zum nächsten ziehen. Eine weitere grandiose Marketingidee war die Einführung der Stempelkarte: Sie bekommen von jeder der fünf Brauereien einen Stempel, und wenn die Karte vollständig ist, können Sie einen Fünf-Seidla-Steig-Krug zum Vorzugspreis erwerben.

Der Rundweg wäre an einem Tag zu schaffen, aber fünf Brauereien zu besuchen und an die 15 verschiedene Biere zu probieren übersteigt dann doch das Machbare. Deshalb habe ich die Strecke halbiert. Die folgende Beschreibung bezieht sich auf den oberen Teil des Fünf-Seidla-Steigs®.

Gräfenberg ist von Nürnberg aus gut mit dem Zug zu erreichen, sodass diese Wanderung problemlos als Tagesausflug unternommen werden kann.

Wenn Sie aus dem Lindenbräu herauskommen, gehen Sie nach links auf Am Bach entlang. Am Ende der Straße sehen Sie auf der linken Seite ein gelbes Gebäude. Darin befindet sich das kleine Brauereimuseum, das dem verstorbenen langjährigen Chef der Brauerei Lindenbräu, Georg Brehmer, gewidmet ist. Hier biegen Sie rechts ab auf die Kasberger Straße, die nach der Kreuzung (mit der Egloffsteiner Straße) Büttnersberg heißt. Danach biegen Sie bei der ersten Gelegenheit links ab auf ein namenloses Sträßchen mit zahlreichen Wandermarkierungen, darunter auch das bunte Schild des Fünf-Seidla-Steigs®: fünf Bierkrüge (»Seidla«) vor grünen Hügeln. Das Sträßchen mündet in Am Michelsberg, und Sie folgen dem Straßenverlauf. Bald darauf kommen Sie an eine Gabelung, an der verwirrenderweise beide Optionen Am Michelsberg heißen, aber Sie folgen den Wandermarkierungen und halten sich links. Nach einer Weile knickt der Weg nach rechts ab und führt in einen schönen Wald. Der Anstieg wird unter Umständen vom Lärm des örtlichen Schotterwerks links von Ihnen gestört. Wenn Sie die Geräuschkulissen hinter sich gelassen haben, geht es wieder zur Straße hinunter. Nun stehen Sie an einer Kreuzung: Die reguläre Fünf-Seidla-Route weist nach rechts, aber diesen Abschnitt heben wir uns für den Rückweg auf. Stattdessen gehen Sie geradeaus auf die größere, deutlich stärker befahrene Straße. Sie sehen die Schilder der »Variante Rundweg über Neusles«, der mit dem gleichen Symbol markiert ist wie der reguläre Fünf-Seidla-Steig®. Sie müssen nicht lange auf der verkehrsreichen Straße bleiben: Sie überqueren sie und halten linker Hand nach Wanderweg-Schildern Ausschau. Die Straße, die Sie suchen, heißt Alte Egloffsteiner Straße. Sie verläuft anfangs parallel zur Hauptstraße, ist aber nicht so stark befahren, und bald biegen Sie links ab auf einen unbefestigten Weg. Das alles geschieht vor der 2-km-Marke. Nun befinden Sie sich auf freiem Feld, und vor allem im Herbst ist es hier wunderschön. Im Anschluss laufen Sie ein Stück am Rand eines Wäldchens entlang, das sich zu Ihrer Rechten befindet und in das Sie nun auch hineingehen. Wenn Sie kurz danach wieder aus dem Wald heraustreten, macht der Weg eine Linkskurve, und Sie befinden sich auf einem Feldweg. Der stößt bald auf eine asphaltierte Straße, auf die Sie nach rechts abbiegen. Sie folgen der Straße bis zum Dörfchen Neusles, durchqueren es, biegen rechts ab auf die große Straße und halten Ausschau nach einem kleineren Pfad zu Ihrer Linken. Sie biegen nach links ab auf den namenlosen, aber gut markierten Pfad. Dies ist der wahrscheinlich schönste Abschnitt der Route, mit einer Mischung aus Wiesen und Wäldern und ein paar moosbewachsenen Steinen hier und da. Nachdem Sie rechter Hand eine Weihnachtsbaumschule passiert haben, gelangen Sie bei der 5-km-Marke an eine T-Kreuzung. Hier verlassen Sie die »Variante Rundweg über Neusles« und kommen wieder zurück auf den regulären Fünf-Seidla-Steig®. Sie gehen links Richtung Thuisbrunn. Wenn Sie an eine Abzweigung kommen und der Markierung folgend nach rechts abbiegen Richtung Thuisbrunn, ist das die etwas kürzere Strecke, aber wenn Sie stattdessen geradeaus den Hügel hinaufgehen, werden Sie mit einer besonders schönen Aussicht belohnt. Sie folgen dem gepflasterten Weg bergauf, unter den Stromleitungen hindurch, und gehen oben nach rechts. So kommen Sie direkt nach Thuisbrunn. Wenn Sie um die Ecke biegen, haben Sie einen tollen Blick auf die Burgruine, und wenn Sie weiterlaufen, liegt Ihnen der ganze Ort samt Burgruine und Kirche zu Füßen. Dann laufen Sie bergab. An der Hauptstraße biegen Sie rechts ab. Zu Ihrer Rechten befindet sich der Gasthof Seitz. Hier bekommen Sie Elch-Bräu, der jüngste Brauerei-Zuwachs auf der Route. Wahrscheinlich haben Sie mittlerweile Hunger, zumindest aber Durst. Der Biergarten ist einer der schönsten des ganzen Rundwegs und meistens sehr gut besucht. Suchen Sie sich einen Platz und stärken Sie sich. Den Stempel nicht vergessen!

Nach der verdienten Rast gehen Sie den Weg weiter, an der Brauerei vorbei und dann nach rechts. Hier tragen wieder alle Straßen den gleichen Namen: Thuisbrunn. Die Brauerei befindet sich in Laufrichtung rechts von Ihnen, und Sie sehen die dazugehörige Whisky-Destillerie mit dem Elchkopf-Logo. Sie folgen der Straße und nehmen an der Gabelung den gut markierten rechten Weg. Dieser führt zurück zu der Abzweigung, bei der Sie, der schönen Aussicht zuliebe, auf den Hügel hinaufgegangen sind. Dieses Mal biegen Sie links ab und folgen den nun vertrauten Wandermarkierungen. Bei der nächsten Gabelung gehen Sie noch einmal nach links, um auf dem Fünf-Seidla-Steig® zu bleiben, und laufen nicht auf der Variante Rundweg weiter, auf der Sie herkamen. Ungefähr bei Kilometer 7 sehen Sie auf der linken Seite einen unmarkierten Pfad. Er ist eine viel benutzte Abkürzung zur Brauerei Hofmann, die Sie ruhig nehmen können, auch wenn Sie an einem ruhigen Tag unterwegs sind und Ihnen gerade niemand entgegenkommt. Wenn Sie die Abkürzung verpassen, ist es aber auch nicht schlimm: Sie biegen, der Markierung folgend, bei der Abzweigung links ab und gehen dann noch einmal links, dann sind Sie auch an der Brauerei angekommen. Wenn Sie den Stempel haben möchten, bestellen Sie sich ein Bier, und auch wenn Sie keine Stempel sammeln, sollten Sie auf jeden Fall ihr Dunkles probieren.

Wenn Sie die Brauerei Hofmann verlassen, wenden Sie sich nach links (nicht zurück zur Abkürzung) und folgen der Straße, bis Sie auf eine größere Straße stoßen, die Sie vorsichtig überqueren. Sie kommen an einem sehr malerischen Fachwerkhaus vorbei und durchwandern dann einen der grünsten Teilabschnitte der Route. Nach einigen Biegungen trifft der Weg auf eine asphaltierte Straße. Sie überqueren Sie und halten nach Wandermarkierungen Ausschau. Sie laufen an einem kleinen ungeteerten Parkplatz vorbei bzw. überqueren ihn und biegen danach links in den Wald. Kurz nach der 9-km-Markierung kommt auf der rechten Seite die nächste, gut markierte Abzweigung. Auf dem Schild steht, dass es noch 3,5 km bis Gräfenberg sind und Sie sich auf dem Frankenweg sowie auf dem Fünf-Seidla-Steig® befinden. Nach einer Weile laufen Sie über offene Felder. Wenn Sie die Hauptstraße erreichen, biegen Sie nach links ab und überqueren sie bald darauf, in einigem Abstand von der Kreuzung, an einer ruhigeren Stelle. Auf der anderen Seite laufen Sie durch Felder und biegen dann nach links ab, in den Wald hinein und wieder am Schotterwerk vorbei. Sie befinden sich nun wieder auf dem Weg vom Anfang und laufen auf ihm nach Gräfenberg zurück. Sie biegen rechts ab auf den Büttnersberg, danach links auf Am Bach, und dann liegt das Lindenbräu rechts vor Ihnen. Am besten holen Sie sich gleich Ihren Stempel, damit Sie ihn nicht vergessen.

LINDENBRÄU

Die 1932 gegründete Brauerei Lindenbräu ist zwar noch relativ jung, gleichzeitig aber die traditionellste der hier versammelten Brauereien, da ihr berühmtes Vollbier immer noch per Anstich direkt vom Fass gezapft wird. Die mit Hopfen geschmückte Gaststube mit dem prächtigen alten Kachelofen ist die atmosphärischste auf der ganzen Strecke. Im Innenhof kann es nachmittags, speziell am Wochenende, ziemlich voll werden, aber am schönsten ist es unter dem namensgebenden Lindenbaum, wo Holzbänke und -tische zum Verweilen einladen.

Die Speisekarte hat eine schöne Auswahl an Brotzeiten und warmen Gerichten sowie wechselnde Tagesgerichte, und ihre typisch fränkischen Schäuferla sind ein Gedicht. Als wäre das noch nicht genug, haben sie auch noch eine eigene Mälzerei, in der heimische Gerste zu Braumalz verarbeitet wird, und eine Brennerei.

Das Lindenbräu ist ein Familienbetrieb. Seit dem Tod von Georg Brehmer im Jahr 2000 führt nun seine Tochter die Brauerei und ist eine der drei Braumeisterinnen des Fünf-Seidla-Steigs®. Mittlerweile kümmert sich ihr Mann vermehrt um die Brauerei, nachdem die Gaststätte im Zuge des beliebten Bierwanderwegs einen steten Besucherzuwachs verzeichnen konnte. Ihr Vollbier gilt als eines der besten in ganz Franken, was sie nicht davon abhielt, ihr Sortiment zu erweitern und für ihr Hefeweizen eine Auszeichnung zu verdienen. Die Krönung des Ganzen ist die Tatsache, dass man im Lindenbräu sogar übernachten kann. Allerdings empfiehlt es sich, im Voraus zu buchen.

Bier vom Fass: Lindenbräu Vollbier, Lindenbräu Pils und Lindenbräu Zwickl. In der Flasche: Lindenbräu Hefeweizen. Saisonbiere: Lindenbräu Bock (Fastenzeit) und Lindenbräu Festbier (Adventszeit).

PRAKTISCHE INFORMATIONEN

Lindenbräu
Am Bach 3
91322 Gräfenberg
09192 / 348
www.lindenbraeu.de

Öffnungszeiten:
Dienstag bis Freitag 11–22 Uhr
Montag 16–22 Uhr (nur Mitte März bis Mitte November)
Samstag 10–22 Uhr
Ruhetag Sonntag

Zimmer können über die Website gebucht werden.

Gasthaus Seitz-Elch Bräu
Thuisbrunn 11
91322 Gräfenberg (Thuisbrunn)
09197 / 221
www.gasthof-seitz.de

Öffnungszeiten:
Dienstag, Freitag bis Sonntag ab 10 Uhr
Ruhetage Montag, Mittwoch und Donnerstag

Brauerei Hofmann
Hohenschwärz 16
91322 Gräfenberg (Hohenschwärz)
0919 / 2251
www.brauerei-hofmann.de

Öffnungszeiten:
Mittwoch bis Samstag 10–21 Uhr
Ruhetage Montag und Dienstag

Brauereimuseum Brehmer
Das Brauereimuseum Brehmer hat keine regulären Öffnungszeiten. Besichtigungstermine müssen mit Irene Brehmer-Stockum im Vorfeld vereinbart werden: 09192 / 348.

WEIßENOHE

AUF DEM UNTEREN TEIL DES FÜNF-SEIDLA-STEIGS®

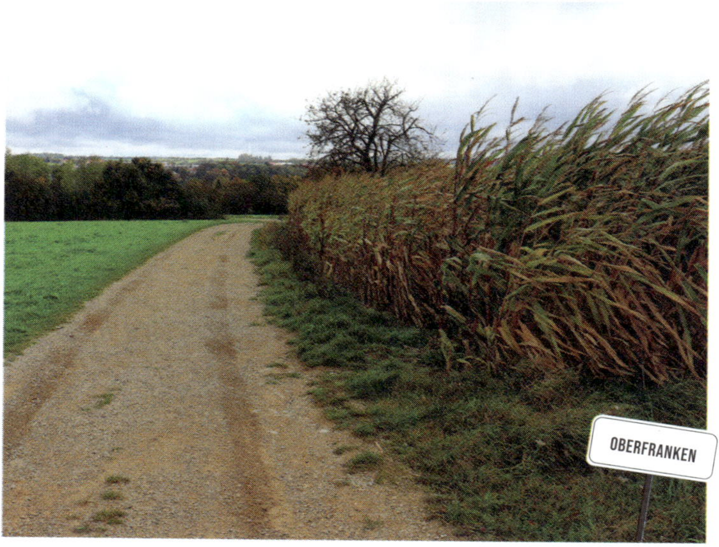

START	ZIEL
BAHNHOF WEIßENOHE	WIRTSHAUS KLOSTERBRAUEREI, WEIßENOHE
BIER	SCHWIERIGKEITSGRAD
ALTFRÄNKISCHES KLOSTERBIER	MITTELSCHWERE WANDERUNG
KARTE	LÄNGE/GEHZEIT
ATK25-F10 ECKENTAL	5,5 KM 1,5–2 STUNDEN
SEHENSWÜRDIGKEITEN	HÖHENMETER
KLOSTER WEIßENOHE, KLOSTERKIRCHE ST. BONIFATIUS, MARKTPLATZ GRÄFENBERG, ALTES STADTTOR GRÄFENBERG, RITTER-WIRNT-BRUNNEN	AUFSTIEG: 210 M ABSTIEG: 210 M

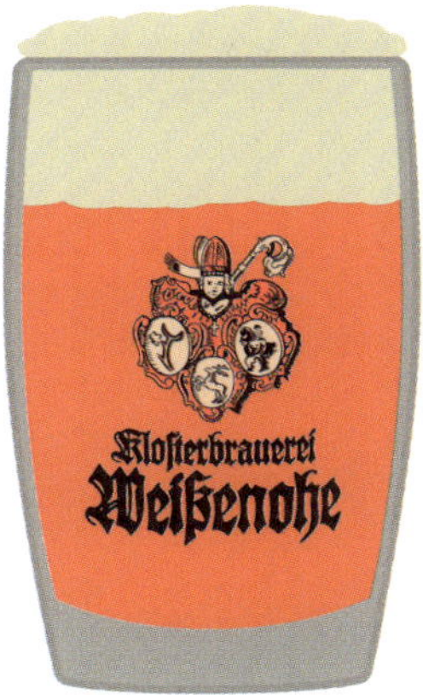

5,0 %
ALKOHOL-
GEHALT

LAGER

BERNSTEINFARBEN,
CREMIGER SCHAUM

MALZIG,
SCHWACH SCHOKOLADIG

MALZIG, SCHOKOLADE-
UND HOPFENNOTEN, TRO-
CKEN-BITTER IM ABGANG

BITTERE

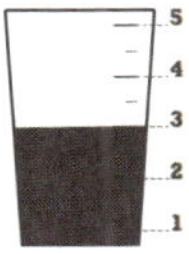

SÜẞE

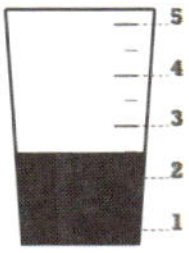

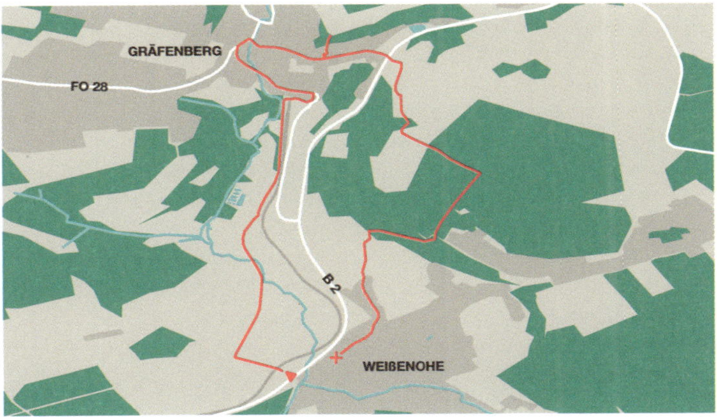

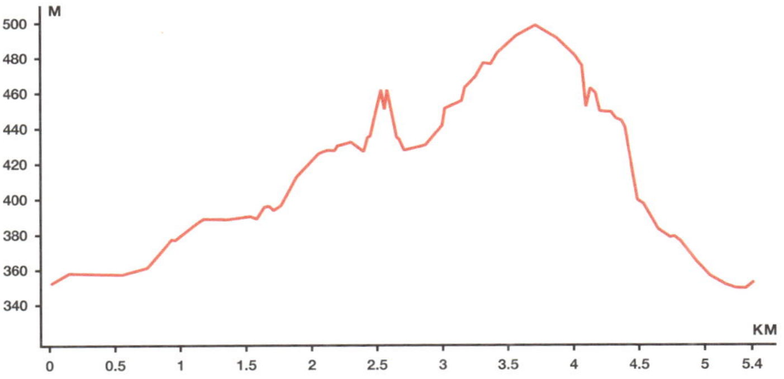

WEGBESCHREIBUNG

Die Geschichte der ehemaligen Benediktinerabtei Kloster Weißenohe beginnt um das Jahr 1050 und einiges weist darauf hin, dass sich seitdem dort auch eine Brauerei befand. Viele halten Weißenohe für die älteste Brauerei Frankens, aber sie musste viele schwere Jahre überstehen, bevor sie Anfang des 19. Jahrhunderts der Säkularisation anheimfiel. Viele der Klostergebäude wurden zerstört, aber ein Kernbereich wurde 1827 an eine bürgerliche Familie verkauft und ist seitdem in Privatbesitz. In der von Touristen gern besuchten Klosterkirche finden noch Gottesdienste statt. Die Schaffung des Fünf-Seidla-Steigs® war für die Brauerei ein Glücksfall, da viele Wanderer die Route hier beginnen oder beenden.

Weißenohe ist von Nürnberg aus gut mit dem Zug zu erreichen und bietet sich als Tagesausflug an.

Der Bahnhof in Weißenohe besteht nur aus einem Bahnsteig. Von dort aus ist das Kloster Weißenohe ganz einfach zu erreichen und wahrscheinlich gehen die meisten, die hier aus dem Zug steigen, einfach am Ende des Bahnsteigs nach rechts und direkt zum Kloster hinauf. Die hier beschriebene Wanderung schickt Sie aber in die entgegengesetzte Richtung, das heißt, Sie biegen nach links ab und überqueren die Gleise. Sie folgen Am Neuacker immer geradeaus, bis Sie zu einer T-Kreuzung kommen, wo Sie rechts abbiegen auf die Sportplatzstraße. Auf ihr gelangen Sie nach Gräfenberg und der Weg verläuft größtenteils parallel zu den Schienen. Viele Leute nutzen diese Straße als Abkürzung zwischen den beiden Städten, vor allem am Ende der Wanderung. Wenn Sie aber früh genug aufbrechen, kann es gut sein, dass Sie auf diesem Abschnitt keiner Menschenseele begegnen. Bald sehen Sie auf der rechten Seite den Bahnhof und die Straße endet. Sie biegen rechts ab auf die Bahnhofstraße und folgen ihr, bis Sie einen schmaleren Weg sehen, der links abzweigt. Den nehmen Sie, er spart Ihnen ein Stück auf der Straße, mündet aber dann wieder in die Bahnhofstraße, der Sie eine ganze Weile folgen und die Sie in die Stadt hineinführt. Bei einer Rechtskurve vereint sie sich mit der Guttenburger Straße. Sie bleiben weiter auf der Bahnhofstraße, die, wenn Sie geradeaus weitergehen, zu Am Bach wird. Auf der linken Seite sehen Sie die Brauerei Lindenbräu, und wenn Sie dort noch nicht waren, sollten Sie die Gelegenheit unbedingt nutzen und sich dort mit einem Bier erfrischen. Vom Lindenbräu aus gehen Sie dann nach rechts und ein Stück zurück zur Bahnhofstraße, die bald darauf eine Linkskurve macht und zum Marktplatz wird, einem hübschen kleinen Platz mit einigen Fachwerkhäusern. Den Brunnen ziert die Statue des Ritters Wirnt, eines mittelalterlichen Dichters, der aus Gräfenberg stammen soll. Der Marktplatz wird zur Bayreuther Straße, die zum mittelalterlichen Stadttor führt. Hinter dem Stadttor befindet sich rechts Friedmann's Bräustüberl, eine der fünf Brauereien des Fünf-Seidla-Steigs®. Legen Sie eine Rast ein, probieren Sie das leckere Pils, und wenn Sie Hunger haben, kommen Sie hier auf jeden Fall auf Ihre Kosten.

Danach laufen Sie weiter die Bayreuther Straße entlang und halten auf der linken Seite Ausschau nach Schildern, die den Weg zum Biergarten zum

Bergschlösschen weisen. Die Straße heißt Jägersberg. Es geht steil hinauf, aber oberhalb des Biergartens befindet sich ein schöner Aussichtspunkt samt Denkmal. Wenn der Biergarten geöffnet hat, können Sie hier Bier von der Brauerei Friedman kosten, und es gibt Sigi's Lager vom Fass. Von hier oben haben Sie einen schönen Blick, es lohnt sich also, einen Abstecher hier herauf zu machen. Danach kehren Sie über die Treppe zur Hauptstraße zurück, wenden sich nach links und laufen wieder die Bayreuther Straße entlang. Sie kommen an der Brauerei Friedmann vorbei (links), aber sie haben keinen Ausschank, also gehen Sie weiter bis zur Gabelung. Dort halten Sie sich rechts und stoßen auf die breite, verkehrsreiche Nürnberger Straße, die Sie vorsichtig überqueren. Auf der anderen Seite halten Sie Ausschau nach den Markierungen des Fünf-Seidla-Steigs® und nehmen diesen Pfad. Über eine Treppe geht es bergauf. Oben angekommen genießen Sie den schönen Blick auf Gräfenberg und biegen dann rechts ab auf die Sollenberger Straße. Sie folgen der Straße durch ein Wohngebiet, bis sie eine Linkskurve macht. Hier gehen auf der rechten Seite zwei Straßen ab, die beide Sollenberger Straße heißen, aber Sie folgen einfach der Fünf-Seidla-Steig-Markierung, die Sie nach Weißenohe bringt. Der Weg führt in den Wald, macht erst eine Rechts-, dann eine Linkskurve und führt dann aufs offene Feld hinaus. Bei der nächsten Abzweigung gehen Sie nach rechts. Sie kommen an weiteren Feldern vorbei und laufen zwischen zwei umzäunten Weiden hindurch, bevor der Weg wieder in den Wald führt und sich nach rechts krümmt. Den Wegweisern folgend, biegen Sie links ab, und der Weg wird bald darauf zur Mönchsbergstraße, die zum Ortsrand von Weißenohe führt. Die Mönchsbergstraße wird in einer Rechtskurve zur Gräfenberger Straße, die auf die Sollenberger Straße stößt. Dort biegen Sie rechts ab und folgen der Sollenberger Straße, die bald zur Hauptstraße wird. Das Wirtshaus Klosterbrauerei Weißenohe befindet sich auf der linken Seite.

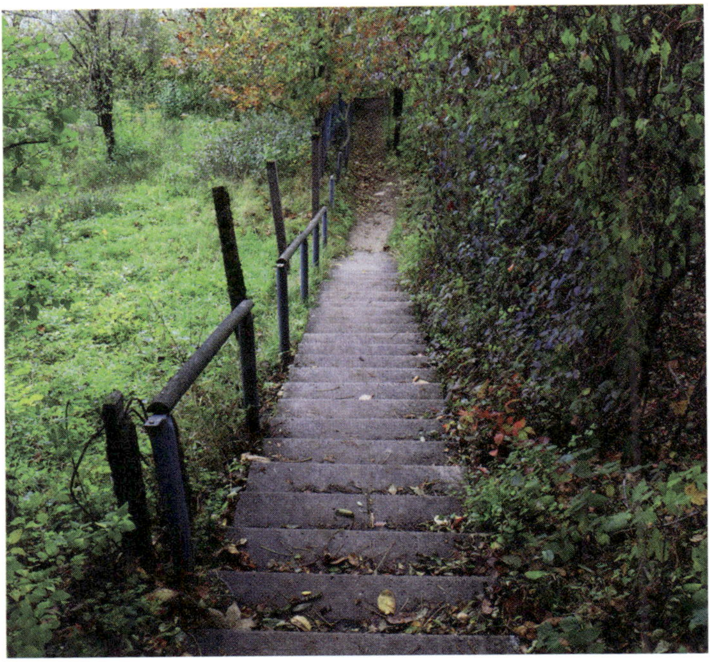

WIRTSHAUS KLOSTERBRAUEREI WEIẞENOHE

Obwohl die Abtei schon vor über 200 Jahren aufgehoben wurde und beinahe schon genauso lange in privater Hand ist, wird man unweigerlich von einem Gefühl der Ehrfurcht ergriffen, wenn man durch die Pforte schreitet – freilich nur an einem ruhigen Tag unter der Woche. Wenn es dort am Wochenende vor Menschen nur so wimmelt, geht es wenig feierlich zu, und dass sich ein Mönch hierher verirren könnte, ist wenig wahrscheinlich.

Die Klosterkirche (geradeaus weiter) ist einen Besuch wert. Auf der rechten Seite befindet sich der reizende Biergarten, links das gemütliche Wirtshaus. In beiden kann man schön sitzen, aber wenn es sehr voll ist, haben Sie nicht viel Auswahl und nehmen den erstbesten Platz, um sich nach der Wanderung mit Speis und Trank zu belohnen.

Manche halten die Klosterbrauerei für die älteste Brauerei Frankens, aber das ist wahrscheinlich eher nicht der Fall, weil es im Lauf der Jahre lange Phasen gab, in denen die Brauerei geschlossen war. So wurde aufgrund von Rohstoffknappheit und Krieg 1943 der Braubetrieb eingestellt und erst im Jahr 2000 wieder aufgenommen. Das modernisierte Wirtshaus konnte von der Eröffnung des Fünf-Seidla-Steigs® 2008 profitieren und zählt heute zu einer der beliebtesten Gaststuben auf der erfolgreichen Route.

Neben dem traditionellen Biersortiment gibt es einige Craft-Biere, von denen sich eines (Green MONKey) derart großer Beliebtheit erfreut, dass es nicht nur den Schritt ins reguläre Sortiment geschafft hat, sondern auch im Biergarten vom Fass zu haben ist.

Bier vom Fass: Altfränkisches Klosterbier und drei weitere, möglicherweise Bonifatius Dunkel, Eucharius Pils, Green MONKey und der saisonale Bonator Doppelbock.

Es gibt viele gute Gründe, die Nacht in Weißenohe zu verbringen, aber wenn Sie zurück nach Nürnberg müssen, gehen Sie wieder durch den Torbogen und dann links auf die Hauptstraße, die nach einer Rechtskurve die Bundesstraße kreuzt. Nachdem Sie die Bundesstraße überquert haben, befindet sich ein paar Meter weiter auf der linken Seite der Bahnsteig, an dem Ihre Wanderung begonnen hat.

PRAKTISCHE INFORMATIONEN

Wirtshaus Klosterbrauerei Weißenohe
Klosterstraße 20
91367 Weißenohe
09192 / 6357
www.das-wirtshaus-klosterbrauerei-weissenohe.de

Öffnungszeiten:
Mittwoch bis Freitag ab 11 Uhr
Samstag und Sonntag ab 10 Uhr (im Winter ab 11 Uhr)
Ruhetag Montag und Dienstag

Friedmann's Bräustüberl
Bayreuther Straße 14
91322 Gräfenberg
09192 / 992318
www.friedmanns-braeustueberl.de

Öffnungszeiten:
Mittwoch ab 17 Uhr
Donnerstag und Freitag ab 11 Uhr
Samstag ab 10 Uhr
Sonntag 10–20 Uhr
Ruhetag Montag und Dienstag (an Feiertagen geöffnet)

Biergarten zum Bergschlösschen
Am Michelsberg 36
91322 Gräfenberg
0162 / 589 06 90

Öffnungszeiten: Mai bis September:
Freitag 16–21.30 Uhr
Samstag, Sonntag und Feiertag 14–21.30 Uhr

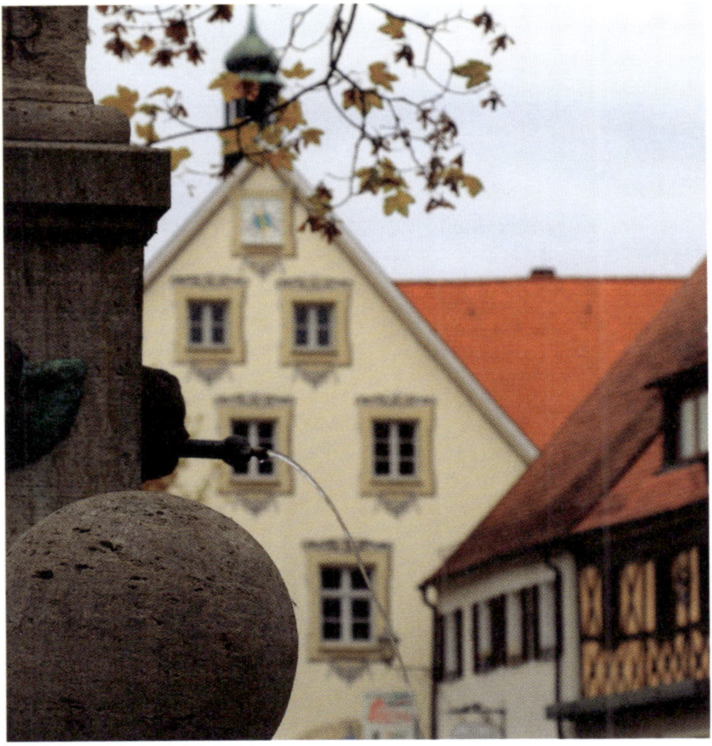

VON THUISBRUNN NACH LEUTENBACH

DER BURGRUINEN-WANDERWEG

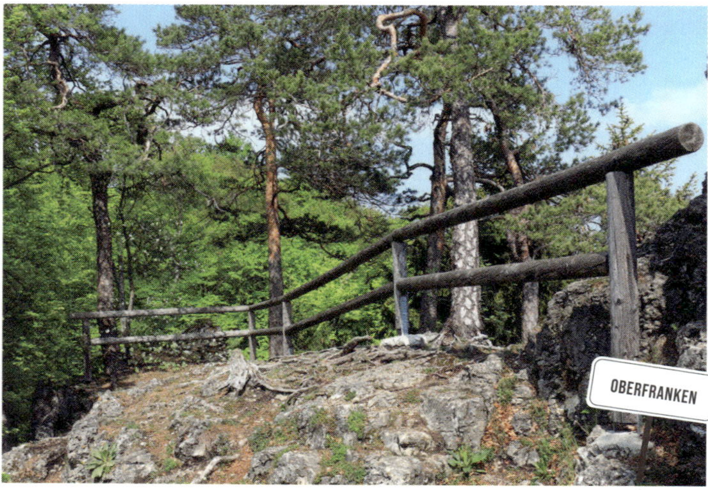

OBERFRANKEN

START	ZIEL
GASTHOF SEITZ ELCH-BRÄU, THUISBRUNN (GRÄFENBERG)	BRAUEREI-GASTHOF DRUMMER, LEUTENBACH (OBERFRANKEN)
BIER	SCHWIERIGKEITSGRAD
DRUMMER DUNKLES VOLLBIER	MITTELSCHWERE WANDERUNG
KARTE	LÄNGE/GEHZEIT
ATK25-E10 & ATK25-F10 EBERMANNSTADT & ECKENTAL	9 KM 2–3 STUNDEN
SEHENSWÜRDIGKEITEN	HÖHENMETER
BURGRUINE THUISBRUNN, BURGSTALL SCHLOSSBERG, KAPELLE ST. MORITZ, FACHWERKHÄUSER IN LEUTENBACH, PFARRKIRCHE ST. JAKOBUS (LEUTENBACH)	AUFSTIEG: 190 M ABSTIEG: 300 M

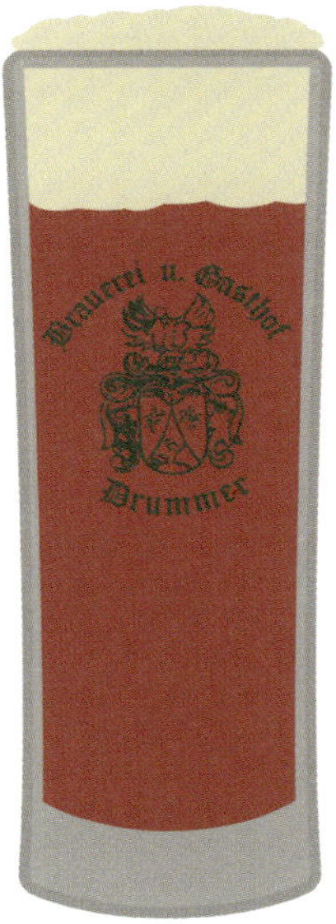

4,8 % ALKOHOL-GEHALT

KLASSISCHES FRÄNKISCHES LAGER

BERNSTEINFARBEN, GRAUWEIßER SCHAUM

GETREIDIG

AUSGEWOGEN HOPFIG-MALZIGE BASIS, TROCKEN-BITTER IM ABGANG

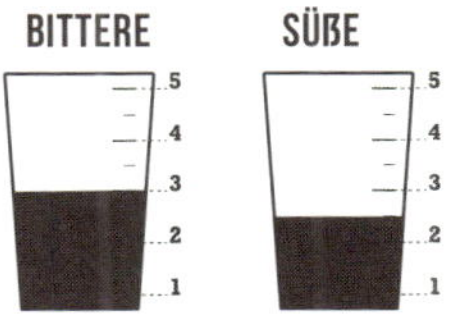

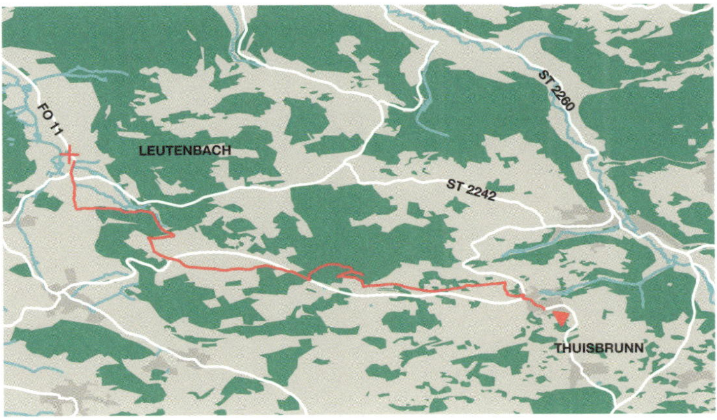

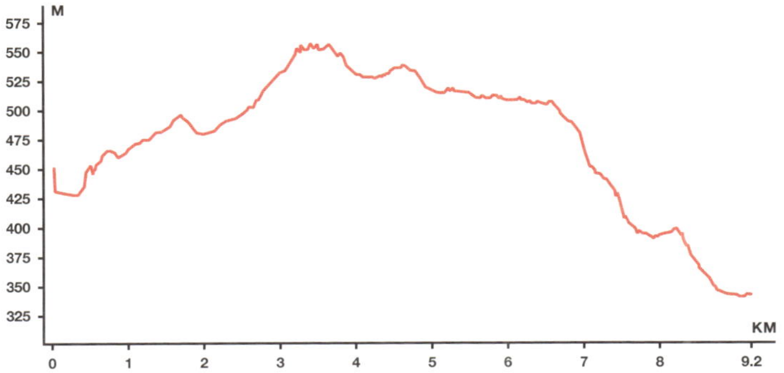

WEGBESCHREIBUNG

Die Fränkische Schweiz ist bekannt für die vielen kleinen Brauereien, die über das ganze Gebiet verteilt zu finden sind. Wenn man mit dem öffentlichen Nahverkehr unterwegs ist, könnte man meinen, sie lägen weit voneinander entfernt, aber ein Blick auf die Karte offenbart, dass dem gar nicht so ist. Die hier beschriebene Wanderung verbindet den Fünf-Seidla-Steig® mit anderen Wanderwegen rund um Leutenbach in Oberfranken. Der Weg bringt Sie nicht nur zuverlässig von A nach B, sondern offenbart auch die ganze Palette der landschaftlichen Reize dieser Region.

Thuisbrunn liegt am nördlichen Ende des Fünf-Seidla-Steigs®. Diese Wanderung funktioniert am besten, wenn Sie dort übernachten. Wenn das nicht möglich ist, unternehmen Sie die Wanderung am Wochenende, dann sind die Busverbindungen am besten.

Zwischen Thuisbrunn und Gräfenberg (das gut an Nürnberg angebunden ist) fahren regelmäßig, aber nicht sehr häufig Busse. Während es am Wochenende und an Feiertagen Direktverbindungen mit nur zehn Minuten Fahrtzeit gibt, ist es unter der Woche komplizierter, und manche Busse fahren nur auf Bestellung (sogenannte AST, Anruf-Sammel-Taxis, wo der Fahrtwunsch spätestens eine Stunde vor Abfahrt telefonisch angemeldet werden muss).

Wenn Sie mit dem Bus von Gräfenberg angekommen sind, landen Sie in der Straße, in der sich auch der Gasthof Seitz befindet. Von hier aus müssten Sie die Burg oben auf dem Hügel sehen können – in diese Richtung laufen Sie. Der Gasthof, der auch einfach »Elch-Bräu« genannt wird, befindet sich auf der linken Seite. Wenn Sie den Gasthof hinter sich gelassen haben und die Burg oben vor sich sehen, biegen Sie links ab auf die größere Straße und folgen deren Verlauf. Nun liegt die Burg rechts von Ihnen. Sie sehen ein paar kleine Wanderschilder mit einem grünen Ring: Dies ist die Markierung des ersten Abschnitts. Dort, wo die Straße eine Linkskurve macht, sehen Sie rechts eine Bushaltestelle. Kurz vor Ortsende informiert ein großes Schild darüber, dass Egloffstein 3 km entfernt ist. Dort ist auch ein Wanderschild zu sehen und auf dem Pfosten befindet sich die Markierung mit dem grünen Ring. Hier biegen Sie rechts ab. Wenig später sehen Sie zu Ihrer Linken einige hölzerne Stufen. Auf einem alten Holzschild steht »Knoll-Leite«, ergänzt durch ein kleineres, neues Schild mit einer Blume in einem schwarzen Kreis: Das ist das Wegezeichen des Leiten-Rundwanderwegs, den Sie erreichen, indem Sie die Stufen hinaufgehen (als »Leiten« werden im Fränkischen die steileren Bergabhänge bezeichnet). Gehen Sie nach links und folgen Sie dem Weg, der in einen gepflasterten Feldweg übergeht. Danach biegen Sie noch einmal nach links ab. Die dazugehörigen Schilder befinden sich auf der rechten Seite der Wegkehre. Nun verlassen Sie den Leitenweg und befinden sich wieder auf dem Rundweg mit dem grünen Ring. Auf diesem Abschnitt folgen Sie außerdem einem Wanderweg, der mit einem gelben Schrägstrich markiert ist. Sie biegen links ab und landen auf einer breiten Schotterstraße. All das geschieht vor der 1-km-Marke.

Nun laufen Sie durch offene Wiesen und haben eine schöne Aussicht in alle Richtungen. Sie gehen geradeaus und folgen bei Abzweigungen und Weggabelungen dem grünen Ring. Etwa in Höhe der 2-km-Marke sehen Sie rechts oben auf dem Hügel die rot-weiße Frankenfahne wehen. Das ist der Schlossberg, unser Zwischenziel. Sie passieren eine Kreuzung und biegen danach, der Markierung folgend, rechts ab. Sie laufen auf einen Wald zu. Am Waldrand angekommen, biegen Sie rechts in den Wald ab, wenn Sie einen großen Baum sehen, der mit einem grünen Punkt markiert ist. Außerdem sind Markierungen mit einem roten X zu sehen. Am Ende dieses Wegs gehen Sie nach links und folgen dem Weg durch den Wald. Vor der 3-km-Marke folgen Sie den Markierungen nach rechts. Bald gelangen Sie an eine Abzweigung: Geradeaus geht es direkt nach Leutenbach, aber auf der rechten Seite geht ein Weg zum Burgstall ab und der kleine Aufstieg ist die Mühe wert, es ist nicht weit, und ehe Sie sich's versehen, sind Sie bei der Schlossberg-Anlage angekommen. Ein paar schattige Picknicktische laden zum Rasten ein. Sie gehen durch den Eingang und folgen dem Weg, der über Stufen und Holzpfade zum Burgstall führt. Von oben haben Sie einen schönen Blick auf das Tal, durch das Sie gerade gelaufen sind. Wenn Sie sich sattgesehen haben, kehren Sie wieder zur Abzweigung zurück.

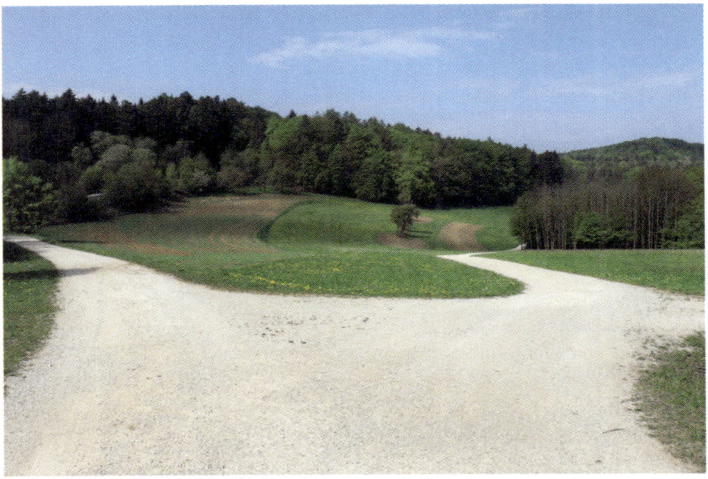

An der Abzweigung angekommen, gehen Sie nach rechts und folgen dem grünen Punkt durch den Wald. Wenn Sie an eine schmale Abzweigung gelangen, gehen Sie nach links, der Markierung gelber Punkt folgend, und verlassen den grünen Ring. Sie stoßen auf eine größere Straße, überqueren sie vorsichtig und biegen rechts ab. Hier halten Sie nach Wegmarkierungen Ausschau, während Sie die recht verkehrsreiche Straße ein Stück entlanglaufen. Ab und zu sehen Sie den gelben Punkt und biegen, den Markierungen folgend, nach links ab: Neben dem gelben Punkt sehen Sie Schilder, die die Entfernung nach Leutenbach mit 4,5 km angeben. Das 2 km entfernte Ortspitz ist das nächste Etappenziel. Es geht durch ein kleines Waldstück und dann über offene Felder. Sie gehen weiter geradeaus und laufen bald durch eine schöne Obstplantage. Kurz vor der 6-km-Marke überqueren Sie eine geteerte Straße. Der Weg führt weiter geradeaus, macht eine Rechtskurve und geht in eine andere Straße über. Hier biegen

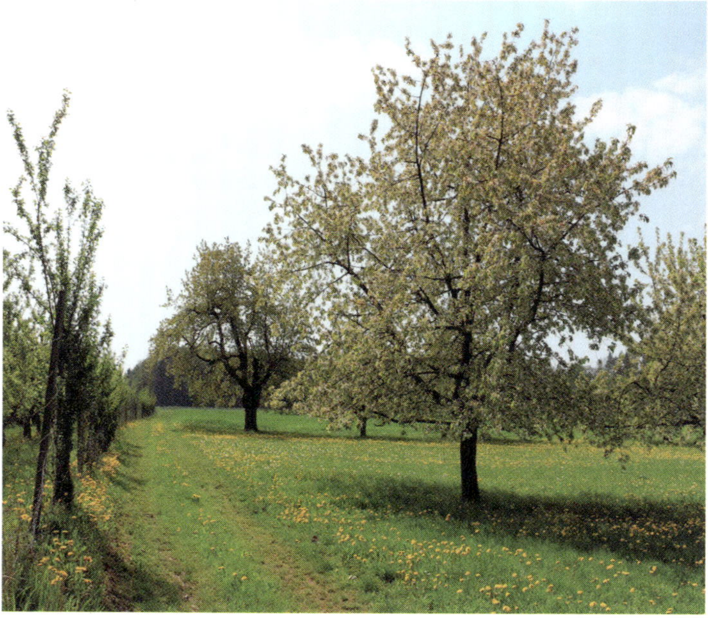

Sie rechts ab nach Ortspitz. Sie durchqueren das kleine Dörfchen und halten nach Ihrem Weg Ausschau, einem unbefestigten Pfad, der ungefähr bei Kilometer 6,5 links abzweigt, dort, wo im Frühjahr Flieder blüht. Er ist zwar markiert, aber das Schild ist aus dieser Richtung kaum zu erkennen. Wenn Sie daran vorbeilaufen und sich umdrehen, sehen Sie ein Schild mit einem gelben Punkt und dem Hinweis, dass St. Moritz 600 m entfernt ist. Sie folgen dem Weg bergab auf eine Wiese und sehen in einiger Entfernung die Kapelle St. Moritz. Während Sie auf die Kapelle zulaufen, befindet sich die Wiese rechts von Ihnen. Bei der Wanderweg-Abzweigung halten Sie sich links und bleiben auf dem Schotterweg Richtung Leutenbach, das nur noch wenige Kilometer entfernt ist. Bald darauf führen zu Ihrer Rechten ein paar Holzstufen nach unten. Sie gehen hinunter, um auf dem Weg zu bleiben, und kommen nun durch einen besonders schönen Abschnitt, am Fluss entlang und an einigen Kalksteinfelsen vorbei. An einem idyllisch gelegenen Picknicktisch können Sie eine – insbesondere an heißen Tagen sehr willkommene – Rast einlegen. Am Ende dieses Abschnitts führt der Weg, gut markiert, durch den Wald. Sie folgen dem gelben Punkt und kommen an einigen Höhlen vorüber, die links von Ihnen in den Felsen getrieben wurden und einst, vor der Erfindung des Kühlschranks, dazu dienten, Lebensmittel kühl zu lagern. Kurz vor Kilometer 8 treten Sie aus dem Wald heraus und sehen rechts Leutenbach liegen. Wenn Sie auf die Mittelehrenbacher Straße stoßen, biegen Sie rechts ab und laufen in den Ort hinein. Während Sie dem Straßenverlauf folgen, sehen Sie linker Hand das Walberla, die über 500 m hohe Nordkuppe der Ehrenbürg. Von Leutenbach aus gibt es einige Wanderwege dort hinauf bzw. um den Berg herum. Nach der Kreuzung heißt die Straße Am Pfarrgarten. Sie folgen der Straße, überqueren eine weitere Kreuzung und gehen weiter geradeaus auf der Straße, die jetzt St.-Moritz-Straße heißt. Am Ende der Straße biegen Sie rechts ab auf die Dorfstraße. Der Brauerei-Gasthof Drummer befindet sich keine 200 m weiter auf der rechten Seite.

BRAUEREI-GASTHOF DRUMMER

Der zur 1738 gegründeten Brauerei gehörige Gasthof ist seit über 250 Jahren in Familienbesitz. Die Gaststube mit dem traditionellen grünen Kachelofen und der niedrigen Decke strahlt Gemütlichkeit aus. Die Küche serviert solide fränkische Hausmannskost. Hier steht sogar Bauchfleisch mit Bohnen auf der Speisekarte, was sonst in Restaurants kaum zu bekommen ist. Ihr lecker malziges Dunkles Vollbier passt perfekt dazu. Und wenn das Wetter mitmacht, ist der Biergarten der ideale Ort, um sich nach der Wanderung das verdiente Bier zu genehmigen.

Es ist recht unwahrscheinlich, durch Zufall auf diesen Brauerei-Gasthof zu stoßen. Ich habe 20 Jahre gebraucht, ihn zu entdecken, obwohl ich immer auf der Suche nach neuen Brauereien bin! Zum ersten Mal getrunken habe ich das Bier der Brauerei Drummer auf dem alljährlichen Fränkischen Bierfest im Nürnberger Burggraben, eines der schönsten und atmosphärischsten Bierfeste überhaupt, mit einer unglaublichen Auswahl an fränkischen Brauspezialitäten, aber auch einigen internationalen Bieren.

Bier vom Fass: Drummer Dunkles Vollbier, Drummer Helles Lager.

PRAKTISCHE INFORMATIONEN

Brauerei-Gasthof Drummer
Dorfstraße 10
91359 Leutenbach
09199 /403
www.brauerei-gasthof-drummer.de

Öffnungszeiten:
Dienstag, Mittwoch und Freitag 11–14.30 Uhr und 17–22 Uhr
Donnerstag 11–14.30 Uhr
Samstag 11–22 Uhr
Sonntag und Feiertag 11–15.30 Uhr

Zimmer können telefonisch reserviert werden.

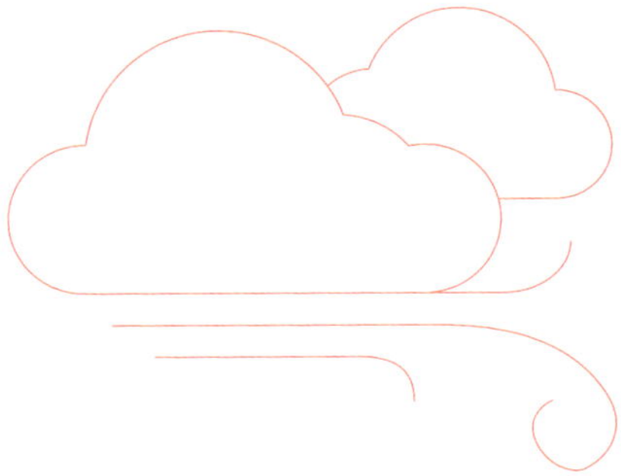

LEUTENBACH (WALBERLA)

ÜBER DIE BEIDEN GIPFEL DER EHRENBÜRG

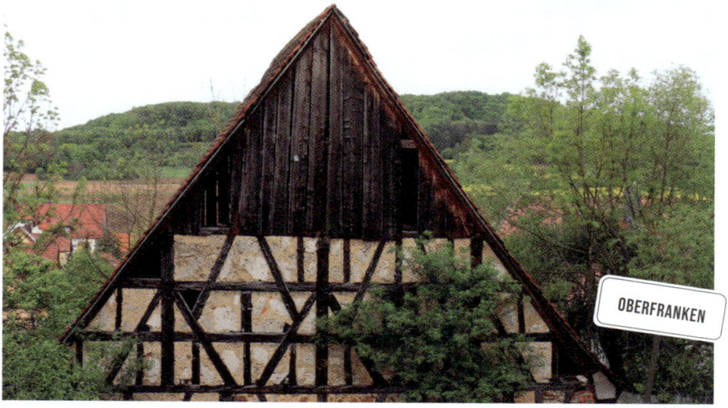

START	ZIEL
BRAUEREI-GASTHOF DRUMMER, LEUTENBACH (OBERFRANKEN)	BRAUEREI-GASTHOF DRUMMER, LEUTENBACH (OBERFRANKEN)
BIER	SCHWIERIGKEITSGRAD
ALT VOLLBIER DUNKEL	MITTELSCHWERE WANDERUNG
KARTE	LÄNGE/GEHZEIT
ATK25-E10 EBERMANNSTADT	7 KM 2 STUNDEN
SEHENSWÜRDIGKEITEN	HÖHENMETER
EHRENBÜRG, KIRCHE ST. JAKOBUS DER ÄLTERE, RODENSTEIN, WALBURGISKAPELLE, FACHWERKHÄUSER IN DIETZHOF, WALBERLA	AUFSTIEG: 290 M ABSTIEG: 295 M

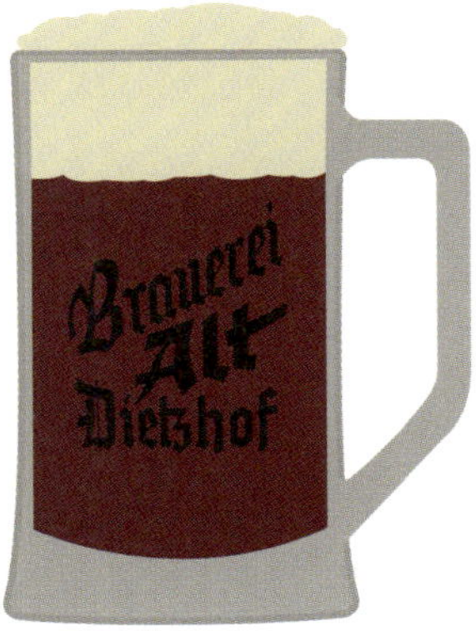

5,0 %
ALKOHOL-GEHALT

KLASSISCHES FRÄNKISCHES LAGER

KASTANIENBRAUN, GRAUWEIßER SCHAUM

MALZIG, MIT EINEM HAUCH LAKRITZ

RÖSTMALZIG, LEICHTES LAKRITZ-AROMA, HOPFIG, TROCKEN-BITTER IM ABGANG

BITTERE

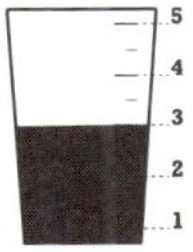

SÜßE

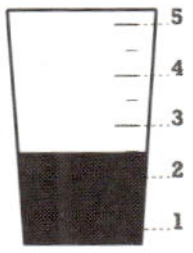

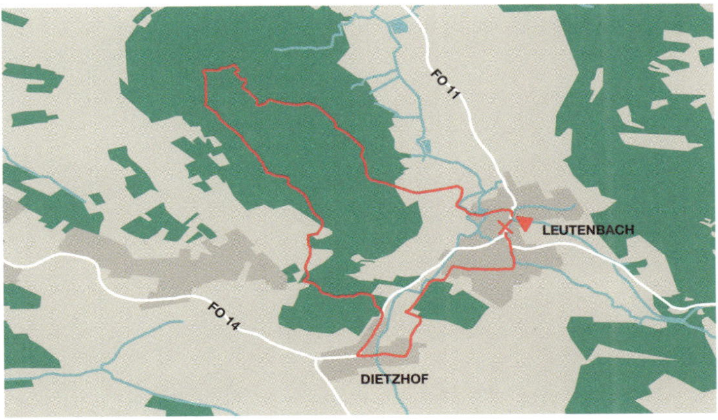

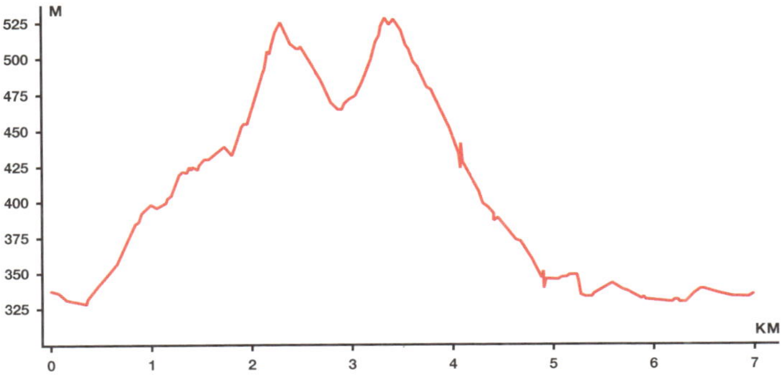

WEGBESCHREIBUNG

Die Ehrenbürg ist ein eindrucksvolles Hochplateau in der Fränkischen Schweiz, dessen Geschichte bis ins Jahr 4000 v. Chr. zurückreicht. Ausgrabungen förderten unter anderem die Überreste uralter heidnischer Kultgegenstände und Opfergaben zutage. Heute ist das Naturschutzgebiet Ehrenbürg ein Paradies für Freizeitaktivitäten aller Art und insbesondere bei Wanderern und Radfahrern beliebt. Wanderwege durchqueren das Hochplateau zwischen Walberla und Rodenstein, den beiden Gipfeln. Beim sogenannten Walberla-Fest, wahrscheinlich das älteste Frühlingsfest Deutschlands, dessen Wurzeln sich bis ins 9. Jahrhundert zurückverfolgen lassen, wird der Heiligen Walburga gedacht, nach der auch die aus dem 17. Jahrhundert stammende Walburgiskapelle benannt wurde. Doch all das soll uns nicht von der eigentlichen Aufgabe abhalten, auf Bierwanderschaft zu gehen!

Nach Leutenbach (Oberfranken) fahren werktags und samstags einige wenige Busse von Forchheim und von Gräfenberg (Oberfranken) aus. Sonntags fahren die Busse nur nach Bedarf, das heißt nach vorheriger Anmeldung (AST-Verkehr, Anruf-Sammel-Taxi). Die Fahrt ab Forchheim dauert etwa 15 Minuten. Forchheim liegt auf der Zugstrecke zwischen Nürnberg und Bamberg.

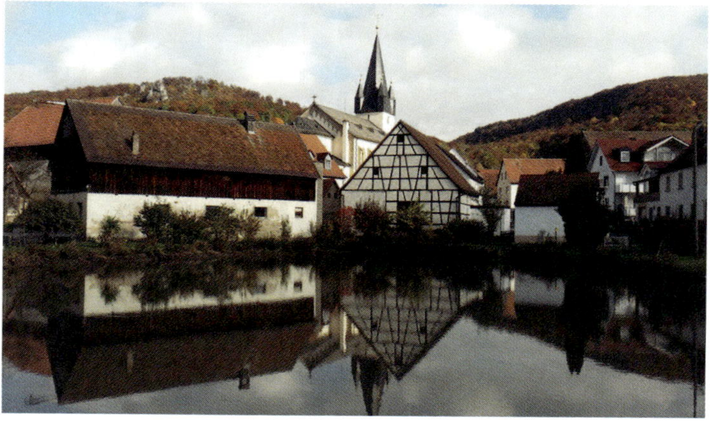

Wenn Sie den Brauerei-Gasthof Drummer verlassen, gehen Sie rechts die Dorfstraße entlang und biegen dann links ab auf die Ehrenbürgstraße. Wenn Sie die Ehrenbürgstraße entlanglaufen, sehen Sie nach ein paar Metern auf der rechten Seite die Kirche St. Jakobus der Ältere mit ihrem ungewöhnlichen Turm. Sie folgen dem Straßenverlauf und kommen rechter Hand an einem Teich vorbei. Von hier aus haben Sie einen schönen Blick auf die Kirche, die sich häufig im Wasser des Teichs spiegelt. Wenn sich die Straße nach dem Teich gabelt, biegen Sie rechts ab auf die Immergrundstraße. Hier sehen Sie die ersten Wanderschilder. Die Markierung für den Rundweg Walberla ist eine Darstellung der beiden Gipfel in einem weißen Ring vor rotem Hintergrund. Das andere Wanderschild, mit rot-weißem Dreieckssymbol, gilt für den IFS-Weg, einen Fernwanderweg Richtung Kirchehrenbach. Auf diesem ersten Abschnitt unserer Wanderung gelten beide Markierungen. Der Weg ist sehr gut beschildert und anfangs asphaltiert. Je mehr Sie an Höhe gewinnen, desto schöner sind die Ausblicke auf das Tal und einige Felsen der Ehrenbürg. Der Weg steigt weiter an und führt in den Wald. Kurz nach der 1-km-Marke gelangen Sie an eine Schranke. Links davon geht ein Pfad ab, aber Sie passieren die Schranke und bleiben auf der ungeteerten, breiteren Straße. Eine Zeitlang begleiten beide Markierungen Ihren Weg, aber dort, wo sich die beiden Wanderrouten trennen, biegen Sie nach links ab. Der andere Weg führt zwar auch zum Gipfel, aber erst nach einer Umrundung des Bergs. Unser Weg führt direkt nach oben, vorbei an einigen eindrucksvollen Felsformationen. Auf dem ersten Gipfel des Hochplateaus angekommen, gibt es ein paar Aussichtspunkte, bevor der Weg nach links zur Walburgiskapelle führt. Kurz nach der Kapelle gelangen Sie an eine Abzweigung mit Wanderschildern, die in jede erdenkliche Richtung zu weisen scheinen. Sie folgen dem Wegweiser Richtung Rodenstein, der nur einen halben Kilometer entfernt ist. Die nicht zu verfehlende Route zum anderen Gipfel führt anfangs bergab. Sie sehen das Kreuz auf dem Rodenstein vor sich in die Höhe ragen und in Anbetracht seiner Lage kommt es nicht überraschend, dass der Weg irgendwann wieder ansteigt. Das Gefälle ist beachtlich; die seitlichen Absperrungen entlang des Wegs dienen übrigens weniger Ihrem Schutz, sondern sollen vielmehr die Umgebung vor Erosion bewahren. Während des Walberla-Festes sind Tausende von Menschen hier oben. Auf dem Gipfel steht neben dem Kreuz eine einladende Bank. Von hier oben können Sie die herrliche Aussicht auf das Tal und den Tafelberg genießen, während Sie sich ausruhen. Danach gehen Sie auf dem Weg weiter, der auf der anderen Seite wieder bergab führt. Sie folgen den Schildern nach Dietzhof, Ihrem nächsten Etappenziel, und befinden sich damit auf dem Jubiläumsweg 1914. Sie gelangen an eine Abzweigung, wo Sie wieder auf dem Walberla-Rundweg weiterlaufen könnten, aber Sie gehen in die andere Richtung, den Schildern nach Dietzhof folgend. Während Sie bergab laufen, sehen Sie die schöne Kirche von Schlaifhausen. Wenn Sie auf eine Straße mit einem kleinen Parkplatz stoßen, überqueren Sie die Straße und halten auf der anderen Seite nach dem Wanderweg Ausschau, der Sie ins 1 km entfernte Dietzhof bringt. Die Strecke ist mit einem horizontalen roten Balken und einem gelben senkrechten Balken markiert, beide auf weißem Grund. Der unbefestigte Weg führt vom Parkplatz aus bergab auf ein schönes Wäldchen zu. Sie folgen dem Weg, bis die beiden Routen in verschiedene Richtungen führen. Hier nehmen Sie den linken Weg, der mit einem roten Balken markiert ist und mit einem K für Kulturwanderweg. Der Weg führt bergab. Sie stoßen auf eine breite Straße, auf die Sie nach rechts abbiegen und deren Verlauf Sie bis in die Stadt hinein folgen. Bei der ersten Kreuzung biegen Sie links ab auf Dietzhof. Die Brauerei und Gastwirtschaft Alt befindet sich ein Stück weiter vorne auf der rechten Seite.

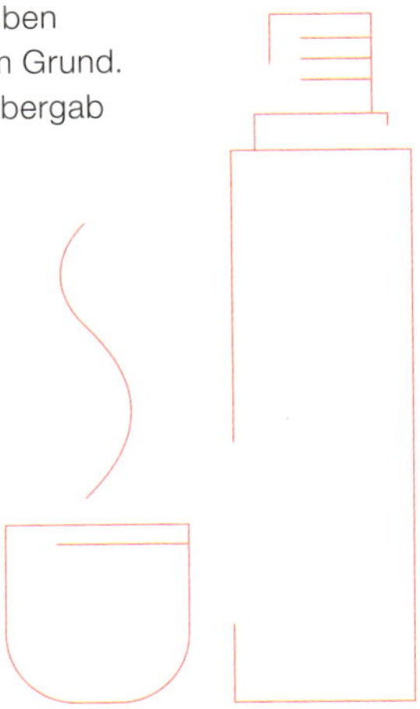

BRAUEREI & GASTWIRTSCHAFT ALT

Die Brauerei und Gastwirtschaft Alt, in einem schönen alten Fachwerkhaus beheimatet, wurde zwar 1886 gegründet, aber die Geschichte des Orts und wahrscheinlich auch des Brauhandwerks reicht noch viel weiter zurück. In der Scheune im hinteren Teil des Anwesens finden sich zwei Keller mit Tonnengewölbe, die noch aus der Zeit des alten Wasserschlosses stammen, das 1517 erstmals urkundlich erwähnt wurde. Und wo Adlige residierten, war für gewöhnlich die Braukunst nicht weit. Auf jeden Fall wird die Brauerei heute in der fünften Generation als Familienbetrieb geführt. Bei Familie Alt wird Tradition großgeschrieben und die Rücksicht auf gewachsene Strukturen ist bei allen Erweiterungen und Modernisierungen oberstes Gebot. Die Gaststube mit der niedrigen Holzdecke und dem obligatorischen grünen Kachelofen ist urgemütlich. Ihr Schäuferla ist legendär, und die Leute kommen aus nah und fern zur traditionellen Brotzeit. Die Studenten aus dem nahen Erlangen kamen an den Wochenenden schon immer gerne hierher, und dass sie auch das Walberla-Fest gerne besuchen, ist seit dem 18. Jahrhundert belegt. Es gibt auch einen kleinen Biergarten, aber ich finde, ihr köstliches dunkles Bier schmeckt in der urigen Gaststube am besten.

Bier vom Fass: Alt Vollbier dunkel, Alt Vollbier hell.

Leider bietet die Familie Dietz keine Fremdenzimmer an und soweit ich weiß, gibt es im gesamten Dorf keine Übernachtungsmöglichkeiten. Deswegen müssen Sie nach dem Besuch der Brauerei und Gastwirtschaft Alt wohl oder übel wieder zurück nach Leutenbach.

Wenn Sie die Gastwirtschaft verlassen, gehen Sie nach rechts auf der Straße weiter, auf der Sie hergekommen sind (sie heißt Dietzhof, wie der Ort). Bei der ersten Kreuzung biegen Sie links ab auf die Fahrradroute ins 1,7 km entfernte Leutenbach. Sie folgen der Straße durch das Dorf, bis Sie an eine T-Kreuzung kommen. Hier gehen Sie nach links und biegen kurz darauf rechts ab. Dieser Weg verläuft parallel zur Landstraße (links) durch Wiesen und Felder. Sie folgen dem Weg nach rechts, biegen gleich darauf links ab und befinden sich auf einer ruhigen Straße namens Am Langen Bach, am Ortsrand von Leutenbach. An der ersten Kreuzung biegen Sie rechts ab auf Rosenau und folgen der Straße, bis Sie auf die Mittelehrenbacher Straße stoßen und links abbiegen. Sie folgen dem Straßenverlauf, überqueren eine Kreuzung und gehen geradeaus weiter auf Am Pfarrgarten. Sie folgen der Straße und gehen an der nächsten Kreuzung geradeaus weiter auf der St.-Moritz-Straße. Am Ende dieser kurzen Straße biegen Sie rechts ab auf die Dorfstraße. Der Brauerei-Gasthof Drummer befindet sich weiter vorne auf der rechten Seite.

PRAKTISCHE INFORMATIONEN

Brauerei & Gastwirtschaft Alt
Dietzhof 42
91359 Leutenbach (Dietzhof)
09199 / 267
www.brauerei-alt.de

Öffnungszeiten:
Mittwoch bis Freitag 17–23 Uhr
Samstag 16–23.30 Uhr
Sonntag 11.30–23.30 Uhr
Montag und Dienstag Ruhetag

Brauerei-Gasthof Drummer
Dorfstraße 10
91359 Leutenbach
09199 / 403
www.brauerei-gasthof-drummer.de

Öffnungszeiten:
Dienstag, Mittwoch, Freitag 11–14.30 Uhr und 17–22 Uhr
Donnerstag 11–14.30 Uhr
Samstag 11–22Uhr
Sonn- und Feiertag 11–15.30 Uhr

Zimmer können telefonisch reserviert werden.

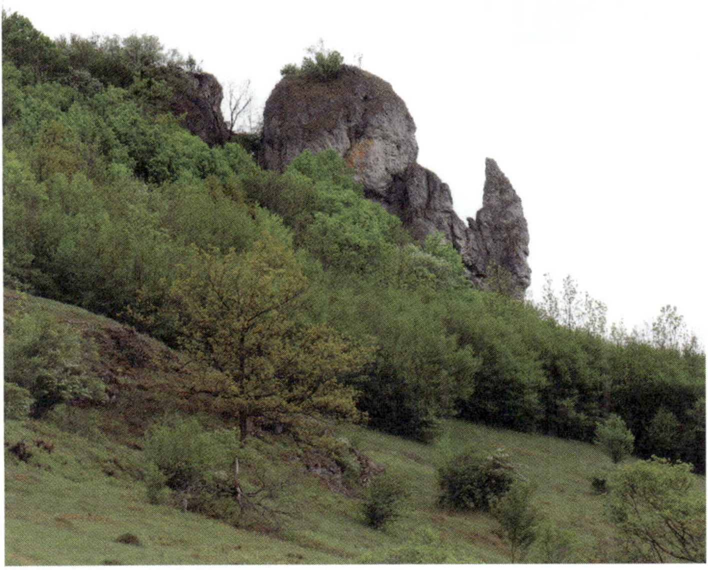

LEUTENBACH (HETZELSDORF)

VON LEUTENBACH ÜBER DEN REISBERG NACH HETZELSDORF UND ZURÜCK

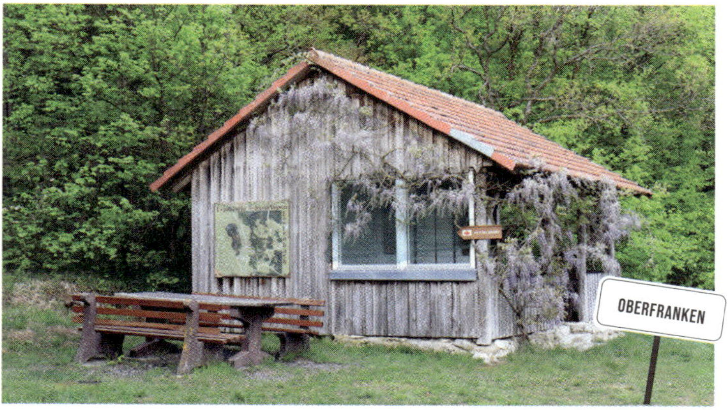

START	ZIEL
BRAUEREI-GASTHOF DRUMMER, LEUTENBACH	BRAUEREI-GASTHOF DRUMMER, LEUTENBACH
BIER	SCHWIERIGKEITSGRAD
HETZELSDORFER FRÄNKISCHES VOLLBIER	MITTELSCHWERE WANDERUNG
KARTE	LÄNGE/GEHZEIT
ATK25-E10 EBERMANNSTADT	9,5 KM 2,5–3 STUNDEN
SEHENSWÜRDIGKEITEN	HÖHENMETER
ST.-MATTHÄUS-KIRCHE IN HETZELSDORF, REISBERG, KIRCHE ST. JAKOBUS DER ÄLTERE IN LEUTENBACH, IDYLLISCHE HÜGELLANDSCHAFT	AUFSTIEG: 315 M ABSTIEG: 330 M

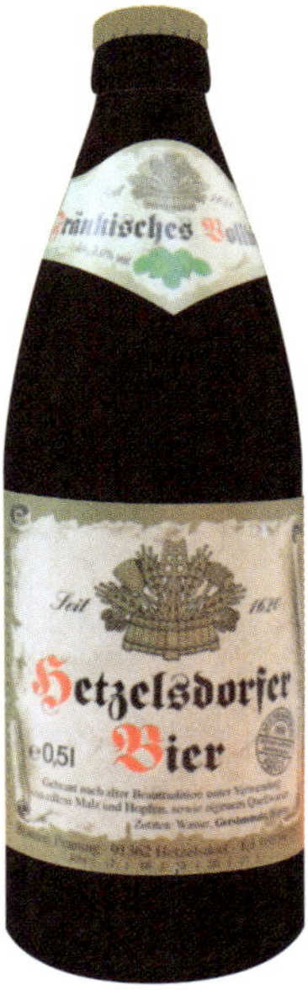

5,0 %
ALKOHOL-
GEHALT

KLASSISCHES FRÄNKISCHES LAGER

BERNSTEINFARBEN; HOHE, STABILE SCHAUMKRONE

BLUMIG-HOPFIG, SCHWACH SCHOKOLADIG

TROCKEN, FRUCHTIG, HOPFENNOTEN, BITTER-SÜß IM ABGANG

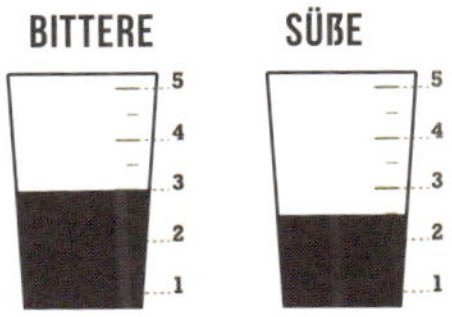

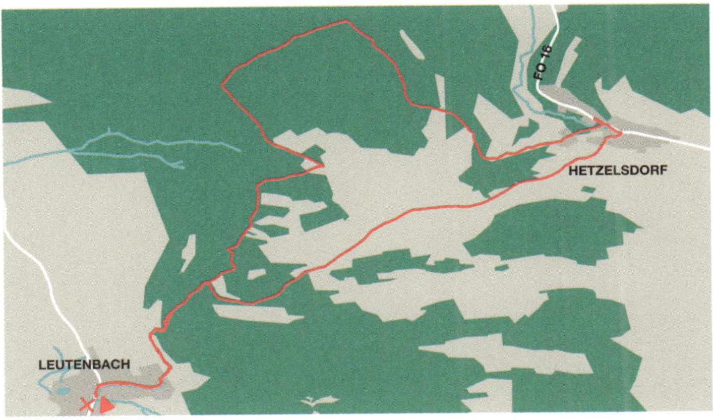

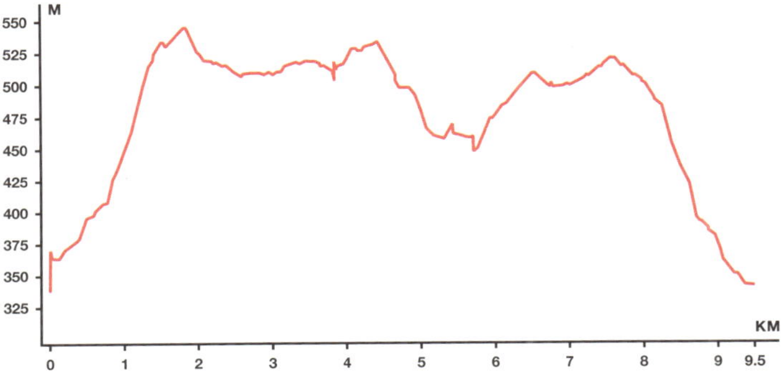

WEGBESCHREIBUNG

Das kleine Pfarrdorf Hetzelsdorf ist zwar wirklich hübsch und die dortige St.-Matthäus-Kirche einen Besuch wert, aber man würde nicht vermuten, dass es viele Touristen hierher verschlägt. Genau das ist aber der Fall: Es sind vor allem Wanderer und Radfahrer, die die Schönheit der Umgebung erkunden und gerne in dem alten Brauerei-Gasthof Station machen, der das in der ganzen Region bekannte Bier ausschenkt. Da es in dem Dörfchen keinerlei Übernachtungsmöglichkeiten gibt, führt die hier beschriebene Rundwanderung vom nahen Leutenbach über den Reisberg und durch die schöne Landschaft, für die die Fränkische Schweiz berühmt ist.

Nach Leutenbach (Oberfranken) fahren von Forchheim und von Gräfenberg (Oberfranken) aus werktags und samstags einige wenige Busse. Sonntags fahren die Busse nur nach Bedarf, das heißt nach vorheriger Anmeldung (AST-Verkehr, Anruf-Sammel-Taxi). Die Fahrt ab Forchheim dauert etwa 15 Minuten. Forchheim liegt auf der Zugstrecke zwischen Nürnberg und Bamberg.

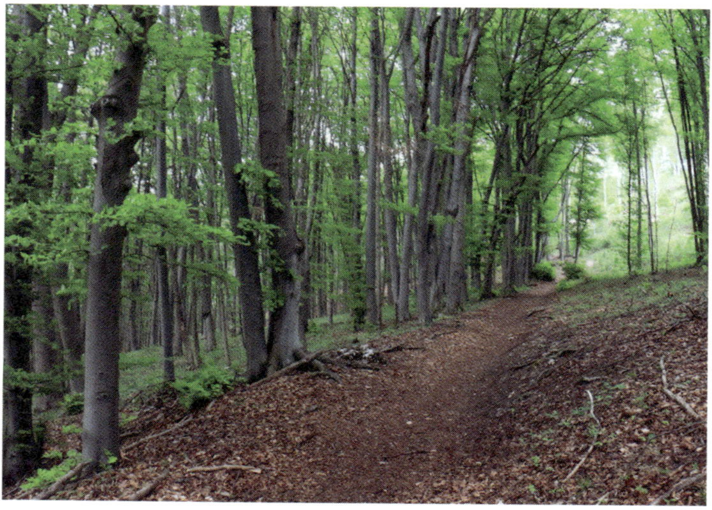

Wenn Sie den Brauerei-Gasthof Drummer verlassen, gehen Sie nach rechts die Dorfstraße entlang. Bei der ersten Kreuzung sehen Sie linker Hand die Kirche St. Jakobus der Ältere und biegen rechts ab auf Am Köppel. Unterhalb des Straßenschilds sind ein paar Wandermarkierungen angebracht. Auf dem ersten Abschnitt unserer Route folgen Sie dem gelben Punkt und der roten Raute. Sie bleiben auf der Straße, die eine Linkskurve macht, und halten dann nach einem unbefestigten Weg Ausschau, der rechts von der Straße abzweigt und entsprechend markiert ist: Die rote Raute gibt an, dass Hetzelsdorf 3,6 km entfernt ist, der gelbe Punkt gibt die Entfernung zum Reisberg mit 5,3 km an. Das erste Zwischenziel ist der Reisberg. Sie folgen dem Weg und biegen dann, der Markierung folgend, nach links ab. Für ein kurzes Stück sind auch Wegmarkierungen mit roten

Kreisen zu sehen. Dieser Abschnitt ist flach. Sie wandern an Kirschbäumen vorbei und sehen links durch die Bäume das Walberla. Der Weg stößt auf eine breitere Straße, auf die Sie rechts abbiegen. Kurz darauf kommen Sie an eine Abzweigung, wo Sie die Roter-Kreis-Route verlassen und rechts abbiegen, um weiterhin dem gelben Punkt und der roten Raute zu folgen, die den Weg nach Reisberg bzw. Hetzelsdorf markieren. Nun geht es bergauf durch den Wald und Sie kommen an hohen, moosbewachsenen Felsformationen vorbei, weniger als einen Kilometer von Leutenbach entfernt.

Wenn Sie an eine Abzweigung mit einer Bank kommen, verlassen Sie die rote Raute und orientieren sich am gelben Punkt Richtung Reisberg. Dieser Abschnitt führt weitgehend durch den Wald, aber ab und zu geben die Bäume den Blick frei auf das Tal und das Walberla. Bei einer T-Kreuzung biegen Sie, der Markierung folgend, nach links ab. Eine Abzweigung, die mit einem roten Kreis markiert ist, ignorieren Sie und bleiben auf dem Weg mit dem gelben Punkt Richtung Reisberg. Diese Route vereinigt sich später, wenn Sie den Reisberg umrunden, mit dem roten Kreis. Sie durchqueren einen schönen, verwitterten Fichtenwald. Bei der nächsten Abzweigung biegen Sie rechts ab, dem gelben Punkt und dem roten Punkt folgend. Wenig später geht an einer weiteren Abzweigung der Weg nach Pretzfeld ab (rotes X), aber Sie folgen dem roten Punkt Richtung Hetzelsdorf. Der Weg führt bergab durch den Wald, und wenn Sie auf eine Asphaltstraße stoßen, die gerade eine Kurve macht, biegen Sie links ab auf diese Straße, die ins Dorf führt. Zu Ihrer Rechten bietet die St.-Matthäus-Kirche ein schönes Fotomotiv. Bei der nächsten T-Kreuzung gehen Sie nach links. Der Brauereigasthof Penning-Zeissler befindet sich auf der rechten Seite.

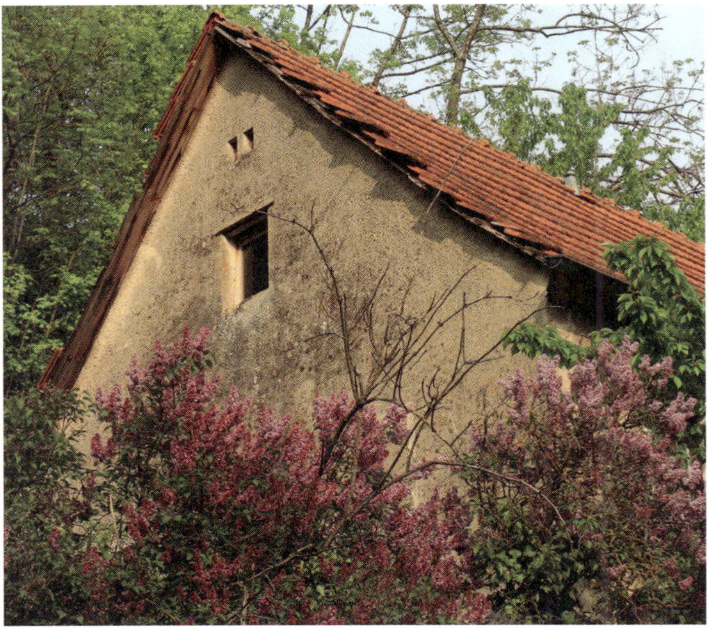

BRAUEREIGASTHOF PENNING-ZEISSLER

Der Brauereigasthof Penning-Zeissler ist leicht zu übersehen, wenn man nicht gezielt nach ihm sucht. Die Bäume vor dem Haus bescheren dem kleinen, aber feinen Biergarten großzügig Schatten. Wenn der Gasthof geschlossen ist, stehen ein paar Bierkästen an der Seite und ein Flaschenöffner liegt parat – im Vertrauen, dass die Kunden das Geld für das Bier in die aufgestellte Kasse werfen. In Franken auf dem Land funktioniert so etwas noch und die Wanderer und Fahrradfahrer, die außerhalb der Öffnungszeiten vorbeikommen, wissen das zu schätzen. Bei schönem Wetter ist dieses Bier einfach der beste Durstlöscher, den man sich nach einer Wanderung nur wünschen kann. Im Biergarten gilt Selbstbedienung, Sie müssen also hinein in die zeitlose alte Gaststube, die häufig proppenvoll ist mit Leuten, die extra wegen des ungemein süffigen bernsteinfarbenen Biers hierherkommen. Sonntags gibt es traditionell Sonntagsbraten, aber unter der Woche beschränkt sich das Angebot auf kleine warme und kalte Speisen. Ihre Vesperplatte ist köstlich und die Bratwurst allseits beliebt.

Bier vom Fass: Hetzelsdorfer Fränkisches Vollbier, Hetzelsdorfer Pils, außerdem je nach Jahreszeit Maibock und Festbier.

Jedes Mal, wenn ich herkomme, bedaure ich, dass es hier (und im ganzen Dorf) keine Übernachtungsmöglichkeit gibt. Sie müssen also, nachdem Sie sich im Gasthof gestärkt haben, wieder zurück nach Leutenbach. Dazu gehen Sie, wenn Sie den Gasthof verlassen, nach links und laufen an der Straße, auf der Sie den Ort betreten haben, vorbei bis zur nächsten Abzweigung. Hier biegen Sie nach links ab auf den Weg mit der roten Raute Richtung Leutenbach und Kirchehrenbach. Bei der ersten Gabelung biegen Sie, der roten Raute folgend, nach links ab. Bei der folgenden Gabelung, kurz vor der 6-km-Marke, halten Sie sich rechts Richtung Leutenbach. Sie kommen an ein paar anderen Wanderwegen vorbei, die seitlich abzweigen, bleiben aber auf dem Rote-Raute-Weg. Sie kreuzen den Rotes-X-Weg, gehen aber weiterhin geradeaus, der roten Raute folgend. Sie kommen durch Felder und Obstplantagen und nehmen bei der nächsten Gabelung den linken Weg. Vor dem nächsten Waldstück kommen Sie an einem umzäunten Haus vorbei und einem Schild Richtung Leutenbach. Wenn Sie wieder aus dem Wald herauskommen, gelangen Sie an eine weitere Abzweigung mit einer Schutzhütte auf der linken Seite, die, als wir das letzte Mal vorbeigewandert sind, mit Glyzinien bewachsen war. Eine Picknickbank ist ebenfalls vorhanden. Hier biegt der Hauptweg nach rechts ab und eine rote Raute weist den Weg nach Leutenbach und Kirchehrenbach. Sie folgen diesem breiten Weg bis zur nächsten Abzweigung mit der Bank, wo unser Rundweg begann, Sie sollten Sie also wiedererkennen. Dieses Mal biegen Sie nach links ab, dem gelben Punkt

Richtung Leutenbach folgend. Auf diesem Weg sind Sie von der Stadt gekommen. Zu Ihrer Linken sehen Sie irgendwann ein paar Felsformationen mit einem Kreuz darauf. Sie folgen dem mit dem gelben Punkt markierten Weg zurück in den Ort. Sobald Sie auf die Dorfstraße stoßen, biegen Sie links ab und finden den Brauerei-Gasthof Drummer auf der linken Seite.

PRAKTISCHE INFORMATIONEN

Brauereigasthof Penning-Zeissler
Hetzelsdorf 9
91362 Pretzfeld (Hetzelsdorf)
09194 / 252

Öffnungszeiten:
Mittwoch bis Freitag ab 16 Uhr
Samstag, Sonntag und an Feiertagen ab 11 Uhr

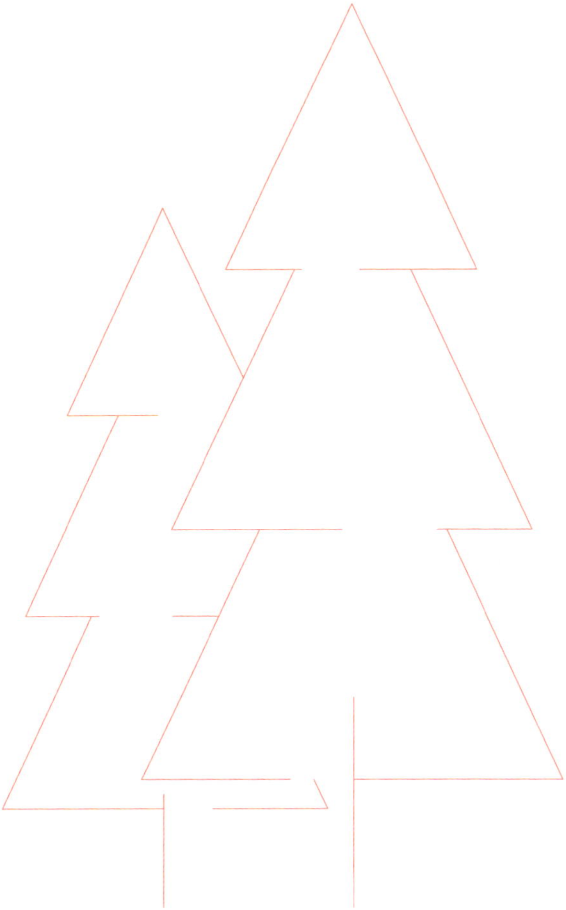

BÜCHENBACH

UNTERER TEIL DES BIERQUELLENWANDERWEGS

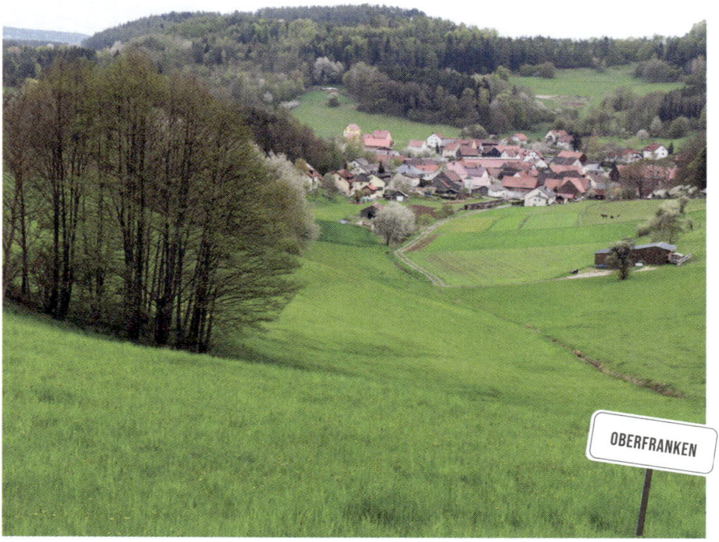

START	ZIEL
BRAUEREI-GASTHOF HEROLD, BÜCHENBACH (B. PEGNITZ)	BRAUEREI-GASTHOF HEROLD, BÜCHENBACH (B. PEGNITZ)
BIER	SCHWIERIGKEITSGRAD
BÜCHENBACHER BECK'N BIER	MITTELSCHWERE WANDERUNG
KARTE	LÄNGE/GEHZEIT
ATK25-E11 PEGNITZ	10,5 KM 2,5–3 STUNDEN
SEHENSWÜRDIGKEITEN	HÖHENMETER
ST. VITUS KIRCHE, LEUPSER KAPELLE, SCHÖNE LÄNDLICHE UMGEBUNG, HÜGELLANDSCHAFT	AUFSTIEG: 290 M ABSTIEG: 285 M

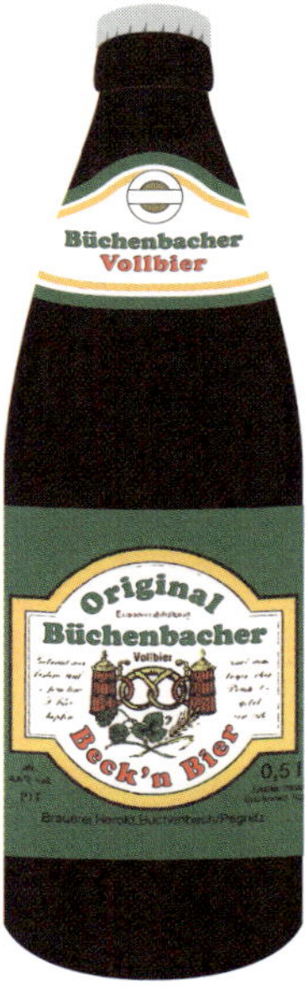

4,6 % ALKOHOLGEHALT

DUNKLES, MIT HALLERTAUER AROMAHOPFEN GEBRAUT

INTENSIV BERNSTEINFARBEN; GRAUWEIßER, STABILER SCHAUM

LEICHT SCHOKOLADIG, GETREIDIG, HALLERTAUER-TYPISCH HOPFIG

MALZIG, HOPFENNOTEN, EINE SPUR SCHOKOLADE; LANGER, TROCKENER, BITTER-SÜßER ABGANG

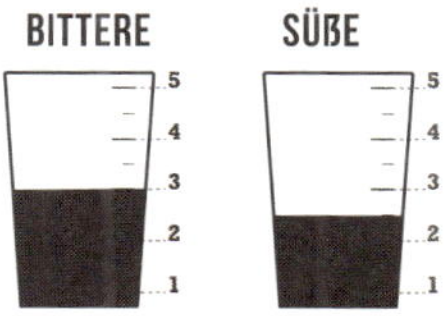

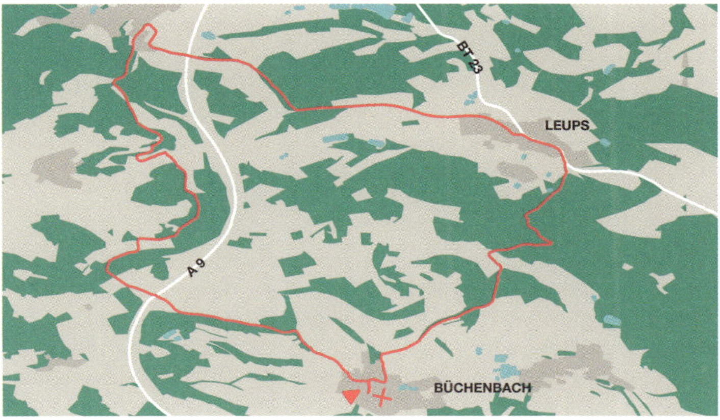

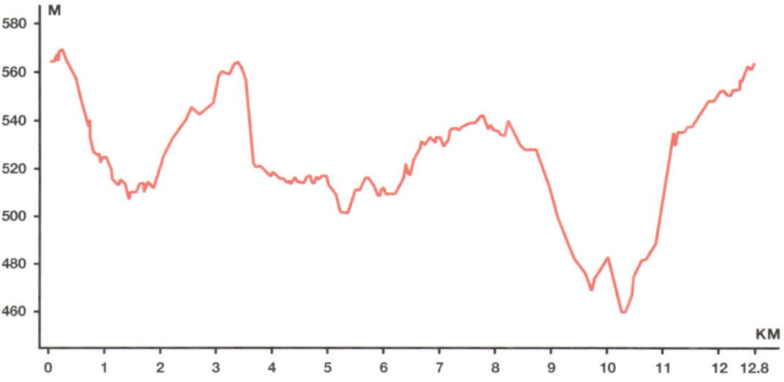

WEGBESCHREIBUNG

Der Bierquellenwanderweg ist einer der ältesten Bierwanderwege Bayerns und einer der längsten. Er führt an vier Brauereien vorbei, darunter echten, althergebrachten fränkischen Klassikern. Zwar wäre der Bierquellenwanderweg an einem Tag gut zu schaffen, aber dann bliebe wenig Zeit, sich den einzelnen Brauereien gebührend zu widmen. Zum Glück gibt es die »Bierquellen-Abkürzung«, die den großen Rundweg halbiert. Wenn Sie vorhaben, in Trockau (dem Ort mit der hierfür praktischsten Lage) zu übernachten, können Sie die beiden Teilstrecken an zwei Tagen problemlos bewältigen. Die Nähe zur Autobahn ist zwar ein kleiner Wermutstropfen, aber die Schönheit der Landschaft entschädigt für alles, sobald man weg von der Straße ist. Der Weg führt durch urige fränkische Dörfer, und die Brauereigaststätten werden, wenn Sie nicht gerade von Wochenendausflüglern überrannt werden, fast ausschließlich von Einheimischen besucht. Das Betreten so einer Gaststube fühlt sich immer wie eine kleine Zeitreise in die Vergangenheit an – wer weiß, wie lange es sie noch geben wird! Wenn Ihre Zeit nur für den halben Rundwanderweg reicht, führt Sie die hier beschriebene, einfache 10-km-Wanderung zu meinen beiden Lieblingsbrauereien.

Natürlich kann die Wanderung an jedem der drei Orte entlang der Route begonnen werden, aber ich habe als Startpunkt den Brauerei-Gasthof Herold ausgewählt. Vielleicht können Sie ja sogar in dem schönen Gasthof übernachten und nach der Wanderung sein leckeres Bier in vollen Zügen genießen. Soweit ich weiß, gibt es in Leups keine Fremdenzimmer, und in Trockau gibt es zwar mehrere Übernachtungsmöglichkeiten, aber keine Brauerei.

Büchenbach (b. Pegnitz) erreicht man mit öffentlichen Verkehrsmitteln über den Bahnhof Pegnitz sowie mit dem Pegomobil, einem Anruf-Linien-Taxi (ALT), das die regulären Haltestellen nur nach vorheriger telefonischer Anmeldung anfährt. Nach Trockau oder Leups fahren reguläre Busse. Einfacher ist die Anreise mit dem Auto, vor allem, wenn Sie im Brauerei-Gasthof Herold übernachten.

Wenn Sie mit dem Rücken zum Brauerei-Gasthof Herold stehen, können Sie die Schilder des Bierquellenwanderwegs gar nicht übersehen: ein gelber Bierkrug in der für die Gegend typischen Form. Gehen Sie nach links, die Marktstraße entlang, bis Sie auf den Kosbrunner Weg stoßen. Hier trennen sich die Wege. Sie gehen Richtung Trockau und Weiglathal, etwa 5 bzw. 8 km entfernt. Sie biegen, dem gelben Bierkrug folgend, rechts ab. Schnell haben Sie das Dorf hinter sich gelassen und laufen durch einen kurzen baumgesäumten Abschnitt, bevor sich die Landschaft öffnet und Sie durch Felder laufen. Von hier haben Sie einen schönen Blick auf die St.-Vitus-Kirche zu Ihrer Rechten. Sie biegen nach links ab in den Wald und kommen dann wieder aufs offene Feld, alles vor der 1-km-Marke. Entlang einer umzäunten Fläche laufen Sie auf die Autobahn zu. Dieser Abschnitt ist sicher nicht der schönste, aber ehe Sie sich's versehen, sind Sie schon durch die Unterführung und können die Autobahn hinter sich lassen. Nach einem kurzen Stück auf der asphaltierten Straße kommen Sie an eine Weggabelung. Sie nehmen den mittleren der drei Wege und folgen dem Feldweg in den Wald. Wenn Sie wieder aus dem Wald herauskommen, sehen Sie Felder und Wiesen vor sich, biegen nach rechts ab und laufen am Waldsaum entlang. Hier weisen zahlreiche Schilder den Weg, denn diese Wanderwege existierten bereits vor der Eröffnung des Bierquellenwanderwegs. Kurz nach der 2-km-Marke durchqueren Sie eine offene Fläche und gelangen an eine T-Kreuzung mit einer Straße. Ein Schild weist darauf hin, dass beide Wege nach Trockau führen. Der linke ist zwar ein bisschen kürzer, aber Sie gehen rechts, um auf dem Bierquellenwanderweg zu bleiben. Im Zweifelsfalls folgen Sie einfach immer den gelben Bierkrügen. Nach einem weiteren Abschnitt durch den Wald treffen Sie auf eine größere Straße. Hier biegen Sie links ab und folgen dem kurvigen Straßenverlauf. Nach einer 180°-Kehre macht die Straße eine leichte Linkskurve und stößt dann auf eine andere Straße. An dieser T-Kreuzung biegen Sie rechts ab. Sie bleiben auf dieser Straße und erreichen schließlich den Ortsrand von Trockau. Die Straße wird zum Bodendorfer Weg, und wer den ganzen Bierquellenwanderweg an einem Tag machen will, muss an der Abzweigung nach links und durch Trockau hindurch.

Trockau ist ein nettes Örtchen mit mehreren Gaststätten, aber sonst gibt es nicht viel zu sehen. Das Schlösschen ist in Privatbesitz und kann nicht besichtigt werden. Deshalb gehen Sie an der erwähnten Abzweigung

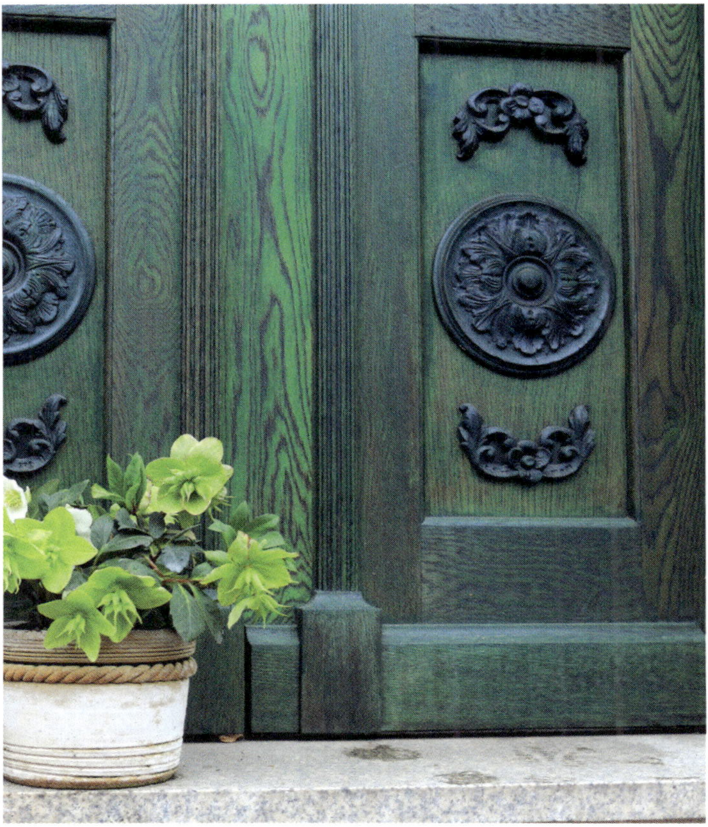

nach rechts (nicht nach links) und folgen den Schildern Richtung Leups. Dies ist die Bierquellenabkürzung, mit braunen Bierkrügen gekennzeichnet. Leups ist nur 2,6 km entfernt. Kurz nach der Abzweigung biegen Sie noch einmal rechts ab, danach gehen Sie, der Markierung folgend, nach links. Ungefähr bei Kilometer 5 sehen Sie wieder die Autobahn vor sich, die Sie aber unterqueren. Auf der anderen Seite kommen Sie an einem Sportplatz mit Sitzgelegenheiten und Kiosk vorbei. Dahinter führt der Weg in den Wald und stößt ungefähr bei der 6-km-Marke auf eine größere Straße. Hier biegen Sie links ab und bleiben auf der Straße, die nach Leups hineinführt. Das Dorf ist nur rund einen Kilometer entfernt. Wenn Sie auf die Hauptverkehrsstraße des Orts treffen, biegen Sie rechts ab. Nun befinden Sie sich wieder im Bereich der gelben Bierkrüge des Bierquellenwanderwegs. Die Brauerei Gradl befindet sich auf der linken Straßenseite, kurz nach der kleinen Leupser Kapelle. Niemand kann Ihnen einen Vorwurf machen, wenn Sie jetzt das köstliche dunkle Bier der Brauerei Gradl probieren. Es sind sowieso nur noch wenige Kilometer zu wandern.

Wenn Sie auf den Zwischenstopp verzichten, gehen Sie die Straße weiter bis zum Ortsende. Obwohl Leups ein ziemlich kleines Dörfchen ist, herrscht auf der Straße viel Verkehr, passen Sie also gut auf, wenn Sie sie überqueren. Zum Glück bleiben Sie nur ein kurzes Stück auf der Straße. Dort, wo diese eine Linkskurve macht, gehen Sie nach rechts. Gelbe Bierkrüge weisen Ihnen den Weg Richtung Wald. Wenn Sie aus dem Wald herauskommen, sehen Sie ein schönes Kruzifix und ein Schild, auf dem steht, dass Büchenbach 4 km entfernt ist. Natürlich geht es die halbe Strecke bergauf. Nachdem Sie diesen bewaldeten Abschnitt verlassen und den ersten Teil des Aufstiegs geschafft haben, gehen Sie nach links und laufen am Waldrand entlang, bevor der Weg wieder in den Wald hineinführt. Gelbe Bierkrüge zeigen jede Abzweigung zuverlässig an. Wenn Sie auf eine größere Straße stoßen, biegen Sie links ab und suchen auf der rechten Seite nach einem besonders großen gelben Bierkrug. Wahrscheinlich sind in der Vergangenheit viele Leute versehentlich weiter die Hauptstraße entlanggelaufen; jetzt ist die Markierung jedenfalls nicht zu übersehen. Sie biegen, den Schildern folgend, rechts ab und folgen einem schmaleren Pfad zurück in den Wald. Nun folgt der zweite Teil des Aufstiegs, aber dieses Mal nur über eine kurze Strecke. Der Weg macht eine Rechtskurve, sobald er den Wald verlassen hat, und auf diesem Feldweg gelangen Sie zurück nach Büchenbach. Sie haben von hier aus einen schönen Blick auf das Tal und bald taucht in nicht allzu großer Entfernung die St.-Vitus-Kirche auf. Ungefähr bei Kilometer 10 biegen Sie, dem Straßenverlauf folgend, nach links ab auf St.-Veit-Berg. Gleich nach dem Ortseingang können Sie die Kirche aus der Nähe betrachten, folgen aber dem Straßenverlauf nach rechts. Dort, wo St.-Veit-Berg auf die Marktstraße stößt, biegen Sie links ab und kehren zum Ausgangspunkt zurück, zum Brauerei-Gasthof Herold.

BRAUEREI-GASTHOF HEROLD

Der Brauerei-Gasthof Herold zählt zu jenen Orten, die das Bierland Franken ausmachen und Traditionsbrüchen standhaft widerstehen. Hier ist irgendwie alles wie früher. Die US-amerikanische Craft-Bier-Szene entstand aus einer überindustrialisierten Brauereiwelt heraus, in der Bier nur noch ein Produkt wie jedes andere war. Das konnte Leuten wie der Familie Well nicht passieren. Seit 400 Jahren pflegen sie die alte Brautradition, backen ihr eigenes Brot und stellen eigene Wurstwaren her. Die Gerichte sind einfach, genügen aber höchsten Qualitätsansprüchen. Ihre Bratkartoffeln sind ebenso legendär wie ihre Hausmacher Wurst. Die Einheimischen kommen in Scharen, vor allem, wenn es mittwochs und samstags zusätzlich zu den typisch fränkischen Brotzeiten ein warmes Mittagsgericht gibt. Bierkrüge mit Zinndeckel schmücken den urigen Thekenbereich und das Bier wird hier direkt aus dem Fass gezapft, in der Regel vom Braumeister persönlich. Jedes Bier ist perfekt eingeschenkt und man sieht ihm an, dass seine Arbeit ihn mit Stolz erfüllt.

Bier vom Fass: Büchenbacher Beck'n Bier. Saisonal: Maibock und Weihnachtsbock.

PRAKTISCHE INFORMATIONEN

Brauerei-Gasthof Herold
Marktstraße 29
91257 Pegnitz (Büchenbach)
09241 / 3311
www.beckn-bier.de

Öffnungszeiten:
Mittwoch bis Montag 9–22 Uhr
Dienstag Ruhetag

Zimmerreservierungen werden vorzugsweise telefonisch entgegengenommen. Nach meiner Erfahrung empfiehlt es sich, im Voraus zu reservieren, insbesondere wenn Sie an einem schönen Sommerwochenende dort übernachten wollen.

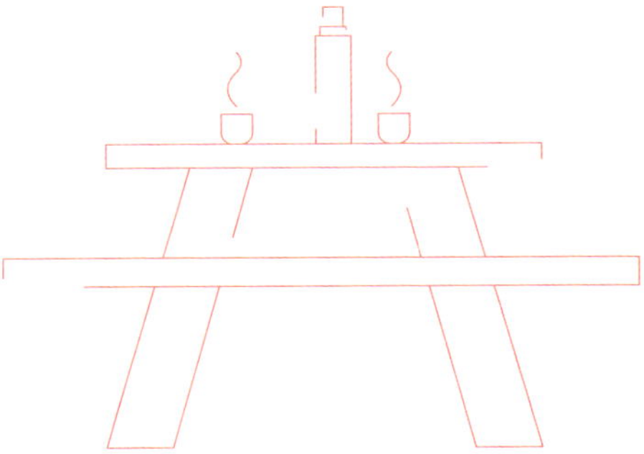

LINDENHARDT

OBERER TEIL DES BIERQUELLENWANDERWEGS

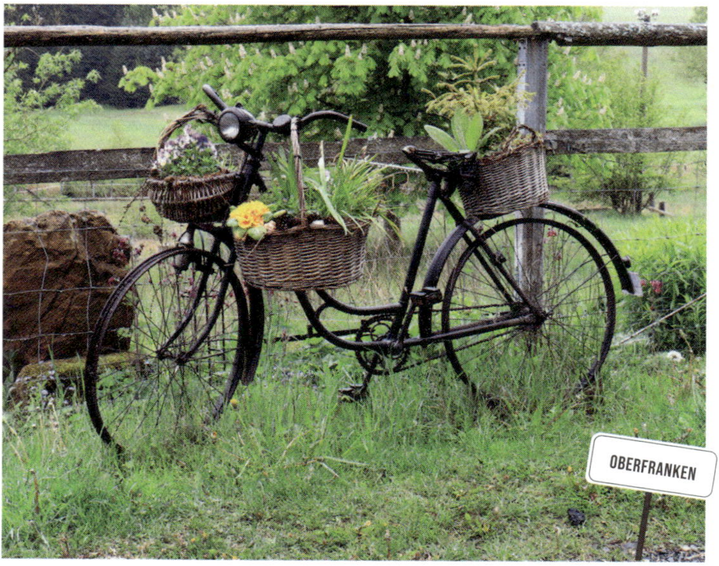

START	ZIEL
BRAUEREI & LANDGASTHOF KÜRZDÖRFER, LINDENHARDT	BRAUEREI & LANDGASTHOF KÜRZDÖRFER, LINDENHARDT
BIER	SCHWIERIGKEITSGRAD
LEUPSER DUNKEL	MITTELSCHWERE WANDERUNG
KARTE	LÄNGE/GEHZEIT
ATK25-E11 PEGNITZ	13 KM 3–4 STUNDEN
SEHENSWÜRDIGKEITEN	HÖHENMETER
ST.-MICHAELS-KIRCHE, LEUPSER KAPELLE, LÄNDLICHE GEGEND, BIERGARTEN ZUM FICHTA	AUFSTIEG: 260 M ABSTIEG: 260 M

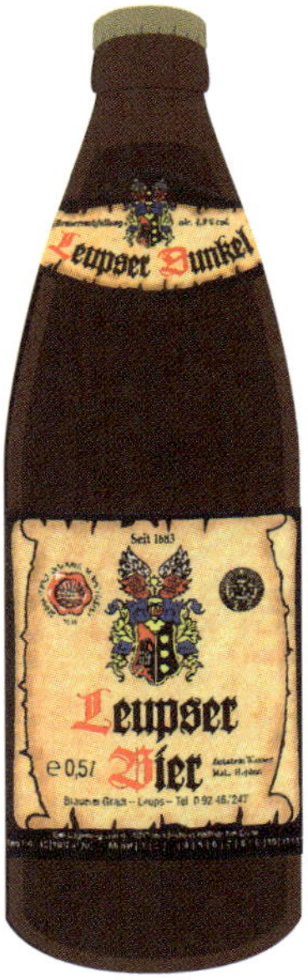

4,9 % ALKOHOL-GEHALT

DUNKLES, NACH EINEM ALTEN FAMILIENREZEPT GEBRAUT

SCHWACH FILTRIERT, DUNKEL-KASTANIEN-BRAUN; SEHR STABILER, HELLBRAUNER SCHAUM

MALZIG, SCHWACH SCHOKOLADIG

AUSGEPRÄGT HOPFIG, ETWAS DUNKLE SCHOKOLADE UND MALZ; LANGER TROCKEN-BITTERER ABGANG

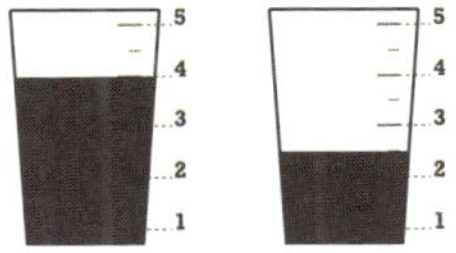

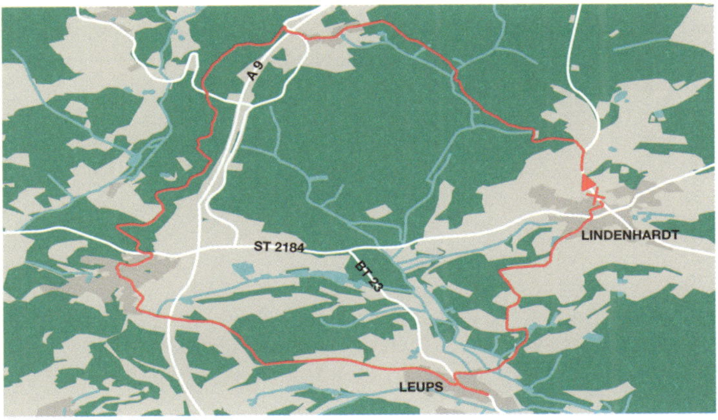

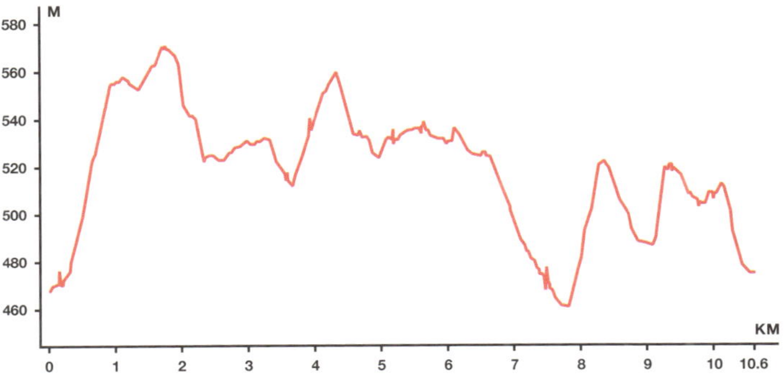

WEGBESCHREIBUNG

Zwar ist der Bierquellenwanderweg an einem Tag zu schaffen, aber da die auf der Strecke liegenden Brauereien eigentlich etwas mehr Zeit verdienen und es glücklicherweise eine »Abkürzung« gibt, können wir die Strecke einfach auf zwei Tage verteilen. Die erste Hälfte des Rundwegs ist vielleicht der malerischere Teil und beinhaltet drei der vier Brauereien. Praktischerweise bietet eine davon Fremdenzimmer an. Die hier beschriebene Wanderung beginnt und endet dort. Lindenhardt ist ein hübsches, kleines Dörfchen am Rand eines dichten Waldes. Hier entspringt die Rotmainquelle, einer der Quellflüsse des Mains.

Zwischen Lindenhardt und Pegnitz verkehren Anruf-Linien-Taxis (ALT), das heißt, der Bus fährt die im Fahrplan angegebenen Haltestellen an, aber Sie müssen den Fahrtwunsch mindestens eine Stunde vor Abfahrtszeit telefonisch anmelden (die Telefonnummer steht auf dem Fahrplan). Von Bayreuth aus nehmen Sie einen der wenigen Busse nach Lindenhardt oder fahren mit der Bahn zum Beispiel nach Pegnitz und nehmen von dort den Bus. Informationen zu Abfahrtszeiten der Busanbindung über das Pegomobil erhalten Sie in Pegnitz im Büro der Touristeninformation, Hauptstraße 39, oder auf der Website des VGN (Verkehrsverbund Großraum Nürnberg). Am bequemsten ist natürlich die Anreise mit dem Auto, insbesondere wenn Sie im Landgasthof Kürzdörfer übernachten.

Sie verlassen den Landgasthof und gehen auf der Brauhausgasse nach links. Sie kommen rechter Hand an einem kleinen Friedhof vorbei, überqueren eine Kreuzung und gehen geradeaus weiter. Auf diesem ersten Abschnitt der Wanderung, der über Asphaltstraßen führt, folgen Sie nicht nur der Route zur Rotmainquelle, sondern auch dem Jakobsweg. Damit ist bei der ersten Gabelung Schluss, wenn Sie auf dem linken der beiden Wege weitergehen, einer kleineren, nicht befestigten Straße, die mit einem gelben Bierkrug gekennzeichnet ist. Der Weg macht eine Linkskurve, und bald darauf biegen Sie, der Markierung folgend, rechts ab. Danach krümmt sich der Weg erneut nach links. Wenn Sie auf eine größere Schotterstraße stoßen, biegen Sie rechts ab. Auf dem breiten Pfad läuft es sich gut, die meiste Zeit geht es durch den Wald. Nach etwas mehr als einem Kilometer stoßen Sie wieder auf eine größere Straße und biegen links ab Richtung Weiglathal. In diesem winzigen Dorf befindet sich das großartige alte Gasthaus Zum Fichta, das seit 1870 existiert. Vor Ort wird zwar nicht mehr gebraut, aber die Gärung und Lagerung des hauseigenen, sehr leckeren Biers von der Vertragsbrauerei Übelhack findet im Weiglathaler Keller statt. Der 2013 umgebaute Biergarten ist einer der schönsten entlang des Bierquellenwanderwegs.

Nach dem Besuch von »Zum Fichta« überqueren Sie den Parkplatz und laufen Richtung Unterführung. Seien Sie vorsichtig beim Überqueren der viel befahrenen Straße. Sie gehen durch die Unterführung und halten dann linker Hand nach Schildern Ausschau. Der Markierung folgend, biegen Sie links ab und laufen die Schotterstraße ein Stück parallel zur Autobahn entlang, bevor Sie, der Beschilderung entsprechend, rechts abbiegen. Auf dem nun folgenden Abschnitt durch den Wald entspricht Ihre Route kurzzeitig der des Fränkischen Gebirgswegs. Bei der Gabelung halten Sie sich links und lassen den Fernwanderweg hinter sich. Die Schilder mit grünen Nummern, denen Sie hier begegnen, sind Wegmarkierungen von kürzeren Rundwegen durch verschiedene Dörfer. Sie kommen an eine Teerstraße, überqueren diese und gehen auf der anderen Seite geradeaus weiter. Dieser Abschnitt ist größtenteils bewaldet, aber der Weg verläuft am Feldrand. Alle Abzweigungen sind gut markiert mit dem gelben Krug und den Schildern Richtung Trockau, unserer nächsten Zwischenetappe. Wenn der Weg auf eine Teerstraße stößt, biegen Sie links ab und bleiben kurz auf diesem Weg. Sobald Sie auf der anderen Straßenseite rechter Hand einen schmalen Pfad abgehen sehen, der das Krug-Symbol trägt, können Sie die Straße verlassen und auf diesem viel schöneren Pfad Richtung Stadt weitergehen. Bald gelangen Sie zu Am Anger und folgen dem Verlauf der sich nach rechts und links windenden Straße, die schließlich in den Marktplatz übergeht. Jetzt befinden Sie sich in der Ortsmitte von Trockau. Das kleine Schloss, das es hier gibt, ist in Privatbesitz und kann nicht besichtigt werden. Zum Einkehren gibt es ein paar Gasthöfe, und auch der Metzger serviert kleine Gerichte. Sie laufen weiter den Marktplatz entlang und gehen bei der Gabelung links weiter auf dem Bodendorfer Weg. Ein paar Gelber-Krug-Schilder weisen den Weg nach Büchenbach. Das wäre Ihr Ziel, wenn Sie den kompletten Rundweg wandern wollten, aber Sie verlassen hier den Bodendorfer Weg (und damit den regulären Bierquellenwanderweg) und gehen geradeaus auf dem Hohenweg weiter. Diese Route ist mit braunen Bierkrügen gekennzeichnet, die oben erwähnte »Abkürzung« des Bierquellenwanderwegs. Nun geht es wieder über asphaltierte Straßen. Die Route macht eine Rechtskurve, danach geht es nach links, alles gut mit braunen Bierkrügen markiert. Sie nähern sich einer hohen Straßenüberführung und wenn Sie unten hindurchschauen, sehen Sie in der Ferne die Kirche in Lindenhardt. Zunächst geht es jedoch nach Leups. Auf der anderen Seite der Überführung gehen Sie geradeaus weiter und kommen an einem Sportplatz samt Sitzgelegenheiten und Kiosk vorbei. Dahinter führt der Weg in den Wald und durch einen schönen grünen Abschnitt. Dort, wo der Schotterweg auf eine breitere Asphaltstraße trifft, biegen Sie links ab und folgen der Straße nach Leups. Wenn Sie auf die Hauptdurchfahrtsstraße stoßen, biegen Sie rechts ab. Sie folgen dem Straßenverlauf, passieren linker Hand die Leupser Kapelle und gelangen wenig später, ebenfalls auf der linken Seite, zum Brauerei-Gasthof Gradl.

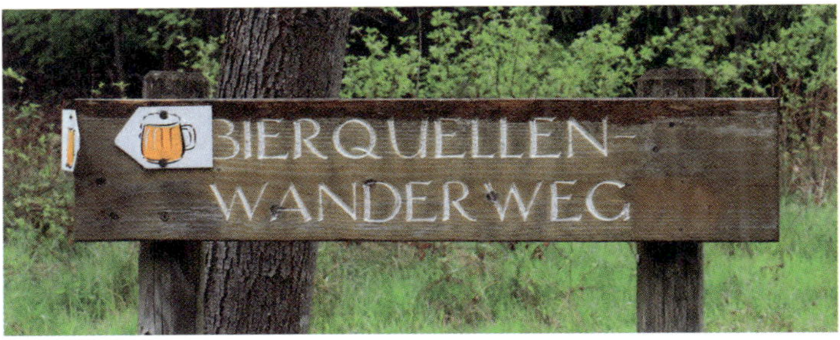

BRAUEREI-GASTHOF GRADL

Der Brauerei-Gasthof Gradl ist ein weiterer fränkischer Klassiker, ähnlich wie der Brauerei-Gasthof Herold in Büchenbach im anderen Teil des Bierquellenwanderwegs. In der gemütlichen, einfach gehaltenen Gaststube wird das Bier oft vom Braumeister persönlich direkt an der Theke frisch vom Fass gezapft. Die solide fränkische Hausmannskost passt perfekt zum Leupser Dunkel, das bei Einheimischen, Wanderern und Radfahrern gleichermaßen beliebt ist. Zum 1. Mai und zu Weihnachten gibt es außerdem Bockbier. Den Maibock habe ich einmal probieren können, aber im Jahr darauf war er Mitte des Monats bereits ausverkauft. Dabei war ich extra deswegen hergekommen, weil er so gut ist! Der Gasthof ist ein echtes Familienunternehmen. Einmal wurde ich von einem Jungen bedient, der nicht viel älter als zehn Jahre gewesen sein kann und seine Aufgabe mit glühender Begeisterung erfüllt hat. Es bricht einem das Herz, dass so viele kleine Brauereien in Franken schließen müssen, weil sie keine Arbeitskräfte mehr finden. Die Brauerei ist seit 1683 in Familienbesitz und wenn wir Glück haben, wird der junge Sohn der Familie Wolfring, der mich bedient hat, einmal der Braumeister sein.

Wenn Sie es schaffen, sich von diesem Bierparadies wieder loszueisen, gehen Sie die Straße, auf der Sie herkamen, zurück und halten sich bei der Gabelung rechts. Nun befinden Sie sich wieder auf dem Bierquellenwanderweg mit den gelben Bierkrügen. Ein Schild gibt an, dass Lindenhardt 2,5 km entfernt ist. Folgen Sie der Hauptstraße aus dem Ort heraus, aber laufen Sie auf der rechten Straßenseite, weil dort bald der Weg abzweigt. An der Abzweigung stehen ein Kruzifix und ein altes Bierquellenwanderweg-Schild aus Holz, das die Entfernung zum Zielort mit 3,5 km angibt. Ich muss zugeben, dass die Strecke sich tatsächlich eher nach Letzterem anfühlt. Der Weg krümmt sich nach links, taucht in den Wald ein und führt danach durch eine schöne, offene Landschaft, an Feldern und Ackerflächen vorbei. Ab und zu laufen Sie am Waldrand entlang, und alle Abbiegungen sind gut beschildert. Als ich zuletzt hier gewandert bin, stand gerade der Raps in voller Blüte, ein weites Feld in leuchtendem Gelb. Wenn Sie sich der Stadt nähern, kommen Sie an einer eingezäunten Weide vorbei, auf der häufig Pferde grasen. Danach biegen Sie links ab auf eine asphaltierte Straße. Hier sehen Sie auch wieder Jakobsweg-Zeichen. Die Straße wird zum Leupser Weg, der nach Lindenhardt hineinführt. Dort, wo der Leupser Weg die Marktstraße kreuzt, überqueren Sie die Hauptstraße und laufen auf der anderen Seite geradeaus weiter. Die Straße heißt nun An der Kirche. Auf der rechten Seite sehen Sie die hübsche St.-Michaels-Kirche. Nach der Kirche biegen Sie rechts ab und gehen danach links auf die Brauhausgasse. Wenn Sie auf den Landgasthof Kürzdörfer zulaufen, befindet sich die Brauerei auf der rechten Seite. Vielleicht wartet ja schon ein Fremdenzimmer auf Sie?

LANDGASTHOF & BRAUEREI KÜRZDÖRFER

Das rustikale Holzhaus ist idyllisch von Weiden umgeben, auf der häufig Pferde grasen. Der Außenbereich liefert sich ein Kopf-an-Kopf-Rennen mit »Zum Fichta«, wenn es darum geht, wo man schöner sitzt. Von den vier Brauereien entlang des Bierquellenwanderwegs ist hier die Speiseauswahl am größten, es gibt leckeres dunkles Bier vom Fass und man kann hier übernachten.

PRAKTISCHE INFORMATIONEN

Brauerei-Gasthof Gradl
Leups 6
91257 Pegnitz
09246 / 247
www.leupser.de

Mittwoch bis Montag ab 10 Uhr geöffnet
Ruhetag Dienstag

Landgasthof & Brauerei Kürzdörfer
Brauhausgasse 3
95473 Creußen (Lindenhardt)
09246 / 221
www.brauerei-kuerzdoerfer.de

Dienstag bis Sonntag 11–22 Uhr geöffnet

Auf der Website können Sie sich über die Zimmer und Preise informieren; die Buchung erledigen Sie am besten telefonisch.

Wirtshaus Weiglathal Zum Fichta
Weiglathal 1
95503 Hummeltal (Weiglathal)
09246 / 491
www.weiglathal.de

Dienstag bis Sonntag ab 10 Uhr geöffnet
Ruhetag Montag

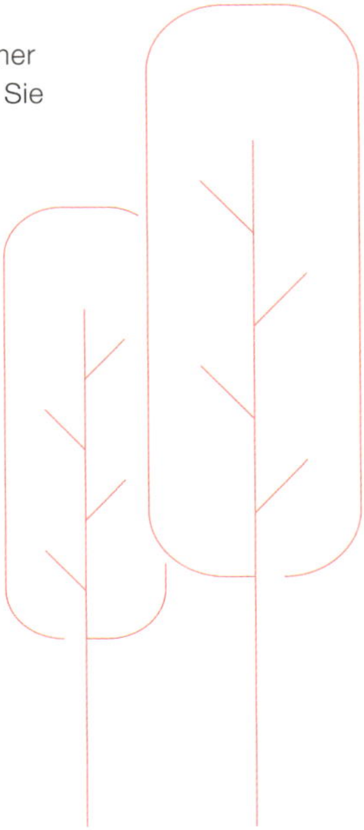

POTTENSTEIN

ZUR HÖHLE DES HUNGRIGEN HASEN

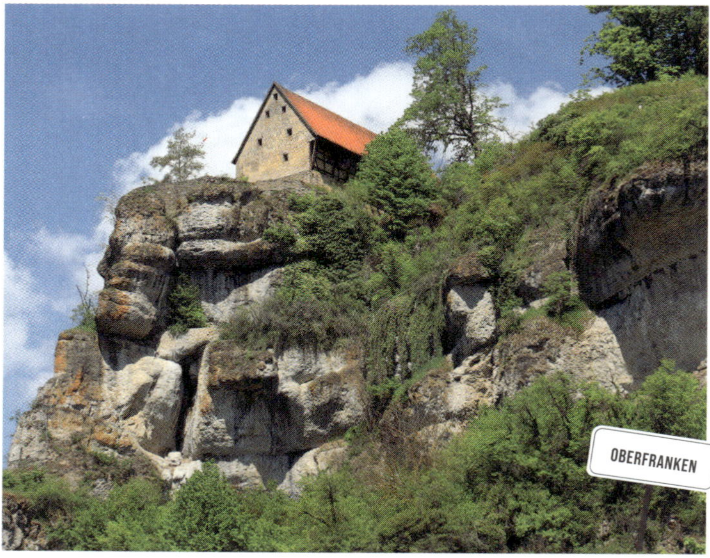

OBERFRANKEN

START	ZIEL
BRAUEREI & GASTHOF MAGER, POTTENSTEIN	BRAUEREI & GASTHOF MAGER, POTTENSTEIN
BIER	SCHWIERIGKEITSGRAD
MAGER DUNKEL	MITTELSCHWERE WANDERUNG
KARTE	LÄNGE/GEHZEIT
ATK25-E11 PEGNITZ	5,5 KM 1,5–2 STUNDEN
SEHENSWÜRDIGKEITEN	HÖHENMETER
BURG POTTENSTEIN, KIRCHE ST. BARTHOLOMÄUS, GEOTOP HASENLOCH	AUFSTIEG: 170 M ABSTIEG: 165 M

5,1 %
ALKOHOLGEHALT

DUNKLES

MAHAGONIFARBEN; HELLBRAUNER SCHAUM

MALZIG, EIN HAUCH SCHOKOLADE

VOLLMUNDIG-MALZIG, LEICHTE SCHOKOLADENNOTEN, HOPFENNOTEN, TROCKENBITTER IM ABGANG

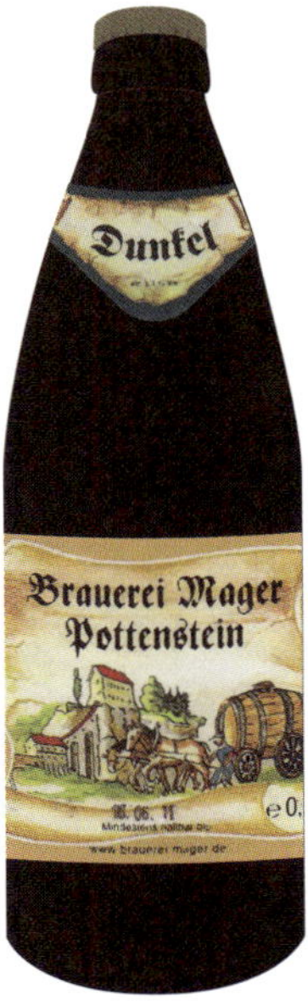

BITTERE SÜẞE

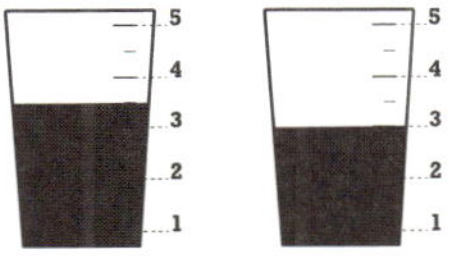

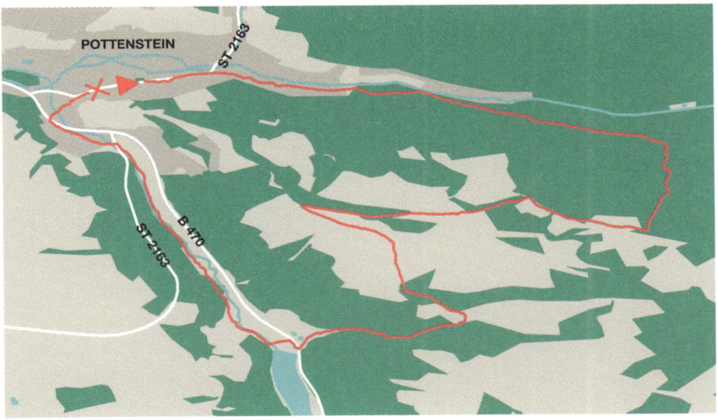

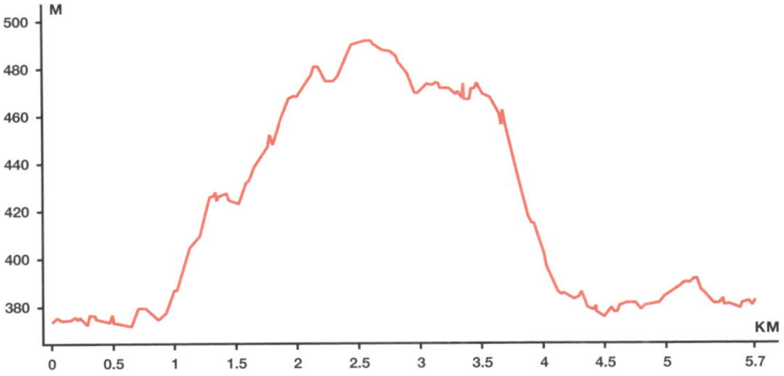

WEGBESCHREIBUNG

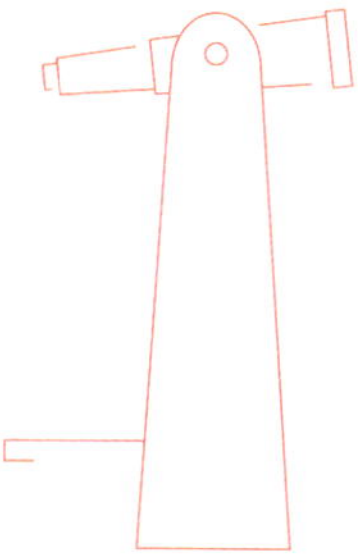

Pottenstein ist eines der Haupteingangstore zur Fränkischen Schweiz. Mit seinen malerischen Fachwerkhäusern und den aus der grünen Hügellandschaft jäh aufragenden Felsen bietet der Ort die ganze Palette der für die Region typischen Verbindung aus menschengemachten und von der Natur geschaffenen Wundern. Eine Burg aus dem 11. Jahrhundert, geologisch interessante Höhlen, zahlreiche Wanderwege, zwei Brauereien – Pottenstein lohnt einen mehrtägigen Aufenthalt, um alles zu erkunden.

Es verkehren regelmäßig Busse zwischen Pottenstein und Ebermannstadt oder Pegnitz. Pegnitz erreichen Sie mit dem Zug von Nürnberg und Bayreuth, Ebermannstadt ist gut an Forchheim angebunden.

Wenn Sie den Gasthof Mager verlassen, schauen Sie direkt auf die Bartholomäuskirche auf der gegenüberliegenden Straßenseite. Sie ist auf jeden Fall einen Besuch wert, entweder vor oder nach der Wanderung, die ja wieder beim »Mager« endet. Sie gehen nach links, die Hauptstraße entlang, und können die schönen Fachwerkhäuser der historischen Altstadt bewundern. Wenn sich die Straße gabelt, halten Sie sich rechts und gehen auf dem Löhrgäßchen weiter. Sie sehen Wanderschilder mit einem grünen Punkt, die den Weg zu Waldtempel und Hasenloch weisen. Bei der nächsten Gabelung halten Sie sich links, um auf dem Löhrgäßchen zu bleiben. Kurz vor der 1-km-Marke gabelt sich der Weg erneut und Sie nehmen dieses Mal den rechten Weg, einen schmalen Pfad mit grünem Punkt, der bergan führt. Auf diesem schönen, grünen Abschnitt der Wanderung geht es immer wieder bergauf und bergab, bis Sie ans Große Hasenloch gelangen, eine interessante Höhle. Der Name Hasenloch kommt der Sage nach daher, dass ein Junge einen lahmen Hasen verfolgte, der jedoch in Wirklichkeit ein Höhlengeist war, der den frechen Jungen in der Höhle grausam umbrachte. Nachdem Sie die tatsächlich etwas gruselig wirkende Höhle inspiziert haben, setzen Sie Ihren Weg fort und kommen zu einer Abzweigung Richtung Felsenbad, nach wie vor dem grünen Punkt folgend.

Bald darauf kommen Sie an der schlichten, steinernen Hofmannskapelle vorbei und laufen auf das Schullandheim Pottenstein zu. Bevor Sie das Schullandheim erreichen, biegen Sie scharf links ab und folgen den Wegweisern Richtung Felsenbad. Ungefähr bei Kilometer 4 erreichen Sie das Freibad, und wenn Sie Badesachen dabeihaben und das Wetter stimmt, können Sie sich hier abkühlen. Ansonsten überqueren Sie vorsichtig die viel befahrene Landstraße 470. Auf der anderen Seite befindet sich ein kleines Café an einem See und es gibt auch einen Bootsverleih. Dieser malerische Ort vor der Felsenkulisse des Schwimmbads bietet sich für eine Rast an. Wenn Sie wieder neue Kraft geschöpft haben, überqueren Sie den Parkplatz und halten linker Hand Ausschau nach den Schildern mit dem grünen Punkt, die den Weg zur Rodel-

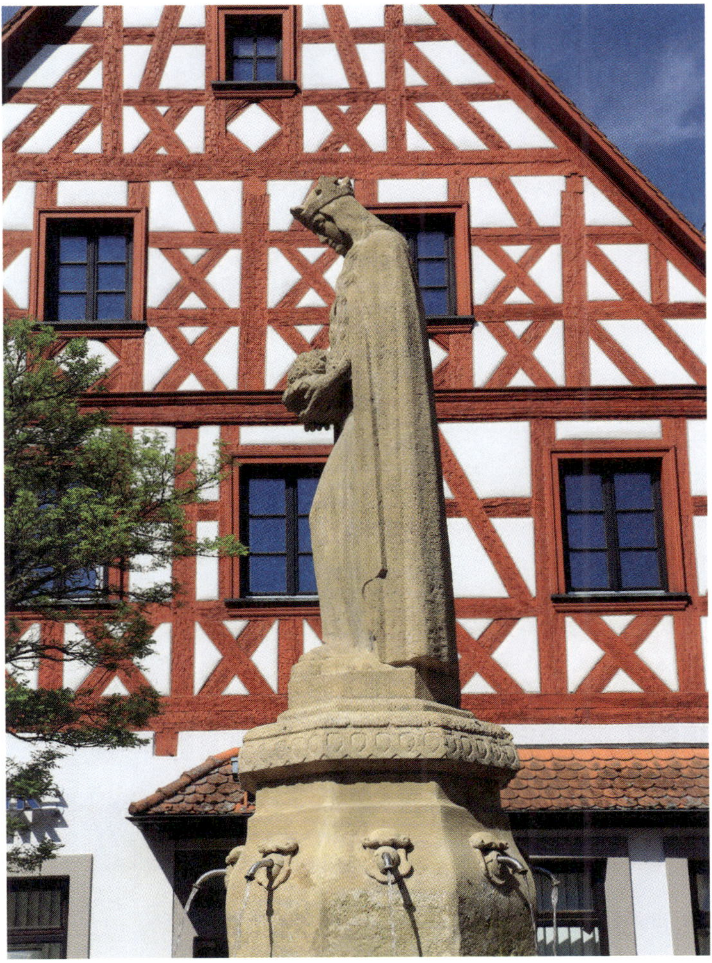

bahn-Bergstation weisen. Auf dieser hübschen Strecke laufen Sie am Fluss entlang, parallel zur Straße, und Sie befinden sich auf einem Teilabschnitt des Frankenwegs, einem Fernwanderweg durch ganz Franken. Ein Großteil dieses Abschnitts ist angenehm schattig und an einer Stelle laufen Sie unter der Sommerrodelbahn hindurch und hören die Schlitten über Ihrem Kopf vorbeisausen. Auf der rechten Seite haben Sie einen schönen Blick auf die Felsformationen, für die die Region berühmt ist. Da es nun etwas bergauf geht, haben Sie außerdem eine schöne Aussicht auf Burg Pottenstein. Der Pfad endet an einer viel befahrenen Straße, die Sie vorsichtig überqueren und dann links auf die Nürnberger Straße abbiegen, die zurück in die Stadt führt. Unterwegs kommen Sie an Wagner Bräu vorbei, einer ehemaligen Brauerei, wo heute die Familie Bruckmayer Erlebnisgastronomie betreibt, zünftiger Biergarten inklusive. Sie überqueren die verkehrsreiche Landstraße 470, um das schöne alte Gebäude aus der Nähe zu betrachten, und bleiben auf der Nürnberger Straße. Diese wird zur Hauptstraße, die Sie zurück in die Altstadt bringt, und ehe Sie sich's versehen, stehen Sie schon wieder vor der Brauerei Mager und können sich mit einem köstlichen dunklen Bier belohnen.

BRAUEREI & GASTHOF MAGER

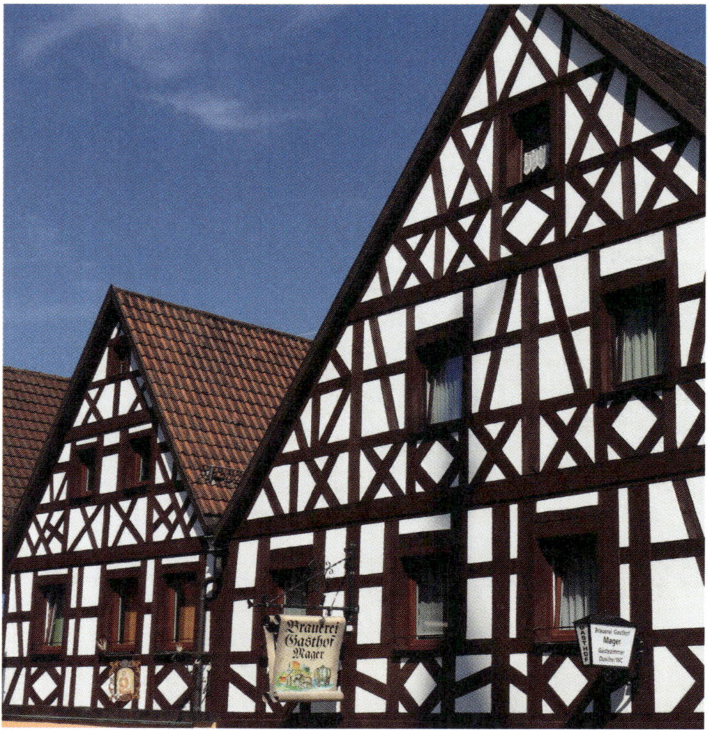

Die Familie Mager ist an diesem Standort bereits seit 1774 im Brauereigewerbe tätig und hat es irgendwie geschafft, den Balanceakt zwischen Touristenrestaurant und Dorfwirtschaft zu meistern. Die Gaststube in dem schönen Fachwerkhaus kommt ohne Schnickschnack aus und verströmt dennoch ein Flair lang vergangener Tage. Hier kommt typisch fränkische Küche auf den Tisch wie Schäuferle, hausgemachte Rouladen oder Schweinshaxe, und die Soßen sind ein Gedicht! Einheimische und Touristen kommen gern zum Essen her, da kann es mittags schon mal voll werden. Hinter dem Haus gibt es auch noch einen kleinen Bereich, wo man draußen sitzen kann. Am beliebtesten scheint ihr Pils zu sein, aber ihr Dunkel zählt zu den besten in ganz Franken und harmoniert perfekt zu den soßenreichen Fleischgerichten. Für die englischsprachige Welt wurde die Brauerei Mager von Graham Lee entdeckt, der dem Bier in seinem CAMRA-Bierführer Bayern eine seltene 4-Sterne-Bewertung gab. Ich habe das Bier zum ersten Mal 1997 probiert und freue mich, dass sich die Brauerei gehalten hat. Heute ist sie eine von nur noch zwei Brauereien, früher waren es einmal drei. Und Fremdenzimmer haben Sie auch noch – Herz, was begehrst du mehr?

Bier vom Fass: Mager Dunkel, Mager Pils und Mager Helles. In der Flasche: Mager Märzen und saisonale Festbiere.

PRAKTISCHE INFORMATIONEN

Brauerei & Gasthof Mager
Hauptstraße 15–17
91278 Pottenstein
09243 / 333
www.brauerei-mager.de

Öffnungszeiten im Sommer:
Montag bis Sonntag ab 9 Uhr
Donnerstags nur bis 15.30 Uhr

Die Winteröffnungszeiten entnehmen Sie der Website.

Zimmer können über die Website gebucht werden.

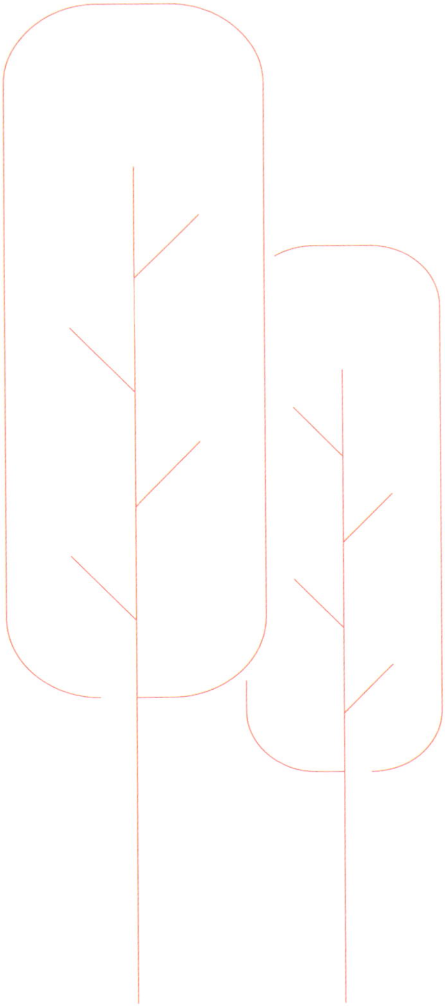

OBERAILSFELD

BLICK VOM PROMENADENWEG AUF BURG RABENSTEIN

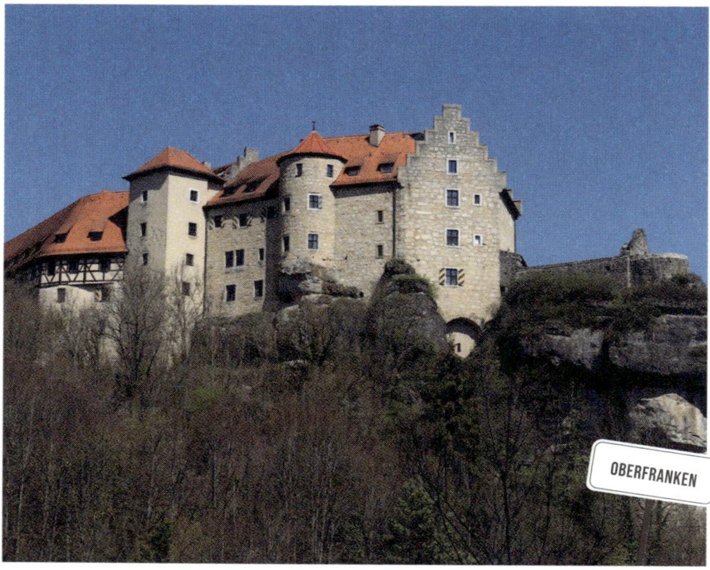

OBERFRANKEN

START	ZIEL
HELD-BRÄU, OBERAILSFELD	HELD-BRÄU, OBERAILSFELD
BIER	SCHWIERIGKEITSGRAD
HELD-BRÄU ALTFRÄNKISCHES BAUERNBIER DUNKEL	MITTELSCHWERE WANDERUNG
KARTE	LÄNGE/GEHZEIT
ATK25-E11 PEGNITZ	7,5 KM 2–2,5 STUNDEN
SEHENSWÜRDIGKEITEN	HÖHENMETER
BURG RABENSTEIN, EINDRUCKSVOLLE FELSFORMATIONEN, KIRCHE ST. BURKARD, SOPHIENHÖHLE, LUDWIGSHÖHLE, FALKNEREI BURG RABENSTEIN	AUFSTIEG: 330 M ABSTIEG: 290 M

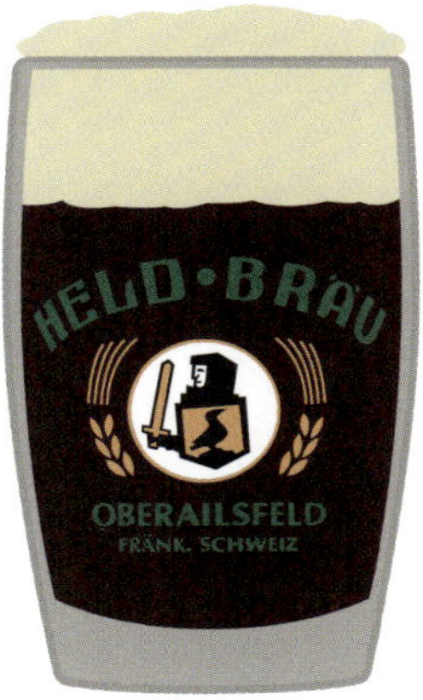

5,3 % ALKOHOLGEHALT

DUNKLES

TIEFES KASTANIENBRAUN;
HELLBRAUNER SCHAUM

LAKRITZ,
SCHOKOLADE

STARK MALZIG,
ETWAS LAKRITZ,
EINE SPUR SCHOKOLADE,
BITTER-SÜß IM ABGANG

BITTERE

SÜßE

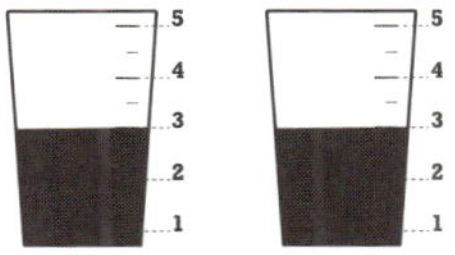

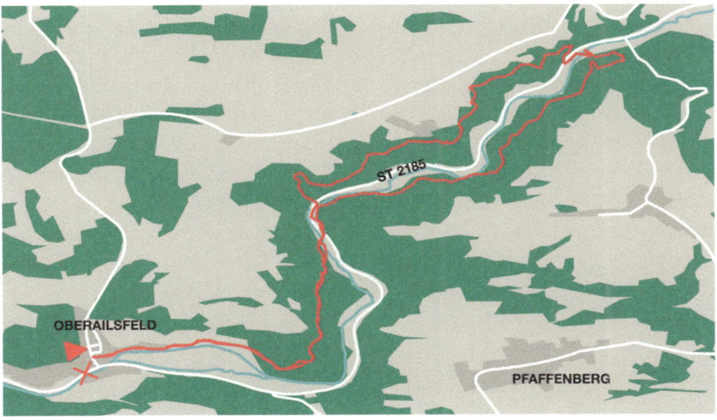

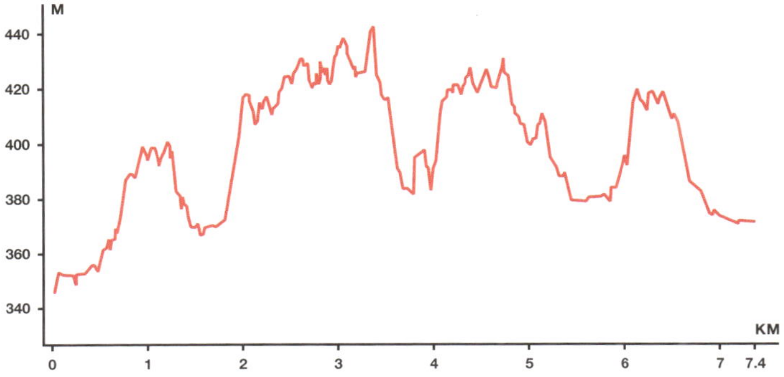

WEGBESCHREIBUNG

Oberailsfeld ist ein hübsches Örtchen in der Fränkischen Schweiz, das von einer eindrucksvollen Felsformation überragt wird und Ausgangspunkt zahlreicher Wanderwege ist. In Anbetracht der landschaftlichen Reize der Umgebung ist es verwunderlich, wie wenig touristische Infrastruktur das verschlafene Dorf bietet. Glücklicherweise ist die Burg Rabenstein nur eine kurze Wanderung entfernt, und wenn Sie schon immer einmal in einer Burg übernachten wollten, ist dies die ideale Gelegenheit. Was das Dorf jedoch sehr wohl besitzt, ist ein hervorragendes Wirtshaus, also wundern Sie sich nicht, wenn alle Einwohner der Gegend sich dort versammeln, um das allseits beliebte dunkle Bauernbier von Held-Bräu zu genießen.

Am Wochenende und an Feiertagen verkehrt ein Freizeitbus zwischen Oberailsfeld und Pottenstein (gut über Nürnberg zu erreichen), der sogenannte Bier-, Brotzeit- und Burgenexpress, der die Strecke Pottenstein–Oberailsfeld in weniger als 15 Minuten fährt. Von diesem Bus abgesehen ist der öffentliche Nahverkehr dürftig, sodass sich die Anreise mit dem Auto empfiehlt.

Sie verlassen das Gasthaus Held-Bräu, überqueren die Straße und stoßen auf mehrere Wanderschilder. Sie folgen dem blauen Kreuz, der Markierung für den Markgrafenweg/Burgenweg. Burg Rabenstein ist nur 2,5 km entfernt. Die Straße führt durch ein idyllisches Wohngebiet. Schon bald haben Sie den Ort hinter sich gelassen und wandern an ein paar Felsformationen (links) vorbei. Wenn sich der Weg gabelt, halten Sie sich links, der Markierung folgend, Richtung Burg Rabenstein. Der Weg schlängelt sich, gut erkennbar mit dem blauen Kreuz markiert, bergauf, gesäumt von moosbewachsenen Felsen. Wenn Sie an eine kleine Abzweigung kommen, folgen Sie dem Weg zur Burg Rabenstein. Sie laufen geradeaus durch eine Felsformation und auf der anderen Seite des höhlenartigen Durchgangs zu einer kleinen Brücke hinab. Nach der Brücke gehen Sie, den Schildern folgend, nach links und auf eine größere Straße zu. Sie überqueren vorsichtig die Landstraße und laufen an der rechten Straßenseite entlang zu einem Parkplatz für den Promenadenweg, das ist der 5-km-Rundweg, der hier beginnt. Sie überqueren den Parkplatz, folgen der Straßenkrümmung und können von hier aus schon die Rückseite der Burg sehen. Sie überqueren die Landstraße erneut und halten Ausschau nach den sehr gut sichtbaren Wanderschildern auf der anderen Seite. Wie Sie sehen, ist Burg Rabenstein nur noch 0,8 km entfernt. Die Markierung für den Promenadenweg ist eine grüne Schachfigur. Sie folgen dem Weg bergan, hin und wieder geht es ein paar Stufen hinauf. Dort, wo der Weg eine Kurve macht und die Bäume zurücktreten, sehen Sie einen eindrucksvollen Felsüberhang oberhalb einer Abzweigung. Sie gehen geradeaus weiter und laufen unter dem Felsüberhang hindurch auf die Burg zu, die jetzt ganz nah ist: Sie müssen nur rechts hinaufgehen. Zu Ihrer Linken führt ein kurzer Pfad zum Burgrestaurant, einem hübschen Biergarten, einer Falknerei und öffentlichen Toiletten.

Nach der Burgbrücke stoßen Sie auf weitere Wanderschilder. Sie folgen dem Promenadenweg Richtung Sophienhöhle. Dieser Abschnitt führt an großen Felsformationen vorbei, zum Teil auch zwischen den Felsen hindurch. Bei einer Abzweigung haben Sie die Wahl zwischen einem »bequemen Weg« oder dem weniger bequemen Weg geradeaus. Ich empfehle, geradeaus zu gehen, allein schon wegen der herrlichen Aussichtspunkte, die mehr zu bieten haben als die Höhle. Es gibt auch überdachte Sitzgelegenheiten. Sie bleiben auf dem Weg Richtung Sophienhöhle. Um die bekannte Tropfsteinhöhle zu besichtigen, müssen Sie allerdings Eintritt bezahlen. Gleich nach der Höhle kommen Sie an eine weitere Abzweigung. Sie gehen rechts die Stufen hinunter und folgen der Promenadenweg-Markierung Richtung Ludwigshöhle. Wenn Sie wieder auf Straßenniveau angekommen sind, überqueren Sie noch einmal die Landstraße, nur etwa einen Kilometer von der letzten Querung entfernt. Sie laufen über einen für die Höhlenbesucher gedachten Parkplatz und überqueren auf einer kleinen Holzbrücke einen Bach. Auf der anderen Seite führen Stufen direkt zur Ludwigshöhle, die zwar kleiner ist, aber ohne Eintritt besichtigt werden kann. Wenn Sie nicht zur Höhle möchten, bleiben Sie einfach auf dem Wanderweg; wenn doch, nehmen Sie von der Höhle aus die Abkürzung durch ein Loch zum Wanderweg. So oder so befinden Sie sich bald auf dem Rückweg auf der anderen Talseite und folgen weiterhin dem Promenadenweg. Sie laufen Richtung Rabenstein über Neumühle. Es ist ein weiterer schöner Abschnitt, auf dem Sie rechts immer wieder schöne Ausblicke haben, zum Beispiel auf die Kapelle in Klausstein oben auf dem Hügel. Sie folgen dem Weg Richtung Schneiderloch und sehen ab und zu die Burg rechts von Ihnen. Das Schneiderloch ist ein Durchschlupf im Fels, durch den der Weg führt. Sie gehen hindurch und dann die Stufen hinunter. Auf der anderen Seite haben Sie einen fantastischen Blick auf die Burg Rabenstein. Setzen Sie sich ruhig einen Moment auf die Bank, die dort steht, und genießen Sie die Aussicht. Der Rest der Route folgt in einigem Abstand dem kurvigen Verlauf der Landstraße und kommt bald wieder an dem ersten Parkplatz für den Promenadenweg heraus. Überqueren Sie die Landstraße und die kleine Brücke, die Sie schon vom Hinweg kennen. Sie folgen dem blauen Kreuz zurück ins etwas mehr als einen Kilometer entfernte Oberailsfeld. Wenn Sie aus dem Wald herauskommen und die Kirche St. Burkard in nicht allzu weiter Ferne sehen, wissen Sie, dass auch das Gasthaus Held-Bräu nicht mehr weit ist.

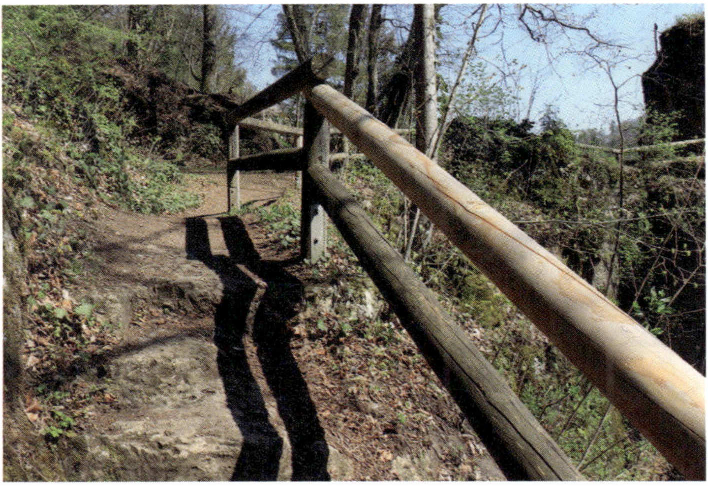

HELD-BRÄU

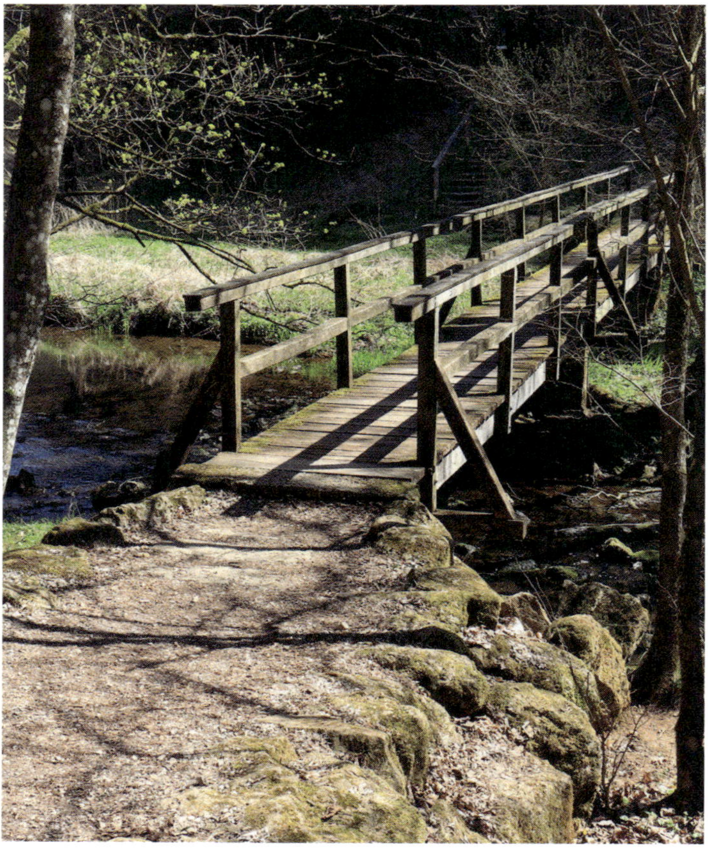

Seit der Gründung der Brauerei im Jahr 1860 scheint sich bei Held-Bräu nicht viel verändert zu haben. Die gemütliche Gaststube ziert einer der schönsten grünen Kachelöfen der ganzen Fränkischen Schweiz. Die tiefe Holzdecke und eine alte Uhr komplettieren das Bild. Auf der Speisekarte finden sich typisch fränkische Spezialitäten und deftige Brotzeiten. Warme Hauptmahlzeiten wie Schäuferle mit Kloß gibt es nur an Sonntagen. Besonders zu empfehlen ist das »Glasfleisch«: hausgemachte Sülze im Glas. Dazu gibt es die besten Bratkartoffeln weit und breit – das esse ich fast jedes Mal, wenn ich dort bin, weil es so unglaublich gut schmeckt. Die Gaststube ist nicht besonders groß, also wundern Sie sich nicht, wenn es voll ist. In der warmen Jahreszeit kann man auch schön draußen sitzen, zum Teil sogar überdacht. Das Bauernbier Dunkel ist in der ganzen Gegend bekannt und viele Leute kommen nur dafür hierhin.

Bier vom Fass: Held-Bräu Altfränkisches Bauernbier Dunkel, Held-Bräu Helles Bier, Held-Bräu Weizen (im Sommer). Saisonal: Bockbier (zur Fastenzeit), Weizenbockbier (im Advent).

PRAKTISCHE INFORMATIONEN

Held-Bräu
Oberailsfeld 19
95491 Ahorntal (Oberailsfeld)
09242 / 295
www.held-braeu.de

Öffnungszeiten:
Freitag bis Dienstag ab 10.30 Uhr
Mittwoch und Donnerstag Ruhetag

Burghotel (Burg Rabenstein)
Rabenstein 33
95491 Ahorntal
09202 / 9700440
www.burg-rabenstein.de

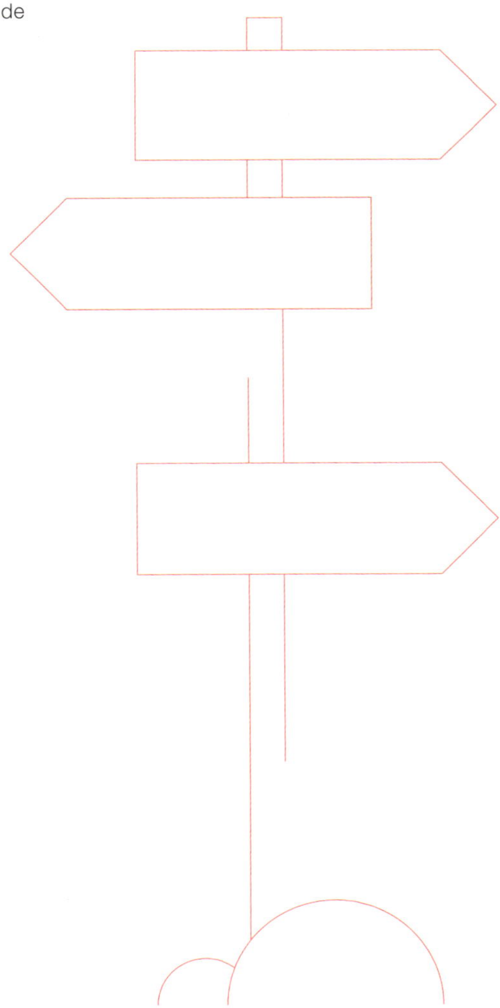

BREITENLESAU

DER BURG-UND-BIER-PFAD

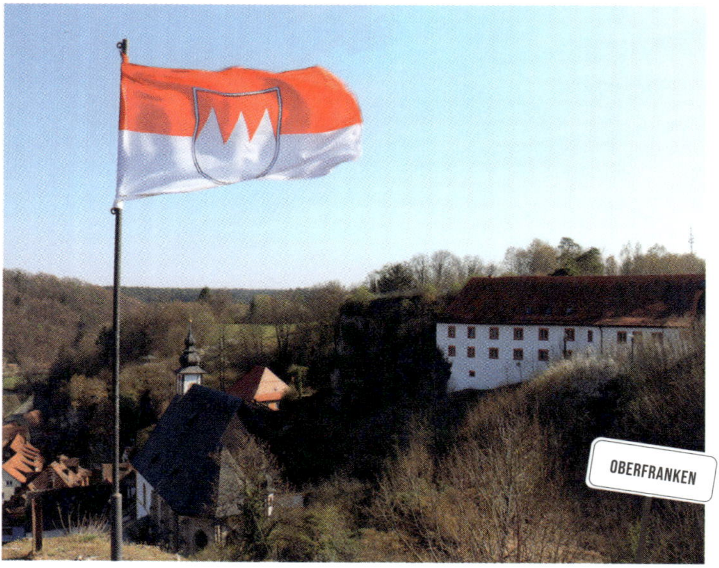

START	ZIEL
BRAUEREI-GASTHOF KRUG, BREITENLESAU	BRAUEREI-GASTHOF KRUG, BREITENLESAU
BIER	SCHWIERIGKEITSGRAD
KRUG-BRÄU LAGER	MITTELSCHWERE WANDERUNG
KARTE	LÄNGE/GEHZEIT
ATK25-E10 EBERMANNSTADT	13,5 KM 3-4 STUNDEN
SEHENSWÜRDIGKEITEN	HÖHENMETER
BURG WAISCHENFELD, ALTE MÜHLE, DIE WIESENT, KIRCHE ST. MARTIN, WALD- UND WIESENLANDSCHAFT	AUFSTIEG: 300 M ABSTIEG: 290 M

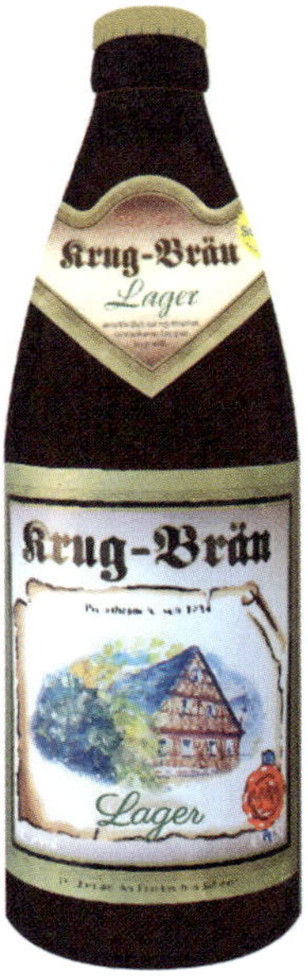

5,0 % ALKOHOLGEHALT

DUNKLES LAGER; BEIM MAISCHVERFAHREN KOMMEN VERSCHIEDENE MALZE ZUM EINSATZ

TIEFES KASTANIENBRAUN; GRAUWEIẞE, STABILE SCHAUMKRONE

MALZIG, SCHWACH SCHOKOLADIG

MALZIG, SCHWACH SCHOKOLADIG, TROCKEN BITTER-SÜẞ IM ABGANG

BITTERE SÜẞE

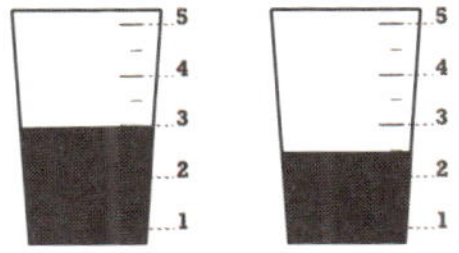

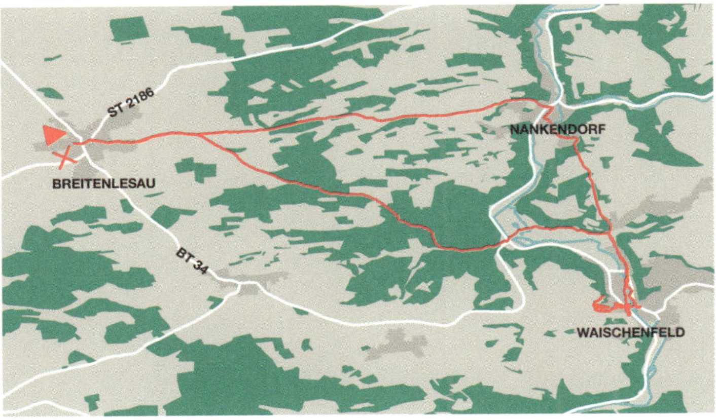

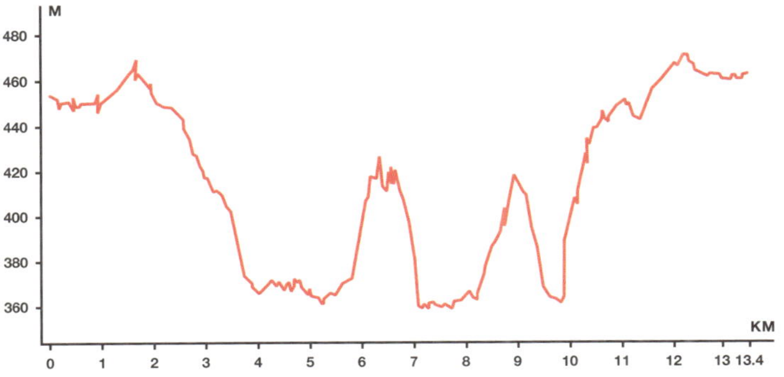

WEGBESCHREIBUNG

Die Fränkische Schweiz zählt zu den schönsten Gegenden Nordbayerns: Auf vielen Hügeln thronen Burgen und Schlösser und zerklüftete Felsformationen ragen aus der idyllischen grünen Hügellandschaft empor. Nehmen wir noch die unglaubliche Vielfalt an kleinen Brauereien hinzu, erhalten wir ein wahres Mekka für Bierwanderer. Einer der zahlreichen Wanderwege ist der Burg-und-Bier-Pfad, und tatsächlich liegen eine Burg und drei Brauereien auf dem relativ kurzen Rundweg.

Busse von und nach Ebermannstadt verkehren regelmäßig. Von dort aus gibt es eine gute Anbindung an Forchheim, aber man muss die An- bzw. Abreise genau planen. Diese Gegend ist mit dem Auto einfacher zu erreichen.

Da die Gegend ein wenig abgelegen ist und es viel zu sehen und viele Brauereien auszuprobieren gibt, könnten Sie eine Übernachtung einplanen. Nur eine der Brauereien bietet Zimmer an, daher schlage ich den Brauerei-Gasthof Krug in Breitenlesau als Ausgangspunkt vor. Wenn Sie in einer der anderen beiden Ortschaften starten wollen, folgen Sie einfach dem Rundweg von da. Mit dem Brauerei-Gasthof Krug im Rücken überqueren Sie die Straße und wenden sich nach links. Dort sehen Sie Wandermarkierungen mit einem gelben Ring, die sowohl nach Nankendorf als auch nach Waischenfeld weisen. Sie nehmen die erste Straße rechts, lassen die Ortschaft hinter sich und erreichen nach weniger als einem Kilometer eine Gabelung. Hier halten Sie sich rechts und folgen weiter dem gelben Ring. Zwar führen beide Wege nach Waischenfeld, aber diese ist die längere Strecke und spart Nankendorf für den Rückweg auf. Der hübsche, gepflasterte Weg führt durch Felder, bevor er beim Eintritt in den Wald zum Schotterweg wird. Es geht zwar nicht durchgängig durch den Wald, aber dieser Abschnitt ist vorwiegend schattig. Wo der Weg schließlich aus dem Wald heraustritt, stoßen Sie auf eine viel befahrene Straße, die sie vorsichtig überqueren. Auf der anderen Seite halten Sie Ausschau nach einer kleinen Brücke; auf ihr überqueren Sie das Flüsschen Wiesent. Sie folgen dem Weg durch Felder und Wiesen und gelangen zur nächsten Ortschaft. Beim Ortseingang biegen Sie rechts ab und folgen dem unbefestigten Feldweg bis zur Gabelung, wo Sie den rechten, deutlich schmaleren Pfad nehmen. Wegweiser und ein Pfeil zeigen die Richtung an. Folgen Sie dieser Route, bis Sie auf die Fischergasse stoßen, in die Sie rechts einbiegen. Die Fischergasse führt direkt nach Waischenfeld. Durch das idyllische kleine Touristenörtchen fließt die Wiesent, und rechter Hand thront hoch oben auf dem Hügel die Burgruine. Vor dem Ortszentrum gibt es eine kleine Brücke, aber ich gehe lieber ein Stück weiter bis zur größeren Brücke, weil man von dort so schöne Fotos machen kann.

An der Brücke angekommen, haben Sie verschiedene Möglichkeiten. Sie können hinüber auf die andere Seite und den Burgweg (Markierung: grüner Ring) nehmen, der zur Burgruine hinaufführt. Die Ruine sieht von unten vielleicht eindrucksvoller aus, als sie ist, aber es macht Spaß, den steilen Weg hinaufzulaufen, und man hat von oben einen schönen Blick auf das Städtchen. Wenn Sie darauf keine Lust haben, gehen Sie einfach die Fischergasse weiter, die ihren Namen in Vorstadt ändert, und kehren linker Hand bei der Brauerei Heckel ein (Öffnungszeiten beachten). Der Gasthof bietet original fränkische Küche und das Bier ist klasse. Sollte der Gasthof noch geschlossen haben, wenn Sie ankommen, überbrücken Sie die Wartezeit mit einem Besuch der Burgruine und kommen später wieder – es lohnt sich!

Wenn Sie mit der Besichtigung von Waischenfeld fertig sind, verlassen Sie die Stadt auf demselben Weg, den Sie gekommen sind: über die Fischergasse. Dort, wo Sie auf dem Weg in die Stadt in die Fischergasse eingebogen waren, biegen Sie jetzt nicht links ab, sondern halten sich an der Gabelung links und laufen den Mönchsgrund entlang. Der Weg ist gut ausgeschildert, er trägt sowohl die Markierung des Brauereienwegs als auch des Höhenwegs in das nur 1,5 km entfernte Nankendorf und ist zudem Teil des Fränkischen Gebirgswegs. Auf diesem schönen Abschnitt geht es bergan und es ergeben sich immer wieder schöne Ausblicke ins Tal. Rechts von Ihnen sehen Sie einige felsige Erhebungen, auf denen häufig Schafe weiden. Passenderweise prangt ein Lämmchen auf dem Logo der Brauerei in Nankendorf. Kurz vor dem Ortseingang Nankendorf kommen Sie linker Hand an der niedlichen kleinen Aukapelle aus dem Jahr 1718 vorbei. Am Ende des Wanderwegs biegen Sie links ab und folgen der Straße namens Auberg Richtung Ortsmitte. Nach der Kurve überqueren Sie auf einer malerischen Brücke noch einmal die Wiesent. Wenn Sie nach rechts blicken, sehen Sie eine alte Mühle und ein paar Felsen. Nach der Brücke die erste Straße rechts, danach die erste links, und schon stehen Sie vor der Brauereigaststätte Schroll, ehemals »Zum Weißen Lamm«. In dieser urgemütlichen Wirtschaft ist immer erstaunlich viel los, aber wenn Sie erst ihr hervorragendes dunkles Landbier probiert haben, wissen Sie, warum. Und wenn Sie in der passenden Jahreszeit dort sind, dürfen Sie sich das Bockbier nicht entgehen lassen. Es gibt draußen hinter dem Haus ein paar sonnige Plätze, wo man sich entspannt niederlassen und genießen kann.

Nach diesem Päuschen ist es Zeit, nach Breitenlesau zurückzuwandern. Überqueren Sie die viel befahrene Straße und folgen Sie der Straße namens Kirchberg. Es finden sich Markierungen des Brauereien-

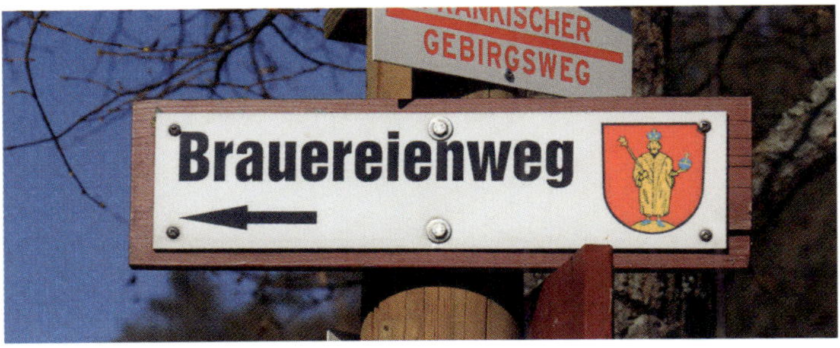

wegs, und ein rot-weißes Dreieck verrät, dass Breitenlesau nur 3,5 km entfernt ist. Nach einem Anstieg wird der Weg wieder flacher. Ein Blick zurück auf Nankendorf lohnt sich und wenn das Licht mitspielt, gibt die Kirche St. Martin ein hübsches Fotomotiv ab. Am Ortseingang geht der Kirchberg in eine namenlose Straße über. Folgen Sie den Wanderschildern Richtung Breitenlesau. Nun geht es durch Felder und ein paar bewaldete Abschnitte dorthin zurück, wo unsere Wanderung begann. Wenn sich am späten Nachmittag die Sonne dem Horizont nähert, taucht sie die Landschaft in ein magisches Licht. Nach kurzer Zeit sind Sie wieder beim Brauerei-Gasthof Krug angelangt.

BRAUEREI-GASTHOF KRUG

Obwohl Krug eine ziemlich bedeutende regionale Brauerei ist, hat sich die Gastwirtschaft ein traditionelles Ambiente bewahrt – auch wenn sie an schönen Wochenenden schier aus allen Nähten platzt, was an der Nähe zu vielen Bierwanderwegen, dem exzellenten Essen und der sehr guten Bierauswahl liegen dürfte. An das schöne Fachwerkhaus schließt sich ein gemütlicher Biergarten an, von dem aus man auch die große, moderne Brauerei sehen kann. Seit 1834 ist die Traditionsbrauerei Krug ein Familienunternehmen – offenbar wissen diese Leute, was sie tun! Ihre Biere sind in ganz Deutschland und mittlerweile sogar im Ausland zu finden. Ihr dunkles Lagerbier ist eines dieser regionalen Biere, die Sie unbedingt probieren müssen.

Biere vom Fass: Krug Dunkles Lagerbier, Krug Pils, Krug Weißbier und Krug Urstoff. Bock je nach Saison.

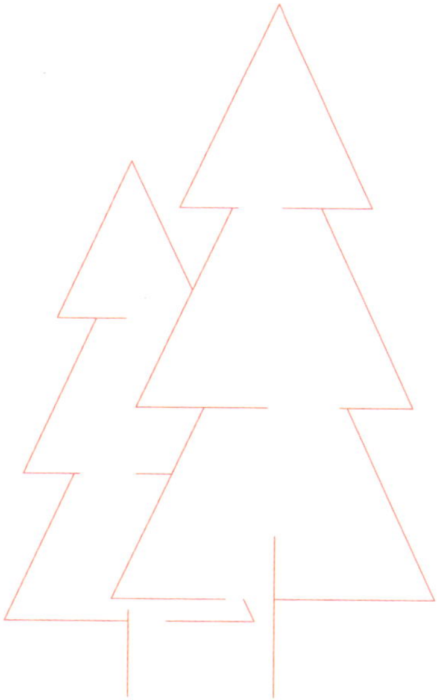

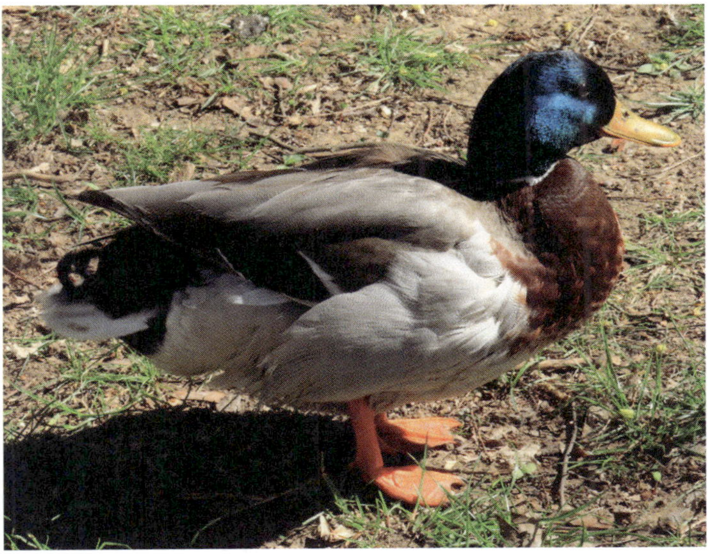

PRAKTISCHE INFORMATIONEN

Brauerei-Gasthof Krug
Breitenlesau 1b
91344 Waischenfeld (Breitenlesau)
09202 / 835
www.krug-braeu.de

Öffnungszeiten: Mittwoch bis Sonntag sowie an Feiertagen 9–23 Uhr
Montag und Dienstag Ruhetag

Es stehen Fremdenzimmer zur Verfügung. Wegen hoher Nachfrage am besten vorab buchen.

Brauerei-Gaststätte Schroll Zum Weißen Lamm
Nankendorf 41
91344 Waischenfeld (Nankendorf)
09204 / 248

Öffnungszeiten: Mittwoch bis Montag ab 9 Uhr
Dienstag Ruhetag

Brauerei Heckel
Vorstadt 3
91344 Waischenfeld
09202 / 493

Öffnungszeiten: Dienstag bis Freitag 16.30–22 Uhr
Samstag 9.30–1 Uhr
Sonn- und Feiertage 10–12.30 und 16.30–22 Uhr

AUFSEẞ

GUINNESS-WELTREKORDHALTER FÜR DIE GRÖẞTE BRAUEREIDICHTE PRO EINWOHNER

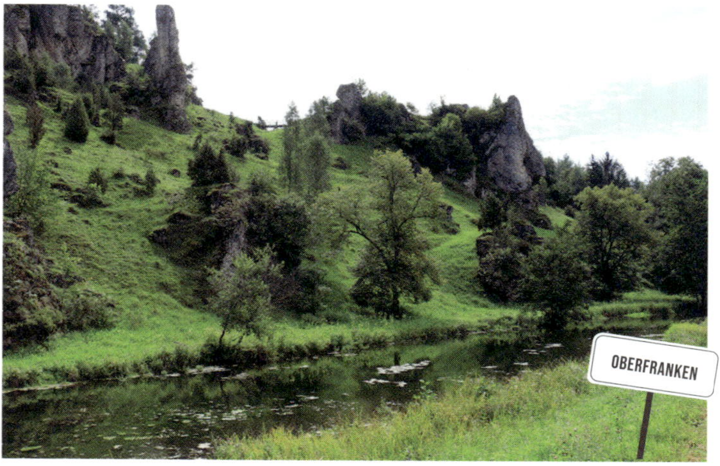

START	ZIEL
BRAUEREIGASTHOF REICHOLD, HOCHSTAHL	BRAUEREIGASTHOF REICHOLD, HOCHSTAHL
BIER	SCHWIERIGKEITSGRAD
REICHOLD LAGER	MITTELSCHWERE WANDERUNG
KARTE	LÄNGE/GEHZEIT
ATK25 D10 HOLLFELD	14 KM 3-4 STUNDEN
SEHENSWÜRDIGKEITEN	HÖHENMETER
SCHLOSS UNTERAUFSEẞ, OSTERBRUNNEN (AN OSTERN), BÄUERLICHE LANDSCHAFT, FELSFORMATIONEN, KIRCHE IN HOCHSTAHL	AUFSTIEG: 245 M ABSTIEG: 241 M

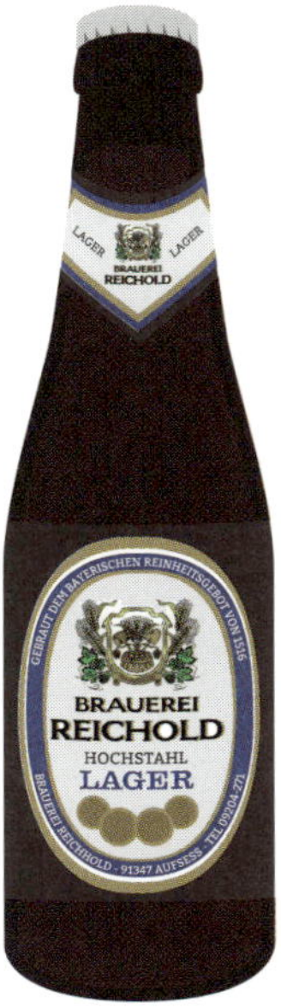

4,9 % ALKOHOL-GEHALT

LAGER

HELL BERNSTEINFARBEN BIS GOLDGELB, CREMIGER SCHAUM

GETREIDIG

AUSGEWOGEN MALZIG-HOPFIG

BITTERE SÜẞE

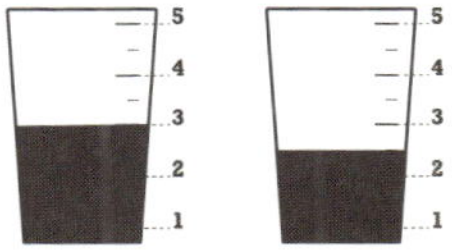

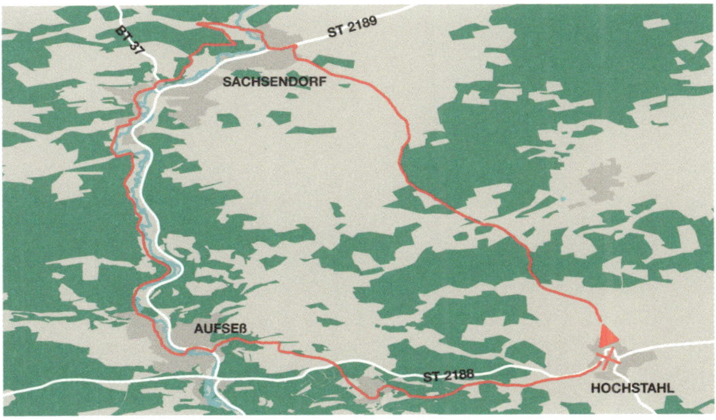

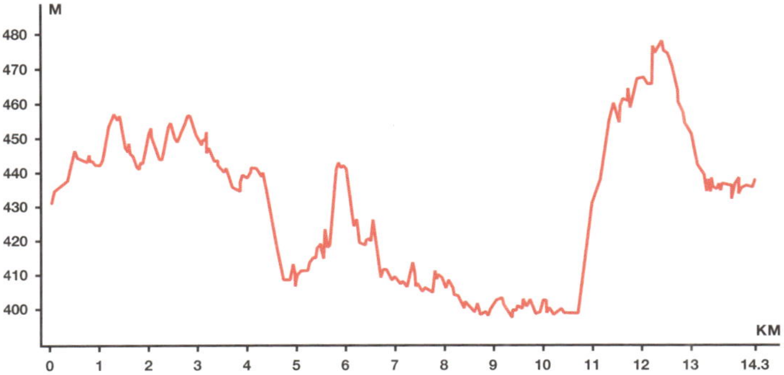

WEGBESCHREIBUNG

Franken ist bekannt für seine hohe Brauereidichte, aber Aufseß ist in dieser Hinsicht besonders gesegnet. Dem *Guinness-Buch der Rekorde* zufolge konnte die Gemeinde im Jahr 2000 die meisten Brauereien pro Person aufweisen. Fairerweise muss man eingestehen, dass es in der Stadt Aufseß nur eine einzige Brauerei gibt – drei weitere befinden sich in drei Nachbarortschaften, die jedoch dieselbe Postleitzahl haben. Die gesamte Gemeinde hat weniger als 1500 Einwohner. Um die Gegend besser erkunden zu können, hat die Gemeinde Aufseß vorhandene Wanderwege neu beschildert und einen eigenen Brauereienweg kreiert, der sich dank seiner überschaubaren Länge und der herrlichen Landschaft, die er durchquert, großer Beliebtheit erfreut.

Die Busse von und nach Bamberg verkehren nicht besonders häufig. Besser ist die Anbindung an Ebermannstadt, das von Forchheim aus gut per S-Bahn zu erreichen ist. Am Wochenende ist der Busverkehr von dort sogar besser. Mit dem Auto ist es natürlich einfacher, zumal die Gegend rund um Aufseß jede Menge Sehenswürdigkeiten und noch mehr Brauereien bietet. Mit öffentlichen Verkehrsmitteln von einem Ort zum anderen zu kommen ist durchaus möglich, erfordert aber mehr Planung im Voraus und viel Geduld.

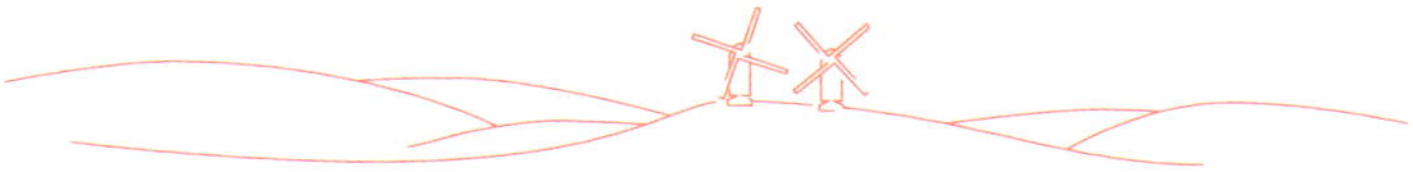

Sie können den Brauereienweg in jeder der Ortschaften entlang des Wegs beginnen, aber Hochstahl und Aufseß bieten sich als Startpunkte an, wenn Sie ohne Auto anreisen, und beide haben Brauereigasthöfe mit Übernachtungsmöglichkeiten. Beide sind ziemlich gut, aber weil ich Reichold in Hochstahl besonders mag, startet meine Wanderbeschreibung dort. Vom schönen Außenbereich der Brauereigaststätte Reichold aus wenden Sie sich nach links. Die Wegweiser des Brauereienwegs zeigen in beide Richtungen, und da es ein Rundweg ist, können Sie nichts falsch machen. Ich gehe gerne gegen den Uhrzeigersinn, da hier zunächst eine ganze Weile keine Brauerei kommt, dafür aber im letzten Abschnitt eine ganze Reihe nacheinander. Halten Sie Ausschau nach Schildern in Richtung Sachsendorf und folgen Sie dem Weg aus dem Dorf hinaus. Bei der nächsten Gabelung links halten. Dieses Teilstück ist außerdem mit roten Punkten markiert, einem anderen Wanderweg. Generell ist der Brauereienweg sehr gut markiert, ein weiterer Grund für seine Beliebtheit. Sie laufen durch Felder und Äcker und gelangen dann in ein kleines Waldstück – zu klein für einen heißen Tag! Bei der Weggabelung am Ende des Wäldchens wieder links halten, hier verlassen Sie den Rote-Punkte-Pfad und folgen dem Brauereienweg. Bei den nächsten beiden Gabelungen rechts halten. Der Weg führt durch ein paar weitere bewaldete Abschnitte direkt nach Sachsendorf. An der Hauptstraße nach links abbiegen zum Brauereigasthof Stadter. Dort wird nur ein Bier gebraut, aber das ist der Knaller! Auch ihre knusprig gebratenen Schnitzel sind im weiten Umkreis bekannt.

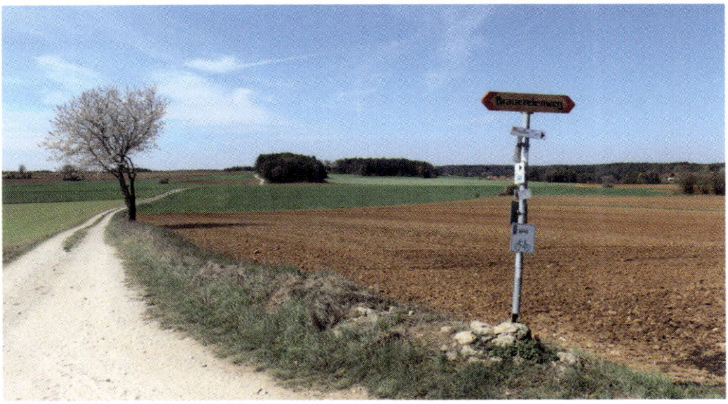

Nach der kleinen Pause geht es wieder auf den Rundweg. Sie können die Hauptstraße ein Stück zurückgehen, um wieder auf den Weg zu kommen, aber da es bergauf geht, können Sie genauso gut der Hauptstraße weiter bergab folgen, bis Sie rechter Hand auf die Schloßstraße stoßen. An der Ecke steht eine hübsche kleine Kapelle, und an Ostern ist der Brunnen schön mit bunten Eiern geschmückt. Sie biegen rechts in die Schloßstraße ein. Ich will Sie nicht verwirren, aber wenn Sie in die andere Richtung gelaufen wären, hätten Sie auch die Schloßstraße erreicht, hätten dann aber links abbiegen müssen. Ich erwähne das, weil Ihnen, wenn Sie nach dem Weg fragen, vielleicht beide Optionen genannt werden. Mein Vorschlag ist etwas kürzer und genauso malerisch, weil Sie an der kleinen Kapelle vorbeikommen. Kurz danach vereinigen sich die beiden Arme der Schloßstraße. An dieser Gabelung gehen Sie (bei der von mir favorisierten Variante) nach links. Wenig später biegen Sie links in den Wald ab und der Pfad wird deutlich schmaler. Dieser Weg führt erst ein Stück zurück in die Richtung, aus der Sie kamen, und schlängelt sich dann weiter das Tal entlang.

Nach diesem schönen Abschnitt gelangen Sie nach Neuhaus und biegen links auf die größere Straße ab, die eine Kurve macht. An der Kreuzung rechts in die Talstraße einbiegen. Hier sehen Sie schon Schilder nach Aufseß, es ist nur etwa 3 km entfernt. Folgen Sie der Talstraße und nach einer Weile tauchen linker Hand ein paar Felsformationen auf, an denen sich vielleicht gerade ein paar Kletterer abarbeiten. Biegen Sie dann, den Markierungen des Brauereienwegs folgend, nach rechts auf die kleinere Straße ab und kurz darauf nach links, auf einen schmalen Fußpfad. Bei der nächsten T-Kreuzung geht es links auf die Mühlengrundstraße, kurz danach gleich rechts auf einen schmaleren Weg. Folgen Sie diesem hübschen Pfad, der dem mäandernden Flüsschen Aufseß folgt. Irgendwann wird der Pfad zur Neuhauserstraße; dort, wo diese sich gabelt, links halten. Der Neuhauserstraße bis zur nächsten Kreuzung folgen und dort halb links in die Brunnengasse, die dann zum Soldatenweg wird. Die Straßennamen sind eigentlich nicht weiter wichtig, weil der Weg so gut markiert ist. Sie spazieren durch das hübsche Dorf und sehen bald das Schloss Unteraufseß in einiger Entfernung auftauchen. Am Ende der Straße links abbiegen in den Burggraben, über die Brücke, unter der die Aufseß hindurchfließt, danach rechts auf die Straße Im Tal abbiegen. Der Brauereigasthof Rothenbach kommt nach wenigen Metern auf der rechten Seite, zu Füßen von Schloss Unteraufseß – es gibt sicher nicht viele Brauereien in Deutschland, die derart idyllisch gelegen sind. Es gibt eine schöne Auswahl an Bieren vom Fass. Gebraut wird hier seit 1886. Aber nicht übertreiben mit dem Bier – es liegen noch ein, zwei weitere Brauereien vor Ihnen!

Wenn Sie den Brauereigasthof verlassen, überqueren Sie die Straße und suchen nach den Brauereienweg-Markierungen und nach Hinweisschildern Richtung Heckenhof (ca. 1,4 km entfernt). So landen Sie auf der Hochstahler Straße. Nach einem etwas steilen Anstieg wird sie zu einem schmaleren Weg und führt durch Äcker und Wiesen. Den Markierungen folgend nach rechts abbiegen. Bald darauf überqueren Sie die St 2188 (Vorsicht: manchmal stark befahren!) und sehen Schilder, die zum Parkplatz von Kathi-Bräu weisen. Nun müssen Sie ein Stück die Straße entlang, die vor allem bei Motorradfahrern beliebt ist. Doch die Belohnung ist nah: Die Brauereigaststätte Käthi-Bräu Heckenhof zählt zu den schönsten Schankwirtschaften Bayerns. An das schöne alte Gebäude schließt sich ein beliebter Biergarten an. Seit 1498 wird hier Dunkles Lagerbier gebraut, das im ganzen Umkreis beliebt ist, und das dunkle Bockbier, das es nur von März bis April gibt, passt hervorragend zu einem Stück ihrer hausgemachten Kuchen! Das haben Sie sich nach der bis jetzt zurückgelegten Strecke verdient! Von hier aus ist es nur noch ein kurzes Stück bis zum Startpunkt unserer Wanderung.

Gehen Sie den Weg, auf dem sich der Biergarten befindet, weiter und biegen Sie am Ende der Straße links ab. Auf dem Weg durch das Dörfchen Heckenhof folgen Sie den Schildern Richtung Hochstahl und der Brauereienweg-Markierung. Der Weg wird zur Schotterstraße, die durch Felder und etwas Wald führt. Sie kommen wieder an der St 2188 heraus, aber zum Glück gibt es seitlich einen Fuß- und Radweg. Jetzt ist es nicht mehr weit, bald können Sie die Kirchturmspitze sehen. Die Straße führt direkt zum Brauereigasthof Reichold zurück, und wenn Sie rechtzeitig gebucht haben, wartet schon Ihr Zimmer auf Sie.

BRAUEREIGASTHOF REICHOLD

Die 1906 gegründete Brauerei Reichold ist der jüngste Zuwachs des Brauereienwegs, aber trotzdem eine der beliebtesten Schankwirtschaften, nicht zuletzt wegen ihrer fränkischen Spezialitäten und der guten Bierauswahl. Die Schäuferla mit Klöß und Sauerkraut sind sehr zu empfehlen. Das familiengeführte Unternehmen bietet auch Übernachtungsmöglichkeiten und ist damit ein idealer Ausgangspunkt für Ausflüge aller Art.

Bier vom Fass: Reichold Lagerbier, Reichold Zwickl, Reichold Dunkelbier und Reichold Weizen. Das Weizen habe ich nicht probiert, aber alle anderen sind hervorragend gebraut. Ich mag das Lagerbier am liebsten, vor allem nach einer langen Wanderung.

PRAKTISCHE INFORMATIONEN

Brauereigasthof Reichold
Hochstahl 24
91347 Aufseß (Hochstahl)
09204 / 271
www.brauerei-reichold.de

Öffnungszeiten von April bis Oktober:
Montag ab 17 Uhr (November bis März: Montag Ruhetag)
Dienstag und Mittwoch geschlossen
Donnerstag bis Sonntag 8–23 Uhr

Brauerei-Gastwirtschaft Kathi-Bräu Heckenhof
Heckenhof 1
91347 Aufseß (Heckenhof)
09198 / 277

Öffnungszeiten:
Montag bis Freitag 11–19 Uhr
Samstag, Sonntag und an Feiertagen 9–19 Uhr

Brauereigasthof Stadter
Hauptstraße 26
91347 Aufseß (Sachsendorf)
09274 / 81 93
www.braulehrer.de

Öffnungszeiten:
Dienstag ab 17 Uhr
Mittwoch bis Freitag ab 10 Uhr
Samstag, Sonntag und an Feiertagen ab 9 Uhr
Montag Ruhetag (wenn der Montag ein Feiertag ist, ist der Gasthof am Dienstag geschlossen)

Brauereigasthof Rothenbach
Im Tal 70
91347 Aufseß (Aufseß)
09198 / 929 20
www.brauereigasthof-rothenbach.de

Täglich geöffnet 11–22 Uhr (von Mitte April bis Mitte Oktober; Winteröffnungszeiten auf der Website)

Zimmer können über die Website gebucht werden.

HUPPENDORF

EINE REISE ZUR FRÄNKISCHEN BRAUEREILEGENDE HUPPENDORFER

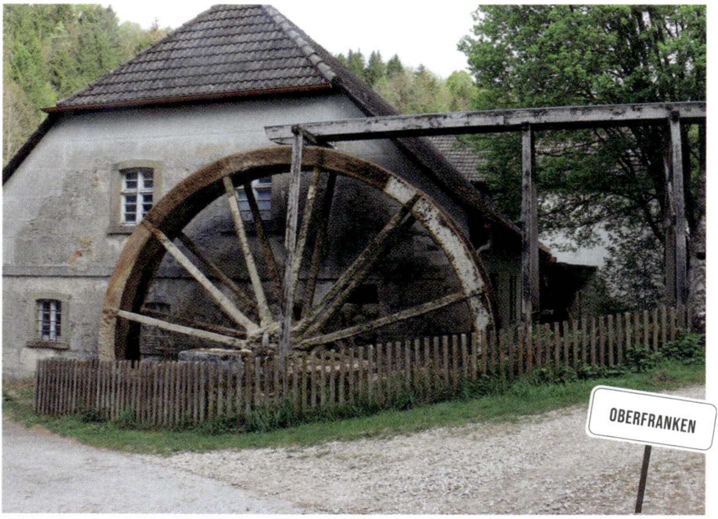

START	ZIEL
BRAUEREI GRASSER, HUPPENDORF	BRAUEREI GRASSER, HUPPENDORF
BIER	SCHWIERIGKEITSGRAD
HUPPENDORFER VOLLBIER	MITTELSCHWERE WANDERUNG
KARTE	LÄNGE/GEHZEIT
ATK25 D10	16 KM
HOLLFELD	3,5–4 STUNDEN
SEHENSWÜRDIGKEITEN	HÖHENMETER
HEROLDSMÜHLE, TUMMLER, KAPELLE ZUM HEILIGEN LAURENTIUS	AUFSTIEG: 280 M ABSTIEG: 295 M

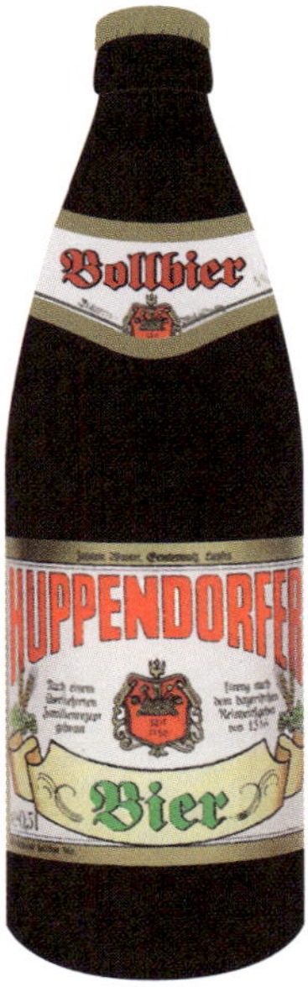

5,0 % ALKOHOL-GEHALT

KLASSISCHES FRÄNKISCHES LAGER

INTENSIV BERNSTEINFARBEN

GETREIDIG,
MALZIG,
HEU

MALZIG, SCHWACH GETREIDIG; TROCKEN, BITTER-SÜß IM ABGANG

BITTERE SÜßE

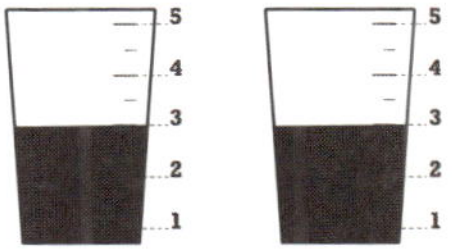

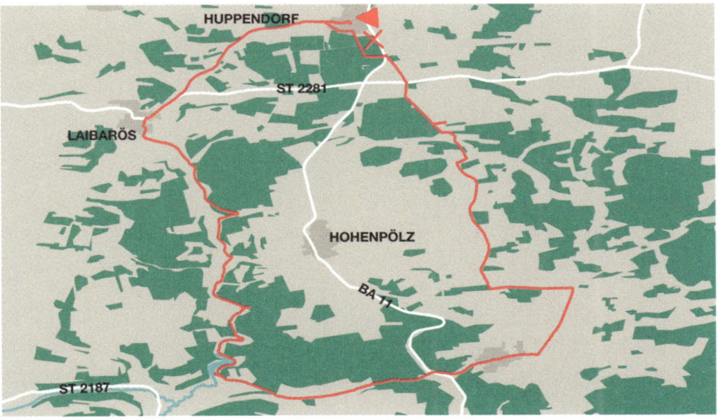

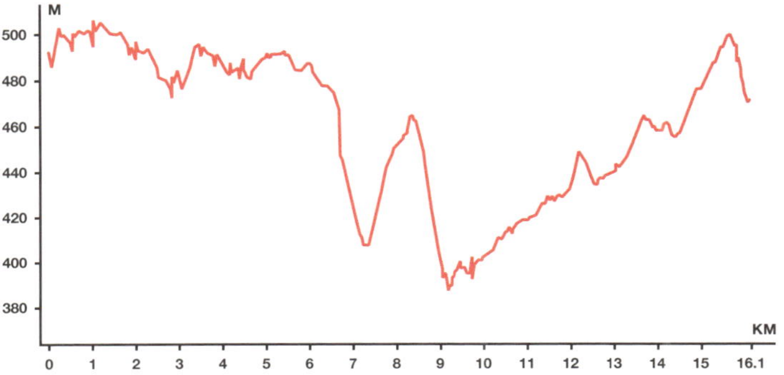

WEGBESCHREIBUNG

Tummler ist die fränkische Bezeichnung für Karstquellen, die in der trockenen Jahreszeit versiegen und nach sehr starken Regenfällen oder bei der Schneeschmelze schütten. Doch die klimatischen Veränderungen werden auch hier spürbar: Früher gab es in dieser Gegend am Ende des Winters traditionell sehr ergiebige Niederschläge, aber als ich kürzlich in jener Jahreszeit einen Ausflug dorthin unternahm, war alles ziemlich trocken, obwohl es am Tag davor geregnet hatte. Dennoch ist es ein hübsches Tal, mit einer malerischen alten Mühle und einer hohen Wahrscheinlichkeit, einer Schafherde zu begegnen (ich habe allerdings letztes Mal keine gesehen). Ich muss aber zugeben, dass ich, als ich Überschwemmungs-Fotos von dem Gebiet sah, ganz froh war, dass ich bei meiner Wanderung keine nassen Füße bekam.

Der komplette Wanderweg ist 23 km lang, beinhaltet im südlichen Abschnitt einige anstrengende Auf- und Abstiege und kann sieben Stunden dauern. Das ist ziemlich lang, auch wenn zwei Brauereien auf der Wegstrecke liegen, deshalb habe ich die Route halbiert. Die hier beschriebene Strecke beinhaltet die legendäre Brauerei Grasser, besser bekannt als Huppendorfer.

Zwar verkehrt ein Bus zwischen Huppendorf und Bamberg, aber nur sehr selten. In den Schulferien gibt es nur einen Rufbus. Deswegen würde ich hier die Anreise mit dem Auto empfehlen.

Wenn Sie die Brauerei verlassen, wenden Sie sich nach rechts. Bei der Kreuzung sehen Sie rechts den Schützenverein. Sie gehen nach links und folgen den Fahrradschildern Richtung Litzendorf/Laibarös. Bei der folgenden Kreuzung biegen Sie links ab und dann gleich noch einmal nach links. Halten Sie Ausschau nach schwarzen, dreieckigen Schildern mit einem weißen Bierkrug darauf. Bei der nächsten Abzweigung biegen Sie rechts ab. Die Straßen sind namenlos, aber ausreichend mit Bierkrug-Schildern bestückt. Am Ende dieses kleinen Feldwegs bleibt Ihnen nichts anderes übrig, als nach links zu gehen. Sie treffen auf eine Landstraße, die Sie überqueren, und sehen eine kleinere Straße, auf die Sie rechts einbiegen. Sie befinden sich jetzt auf dem blau-gelb markierten Wanderweg namens Kapellenweg. Die beiden Wanderwege werden Sie ein Stück begleiten. Bald darauf überqueren Sie die Landstraße St 2281. Wenig später geht zu Ihrer Linken ein markierter Pfad ab: ein lohnenswerter kurzer Abstecher zur Laurentiuskapelle. Sie gehen weiter, bis sich der Kapellenweg in eine blaue und eine gelbe Route aufspaltet. Sie laufen weiter geradeaus auf der Route mit dem gelben Kreis. Der Weg schlängelt sich nach Hohenpölz, aber dort wollen wir gar nicht hin. Stattdessen folgen Sie den schwarzen Bierkrug-Schildern, sobald diese von den gelben Kapellenweg-Zeichen abweichen. Achten Sie auf die hübsche Kirche in Hohenpölz, während Sie in einiger Entfernung am Dorf vorbeilaufen. Falls Sie sich jetzt immer noch auf den Ort zubewegen, befinden Sie sich wahrscheinlich noch auf dem gelben Kapellenweg und müssen ein Stück zurück.

Sie lassen die Kirche hinter sich und steuern auf das Dorf Brunn zu. Dieser Abschnitt ist ziemlich gut mit Bierkrug-Schildern markiert. An einer Stelle gehen Sie nach links und gleich darauf wieder nach rechts. Wenn Sie auf die Hauptstraße treffen, biegen Sie rechts ab und laufen in das Dorf Brunn hinein, wo es außer der hübschen Stephanskirche und ein paar Hähnen nicht viel zu sehen gibt. Es gibt zwar Fremdenzimmer, aber leider keine Gaststätte, wo man etwas zu essen oder ein Bier bekommen könnte. Sie laufen weiter durchs Dorf, verlassen es auf der Hauptstraße und gehen eine steile Straße hinunter, die mit rot-weißen Dreiecken auf viereckigen Schildern markiert ist: Hierbei handelt es sich um den IFS-Weg, einen gut beschilderten, 100 km langen Rundweg durch die Fränkische Schweiz. Den Schildern werden Sie hier in der Gegend öfter begegnen. Auch wenn Sie gerade auf Asphalt laufen, können Sie sich an der schönen Umgebung erfreuen. Wenn Sie nach links schauen, sehen Sie in der Ferne das Schloss Greifenstein auf dem Hügel thronen. Am Ende der steilen Straße überqueren Sie die verkehrsreiche Landstraße BA 11 und folgen weiterhin dem IFS-Weg, allerdings auf einer weniger befahrenen Straße, bis diese nach links abbiegt. An dieser Stelle verlassen Sie den IFS-Weg. Stattdessen laufen Sie ein Stück die vielfach markierte Straße entlang, bis Sie zu einer Gabelung kommen. Sie nehmen den mittleren der drei möglichen Wege, der mit dem Frankenweg-Schild markiert ist. Der Frankenweg ist insgesamt 500 km lang, aber keine Angst, so weit weg ist Huppendorf nicht.

Nun tauchen die ersten Schilder Richtung Heroldsmühle auf, eine hübsche, kleine Stadt mit einer romantischen alten Mühle. Die Mühle wurde im Jahr 1355 erstmals urkundlich erwähnt, aber vom ursprünglichen Gebäude ist nichts erhalten. Immerhin hängt noch das riesengroße alte Wasserrad an der Fassade des 1975 renovierten Hauses. Nachdem Sie das Mühlrad gebührend bestaunt haben, laufen Sie auf dem Pfad rechts von der Mühle weiter, der unter anderem die Markierung des Frankenwegs trägt. Dieser übersichtliche Abschnitt führt zuerst durch einen Wald und dann in ein offenes Tal. Dies ist das Trockental der beiden Tummler, nach denen der Wanderweg benannt ist. Wie bereits erwähnt, war das Flusstal trocken, als ich durchmarschierte, und auch bei einem Ausflug zum Großen Tummler zeigte sich kein Wasser. Auf der Tafel, die vor Ort über diese Karstquellen informiert, können Sie aber sehen, dass es durchaus nass werden kann.

Der Weg schlängelt sich durch das schöne Tal und Frankenweg-Markierungen wechseln sich mit Bierkrug-Schildern ab. Nach diesem schönen Abschnitt treffen Sie auf eine kleine Straße und gehen nach rechts. Bald darauf gesellt sich zu den Frankenweg-Schildern und den Bierkrügen der uns wohlbekannte gelb markierte Kapellenweg. Sie verlassen die Straße und wenden sich nach links. Bald darauf gabelt sich der Weg und Sie halten sich rechts. Wenn dieser Weg wieder auf eine andere Straße trifft, gehen Sie ein kurzes Stück nach rechts und dann wieder nach links, auf ein kurzes Waldstück zu. Die bekannten Markierungen weisen den Weg. Jetzt laufen Sie auf Laibarös zu. Am Ende der Straße biegen Sie rechts ab und passieren den Ortseingang. Das kleine Städtchen ist recht reizvoll und wartet gleich zu Beginn mit einem reich verzierten eisernen Kruzifix auf. Die Schilder führen Sie zur Landstraße St 2281, auf die Sie rechts abbiegen. Die Hauptstraße ist mit schwarzen Kreisen markiert, ab und zu sieht man auch einen Bierkrug. An der Straßengabelung nehmen Sie den mittleren Weg, den kleinsten der drei möglichen, und lassen die viel befahrene St 2281 hinter sich. Dieser Pfad bringt Sie zurück nach Huppendorf. Schwarze Kreise und Bierkrüge weisen den Weg und steigern die Vorfreude auf das wohlverdiente Bier. Das letzte Stück des Wegs kennen Sie schon vom Anfang der Wanderung. Beim Schützenverein biegen Sie rechts ab, und schon stehen Sie wieder vor der Brauerei Grasser.

BRAUGASTSTÄTTE GRASSER

Die 1503 gegründete Braugaststätte Grasser kann auf eine lange fränkische Brautradition zurückblicken, ist aber auch ein innovatives Unternehmen, das sich ständig weiterentwickelt, der Zukunft zugewandt und gleichzeitig der Tradition verpflichtet. Die Familie Grasser übernahm die Brauerei 1750. Ihr Vollbier ist in der ganzen Region beliebt und man findet es sogar in einigen Kneipen in Bamberg, aber es gibt keinen besseren Ort, dieses Bier zu kosten, als in ihrer gut besuchten Gaststube in dem Bauerndörfchen Huppendorf. Die Leute fahren kilometerweit, um sich ein oder zwei »Huppi« zu genehmigen. Doch die Brauerei ruht sich nicht auf diesen Lorbeeren aus, sondern hat neben einer großen Auswahl an traditionellen Biersorten eine für eine so kleine Landbrauerei erstaunliche Vielfalt an Spezialbieren im Angebot. Kein Wunder, dass Grasser als fränkische Brauereilegende gilt.

Zusätzlich zu Brauerei und Gaststätte haben sie eine eigene Brennerei, eine Metzgerei und vor allem Zimmer zum Übernachten. In diesem familiengeführten Unternehmen arbeiten alle mit und die Chancen stehen gut, dass sie das noch lange fortführen werden. Unter der Woche gibt es in der Regel einfache warme Gerichte und ihre großartigen Brotzeit-Variationen. Das halbe Hähnchen ist ein Gedicht! An jedem zweiten Sonntag gibt es außerdem einen fränkischen Mittagstisch, der von den Einheimischen rege genutzt wird.

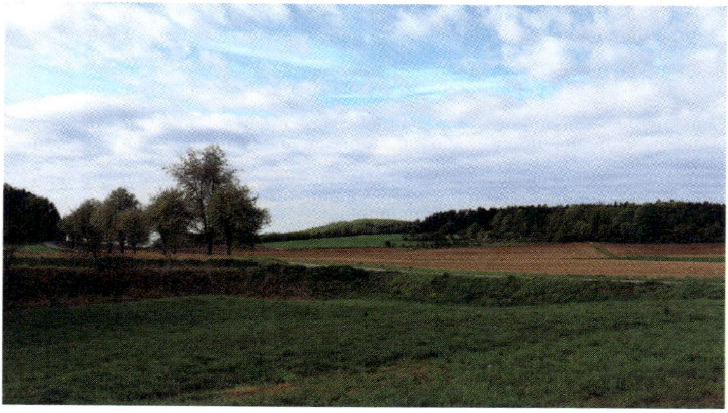

Huppendorfer ist stolz darauf, regionale Zutaten zu verarbeiten. Die Gerste kommt von umliegenden Bauern und wird in Bamberg bei Weyermann oder in Kulmbach bei Zeitler vermalzt. Sie verwenden hauptsächlich Aromahopfen aus der Hallertau, aber auch andere Hopfensorten kommen zum Einsatz, um bestimme geschmackliche Nuancen zu erzielen. Das Wasser im Dorf (und damit auch fürs Bier) kommt aus dem Trockental zwischen Laibarös und Heroldsmühle, dem Tal, durch das Sie gerade gewandert sind.

Bier vom Fass: Huppendorfer Vollbier, Huppendorfer Pils, Huppendorfer Weizen, Huppendorfer Zwickl plus das jeweilige Saisonbier: Josefibock, Märzen, Export, Grachäds, Kathreinbock, Weihnachtsfestbier oder Winterweizen.

Bis auf das Winterweizen habe ich alle Saisonbiere durchprobiert und die meisten sind vorzüglich, einige sind umwerfend. Diese Brauerei ist ein Phänomen!

PRAKTISCHE INFORMATIONEN

Braugaststätte Grasser
Huppendorf 25
96167 Königsfeld (Huppendorf)
09207 / 270
www.huppendorfer-bier.de

Mittwoch bis Samstag 9–22 Uhr
Montag und Dienstag Ruhetag

Fränkischer Mittagstisch jeden zweiten Sonntag und Feiertag nach Aushang
Sonntag mit Mittagstisch ab 9 Uhr, ansonsten 15–22 Uhr

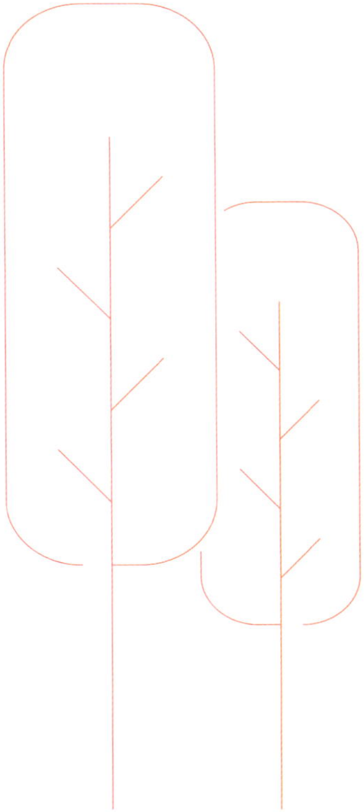

OBERLEINLEITER

AUF DEM PANORAMAWEG MIT AUSSICHT AUF DAS SCHLOSS GREIFENSTEIN

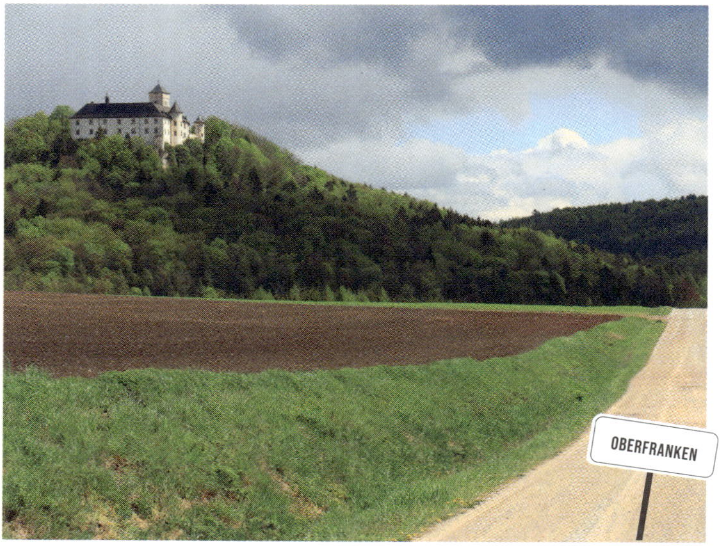

START	ZIEL
BRAUEREI-GASTHOF OTT, OBERLEINLEITER	BRAUEREI-GASTHOF OTT, OBERLEINLEITER
BIER	SCHWIERIGKEITSGRAD
OTT ORIGINAL OBALADARA	MITTELSCHWERE WANDERUNG
KARTE	LÄNGE/GEHZEIT
ATK25-E10 EBERMANNSTADT	11 KM 2,5–3 STUNDEN
SEHENSWÜRDIGKEITEN	HÖHENMETER
SCHLOSS GREIFENSTEIN, KREUZSTEIN, BÄUERLICHE LANDSCHAFT	AUFSTIEG: 350 M ABSTIEG: 330 M

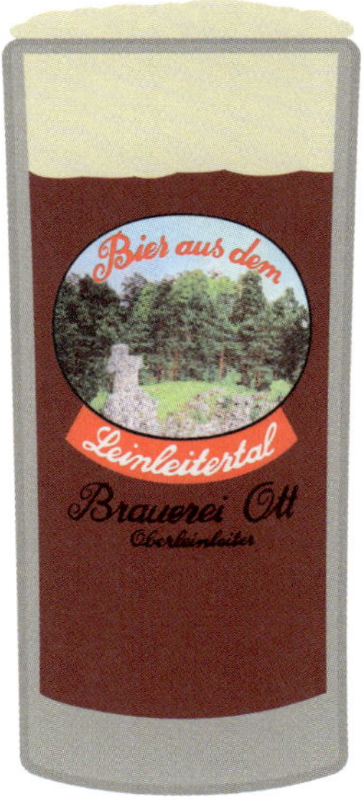

5,3 % ALKOHOL-GEHALT

DUNKLES

HELLES KASTANIENBRAUN; STABILER, GRAUWEIẞER SCHAUM

MALZIG, SCHWACH SCHOKOLADIG

SCHOKOLADIG-MALZIG, HOPFENNOTEN; TROCKENER, BITTER-SÜẞER ABGANG

BITTERE SÜẞE

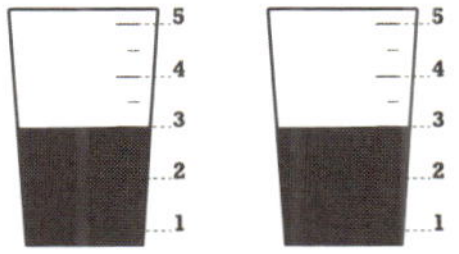

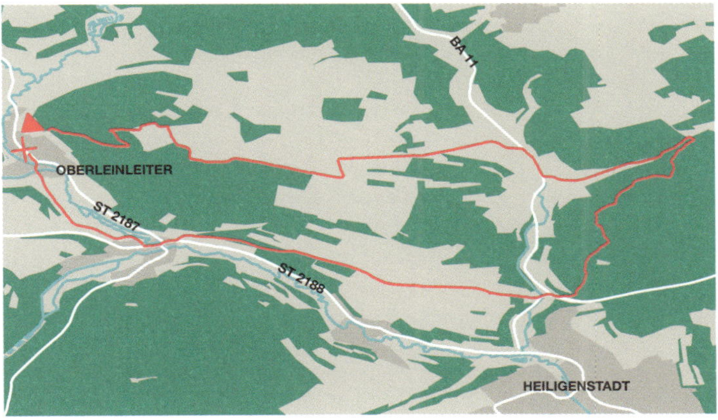

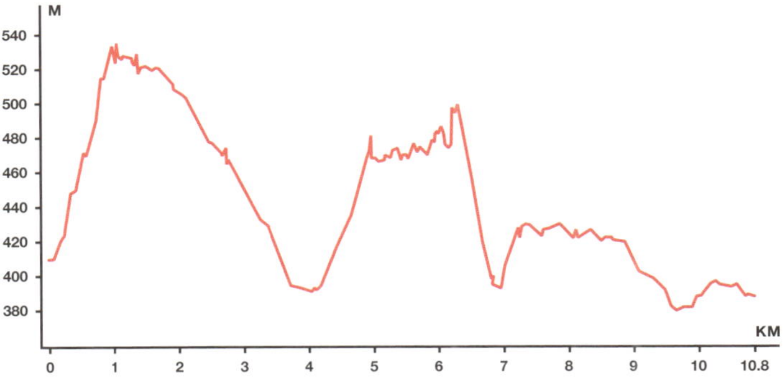

WEGBESCHREIBUNG

Oberleinleiter liegt in einem hübschen Tal am Oberlauf der Leinleiter in der Fränkischen Schweiz. Sein Wahrzeichen ist der Kreuzstein, ein über 500 m hoher Felsen, von dem aus man einen fantastischen Rundumblick hat. Das Dorf liegt auf mehreren Wanderstrecken, ist Teil des Tummler-Wanderwegs und die Heimat der Brauerei Ott. Die hier beschriebene Route beinhaltet einen Teil der unteren Hälfte des Tummler-Wegs sowie einen Teil des malerischen Panoramawegs. Sie erklimmen den Kreuzstein, und vom Panoramaweg aus genießen Sie den Blick auf Schloss Greifenstein.

Oberleinleiter ist unter der Woche von Bamberg aus mit dem Bus zu erreichen. Am Wochenende verkehren keine Busse. Die Fahrt dauert etwa 40 Minuten. Das nahe Heiligenstadt ist von Ebermannstadt aus gut zu erreichen. Am besten nutzen Sie Heiligenstadt als Basis und wandern von hier aus nach Oberleinleiter. Angesichts der zahlreichen guten Brauereien in der Umgebung bietet es sich an, mit dem Auto anzureisen und über Nacht zu bleiben.

Wenn Sie den Brauerei-Gasthof Ott verlassen, wenden Sie sich nach rechts und laufen die Durchgangsstraße entlang. Der Wanderweg taucht gleich auf der rechten Seite auf, ein Schild markiert den Brauereienwanderweg und eines den Weg zum Kreuzstein. Der ist nur 1 km entfernt, aber es geht steil nach oben. Sie folgen dieser Straße und biegen an den Garagentoren vor Ihnen nach links ab. Dann biegen Sie rechts ab auf eine Asphaltstraße, die wirklich schnell an Höhe gewinnt. Wenn Sie an eine T-Kreuzung kommen, gehen Sie links und folgen dem Weg, bis Sie zu Ihrer Rechten ein Wanderschild Richtung Kreuzstein sehen. Zusätzlich gibt es ein schwarzes Schild mit einem Bierkrug darauf, das gilt für einen der beiden örtlichen Bierwanderwege. Sie verlassen den asphaltierten Weg, aber gehen weiter bergauf. Nach einem kurzen Stück durch den Wald laufen Sie auf einem schmalen Pfad über eine kleine Wiese. Auf der anderen Seite geht es wieder in den Wald und weiter bergauf, den Schildern Richtung Kreuzstein folgend. Kurz vor der 1-km-Marke erreichen Sie den Aussichtspunkt. Dort steht auch eine Bank, auf der Sie verschnaufen können. Danach folgen Sie den schwarzen Schildern mit Bierkrug, die Sie vom Aussichtspunkt wegführen. Bald laufen Sie am Waldrand entlang und schauen rechts aufs offene Feld. Bei der nächsten Abzweigung gehen Sie rechts Richtung Basaltbrüche. Dieser Abschnitt ist sowohl mit einem roten Punkt als auch mit einem grünen Schrägstrich markiert. Der Weg führt durch ein Feld, erreicht den Waldrand und biegt nach links ab. Sie laufen wieder am Waldrand entlang, lassen dann die Bäume hinter sich und gelangen ungefähr bei der 2,5-km-Marke an eine T-Kreuzung. Hier gehen Sie nach links und biegen kurz darauf rechts ab. Diese Straße führt nach Reckendorf und ist mit dem roten Punkt markiert. Zuerst geht es geradeaus, es folgen eine Rechts- und eine Linkskurve und Sie stoßen auf die Hauptverkehrsstraße. Der Markierung folgend biegen Sie rechts ab und folgen der Straße nach Reckendorf hinein. An der Kreuzung befindet sich eine Bushaltestelle und auch der rote Punkt ist zu sehen. Hier gehen Sie nach links, laufen durch das Örtchen hindurch und verlassen Reckendorf wieder. Sie bleiben etwa 750 m auf dieser asphaltierten Straße und halten dann auf der rechten Seite Ausschau nach einem Weg, der mit dem Bierkrug und anderen Wanderschildern markiert ist. Eines der Schilder weist den Weg zur Gotischen Kapelle: ein roter Punkt mit einem roten Dreieck an der Seite. Sie folgen diesem unbefestigten Pfad in den Wald und biegen bei der ersten Gelegenheit rechts ab. Von den roten Wegmarkierungen begleitet, schlängelt sich der Weg durch den dichten Wald. Dieser Abschnitt ist der schönste! Sie kommen an der zugewachsenen Ruine einer alten gotischen Kapelle vorbei (zu Ihrer Rechten) und später passieren Sie einen schmalen Durchlass, der links von fast senkrechten Felsen begrenzt wird. Sie folgen dem Wegverlauf in eine Linksbiegung und stoßen ungefähr bei Kilometer 6 auf eine weitere Abzweigung. Hier gehen Sie nach rechts und folgen einem anderen Brauereienweg: ein weißes Schild mit der roten Aufschrift »Heiligenstadt-Leinleitertal«. Unmittelbar danach gabelt sich der Weg, und Sie halten sich rechts Richtung Heiligenstadt. Zahlreiche andere Schilder markieren den deutlich erkennbaren Pfad, darunter ein senkrechter roter Balken und einige Dreiecke mit Nummern darin. Der Weg führt zu einer asphaltierten Straße hinunter. Sie sehen, dass der Pfad auf der anderen Straßenseite geradeaus weiter Richtung Heiligenstadt führt, gehen stattdessen aber nach rechts auf das Dorf Neumühle zu. Die Markierung dieser Strecke ist ein horizontaler grüner Balken auf weißem Grund. Die Straße macht eine Linkskurve und Sie kommen an einer Bushaltestelle vorbei. Gleich danach sehen Sie auf der rechten Seite ein Schild mit einem grünen Balken, das den Weg nach Oberleinleiter weist. Die dazugehörige schmale Teerstraße geht zunächst ziemlich steil bergauf, verläuft dann aber gerade. Sie befinden sich nun auf dem Panoramaweg und sehen, wenn Sie nach rechts blicken, Schloss Greifenstein. Sie folgen dem ebenen, asphaltierten Sträßchen und genießen das Panorama. Vergessen Sie nicht, ab und zu zurückzuschauen, denn das Schloss sieht auch aus der Ferne wirklich eindrucksvoll aus. Sie überqueren eine Kreuzung, erfahren, dass Burggrub 1,5 km entfernt ist, und gehen weiter geradeaus.

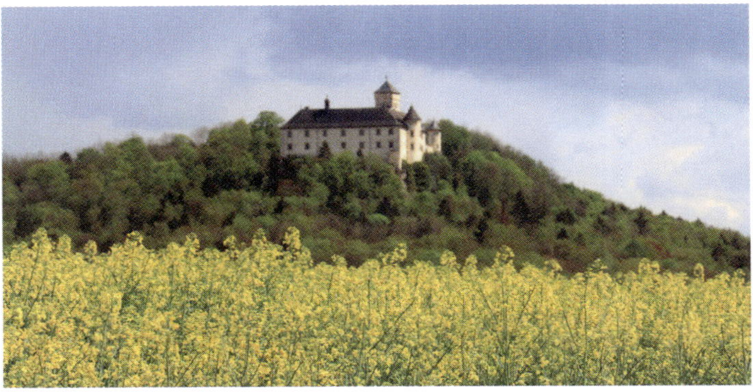

Sie kommen an eine Gabelung und halten sich links, um auf dem Panoramaweg zu bleiben. Es geht bergab und kurz nach der 9-km-Marke treffen Sie auf eine asphaltierte Straße. Hier gehen Sie nach links und stoßen kurz darauf auf eine größere Straße. Sie biegen rechts ab und betreten das Dörflein Burggrub. Sie kommen rechter Hand am

Gasthof Hösch vorbei, folgen dem Straßenverlauf und überqueren die Straße dort, wo sie eine Linkskurve macht. Sie gehen geradeaus und überqueren die kleine Brücke. Bleiben Sie auf der rechten Seite dieser wenig befahrenen Straße, damit Sie die Wandermarkierungen an den Straßenschildern nicht verpassen. Sie gehen, der Markierung folgend, rechts Richtung Oberleinleiter und folgen für etwa einen Kilometer dem geteerten Fahrradweg. Sie kommen am Feuerwehrhäuschen (links) vorbei, und bald können Sie rechter Hand den Kreuzstein sehen, der oben auf dem Hügel emporragt. Bei der Kreuzung gehen Sie geradeaus Richtung Ortsmitte. Sie passieren ein kleines Kriegsdenkmal und biegen ein letztes Mal links ab. Nun sind Sie wieder auf der Hauptstraße von Oberleinleiter und die Brauerei Ott befindet sich ein paar Meter weiter auf der rechten Seite.

BRAUEREI-GASTHOF OTT

Die Familie Ott besitzt und betreibt die Brauerei seit 1822, aber eine Brauereigaststätte gibt es an diesem Standort bereits seit 1678. Der stets gut besuchte Gasthof ist das Herzstück des kleinen Dörfchens, das – in Anbetracht seiner Größe – von einer unverhältnismäßig großen Zahl an Wanderern frequentiert wird. Einerseits ist daran sicher die schöne Landschaft schuld, aber auch das hervorragende Bier und das leckere Essen dieses zeitlosen alten Gasthofs locken die Menschen in Scharen an. Neben den typischen fränkischen Klassikern stehen hier auch Fischgerichte und anderes auf der Tageskarte und erweitern den kulinarischen Horizont. Die Spezialität des Hauses ist Hähnchen mit hausgemachtem Kartoffelsalat. Wenn Sie am Wochenende hier zu Mittag essen möchten, müssen Sie sich wahrscheinlich zu irgendjemanden an den Tisch quetschen, aber das gehört dazu und die Chancen stehen nicht schlecht, dass Ihre Tischnachbarn ebenfalls hierher gewandert sind. Endlich können Sie sich das verdiente Bier genehmigen, an das Sie wahrscheinlich schon sehnsüchtig denken, seitdem Sie vor einigen Stunden den Kreuzstein erklommen haben.

Bier vom Fass: Ott Original Obaladara, Ott Export, Ott Edel-Pils, Ott Hefeweizen, außerdem ein Saisonbier (Ott Bock-Bier oder Ott Festbier).

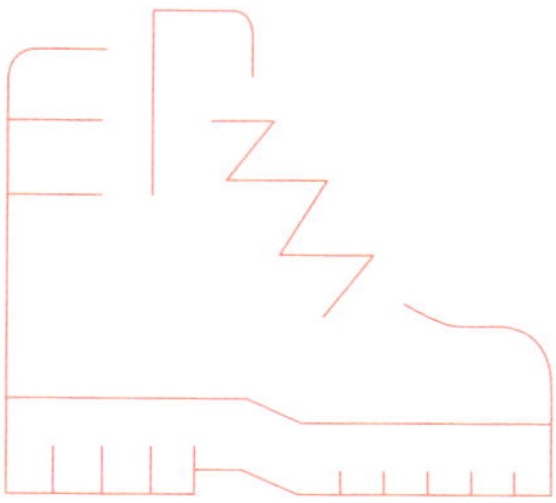

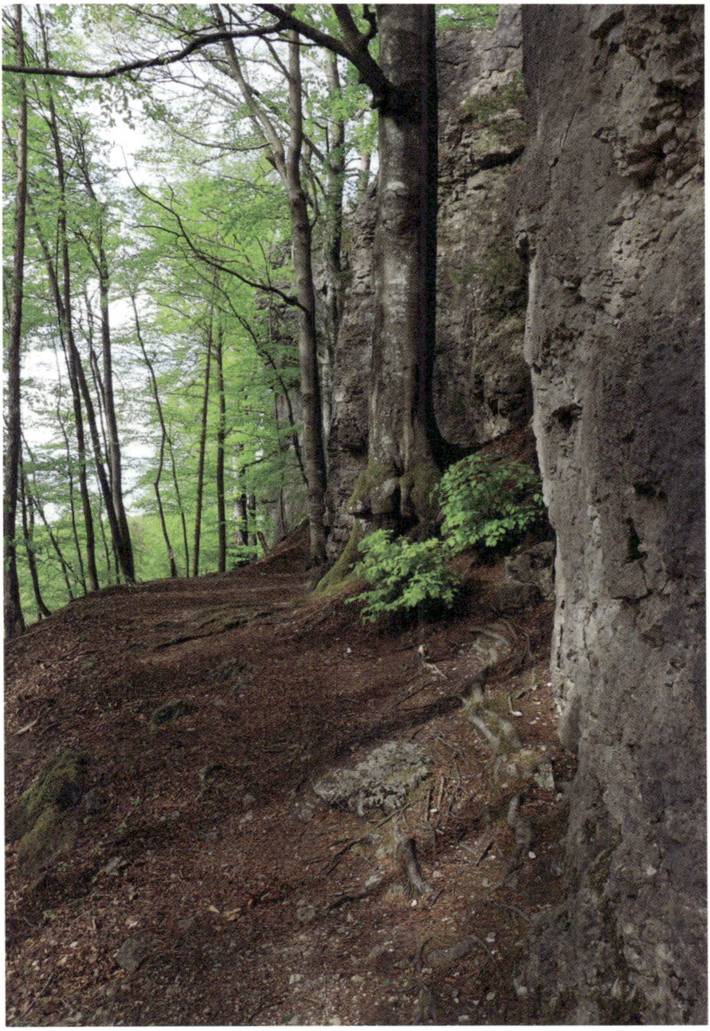

PRAKTISCHE INFORMATIONEN

Brauerei-Gasthof Ott
Oberleinleiter 6
91332 Heiligenstadt i. OFr.
09198 / 271
www.brauerei-ott.de

Mittwoch bis Donnerstag warme Küche 11–14 Uhr und 17–22 Uhr
Freitag bis Sonntag 10–22 Uhr
Montag und Dienstag Ruhetag

HEILIGENSTADT I. OFR.

EIN SPEZIALBIER NACH EINER HERRLICHEN RUNDWANDERUNG

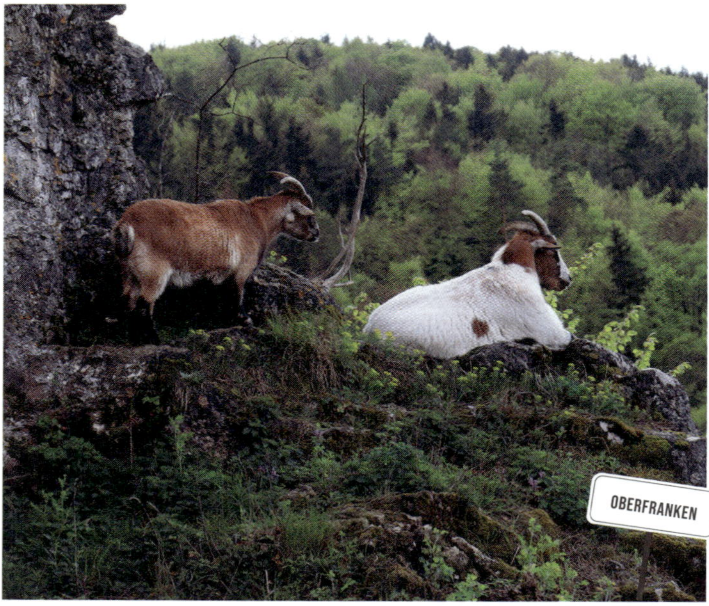

OBERFRANKEN

START	ZIEL
BRAUEREIGASTHOF DREI KRONEN, HEILIGENSTADT (OBERFRANKEN)	BRAUEREIGASTHOF DREI KRONEN, HEILIGENSTADT (OBERFRANKEN)
BIER	SCHWIERIGKEITSGRAD
AICHINGER SPEZIALBIER	MITTELSCHWERE WANDERUNG
KARTE	LÄNGE/GEHZEIT
ATK25-E10 EBERMANNSTADT	12 KM 3–3,5 STUNDEN
SEHENSWÜRDIGKEITEN	HÖHENMETER
HISTORISCHER MARKTPLATZ UND OSTERBRUNNEN (ZUR OSTERZEIT) IN HEILIGENSTADT, NATURFREUNDEHAUS IN VEILBRONN, LEIDINGSHOFER TAL	AUFSTIEG: 350 M ABSTIEG: 355 M

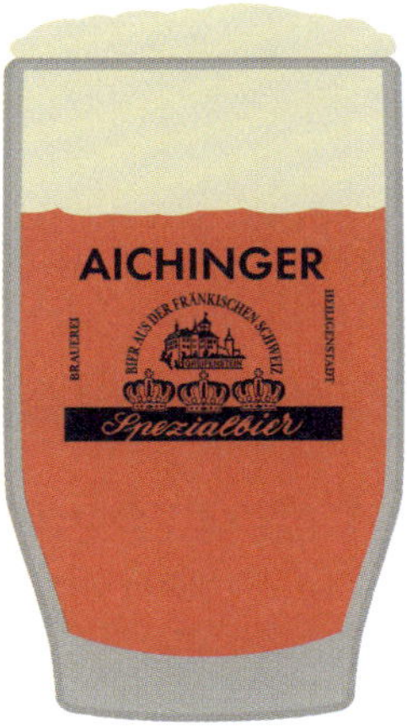

5,5 %
ALKOHOL-
GEHALT

TRADITIONELLES FRÄNKISCHES LAGER

KUPFERFARBEN, STABILER SCHAUM

MALZIG, GETREIDIG

HOPFIG, FRUCHTIG, TROCKEN-BITTER IM ABGANG

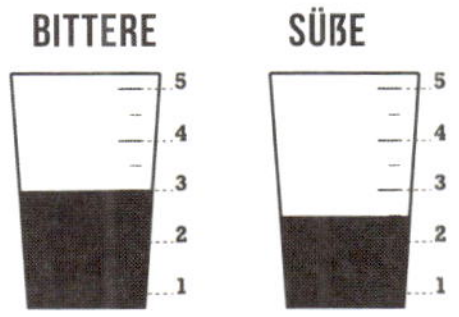

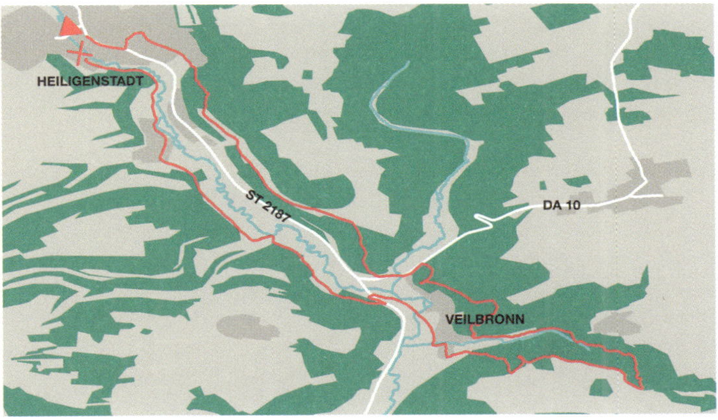

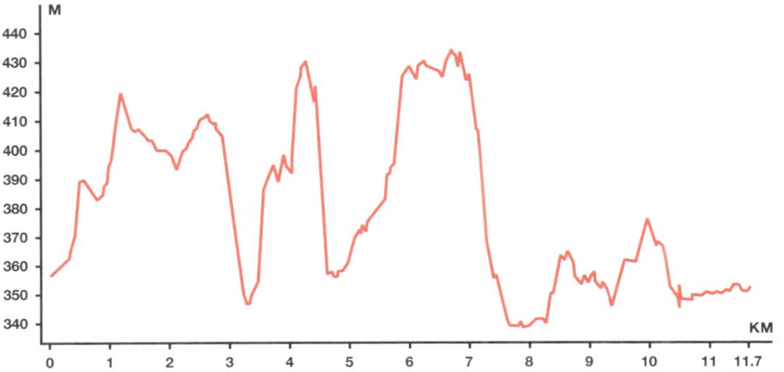

WEGBESCHREIBUNG

Heiligenstadt ist eine reizende alte Marktgemeinde am Fuß von Schloss Greifenstein und bietet sich als Ausgangspunkt für Wanderungen in der Umgebung an. Ein besonderes Highlight ist der zur Osterzeit schön geschmückte Osterbrunnen vor dem Rathaus. Diese Tradition wird in der ganzen Fränkischen Schweiz nach wie vor eifrig gepflegt und es ist schön anzuschauen, wie jedes noch so kleine Dorf sich mit bunten Ostereiern und anderen Verzierungen schmückt. Das hat sich natürlich herumgesprochen, sodass insbesondere rund um Ostern ganze Busladungen von Touristen die Gegend bevölkern. Wenn Sie in der entsprechenden Jahreszeit durch die Dörfer der hier beschriebenen Route wandern, werden Sie ihnen unweigerlich begegnen. Der beliebte Ferienort Veilbronn ist nicht weit, und von hier aus kann man in gemütlichen Spaziergängen das Naturschutzgebiet Leidingshofer Tal erkunden.

Die hier beschriebene Route nutzt die bestehenden Wanderwege zwischen Heiligenstadt und Veilbronn und führt an den schönsten Sehenswürdigkeiten der beiden Orte vorbei.

Heiligenstadt (Oberfranken) erreichen Sie mit dem Bus aus Ebermannstadt, das wiederum gut an Forchheim angebunden ist. Die Fahrt dauert etwa 20 Minuten. Von Bamberg aus gibt es eine Direktverbindung (Fahrtdauer ca. 40 Minuten) mit dem Bus, der aber am Wochenende nicht fährt.

Wenn Sie den Brauereigasthof Drei Kronen verlassen, wenden Sie sich nach rechts, laufen den Marktplatz entlang bis zur Hauptstraße und gehen noch einmal rechts. An den Pfosten der Straßenschilder sind verschiedene Wanderschilder angebracht, darunter auch das Schild für den Frankenweg, einen Fernwanderweg. Sie folgen der Hauptstraße, bis linker Hand der Steinweg abzweigt, dem Sie folgen. Dann nehmen Sie die erste Straße rechts namens Stüchter Berg. Eines der zahlreichen Wanderschilder informiert darüber, dass Veilbronn 3,5 km entfernt ist. Dem Verlauf von Stüchter Berg folgend gelangen Sie an eine Treppe, die Sie hinaufgehen, um danach rechts auf den Wacholderweg abzubiegen. Dort, wo sich die Straße gabelt, nehmen Sie den rechten, viel schmaleren Pfad, der zum Wald führt. All das ist gut beschildert und vor der 1-km-Marke. Der schöne Pfad trifft nach einer Weile auf eine breitere unbefestigte Straße und Sie biegen rechts ab. Ungefähr bei Kilometer 2 verschmilzt sie mit einer befestigten Straße, auf der Sie ein Stück weiterlaufen, bis Sie an eine Gabelung kommen. Die befestigte Straße macht hier eine Linkskurve, aber Sie gehen, der Markierung folgend, weiter geradeaus auf dem unbefestigten Weg. Sie sehen Schilder Richtung Veilbronn und Leidingshofer Tal. Zu Ihrer Linken blicken Sie aufs offene Feld und bald laufen Sie rechter Hand am Waldrand entlang. Die nächste Abzweigung ist nur durch rote Farbe an einem Baum auf der rechten Seite markiert, etwa in der Hälfte des Feldes, halten Sie die Augen offen, damit Sie den Weg in den Wald hinein nicht verpassen! Sie biegen also nach rechts in den Wald und sobald Sie sich auf dem Pfad befinden, tauchen Wanderschilder auf. Wenn Sie aus dem Wald herauskommen, befinden Sie sich auf einem unbefestigten Weg, der zur Landstraße hinunterführt, direkt gegenüber von Veilbronn. Sie gehen nach links diese viel befahrene Straße entlang und überqueren sie so bald wie möglich. Bei der ersten Abbiegung nach rechts sehen Sie Schilder Richtung Veilbronn. Auf dieser befestigten Straße verläuft auch der Frankenweg, aber Ihre Route führt bergauf, den Hügel hinter dem Dorf hinauf.

Sie wandern Richtung Naturfreundehaus. Sie gehen auf der rechten Straßenseite geradeaus und halten Ausschau nach einem schmalen Pfad. Er führt direkt bergauf und ist gut sichtbar markiert, unter anderem mit einem grünen Kreis. Sie folgen dem Pfad in den Wald hinein, und nachdem der Anstieg geschafft ist, geht es gemütlich auf ebener Strecke weiter. Wenig später sehen Sie rechts einen Pavillon stehen. Er bietet einen herrlichen Blick auf das Tal und führt Sie auch wieder zurück zum Hauptweg mit dem grünen Kreis. Sie folgen dem grünen Kreis und gehen bei der T-Kreuzung nach links. Bei der nächsten Abzweigung gehen Sie nach rechts, den Hinweisschildern folgend. Es folgt ein wildromantischer Abschnitt mit vielen moosbewachsenen Felsen und Baumstümpfen. Sie kommen an einem Kletterwald vorbei, der, wie auch das Restaurant, zum Naturfreundehaus Veilbronn gehört. Von der Panorama-Terrasse des Restaurants haben Sie sogar eine noch schönere Aussicht als vom Pavillon aus und können außerdem den Bergziegen auf dem Felsen nebenan beim Klettern zuschauen. Außerdem gibt es hier Bier von der Brauerei Hönig in Tiefenellern. Da Sie noch mehr als die Hälfte der Wanderung vor sich haben, bietet sich das Naturfreundehaus für eine Rast an.

Neben dem Naturfreundehaus sehen Sie ein Schild Richtung Veilbronn und ein paar Stufen, die zu einer asphaltierten Straße hinabführen. Unten angekommen, gehen Sie nach links. Rechts von Ihnen liegt Veilbronn, aber Sie wandern zum Leidingshofer Tal, der Hauptattraktion des Dörfchens. Diese Straße ist mit einem gelben Punkt markiert, manchmal mit einem gelben Dreieck an der Seite. Bald darauf verlassen Sie die Asphaltstraße und biegen rechts auf den unbefestigten Weg ab, der neben den beiden gelben Markierungen auch das Frankenweg-Zeichen trägt. Am oberen Ende sehen Sie eine Informationstafel über das Naturschutzgebiet Leidingshofer Tal mit seinen eindrucksvollen Felsformationen. Der Weg folgt den idyllischen Mäandern des fröhlich plätschernden Bachs. Sie kommen linker Hand an einer Schutzhütte vorbei und bald darauf trennen sich die Wege des gelben Dreiecks und des gelben Punktes. Sie folgen weiterhin dem gelben Dreieck und auf diesem Abschnitt ebenfalls dem Frankenweg. Wenig später weist ein Schild mit gelbem Dreieck Richtung Streitberg. Sie folgen dem Schild und der Weg beginnt sanft anzusteigen. Weiter oben sind wilde Felsformationen, und wenn der Weg wieder flacher wird, lädt ein Picknicktisch zum Verschnaufen ein. Unmittelbar danach kommt ein Wanderschild, bei dem alle Routen nach rechts weisen. Ein Stück weiter kommt dann die eigentliche Abzweigung. Das gelbe Dreieck weist nach rechts, aber Sie gehen scharf rechts, um auf dem Frankenweg zu bleiben. Dieser Abschnitt trägt außerdem einen roten Ring als Markierung. Der Weg umrundet den Wald zu Ihrer Rechten, bevor er in den Wald hineinführt. Bald sehen Sie Hinweise auf den nächsten Aussichts-Pavillon, und der schöne Blick lohnt den kleinen Umweg allemal. Wenn Sie wieder auf dem Hauptweg sind, folgen Sie dem roten Ring und der Frankenweg-Markierung, bis Sie an eine kleine Abzweigung gelangen. Hier trennen sich die beiden Routen und Sie gehen nach rechts, um dem roten Ring zu folgen. Der Weg führt durch den Wald zur Landstraße hinunter, auf der Sie nach rechts Richtung Veilbronn laufen. Bevor Sie das Dorf erreichen, kommen Sie zu einer T-Kreuzung und gehen nach links. Wenn Sie Veilbronn einen Besuch abstatten möchten, müssten Sie geradeaus gehen. Wenn nicht, biegen Sie, wie gesagt, links ab. Nach einer Weile sehen Sie zu Ihrer Rechten einen Fußweg. Sie gehen rechts auf diesen Weg, der parallel zur Straße nach Veilbronn verläuft. Sie sehen große Hotels am Straßenrand, zur Rechten thront hoch oben das Naturfreundehaus und auch beim Blick nach links können Sie sich an der wunderschönen Landschaft erfreuen. Gelbe Punkte und blaue Ringe weisen Ihnen den Weg. Eine Brücke führt über den Leinleiterbach, der dem Tal seinen Namen gab, danach gehen Sie geradeaus weiter. Wenig später, noch vor der 8-km-Marke, sehen Sie eine Straßenüberführung vor sich, aber auch das Wanderschild, das Sie nach links schickt, bevor Sie unter ihr durchgehen. Sie folgen weiterhin dem gelben Punkt bzw. blauen Ring. Diese führen Sie ebenfalls durch eine Unterführung, aber auf einem grasbewachsenen Weg. Auf der anderen Seite angekommen, wenden Sie sich nach links und laufen zur viel befahrenen Straße hinauf. Sie wenden sich nach rechts und laufen auf der rechten Seite der Straße entlang. Ein Stück weiter vorne gehen Sie, den Markierungen folgend, nach rechts und laufen zunächst weiter den gelben Punkten und blauen Ringen nach. Allerdings führt diese Route nicht nach Heiligenstadt. Deshalb folgen Sie bei der nächsten Gabelung *nicht* dem gelben Punkt und dem blauen Ring, die den linken Weg markieren. Stattdessen gehen Sie weiter geradeaus auf diesem Weg, der wie ein Forstweg aussieht, durch den Wald. Nach dem Verlassen des Waldes geht es geradeaus über eine Wiese. Bald sind wieder Wanderschilder zu sehen: ein gelber horizontaler Balken auf weißem Hintergrund. Die Markierungen führen zu einer kleinen Teerstraße, auf die Sie nach rechts abbiegen. Sie laufen auf eine Brücke zu, hinter der ein Gebäude aufragt. Sie überqueren die Brücke und gehen vor dem Gebäude nach links. Ein Schild mit gelbem Balken gibt an, dass Heiligenstadt 1,5 km entfernt ist. Das alte Gebäude ist ein Pumpenhaus von 1885. Der nächste Abschnitt führt übers offene Feld und der Weg ist mit Holzpfosten markiert, auf die gelbe Balken gepinselt wurden. Sie laufen auf die Bäume zu und wenden sich dann nach rechts, um auf eine Schotterstraße zu gelangen. Sie biegen rechts ab und folgen der Schotterstraße Richtung Heiligenstadt. Wenn sich die Landschaft öffnet, halten Sie rechter Hand in der Ferne nach Schloss Greifenstein Ausschau. Bald treffen Sie auf eine asphaltierte Straße und biegen rechts ab Richtung Heiligenstadt. Sie kommen nun durch das Dörfchen Traindorf – von hier aus ist es nicht mehr weit bis zum Ziel. Sie laufen durch das Dorf und bald rückt die Straße näher an den Leinleiterbach heran. Der Bach fließt direkt nach Heiligenstadt und Sie folgen ihm dorthin. An der Seite tauchen neben den gelben Balken zusätzlich blaue Dreiecke als Wegmarkierungen auf. Auf der anderen Seite von Traindorf sehen Sie einen Fußweg, der über eine Wiese führt. Nehmen Sie den statt der Asphaltstraße, den Markierungen folgend. Der Fußweg bringt Sie zu einer anderen asphaltierten Straße, wo Sie links abbiegen. Sie befinden sich nun auf dem Schätzwaldweg, einem bei Einheimischen beliebten Spazierweg. Sie folgen dem Weg, bis die Markierung Sie nach rechts schickt, durch eine kleine Grünanlage. Der gepflasterte Weg führt zum Bach hinunter und an ihm entlang bis zur Brücke. Dann biegen Sie rechts ab, überqueren den Bach und befinden sich wieder auf dem Schätzwaldweg. Die Straße knickt nach rechts ab, wird zum Marktplatz und schon stehen Sie wieder vor dem »Drei Kronen«.

BRAUEREIGASTHOF DREI KRONEN AICHINGER

Die 1870 gegründete Brauerei Aichinger befindet sich direkt hinter dem Restaurant. Das ist gut so, denn der junge Brauereimeister scheint hier für alles zuständig zu sein: Roland Aichinger braut das Bier nicht nur, er zapft es auch, bedient im Gasthof und manchmal, glaube ich, kocht er auch noch selbst! Das »Drei Kronen« ist ein schlichter Gasthof, der immer gut besucht ist, mit jeder Menge fränkischer Hausmannskost auf der Speisekarte. Das nach altem Familienrezept gebraute, kupferfarbene Spezialbier ist ein Klassiker für sich. Neulich trank ich ein Bier, das der Brauereimeister zusammen mit zwei anderen örtlichen Brauereien gebraut hatte, und das war ebenfalls ein Hit. Auf der anderen Straßenseite vor dem Gasthof befindet sich der dazugehörige Biergarten mit Selbstbedienung. An einem sonnigen Tag können Sie hier das Ende Ihrer Wanderung mit einem Spezialbier feiern.

Bier vom Fass: Aichinger Spezialbier, im Herbst Aichinger Bock.

PRAKTISCHE INFORMATIONEN

Gasthof Drei Kronen Aichinger
Marktplatz 5
91332 Heiligenstadt i. Ofr.
09198 / 522

Öffnungszeiten: Mittwoch bis Montag ab 8 Uhr

Zimmer können nur telefonisch reserviert werden.

Hotel-Restaurant Heiligenstadter Hof
Marktplatz 9
91332 Heiligenstadt i. Ofr.
09198 / 781
www.hotel-heiligenstadter-hof.de

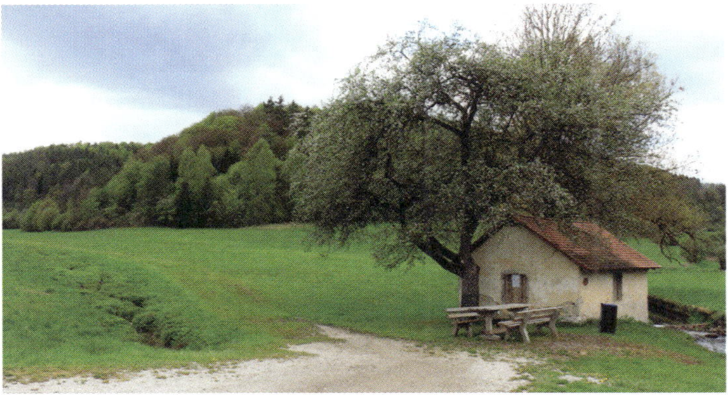

MAHRS IN BAMBERG

DEN FLUSS ENTLANG ZU MAHRS BRÄU

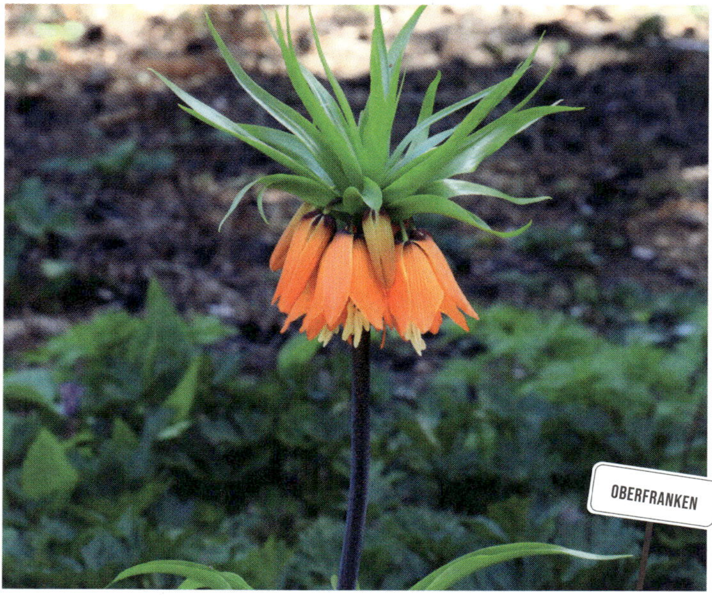

START

NEPTUNBRUNNEN, BAMBERG

ZIEL

MAHRS BRÄU WIRTSHAUS & BIERGARTEN, BAMBERG

BIER

MAHRS BRÄU »A U«

SCHWIERIGKEITSGRAD

LEICHTE WANDERUNG

KARTE

ATK25-D08 BAMBERG

LÄNGE/GEHZEIT

6 KM
1,5 STUNDEN

SEHENSWÜRDIGKEITEN

»GABELMANN« (NEPTUNSTATUE), VILLA CONCORDIA, KIRCHE ST. MARTIN, WOCHENMARKT, STADTPARK INKL. BOTANISCHER GARTEN, ALTES RATHAUS

HÖHENMETER

AUFSTIEG: 20 M
ABSTIEG: 50 M

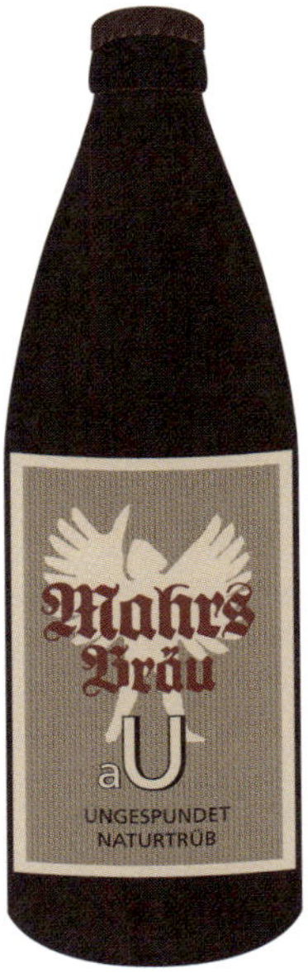

5,2 %
ALKOHOL-
GEHALT

UNGESPUNDETES, EINE BAMBERGER SPEZIALITÄT, UNFILTRIERT, MIT NIEDRIGEM KOHLENSÄUREGEHALT. HOPFEN: HALLERTAUER PERLE

HEFETRÜB, BERNSTEINFARBEN

KARAMELLIG-MALZIG, SCHWACH HEFIG

MALZ, BROT, LEICHT HERB, ETWAS HEFE, LEICHT BITTERER ABGANG

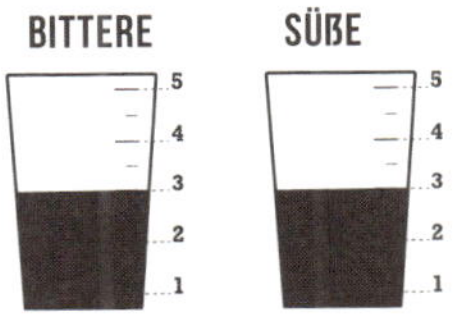

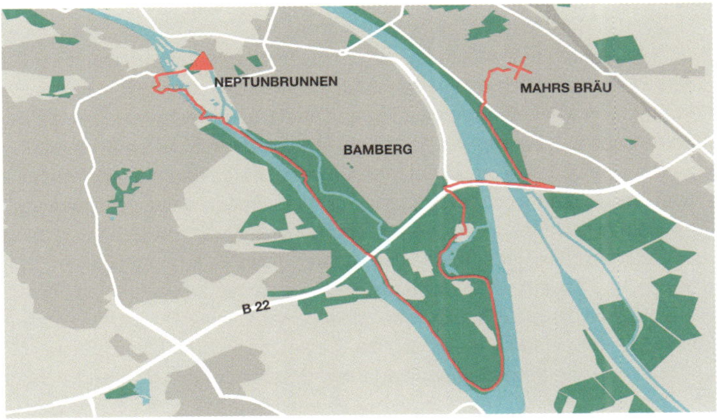

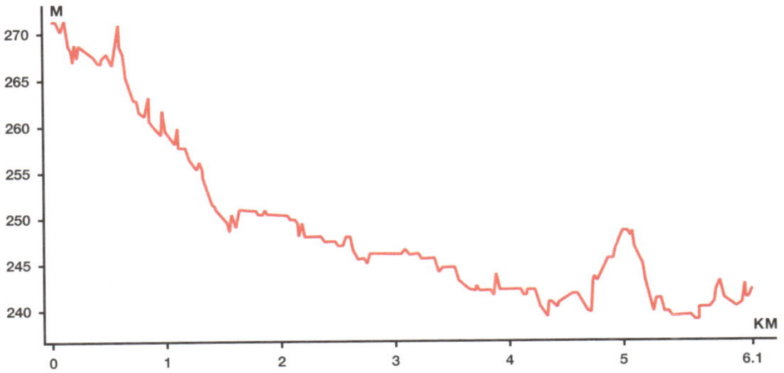

WEGBESCHREIBUNG

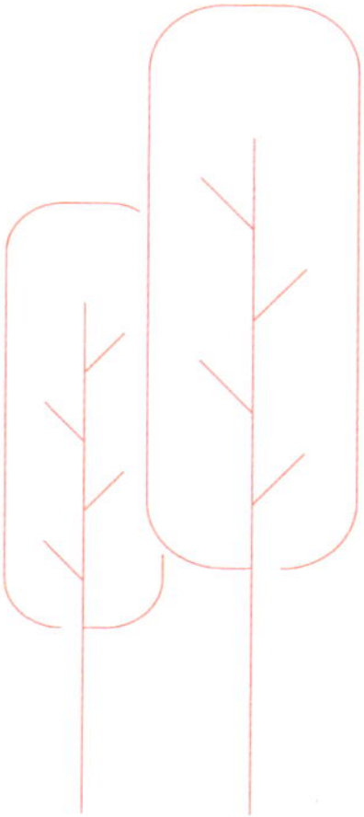

Im wunderschönen Bamberg treffen verschiedenste Architekturstile auf Kopfsteinpflaster. Mit ihren sieben Hügeln, die es zu besteigen gilt, und den zahlreichen Brauereien hält die Stadt ihre Besucher einige Tage lang auf Trab, bevor diese sich an die Erkundung des ebenfalls brauereireichen Umlands machen können. Durch die Gassen dieses Schmuckstücks zu wandern zählt zu den Höhepunkten jeder Frankenreise. Viele übersehen jedoch den Flussabschnitt jenseits des Alten Rathauses, das erstaunlicherweise direkt über den Fluss gebaut wurde. Dieser Spaziergang führt Sie dorthin, wo die Einheimischen die Seele baumeln lassen, und bringt sie auf malerischen Wegen zu Mahrs Bräu, das garantiert bei jedem Bierliebhaber, der Bamberg besucht, auf der Liste steht.

Zwischen Bamberg und Nürnberg verkehren regelmäßig Regionalzüge und ab und zu hält sogar ein ICE in Bamberg.

Was Sie bei Ihrer Entdeckungstour durch Bamberg auf keinen Fall auslassen dürfen, ist der Neptunbrunnen, dessen Statue die Bamberger »Goblmoo« nennen, »Gabelmann«. Der Brunnen steht auf dem Grünen Markt, der sich zwischen Maximiliansplatz (hier können Sie shoppen bis zum Umfallen) und Altem Rathaus befindet. Vom Brunnen aus können Sie die Kirche St. Martin bewundern, auf der gegenüberliegenden Seite des Platzes. Wenn Sie sie noch nicht besichtigt haben, sollten Sie das unbedingt an einem anderen Tag nachholen, es lohnt sich. Für die Wanderung kehren Sie jedoch der Kirche den Rücken. Sie verlassen den Grünen Markt am südlichen Ende und biegen links auf die Lange Straße ab, ebenfalls eine interessante Straße, die es zu erkunden lohnt. Heute aber muss ein kurzer Blick genügen, denn wir überqueren die Lange Straße und biegen dann gleich rechts ab auf die Habergasse. Wir folgen dem Hinweisschild zur Touristeninformation. Nach einem Knick nach links gabelt sich die Habergasse und Sie nehmen die rechte Straße (beide heißen Habergasse) Richtung Kanal. Der Weg wird zum Brucknersteg und überquert den malerischen Ludwig-Donau-Main-Kanal. Genießen Sie den Ausblick! Nach der Brücke links abbiegen, dann gleich wieder rechts zum Bamberger Tourismusbüro. Dort noch einmal rechts, durch die Parkanlage, vorsichtig die viel befahrene Geyerswörthstraße überqueren und über die Bischofsmühlbrücke laufen. Von der linken Seite der Brücke aus haben Sie einen schönen Blick auf Bambergs älteste Brauerei: Der Backsteinschornstein der Brauerei Klosterbräu ist nicht zu übersehen und hat in der Brauereiwelt mittlerweile Seltenheitswert. Auf der anderen Seite ist das berühmte Alte Rathaus zu sehen.

Nach der Brücke sehen Sie links einen kleinen Parkplatz, den Sie überqueren und dann dem Verlauf der schmalen Gasse namens Sonnenplätzchen folgen. Kurz danach biegen Sie rechts ab auf die Schimmelsgasse. Diese tollen Gässchen übersieht man in der Regel, wenn man nicht gezielt das ehemalige jüdische Viertel erkundet. An der nächsten Ecke könnten Sie genau das tun, wenn Sie rechts in die Judenstraße abbiegen würden, aber heute müssen Sie nach links in die Concordiastraße. Vorher können Sie noch das Böttingerhaus bewundern, eine Kunstgalerie in einem imposanten Gebäude. Von der Concordiastraße aus nehmen Sie die erste Straße links namens Obere Mühlbrücke. Der Weg führt an der Brauerei Klosterbräu vorbei – nur für den Fall, dass Sie nicht auf Mahrs Bräu warten wollen. Sie können aber auch einfach später noch einmal hier vorbeikommen. Die Straße macht eine Rechtskurve, knickt dann nach links ab und überquert den Fluss. Dort gibt es ein nettes kleines Café mit schönem Blick auf den Fluss. Nach der Brücke rechts halten, um weiter auf Obere Mühlbrücke zu bleiben, die bald darauf Mühlwörth heißt und am Fluss entlang verläuft. Halten Sie die Augen auf, um die Villa Concordia (ein internationales Künstlerhaus) nicht zu verpassen, die auf halber Strecke des Uferspaziergangs am anderen Ufer zu sehen ist. Nach weniger als einem Kilometer überqueren Sie eine kleine Brücke und befinden sich im Hain, Bambergs ausgedehntem und angenehm naturbelassenen Stadtpark. Es geht weiter auf dem Mühlwörth, am Fluss entlang, und es wird immer grüner. Dann macht der Weg einen Schlenker vom Wasser weg und umrundet das Hainbad, eine öffentliche Badestelle, sowie das »Bootshaus«, ein beliebtes Restaurant. Wenn Sie jetzt nicht gleich einkehren möchten, merken Sie es sich für später. Man sitzt dort sehr schön und es gibt großartiges Bier vom Fass von der örtlichen Brauerei Keesmann.

Da der Mühlwörth von hier an in einiger Entfernung vom Wasser verläuft, biegen Sie rechts ab auf den schmalen namenlosen Pfad, der direkt am Ufer entlangführt. Bald gelangen Sie zu einer Wiese, auf der ein kleiner Pavillon steht. Danach geht es durch die Autobahnunterführung und Sie halten sich wieder rechts, um am Ufer zu bleiben und den Hain weiter zu erkunden. Sie bleiben auf dem Uferweg bis zur Flussgabelung der Regnitz. Nachdem Sie nun den Linken Regnitzarm entlanggelaufen sind, erkunden Sie auf dem Rückweg den Rechten Regnitzarm. Sie kommen an einem kleinen Bootsverleih vorbei. Hier treffen sich die Einheimischen gerne. Gehen Sie weiter am Fluss entlang, bis Sie zu einer Brücke kommen. Dort biegen Sie links ab Richtung Botanischer Garten. Kurz vor der 4-km-Marke wenden Sie sich nach rechts, um einen kleinen See zu umrunden – auch ein schöner Ort für eine Rast. Nach dem See rechts halten und dann nach links in den Botanischen Garten, den Sie geradezu durchqueren. Danach kommt wieder ein bewaldeter Abschnitt, und der Weg macht eine leichte Linkskurve. Nun geht es erneut durch eine Unterführung, danach gleich nach rechts, aus dem Park hinaus. Nun müssen Sie eine extrem viel befahrene Hauptverkehrsader überqueren, um auf den Fußgängerweg zu gelangen, der parallel zum Münchner Ring über den Fluss führt. Auf der anderen Seite angekommen halten Sie nach Fußgänger-Schildern Ausschau, die Sie zum Ufer hinunterführen. Unten angekommen, überqueren Sie die Neue Burghofer Straße und wenden sich nach rechts, um auf dem Uferpfad nun diese Seite des Flusses entlangzuspazieren. Bald kommen Sie an einem Kiosk mit einladenden Sitzgelegenheiten vorbei, aber jetzt sind Sie schon zu nah an der Brauerei Mahrs dran, um hier noch anzuhalten. Stattdessen gehen Sie nach rechts, am Kiosk vorbei, überqueren den Kunigundendamm und biegen dann in die Burghofer Straße ein. Folgen Sie der Straße, bis Sie rechter Hand eine hübsche rote Backsteinkirche sehen. Nach der Kirche biegen Sie rechts ab auf die Wunderburg. Auf der linken Straßenseite sehen Sie die Brauerei Keesmann, die auf jeden Fall auch einen Besuch wert ist, aber jetzt ist es Zeit für Mahrs Bräu, wenige Meter weiter auf der rechten Straßenseite, wo schon »a U« auf Sie wartet.

MAHRS BRÄU WIRTSHAUS & BIERGARTEN

Niemand, der über die Schwelle dieses atmosphärischen Brauereigasthofs tritt, kann sich seinem Zauber entziehen. Das hat sich mittlerweile herumgesprochen. Den Einheimischen war das schon immer klar, und die machen nach wie vor einen Großteil der Gäste aus, vor allem am Wochenende, wenn das ebenso hervorragende Essen den vielfach preisgekrönten Bieren die Schau stiehlt.

Die Wirtschaft ist ein Klassiker, der Inbegriff von Tradition. Wenn man hereinkommt, durchquert man zunächst einen langen Flur (die »Schwemm«) mit einer Durchreiche gleich rechts. Wenn es sehr voll ist oder Sie wenig Zeit haben, können Sie Ihr Bier hier bestellen und im Flur warten, so wie es früher die Arbeiter taten, die sich auf dem Heimweg ein Feierabendbier gönnten. (Manche dieser sogenannten Stehgammler haben sogar ihren eigenen Krug, der in einem Schrank im Gang oder in der Wirtschaft verwahrt wird.) Wenn Ihr Zeitbudget größer ist – und das sollte es auf jeden Fall sein, wenn Sie hierherkommen –, gehen Sie durch die Tür neben der Durchreiche und bleiben erst einmal kurz stehen, um die uralte niedrige Balkendecke zu bestaunen und die Atmosphäre in sich aufzusaugen. Es gibt in der Regel zwei Theken, an denen das Bier gezapft wird, und die adretten Schankkellner tragen weiße Hemden und häufig schwarze Westen darüber. Wenn Sie einen leeren Stuhl sehen, zögern Sie

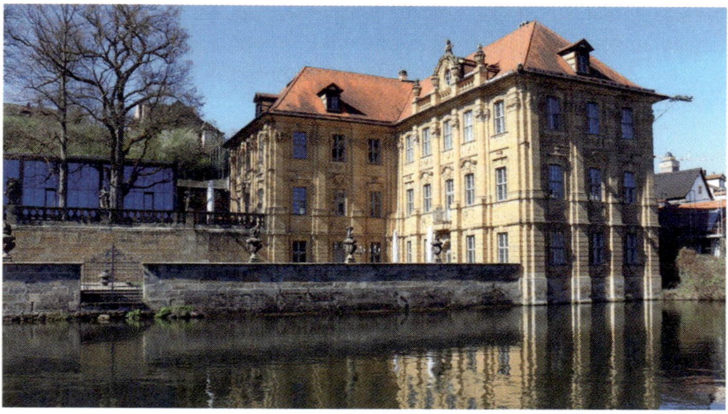

nicht und greifen Sie zu. Dies ist einer der schönsten Räume, in denen ich je das Vergnügen hatte, ein Bier zu genießen. Die anderen Zimmer sind auch schön, aber diese Gaststube ist ein wahres Schmuckstück. Wenn es bei gutem Wetter im Biergarten vor der Tür rund geht, bleibt sie manchmal geschlossen. Der Vorteil ist: Es gibt mehr Biere vom Fass. Draußen ist es auch wunderschön, unter Kastanienbäumen sitzt man schön im Schatten. Das Essen ist großartig und liefert die nötige Grundlage, um sich durch ein paar Biere durchzuprobieren. Dieser Betrieb wird tadellos geführt, hier weiß jeder, was er tut, und das schon seit 1670. Beim ersten Besuch werden Sie sich fragen, warum Sie noch nie hier waren, und danach gleich den nächsten Besuch planen.

Bier vom Fass: Mahrs Bräu »a U«, Mahrs Bräu Helles und Mahrs Bräu Pils. Drinnen wird das Fassbier nach guter alter Anstich-Manier ohne Zufuhr fremder Kohlensäure gezapft. Draußen, im Biergarten, kommt das Bier aus kupfernen Zapfsäulen; hier ist die Auswahl entsprechend größer.

PRAKTISCHE INFORMATIONEN

Mahrs Bräu Wirtshaus & Biergarten
Wunderburg 10
96050 Bamberg
0951 / 915170
www.mahrs.de

Öffnungszeiten:
Dienstag bis Samstag 10–23 Uhr
Montag 16–23 Uhr
Sonntag 10–15 Uhr

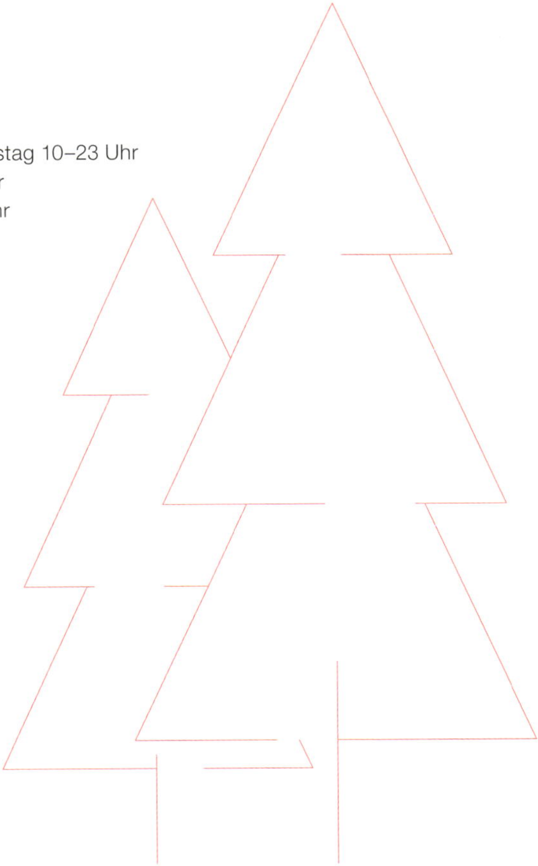

SCHLENKERLA IN BAMBERG

EIN RAUCHIGER SPAZIERGANG AN DER REGNITZ

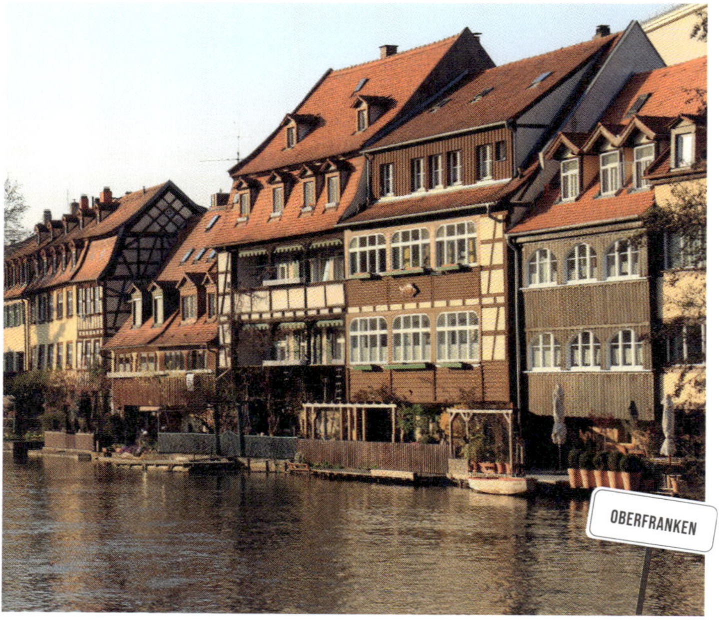

START	ZIEL
SCHLENKERLA, BAMBERG	SCHLENKERLA, BAMBERG
BIER	SCHWIERIGKEITSGRAD
AECHT SCHLENKERLA RAUCHBIER MÄRZEN	LEICHTE WANDERUNG
KARTE	LÄNGE/GEHZEIT
ATK25-D08 BAMBERG	2 KM 20–30 MINUTEN
SEHENSWÜRDIGKEITEN	HÖHENMETER
ALTES RATHAUS, KLEIN-VENEDIG, FACHWERKHAUS DER RAUCHBIERBRAUEREI SCHLENKERLA	AUFSTIEG/ABSTIEG: KEIN NENNENSWERTER HÖHENUNTERSCHIED

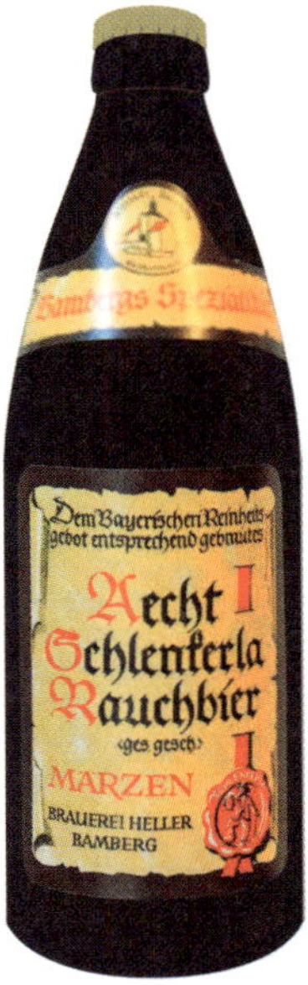

5,1 %
ALKOHOL-
GEHALT

RAUCH-MÄRZEN

TIEFES KASTANIENBRAUN

GERÄUCHERTER
SCHINKEN

VOLLMUNDIG-MALZIG,
BITTER,
RAUCHIG

BITTERE SÜẞE

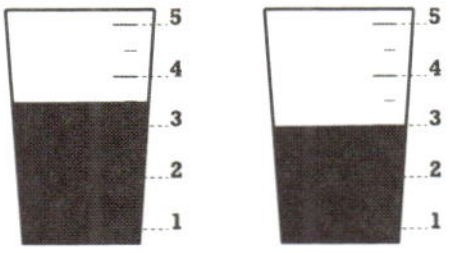

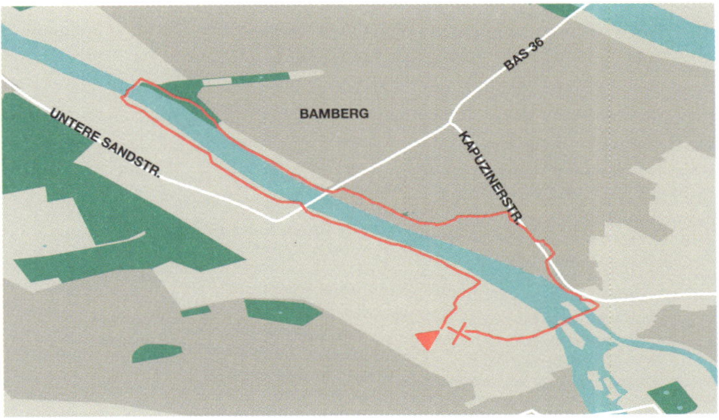

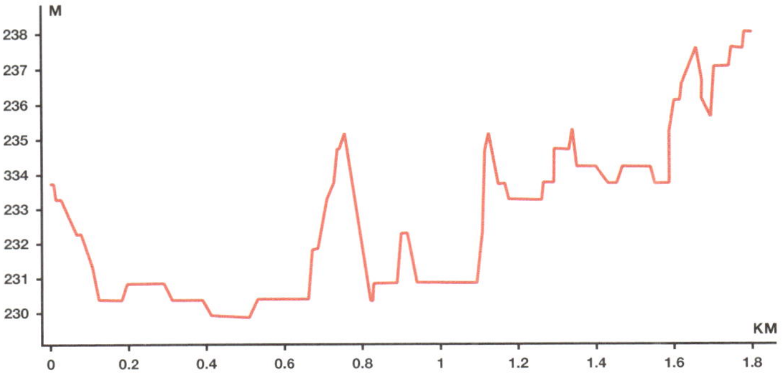

WEGBESCHREIBUNG

Der Begriff »Bier-Mekka« wird sicher oft inflationär gebraucht, aber wenn eine Stadt diesen Titel wirklich verdient, dann Bamberg. Mit zwölf Brauereien innerhalb der Stadtgrenzen und Hunderten in der näheren Umgebung kommt hier jeder Bierkenner auf seine Kosten. Abgesehen von der paradiesischen Biervielfalt hat Bamberg auch noch eine unglaublich schöne Altstadt mit einer Vielzahl sehenswerter Bauwerke zu bieten, allen voran das Alte Rathaus, das mitten in die Regnitz gebaut wurde. Sie können Tage damit verbringen, durch die romantischen Gässchen zu flanieren und die Stadt zu erkunden.

Der hier beschriebene Spaziergang führt an beiden Ufern der Regnitz entlang, die die Altstadt durchfließt. Die meisten Touristen schauen sich die alte Fischersiedlung direkt an der Regnitz, die als Klein-Venedig bezeichnet wird, von der Brücke aus an, aber nur wenige laufen dort am Ufer entlang und noch weniger machen sich die Mühe, das gegenüberliegende Ufer zu besuchen. Selbst ich, der ich nun schon seit mehr als 20 Jahren nach Bamberg fahre, habe erst kürzlich damit angefangen.

Bamberg ist von vielen deutschen Städten aus gut mit dem Zug zu erreichen. Nürnberg ist zum Beispiel 40 Minuten entfernt und der ICE von München braucht eine Stunde und 40 Minuten bis Bamberg.

Wenn Sie die Brauerei Schlenkerla verlassen, wenden Sie sich nach rechts und gehen ein Stück die Dominikanerstraße entlang. Hier herrscht immer geschäftiges Treiben, am besten machen Sie diesen Spaziergang früh am Morgen, dann haben Sie mehr davon. An der ersten Kreuzung biegen Sie rechts ab auf die Kasernstraße, die zum Fluss hinunterführt. Sie biegen links ab auf Am Leinritt und spazieren am Ufer entlang, genießen den Blick auf Klein-Venedig am anderen Ufer. Sie laufen geradeaus weiter, unter einer Brücke hindurch, und schon wird es etwas ruhiger. Hier sind nicht mehr ganz so viele Menschen unterwegs. Am anderen Ufer fallen einige schöne, wenn auch weniger berühmte Häuser ins Auge.

Bei der nächsten Brücke überqueren Sie den linken Regnitz-Arm und genießen den Blick auf die Altstadt zu Ihrer Rechten. Nach der Brücke gehen Sie nach rechts durch eine kleine Grünanlage und laufen auf einem namenlosen Fußweg am Flussufer entlang. Am anderen Ufer sehen Sie ein schönes gelb-weißes Gebäude, das ist der Sitz des Bamberger Stadtarchivs. Sie laufen geradeaus weiter und gelangen an eine Brücke, an der linker Hand eine schmale Treppe nach oben führt. Sie gehen hinauf, wenden sich nach rechts und laufen auf der Fischerei hinter den Häusern von Klein-Venedig vorbei, die Sie vorhin von der anderen Seite aus gesehen hatten. Die Straße macht eine etwas versetzte Linkskurve, und danach biegen Sie rechts ab auf die Kapuzinerstraße, die in Am Kranen übergeht, einen beliebten Treffpunkt am Fluss. Sie laufen auf die nächste Brücke (die Untere Brücke) zu und biegen rechts ab, um sie zu überqueren. Auf der rechten Seite sehen Sie eines von Bambergs Wahrzeichen, eine Skulptur des polnischen Künstlers Igor Mitoraj. Während Sie über die Brücke laufen, sehen Sie links das Alte Rathaus. Am anderen Ufer wird die Straße bald zur Dominikanerstraße und bringt Sie zurück zur historischen Rauchbierbrauerei Schlenkerla.

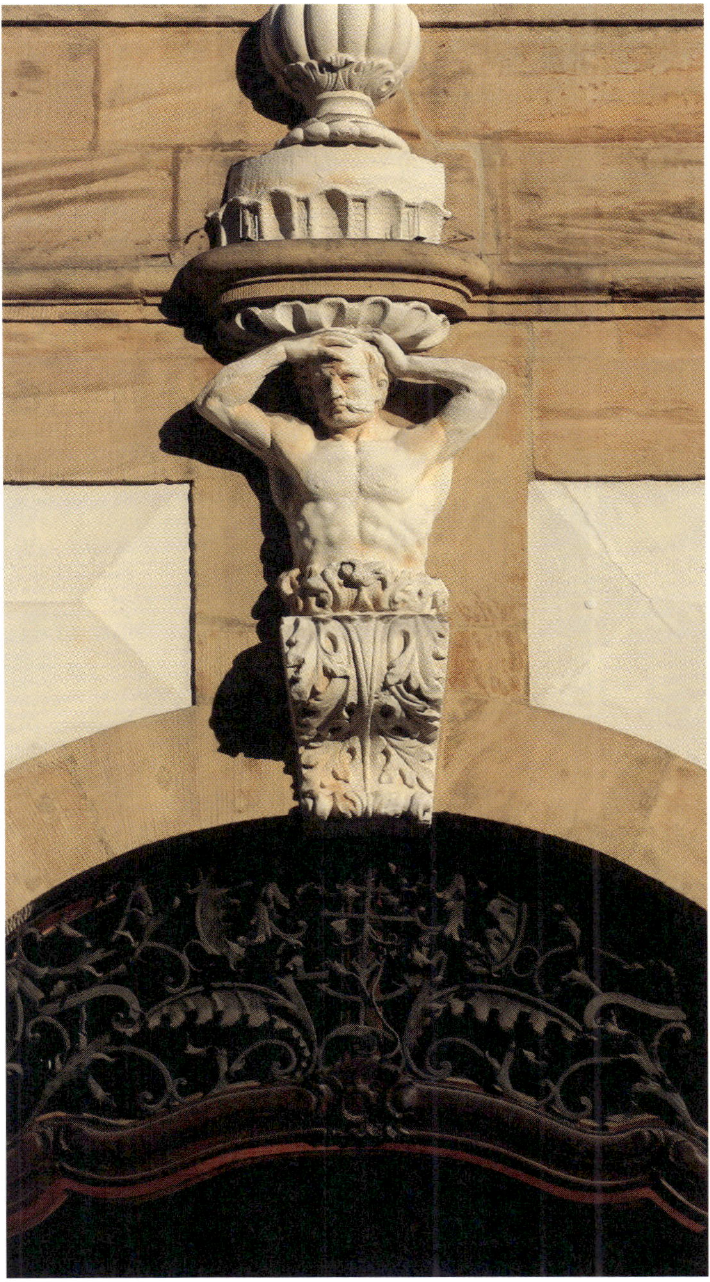

SCHLENKERLA

Dass das Schlenkerla oft zum Bersten mit Touristen vollgestopft ist, hat einen guten Grund: Das alte Fachwerkhaus ist der Inbegriff einer historischen Brauerei, mit der dunklen, tief hängenden Balkendecke, Hirschgeweihen an den Wänden, und die »Dominikanerklause« hat eine Gewölbedecke aus dem 14. Jahrhundert. Alle Räume haben Charakter, aber das »Alte Lokal« gleich links, wenn man hereinkommt, ist der urigste Ort hier. Mit dem grünen Kachelofen und den beiden Holzfässern auf der kupferfarbenen Theke fühlt man sich weit in die Vergangenheit zurückversetzt. Das Bier wird direkt aus diesen Fässern gezapft – Sie können sich vorstellen, wie oft die leergetrunkenen Fässer durch volle ersetzt werden müssen! Im Innenhof befindet sich der schöne, oft übersehene Biergarten. Auf der Speisekarte stehen typisch fränkische Gerichte, und Bamberger Zwiebel in Rauchbiersauce (eine mit Schweinehack gefüllte Metzgerzwiebel, mit einem gebratenen Speckstreifen garniert) ist die Spezialität des Hauses. Eine weitere Besonderheit sind ihre Zwetschgenbames (auf Zwetschgenholzfeuer geräucherter magerer Rinderschinken). Dazu passt natürlich am besten ein Rauchbier.

Bier vom Fass: Aecht Schlenkerla Rauchbier Märzen. Saisonal: Aecht Schlenkerla Fastenbier, Aecht Schlenkerla Kräusen (Juni bis Mitte August), Aecht Schlenkerla Rauchbier Ur-Bock (Oktober bis Dezember), Aecht Schlenkerla Eiche (Adventszeit). In der Flasche: Aecht Schlenkerla Rauchbier Weizen, Helles Schlenkerla Lagerbier.

Ich habe lange gezögert, diese doch sehr touristisch wirkende Brauerei in die Liste der Bierwanderungen mit aufzunehmen, aber sie ist derart speziell und braut so viele verschiedene hervorragende Biere, obwohl sie sich genauso gut auf eine einzige Sorte beschränken könnte. Außerdem wird hier das Bier weiterhin direkt aus dem Fass gezapft und sie verwenden ausschließlich Eichenholzfässer, was in Franken sonst kaum noch zu finden ist. Man kann es ihnen ja nicht zum Vorwurf machen, dass sie so beliebt sind und die Touristen in Scharen kommen. Beim Bockbier-Anstich im Oktober ist es außerdem gerammelt voll mit Einheimischen.

Wenn Sie an einem späten Sommernachmittag hingehen, ist dort die Hölle los. Die Leute stehen draußen auf der Straße und trinken. Sie können sich drinnen ein Bier am Selbstbedienungs-Fenster holen, aber sollten die Gelegenheit nicht verpassen, einmal ein Bier in diesen heiligen Hallen zu genießen. Das Schlenkerla öffnet um 9.30 Uhr. Tun Sie sich den Gefallen, machen Sie den hier beschriebenen Spaziergang gleich nach dem Frühstück und kehren Sie danach für ein frühes Bier hier ein. Dann haben Sie die Chance, die urige Gaststube kennenzulernen, in die ich mich 1997 verliebt habe.

PRAKTISCHE INFORMATIONEN

Schlenkerla
Dominikanerstraße 6
96049 Bamberg
0951 56060
www.schlenkerla.de

Täglich geöffnet 9.30–23.30 Uhr

Brauerei Spezial
Obere Königstraße 10
96052 Bamberg
0951 24304
www.brauerei-spezial.de

Öffnungszeiten:
Sonntag bis Freitag 9–23 Uhr
Samstag 9–14 Uhr

Die »andere« Rauchbierbrauerei in Bamberg ist ebenfalls sehr beliebt und hat den großen Vorteil, dass man hier übernachten kann (Reservierungen nur telefonisch).

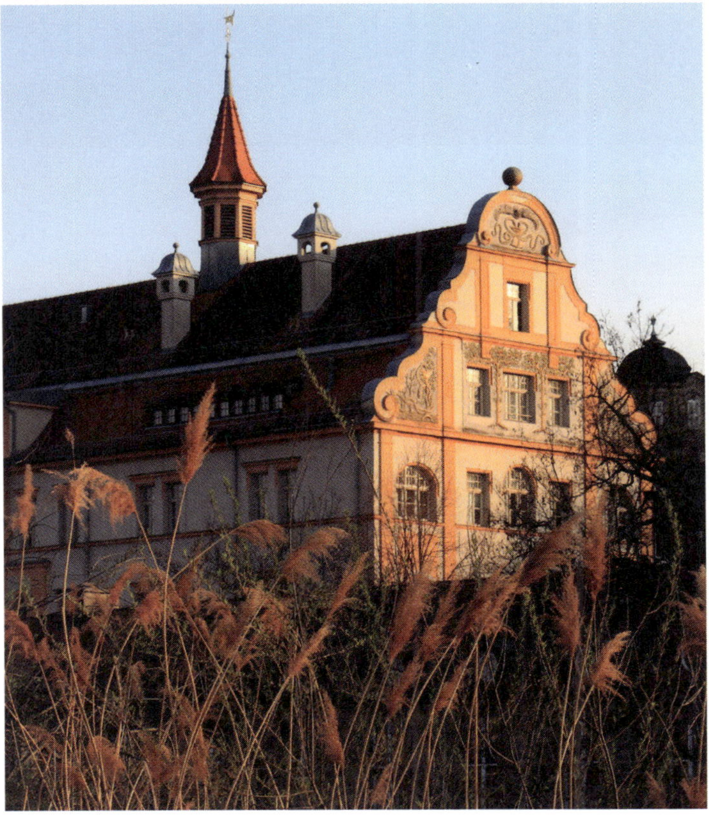

SCHAMMELSDORF

VIER BRAUEREIEN ENTLANG DER BLAUEN RAUTE

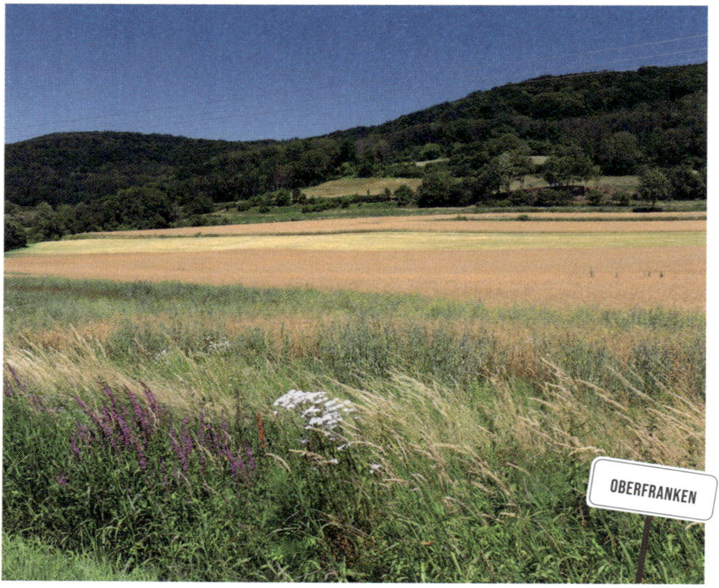

START	ZIEL
BRAUEREI-GASTSTÄTTE KNOBLACH, SCHAMMELSDORF	BRAUEREI-GASTSTÄTTE KNOBLACH, SCHAMMELSDORF
BIER	SCHWIERIGKEITSGRAD
KNOBLACH UNGESPUNDETES LAGER	MITTELSCHWERE WANDERUNG
KARTE	LÄNGE/GEHZEIT
ATK25-D09 SCHEẞLITZ	15,5 KM 3,5–4 STUNDEN
SEHENSWÜRDIGKEITEN	HÖHENMETER
PFARRKIRCHE MARIÄ GEBURT IN LOHNDORF, DORFKAPELLE MARIÄ GEBURT IN TIEFENELLERN, VIER BRAUEREIEN, FACHWERKHÄUSER IN LOHNDORF	AUFSTIEG: 430 M ABSTIEG: 450 M

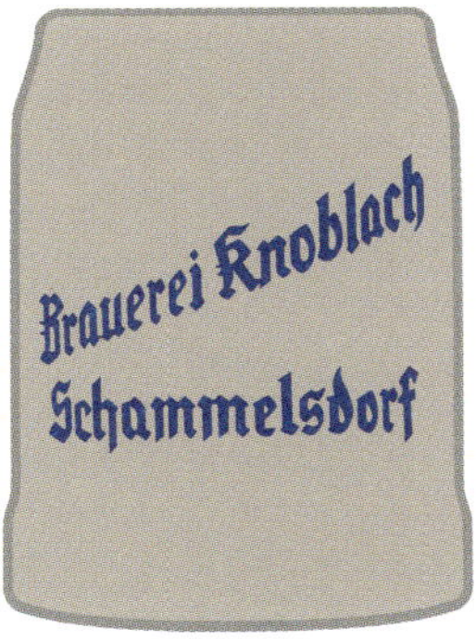

5,2 % ALKOHOL-GEHALT

UNGESPUNDETES LAGER

UNFILTRIERT,
DUNKEL-GOLDFARBEN

MALZIG, GETREIDIG,
GRASNOTEN,
SCHWACH HOPFIG

TROCKEN, FRUCHTIG,
BITTER IM ABGANG,
WENIG KOHLENSÄURE

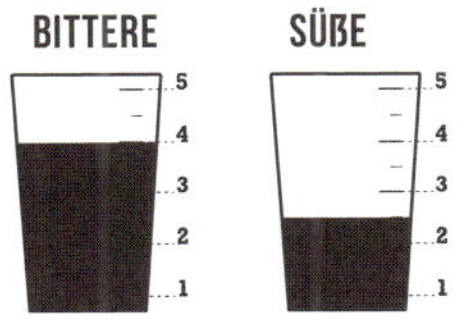

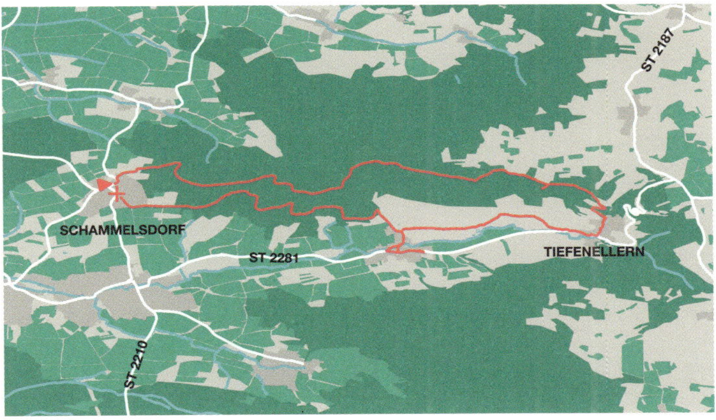

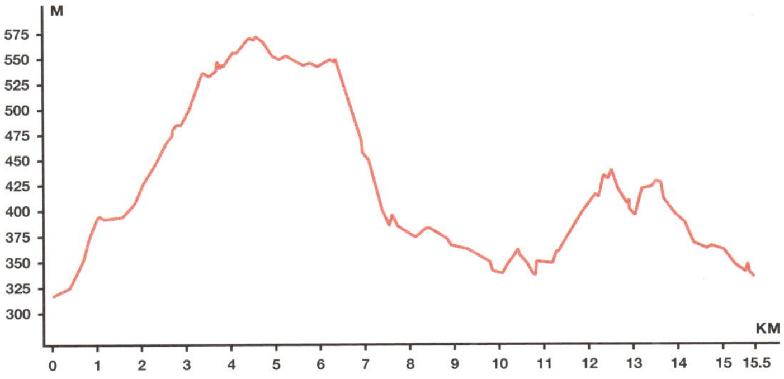

WEGBESCHREIBUNG

Schammelsdorf ist ein hübsches, aber unauffälliges Dorf in der sogenannten Fränkischen Toskana. Was der Gegend an typischen Sehenswürdigkeiten fehlt, macht sie mit der Schönheit der Landschaft und der Nähe zu vielen großartigen kleinen Brauereien mehr als wett. Tatsächlich liegt das Dorf etwa in der Mitte des 13-Brauereien-Wegs, der aufgrund seiner Länge hier in diesem Buch nicht enthalten ist. Die hier beschriebene Rundwanderung greift auf Teile dieses Bierwanderwegs zurück und beinhaltet immerhin vier der 13 Brauereien. Die Route ist gut beschildert, aber manche Wege verlaufen sehr dicht beieinander und kreuzen einander mehrfach, sodass die Beschreibung zuweilen komplizierter klingen mag, als die Wanderung tatsächlich ist. Das Wichtigste ist, dass Sie immer auf dem Weg bleiben, der mit einer blauen Raute markiert ist.

Unter der Woche verkehren Busse zwischen Schammelsdorf und Bamberg. Die Fahrtzeit der Direktverbindung beträgt etwa 20 Minuten, mit Umsteigen in Memmelsdorf dauert es länger. Samstags fahren deutlich weniger Busse, sonntags gar keine.

Wenn Sie die Brauerei-Gaststätte Knoblach verlassen, wenden Sie sich nach links und gehen die Kremmeldorfer Straße entlang. Die Straße macht eine Linkskurve, und in der Hälfte der Kurve biegen Sie rechts ab auf Haselgraben. Wenig später gabelt sich die Straße und Sie gehen rechts den unbefestigten Feldweg entlang, der mit der blauen Raute gekennzeichnet ist. Sie folgen dem Weg nach links, am Waldrand entlang und dann nach rechts in den Wald hinein. In diesem bewaldeten Abschnitt sehen Sie blaue und rote Rauten als Wandermarkierungen. Kurz vor der 1-km-Marke kommen Sie zu einer Abzweigung: Geradeaus geht es nach Neudorf, aber Sie gehen nach rechts und folgen weiter der blauen Raute. In einer Linkskurve vereinigt sich der Weg mit dem 13-Brauereien-Weg, der zwischen Memmelsdorf und Strullendorf verläuft. Sie bleiben weiterhin auf dem Weg, der sich durch den Wald schlängelt, und folgen der blauen Raute und den Markierungen des 13-Brauereien-Wegs. Ungefähr bei Kilometer 3,5 trennen sich die Routen von blauer Raute und 13-Brauereien-Weg. Zwar führen beide nach Tiefenellern, weshalb es nicht schlimm ist, wenn Sie auf der »falschen« weiterlaufen, aber ich habe mich für die blaue Raute entschieden, weil auf dieser Strecke ein schöner Aussichtspunkt kommt. Wenn der Weg sich gabelt, halten Sie sich also links und gehen dann mehr oder weniger geradeaus, immer der blauen Raute folgend. Die rechte Option liegt auf dem 13-Brauereien-Weg und führt auf direkterem Wege nach Tiefenellern. Die Blaue-Raute-Route verläuft eine Weile parallel zum 13-Brauereien-Weg. Bei der Abzweigung nach Lohndorf gehen Sie nach links, um bei der blauen Raute zu bleiben. Schließlich öffnet sich die Landschaft, Sie laufen am Wald entlang, der nun rechts von Ihnen liegt, und vor der 6-km-Marke sehen Sie rechts einen schmalen Pfad abzweigen, der zu einem Aussichtspunkt führt. Von dort haben Sie einen schönen Blick auf Lohndorf (das Sie von den Hinweisschildern kennen). Dann laufen Sie auf dem Hauptweg weiter, der blauen Raute folgend. Sie passieren eine Abzweigung Richtung Gügel, gehen aber weiter geradeaus.

Wenn Sie auf eine Straße namens Hirtenanger treffen, biegen Sie links ab. Der Hirtenanger stößt auf den Schlehenweg; hier biegen Sie rechts ab und folgen dem Straßenverlauf nach links. Wenig später geht der Schlehenweg in Am Altenberg über und Sie bewegen sich auf die Ortsmitte von Tiefenellern zu. Wenn Sie an der Dorfkapelle Mariä Geburt vorbeikommen, biegen Sie rechts ab auf die Ellerbergstraße und sehen nach wenigen Metern auf der rechten Seite die Brauerei Hönig. Wenn der dazugehörige Gasthof zur Post geöffnet ist, können Sie sich dort ein leckeres Lagerbier gönnen. Der dazugehörige Biergarten hinter dem Haus ist einer der beliebtesten des 13-Brauereien-Wegs.

Sie laufen die Ellerbergstraße entlang, lassen das Dorf hinter sich und biegen nach rechts ab. An der Abzweigung steht ein schönes steinernes Kruzifix und der Weg ist mit der blauen Raute markiert. Der gepflasterte Feldweg verläuft ein Stück parallel zur Straße, biegt dann nach rechts ab und führt bergauf, was Ihnen eine schöne Aussicht auf das Tal verschafft. Wenn Sie sich der Kreuzung nähern, haben Sie auch einen schönen Blick auf das vor Ihnen liegende Lohndorf mit seinem markanten Kirchenturm. Bald darauf kommen Sie an einen Wanderparkplatz, und rechts von Ihnen befindet sich das Landhaus Lohntal, ein schönes Hotel mit gepflegtem Biergarten. Sie laufen nach links, über den Parkplatz. Wenn Sie sich Lohndorf anschauen möchten, gehen Sie einfach nach dem Parkplatz nach links und folgen der Lohntalstraße. Lohndorf ist das vielleicht hübscheste Dorf des 13-Brauereien-Wegs und es hat zwei Brauereien: Privatbrauerei Reh und Brauerei Hölzlein, beide in der Ellertalstraße. Die Brauerei Reh hat keine Gaststube, aber einen Verkostungs- und Verkaufsraum. Die Brauerei Hölzlein hat eine Gastwirtschaft mit Biergarten. Wenn Sie nicht nach Lohndorf wollen, gehen Sie in die entgegengesetzte Richtung, das heißt, Sie biegen nach dem Parkplatz rechts ab, wo Sie am Straßenschild (diese Straße heißt ebenfalls Lohntalstraße) die blaue Raute entdecken. Der Weg führt durch landwirtschaftliche Flächen und zu Ihrer Rechten sehen Sie noch einmal das Landhaus Lohntal, bevor es, kurz nach der 11-km-Marke, wieder in den Wald geht. Der Weg schlängelt sich, gut mit blauen Rauten markiert, durch den Wald bis nach Schammelsdorf. Wenn Sie den Wald verlassen, laufen Sie kurz an Feldern entlang, dann tauchen die ersten Wohnhäuser auf und nach einer Rechtsbiegung heißt die Straße Grubfeld. Sie überqueren Dickengarten und stoßen auf die Litzendorfer Straße, auf die Sie nach rechts abbiegen. Sie passieren die Stammbergstraße und biegen bei der nächsten Gabelung rechts ab auf die Kremmeldorfer Straße, wo Sie linker Hand gleich die Brauerei Knoblach sehen.

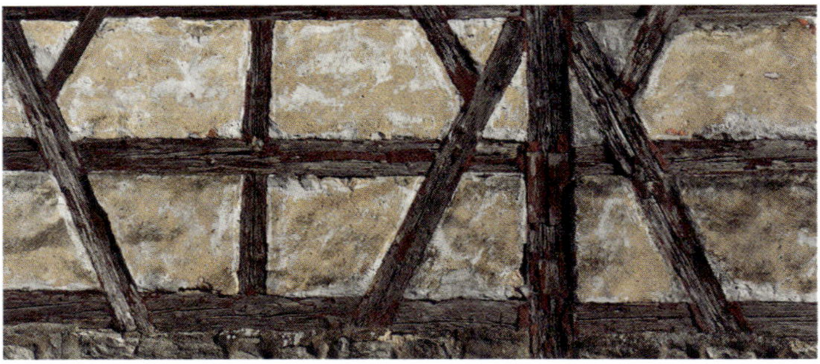

BRAUEREI-GASTSTÄTTE KNOBLACH

Die Gastwirtschaft Knoblach wurde 1880 gegründet und ist ein echtes Familienunternehmen. Die Knoblachs greifen für ihr Bier und bei der Zubereitung ihrer Speisen möglichst auf regionale Zutaten zurück. Der Traditionsbetrieb ist insbesondere zu den Mahlzeiten sehr gut besucht, aber auch bei Bierfans ein beliebtes Ziel, die zu Fuß, mit dem Fahrrad oder mit dem Bus aus Bamberg kommen. Der Biergarten ist im Sommer ein herrlich schattiges Paradies, wird aber auch in den kälteren Monaten rege genutzt, wenn zum Beispiel der Bockbieranstich gefeiert wird. Neben der Brauerei gibt es auch noch eine Brennerei, die eine Vielzahl an beliebten Obstschnäpsen produziert.

Ungespundetes Bier ist eine Spezialität aus der Gegend rund um Bamberg. In den Bierfässern befindet sich an der Oberseite ein Loch, das mit einem Holzzapfen, dem sogenannten Spund, verschlossen wird und durch das die bei der Gärung entstehenden Gase entweichen können. Wenn dieses Spundloch offen bleibt, enthält das Bier weniger Kohlensäure und lässt sich dadurch leichter trinken.

Bier vom Fass: Knoblach Ungespundetes Lager, Knoblach Räuschla, Knoblach Hefeweizen und Knoblach Dunkles Landbier. Saisonal: Knoblach Urmärzen (Februar), Knoblach Sommerbier (Juli bis September), Knoblach Bockbier (Oktober bis Dezember), Knoblach Rauchbier (im Winter), Knoblach Festbier (Dezember).

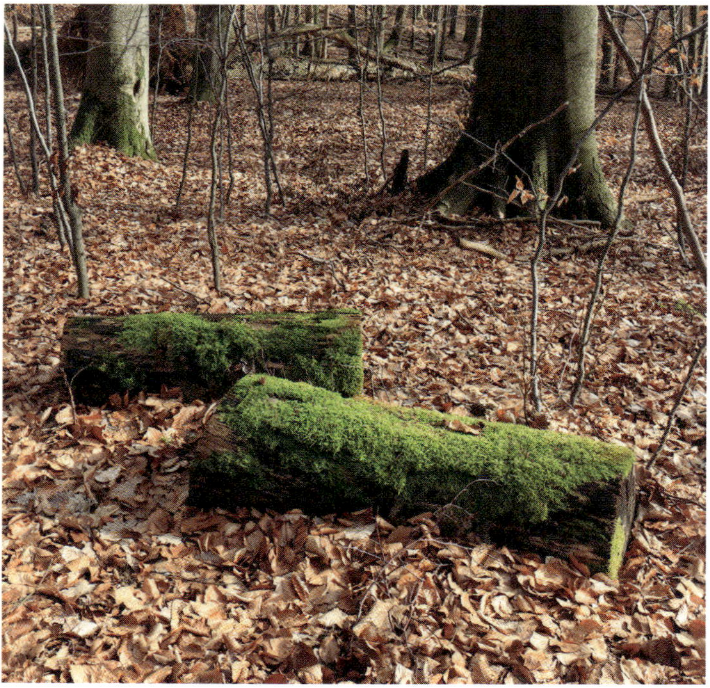

PRAKTISCHE INFORMATIONEN

Brauerei-Gaststätte Knoblach
Kremmeldorfer Straße 1
96123 Litzendorf (Schammelsdorf)
09505 / 267
www.brauerei-knoblach.de

Öffnungszeiten:
Dienstag bis Freitag 15–23 Uhr
Samstag 9–23 Uhr
Sonntag 9–15 Uhr
Montag Ruhetag

Brauerei Hönig Gasthof zur Post
Ellerbergstraße 15
96123 Litzendorf (Tiefenellern)
09505 / 391
www.brauerei-hoenig.de

Öffnungszeiten:
Montag bis Mittwoch ab 15 Uhr
Freitag bis Sonntag ab 10 Uhr
Donnerstag Ruhetag

Brauerei & Gaststätte Hölzlein
Ellertalstraße 13
96123 Litzendorf (Lohndorf)
09505 / 357
www.brauerei-hoelzlein.de

Öffnungszeiten:
Täglich ab 15 Uhr
Samstag ab 12 Uhr
Dienstag Ruhetag

Privatbrauerei Reh
Ellertalstraße 36
96123 Litzendorf (Lohndorf)
09505 / 210
www.reh-bier.de

Öffnungszeiten:
Montag bis Freitag 7.30–18 Uhr
Samstag 8.30–13 Uhr

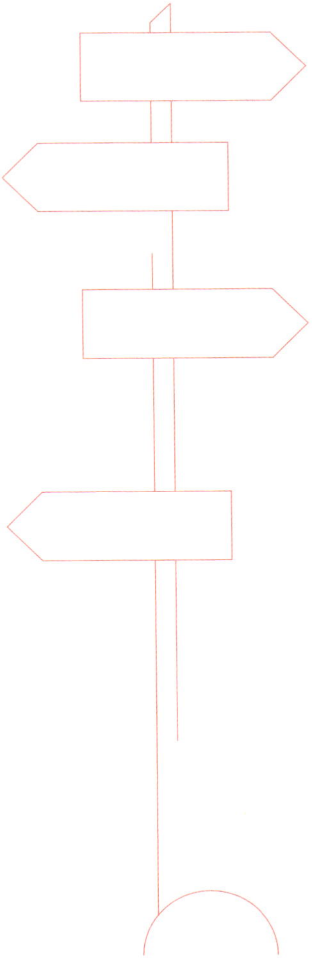

VON LICHTENFELS NACH VIERZEHNHEILIGEN

SCHNELLER VOM BAHNHOF ZUM KLOSTER, ALS MAN VIERZEHNHEILIGEN SAGEN KANN

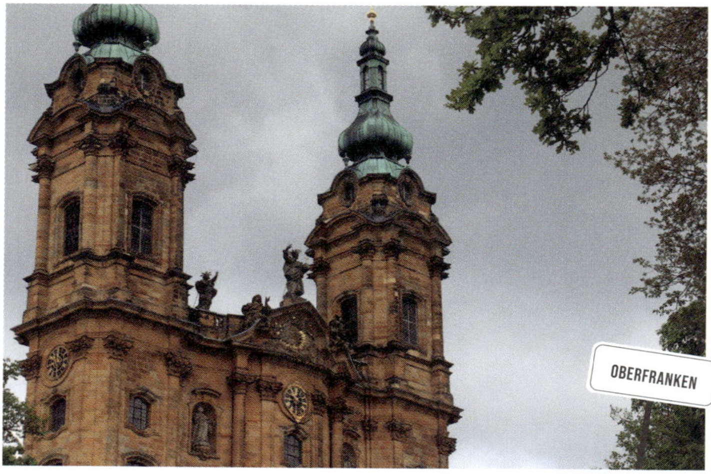

OBERFRANKEN

START	ZIEL
BAHNHOF LICHTENFELS	BRAUEREI TRUNK, VIERZEHNHEILIGEN
BIER	SCHWIERIGKEITSGRAD
NOTHELFER EXPORT DUNKEL	LEICHTE WANDERUNG
KARTE	LÄNGE/GEHZEIT
ATK25 C09 LICHTENFELS	4,5 KM 1–1,5 STUNDEN (PRO WEG)
SEHENSWÜRDIGKEITEN	HÖHENMETER
BASILIKA VIERZEHNHEILIGEN, KLOSTER BANZ, STAFFELBERG	AUFSTIEG: 160 M ABSTIEG: 50 M

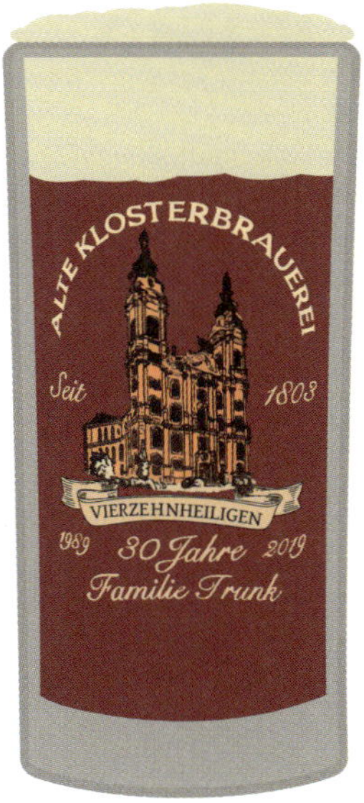

5,1 %
ALKOHOL-GEHALT

DUNKLES, GEBRAUT MIT MALZ AUS BAMBERG UND KULMBACH UND MIT REGIONALEM HOPFEN

RÖTLICH-KASTANIENBRAUN; DICHTER, GRAUWEIßER SCHAUM

SCHOKOLADIG, RÖSTMALZIG, BROTARTIG

MALZIG, SCHOKOLADIG, IM ABGANG HOPFIG UND BITTER-SÜß

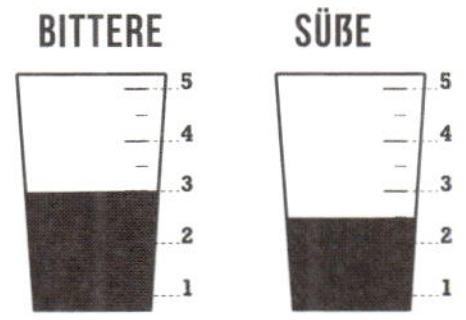

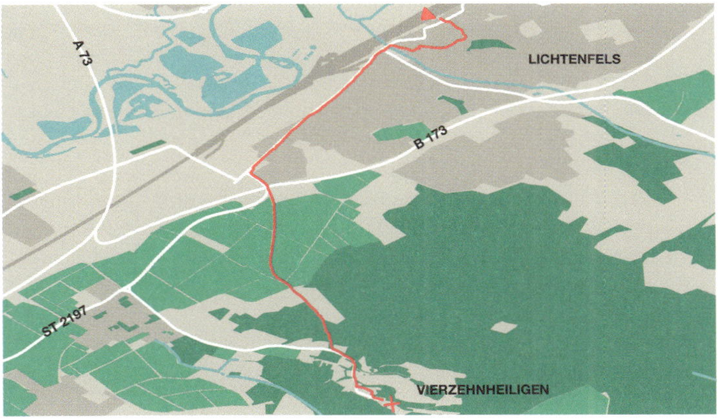

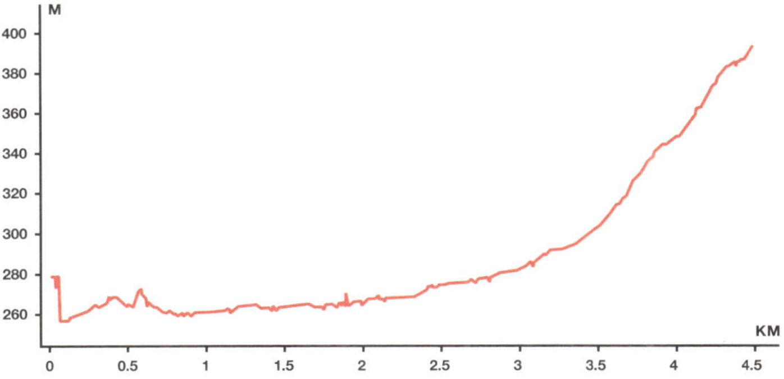

WEGBESCHREIBUNG

Vierzehnheiligen zählt zu den absoluten Höhepunkten der Gegend rund um Bad Staffelstein, die sich nicht nur durch landschaftliche Schönheit, sondern auch durch eine hohe Brauereiendichte auszeichnet. Die im 18. Jahrhundert erbaute, in prächtigstem Rokoko ausgestaltete Basilika zieht Scharen von Besuchern in ihren Bann. Gleichzeitig ist die Wallfahrtskirche Ziel gläubiger Pilger, die auf Genesung hoffen, denn die 14 Nothelfer, die im 15. Jahrhundert einem Schäfer am Standort der heutigen Basilika erschienen sein sollen, konnten angeblich Krankheiten heilen. Die spätbarocke Fassade mag im Vergleich zum Innenraum schlicht erscheinen, aber der Anblick der Basilika ist wirklich beeindruckend, gerade auch aus einiger Entfernung. Viele Reiseveranstalter haben die Basilika im Programm und die Kirche ist sowohl mit öffentlichen Verkehrsmitteln als auch mit dem Auto gut zu erreichen. Die schönste Variante, dorthin zu gelangen, ist eine Wanderung auf dem Jakobsweg. Aber keine Sorge, Sie müssen nicht bis Santiago de Compostela pilgern. Ihr Stück vom Jakobsweg ist nur ein kurzes, aber mit einem schönen Blick auf das Kloster Banz und natürlich auf Vierzehnheiligen. Praktischerweise befindet sich dort auch eine Brauerei.

Zwischen Bamberg und Lichtenfels verkehren häufig Züge. Einige der Busse zwischen Bad Staffelstein und Lichtenfels halten in Vierzehnheiligen. Wenn Sie nicht dort übernachten, sollten Sie auf jeden Fall die Abfahrtszeiten im Auge behalten.

Wenn Sie in Lichtenfeld aus dem Bahnhof herauskommen, überqueren Sie den Bahnhofsvorplatz und die Straße und gehen geradeaus in die Bahnhofstraße. An der Kreuzung überqueren Sie die Bamberger Straße und laufen geradeaus weiter auf Am Stadtgraben, bis zu Ihrer Rechten der Grabenweg abzweigt, auf den Sie abbiegen. An den Straßenschildern sehen Sie das Symbol des Jakobswegs: eine gelbe Jakobsmuschel auf blauem Hintergrund. Sie folgen dem Verlauf des Grabenwegs, der eine Rechtskurve macht, und wenn Sie auf der linken Seite eine Treppe erblicken, gehen Sie hinauf zur kleinen Kapelle St. Jakob. Sie laufen um die Kapelle herum, gehen auf der anderen Seite die Treppe hinunter, erreichen die Lange Straße und gehen nach rechts. Wenn Sie wieder an der Bamberger Straße angekommen sind, biegen Sie links ab. An der verkehrsreichen, modernen Straße steht das eine oder andere Fachwerkhaus und wenn Sie nach rechts schauen, sehen Sie in der Ferne das Kloster Banz. Nach ungefähr einem Kilometer auf der Bamberger Straße biegen Sie, der Markierung folgend, links ab auf die Seeleinstraße und biegen gleich darauf rechts ab auf Lorenzgrund, einen Teil des Pilgerwegs, wie das Straßenschild verrät. Von dieser viel ruhigeren Straße aus können Sie bereits Teile der nur wenige Kilometer entfernten Basilika Vierzehnheiligen sehen. Sie laufen unter der Straßenüberführung der Bundesstraße hindurch und gehen weiter geradeaus. Der Weg wird nun aufs Schönste von Bäumen gesäumt und Sie haben einen fantastischen Blick auf Ihr Ziel. Rechts von Ihnen am Horizont ist der Staffelberg zu sehen. An einer Wegkreuzung steht eine Schutzhütte, die danach benannt wurde, dass man von hier aus einen guten Blick auf das Kloster Banz hat. Sie gehen geradeaus weiter und bleiben auf dem Jakobsweg. Nach einer Weile gelangen Sie an eine größere Straße und biegen nach links ab. Die asphaltierte Straße führt bergauf, auf die Basilika zu. Während des Aufstiegs sehen Sie rechter Hand eine Art Wohnkomplex. Das ist das Diözesanhaus Vierzehnheiligen, wo Sie übernachten können. Oben auf dem Hügel steht die Basilika. Sie laufen links an der Kirche vorbei. Dort auf der linken Seite befindet sich ein Besucherzentrum und Sie sollten die Gelegenheit nutzen, dieses einzigartige Bauwerk zu besichtigen. Wenn es Sie dringend nach einem Bier verlangt, gehen Sie zwischen Basilika und Besucherzentrum hindurch zur Straße und nach links zur Brauerei Trunk.

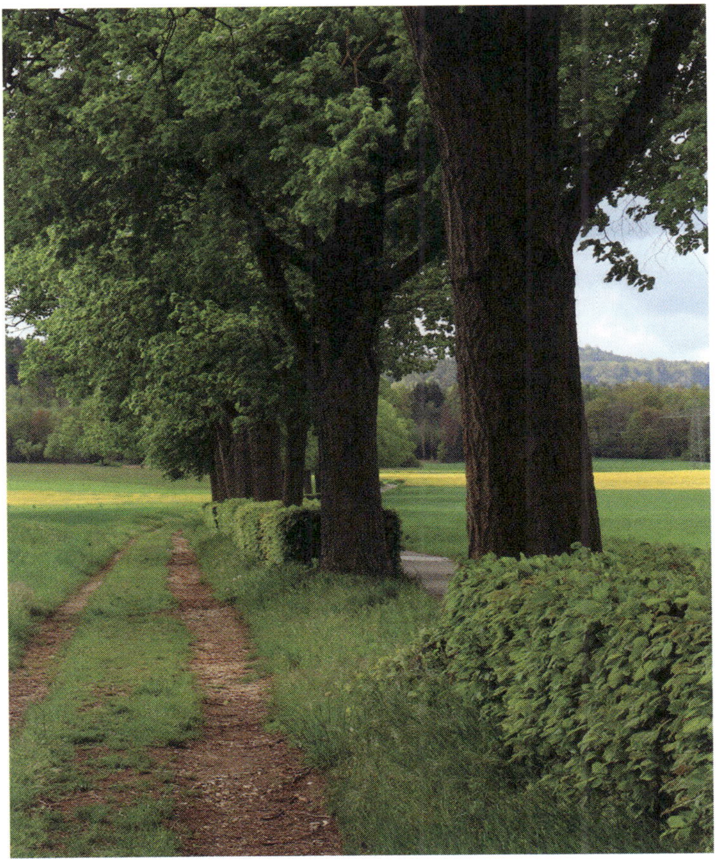

BRAUEREI TRUNK BRÄUSTÜBERL & BIERGARTEN

Zwar steht es so nicht auf dem Schild, aber viele nennen die Brauerei Trunk einfach »Alte Klosterbrauerei«, und man kann sich gut vorstellen, dass hier einst Mönche Bier brauten. Das dokumentierte Gründungsdatum der Brauerei ist das Jahr 1803. Die Familie Trunk hat die Brauerei 1989 übernommen, aber wenn man ihr gemütliches Bräustüberl betritt, spielt Zeit keine Rolle mehr und man kann sich ganz dem Genuss der einfachen fränkischen Küche und des grandiosen Biers hingeben. Dass all ihre Biere »Nothelfer« heißen, erklärt der Braumeister und Wirt scherzhaft mit dem enormen Durst der Wallfahrer, den sie nach der langen Wanderung gern bei ihm stillen.

Bier vom Fass: Nothelfer Export Dunkel, Nothelfer Pils, Nothelfer Lager, Nothelfer Bio-Weiße plus ein Saisonbier: Fastenbock, Scheffel-Trunk (Frühling und Sommer), Erntebier (September und Oktober), Festbier und Silberbock (Weihnachtszeit).

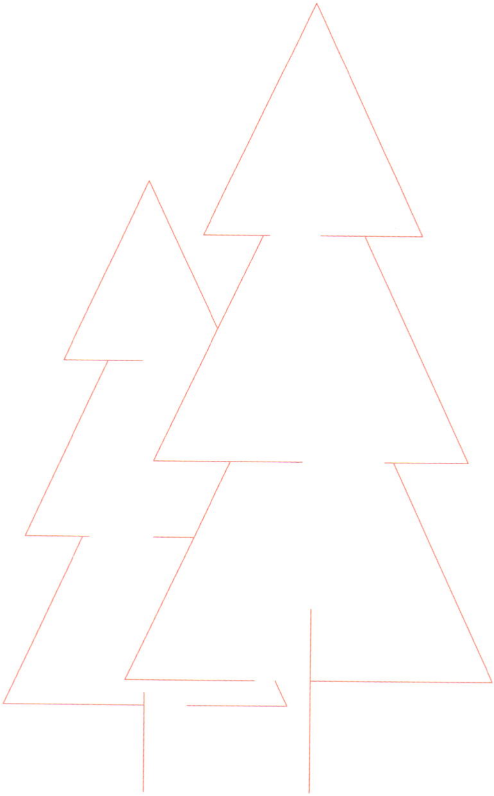

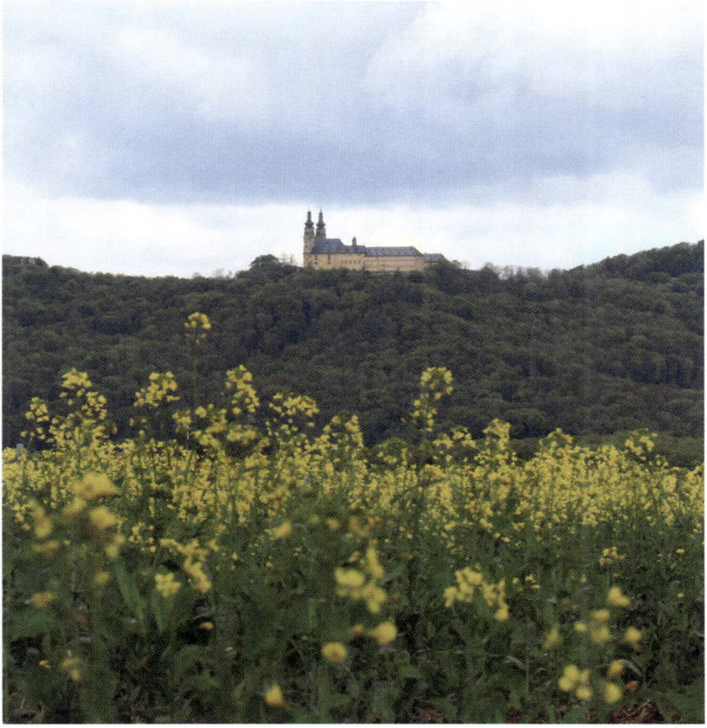

PRAKTISCHE INFORMATIONEN

Brauerei Trunk Bräustüberl & Biergarten
Vierzehnheiligen 3
96231 Bad Staffelstein (Vierzehnheiligen)
09571 / 3488
www.brauerei-trunk.de

Täglich geöffnet 10–20 Uhr (kein Ruhetag)

Vierzehnheiligen ist ein schöner Tagesausflug, aber hier kann man es auch länger aushalten. Sie können übernachten und am nächsten Tag weiterwandern – nicht die schlechteste Option angesichts der vielen großartigen Biere. Wenn Sie früh loskommen, können Sie am gleichen Tag auf dem Jakobsweg bis nach Loffeld laufen und die dortigen Brauereien und Wandermöglichkeiten auskosten.

Diözesanhaus Vierzehnheiligen
Vierzehnheiligen 9
96231 Bad Staffelstein (Vierzehnheiligen)
09571 / 926-0
www.bildungshaeuser-vierzehnheiligen.de

Über die Website können Zimmer gebucht werden.

LOFFELD

AUF DER BLAUEN NORDIC-WALKING-STRECKE ÜBER DEN STAFFELBERG

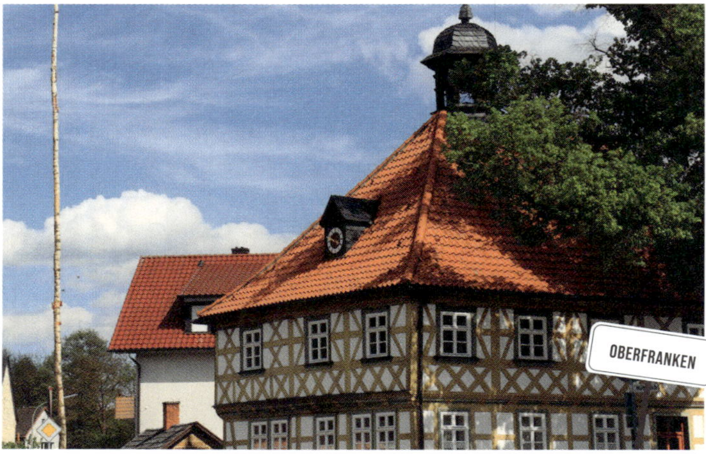

OBERFRANKEN

START	ZIEL
STAFFELBERG-BRÄU, LOFFELD	STAFFELBERG-BRÄU, LOFFELD
BIER	SCHWIERIGKEITSGRAD
LOFFELDER DUNKEL	MITTELSCHWERE WANDERUNG
KARTE	LÄNGE/GEHZEIT
ATK25 C09 LICHTENFELS	8 KM 2,5–3,5 STUNDEN
SEHENSWÜRDIGKEITEN	HÖHENMETER
STAFFELBERG, LOFFELD, FACHWERKHÄUSER, KAPELLE IN LOFFELD UND AUF DEM STAFFELBERG	AUFSTIEG: 440 M ABSTIEG: 303 M

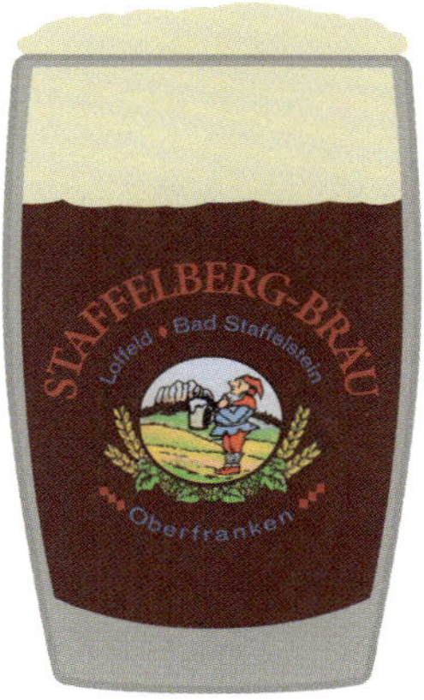

5,2 % ALKOHOLGEHALT

DUNKLES

KASTANIENBRAUN; CREMIGE SCHAUMKRONE

MALZIG, ZART SCHOKOLADIG

MALZIG, WEICH, ETWAS DUNKLE SCHOKOLADE, BITTER-SÜß IM ABGANG

BITTERE SÜßE

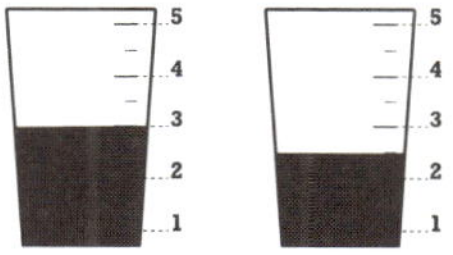

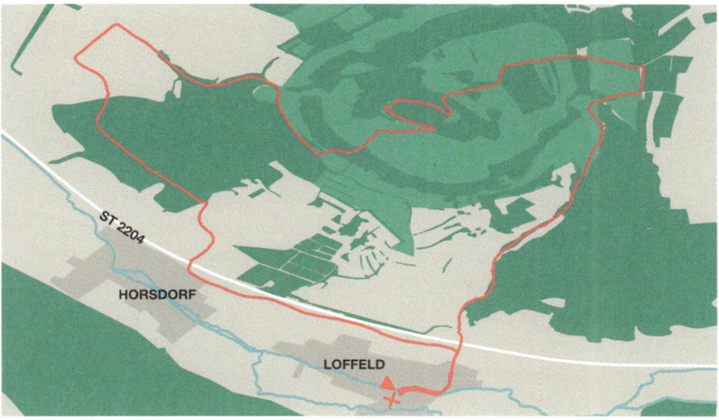

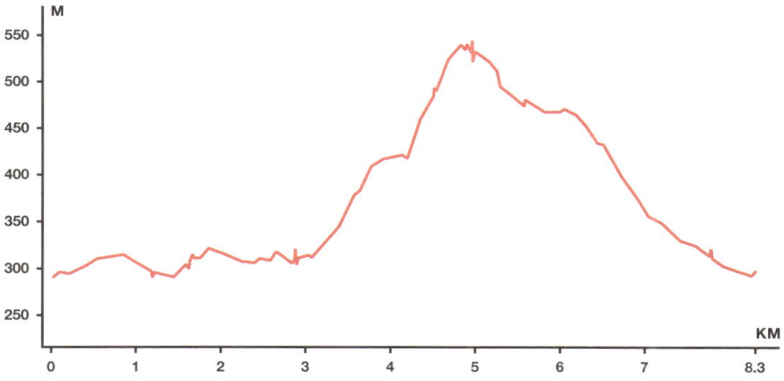

WEGBESCHREIBUNG

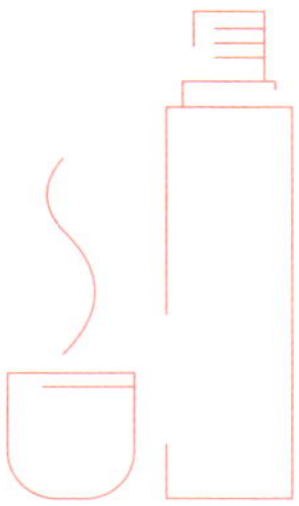

Mit seinen etwas über 500 Metern Höhe ist der Staffelberg in Oberfranken kein besonders hoher Berg, fällt aber durch seine außergewöhnliche Form auf und ist eine beliebte Touristenattraktion, nicht zuletzt dank der Nähe zu anderen Sehenswürdigkeiten wie Kloster Banz und Vierzehnheiligen. Mit den zahlreichen Brauereien in der Umgebung ist der Staffelberg ein wahres Bierwanderparadies. Das umfangreiche Wegenetz ist gut beschildert und bei Wanderern sehr beliebt.

Es besteht ein regelmäßiger Zugverkehr von Bamberg nach Bad Staffelstein, von wo aus werktags ein Bus nach Loffeld fährt. Am Wochenende nehmen Sie am besten das Auto oder das Fahrrad, oder Sie wandern von Bad Staffelstein auf den gut beschilderten Wegen nach Loffeld.

Diese Route über den Staffelberg zielt eigentlich auf Nordic-Walking-Fans ab, ist aber auch für Bierwanderer gut geeignet, um über den bekannten Berg zu einer sehr guten fränkischen Brauerei zu gelangen. Startpunkt ist Staffelberg-Bräu in Loffeld. Sie gehen über die kleine Brücke und biegen rechts ab auf An der Lauter. Bestaunen Sie das schöne Fachwerkgebäude auf der rechten Seite, eine ehemalige Schule. Loffeld ist ein hübsches Städtchen, also genießen Sie den Spaziergang entlang der Hauptstraße. Beachten Sie die kleine Kapelle links, wo die Straße eine Linkskurve macht und zum Löwentalweg wird. Die Straße führt bergauf und aus dem Ort hinaus. Kurz vor der Überführung befindet sich linker Hand ein Wanderparkplatz. Dort finden Sie die ersten Markierungen der blauen Nordic-Walking-Strecke. Die gesamte Route ist extrem gut beschildert. Von der Straße, die am Parkplatz vorbeiführt, geht linker Hand ein schmalerer Weg ab, der ebenfalls die Markierung trägt. Diesem Weg folgen Sie bis zum etwa einen Kilometer entfernten Dorf Horsdorf. Zwar verläuft der Weg parallel zur Schnellstraße, bietet aber schöne Ausblicke auf den Staffelberg (rechts) und die idyllische Landschaft (links). In Horsdorf weisen zahlreiche Schilder den Weg nach rechts und über die Schnellstraße (vorsichtig überqueren) zum Wanderweg.

Der Weg steigt langsam an und Sie werden bemerken, dass Sie sich nicht nur auf dem blauen, sondern auch auf dem gelben Nordic-Walking-Trail befinden sowie auf einem der örtlichen Bierwanderwege (gekennzeichnet mit einem Bierkrug mit der Nr. 3). Diese Markierungen werden Sie noch eine Weile begleiten. An der ersten Gabelung halten Sie sich entsprechend links. Wenn es sehr warm ist, werden Sie sich freuen, dass Sie auf dem Hügel nach links in den Wald abbiegen. Wenn Sie wieder aus dem Wald herauskommen, laufen Sie weiter, bis der Weg sich nach links wendet. Nun folgen Sie den Wandermarkierungen nach rechts und haben rechter Hand auch schon einen schönen Blick auf den Staffelberg. Es lohnt sich aber auch, nach links zu blicken, denn dort sehen Sie das ebenfalls sehr schöne Kloster Banz. Bald geht es nochmal nach rechts. Jetzt laufen Sie direkt auf den Staffelberg zu und beginnen, ihn zu erklimmen. Da tut es unter Umständen gut, dass es nun wieder durch den Wald geht. Sie kommen an einem Denkmal für Veteranen des Ersten Weltkriegs vorbei (rechts), während Sie diesen schönen Abschnitt durchwandern.

Wenn Sie aus dem Wald heraus sind, biegen Sie rechts ab und durchqueren eine offenere Landschaft. Links von Ihnen erhebt sich der Staffelberg, den Sie aber durch die Bäume mitunter schlecht sehen können. Nach einer Weile teilen sich der blaue und der gelbe Nordic-Walking-Weg und Sie halten sich links, um auf dem blauen zu bleiben. Der Weg wird nun immer steiler, aber lassen Sie sich Zeit und genießen Sie die Aussicht. Als Nächstes kommen ein paar Stufen, die Sie zu einem Plateau bringen, von dem aus Sie den Staffelberg deutlich sehen können – eine gute Motivation für das letzte Stück bis zum Gipfel. Wegen der schönen Aussicht ist die Stelle bei Wanderern ein beliebter Rastplatz. Ihre Route führt Sie direkt über den Gipfel, Sie nehmen also den schmaleren Teil des Wegs. Oben angekommen, sehen Sie eine kleine Kapelle vor sich, aber die blaue Route führt nach links und in einem Halbkreis zu den Aussichtspunkten auf dieser Seite des Gipfels. Genießen Sie den ebenen Spaziergang, den weiten Blick über das Tal, aber schenken Sie auch der hübschen Kapelle zu Ihrer Rechten etwas Aufmerksamkeit. Die flachen Felsen, die als Aussichtspunkte dienen, sind ein natürlicher Teil des Staffelbergs. Wenn Sie die Runde vollendet haben und wieder auf die Kapelle zulaufen, haben Sie, wenn Sie nach links schauen, einen schönen Blick auf das Kloster Banz in der Ferne. Wenn Sie wollen, können Sie sich in der Staffelberg-Klause neben der Kapelle für den Rückweg stärken. Dort gibt es auch gutes Buttenheimer St. Georgen-Bräu vom Fass.

Sie können auch noch zur anderen Seite des Staffelbergs hinüberlaufen und dort die Aussicht genießen, aber die hier beschriebene Route führt von der Kapelle aus bergab. Sie sehen das vertraute blaue Nordic-Walking-Zeichen und am Ende des ersten Abschnitts geht es ein paar hölzerne Stufen hinunter. Der Weg schlängelt sich nach links, bevor er sich mit dem Hauptweg vereinigt. Bei dieser Abzweigung folgen Sie den Markierungen nach rechts. Sie werden noch an einigen weiteren Abzweigungen vorbeikommen, aber Sie bleiben auf dem Weg, bis die Markierung Sie

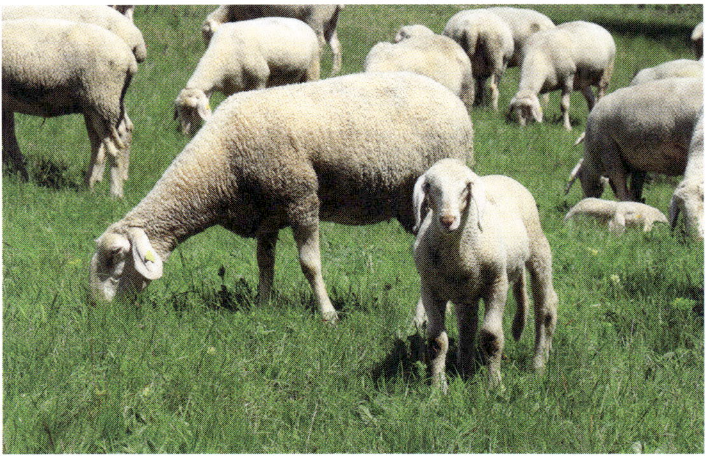

nach rechts führt. Neben dem blauen Nordic-Walker sehen Sie einen motivierenden Hinweis darauf, dass Loffeld nur noch 2 km entfernt ist. Nun, wo Sie den Abstieg hinter sich haben, liegen noch ein paar hübsche Wegstücke vor Ihnen. Wenn Sie das nächste Mal rechts abbiegen, kann es sein, dass rechts von Ihnen Schafe weiden. Ich hatte das Glück, die Schafherde zu sehen, und weil Frühling war, sprangen auch ein paar Lämmchen umher. Auf diesem Abschnitt können Sie den Staffelberg wieder aus einer anderen Perspektive bewundern, wenn Sie nach rechts blicken. Der Weg führt Sie weiter das Tal hinab Richtung Loffeld und am Ende kommen Sie an der Unterführung heraus, die Sie zu Beginn der Wanderung gesehen haben. Sie passieren den Ihnen bekannten Parkplatz und laufen die Straße (Löwentalweg) entlang in den Ort. Nach der Rechtskurve heißt die Straße wieder An der Lauter; alternativ können Sie auch auf den parallel verlaufenden Weg auf der anderen Seite des kleinen Flusses wechseln, der fast direkt zum Staffelberg-Bräu führt. Hoffentlich haben Sie ordentlich Hunger, denn das Braustübl von Staffelberg-Bräu ist für sein hervorragendes Essen bekannt!

STAFFELBERG-BRÄU

Die 1856 gegründete Brauerei ist ein Familienbetrieb in der sechsten Generation. Die zupackende Art dieser hart arbeitenden Familie hat mich tief beeindruckt. Derzeit wird der Betrieb geführt von einem Braumeister, der gleichzeitig Metzger ist, und seiner Frau, die sich um den ganzen umfangreichen Rest zu kümmern scheint. Die Kinder des Ehepaars sind ebenfalls voll eingebunden, und das ist auch gut so, denn in diesem Brauereigasthof ist einiges los. Das wunderschön restaurierte Fachwerkhaus hat einen schönen Außenbereich, in dem man gemütlich sitzt und die scheinbar pausenlos dampfenden Braukessel im Blick hat. Hier wird nicht nur großartiges Essen serviert, sondern es gibt auch eine für eine kleine Landbrauerei erstaunlich große Biervielfalt. Für einige ihrer Biere haben sie schon Goldmedaillen gewonnen. Es gibt immer drei, je nach Saison sogar vier Biersorten vom Fass und dazu zahlreiche Flaschenbiere. Glücklicherweise kann man auch dort übernachten. So können Sie nicht nur versuchen, alle Biersorten durchzuprobieren, sondern auch die zahlreichen Wanderwege erkunden. Wie gesagt: ein Paradies für Bierwanderer!

Bier vom Fass: Staffelberg-Bräu Loffelder Dunkel, Staffelberg-Bräu Hopfen-Gold-Pils, Staffelberg-Bräu Hefe-Weißbier plus zwei wechselnde Biere.

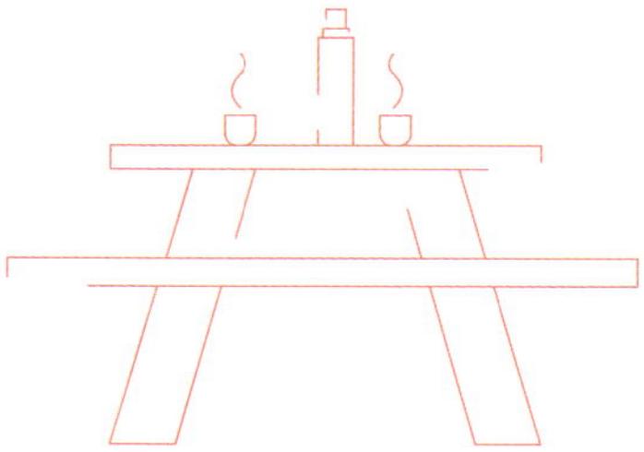

PRAKTISCHE INFORMATIONEN

Staffelberg-Bräu
Mühlteich 7
96231 Bad Staffelstein (Loffeld)
09573 / 5925
www.staffelberg-braeu.de

Öffnungszeiten:
Dienstag bis Sonntag 10–22 Uhr
Montag Ruhetag

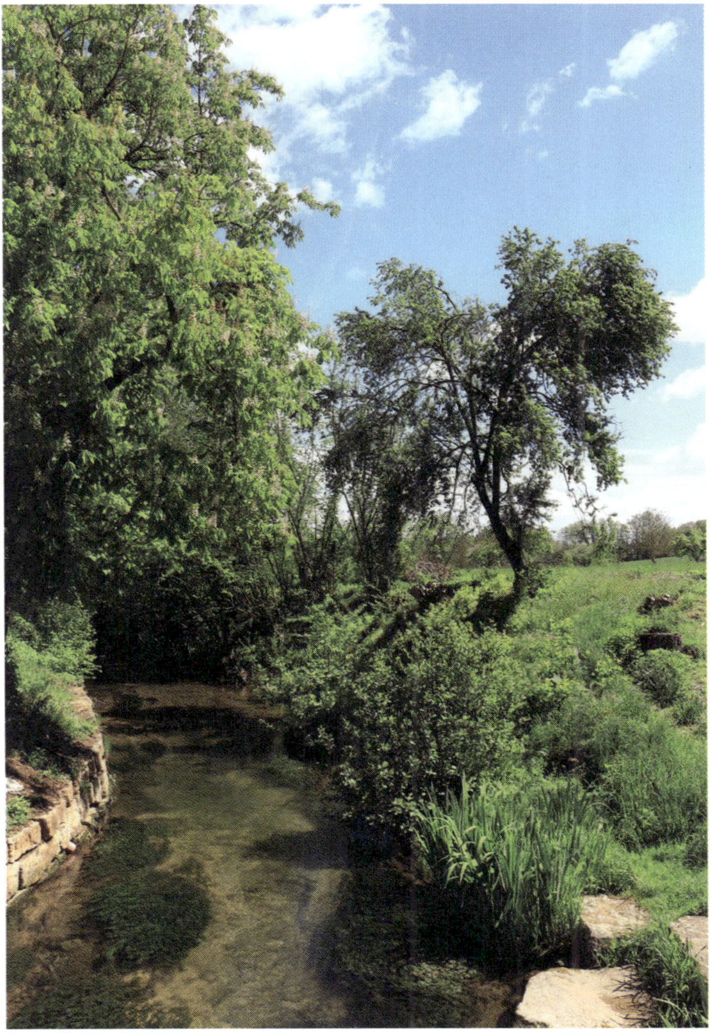

STUBLANG

DIE STUBLANGER VERBINDUNG ZUM BRAUEREI-WEG 3

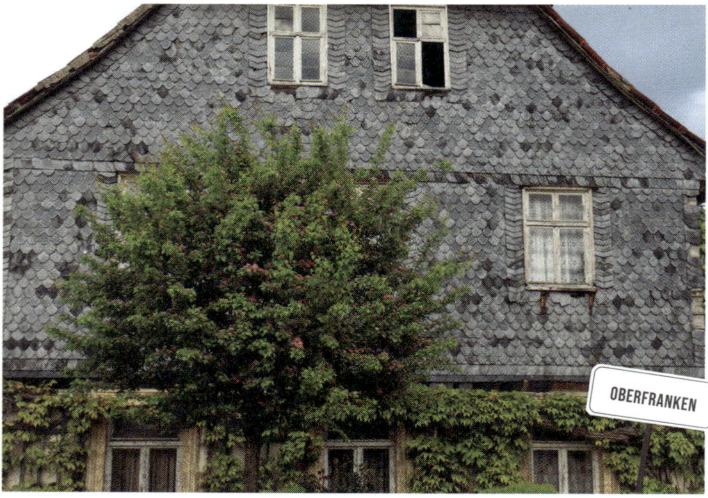

START	ZIEL
BRAUEREI DINKEL, STUBLANG	BRAUEREI DINKEL, STUBLANG
BIER	SCHWIERIGKEITSGRAD
STUBLANGER LAGERBIER	MITTELSCHWERE WANDERUNG
KARTE	LÄNGE/GEHZEIT
ATK25 C09 LICHTENFELS	5 KM 1,5–2 STUNDEN
SEHENSWÜRDIGKEITEN	HÖHENMETER
KIRCHE ST. NIKOLAUS UND ST. GUMBERTUS, FACHWERKHÄUSER, BLICK AUF DEN STAFFELBERG, LOFFELD, MALERISCHE LANDSCHAFT	AUFSTIEG: 213 M ABSTIEG: 210 M

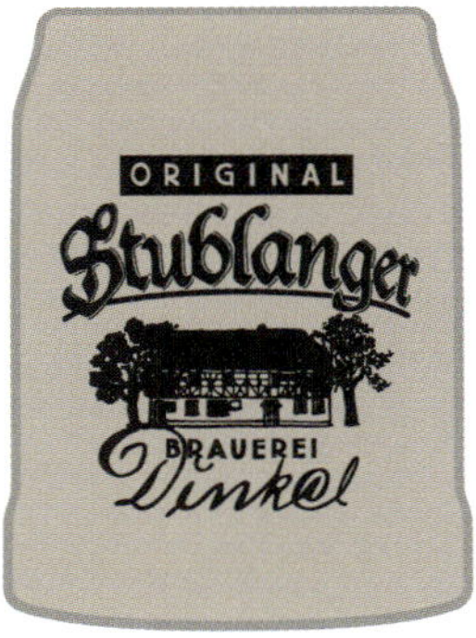

4,7 %
ALKOHOL-
GEHALT

KELLERBIER

UNFILTRIERT,
BERNSTEINFARBEN

GETREIDIG,
LEICHT SCHOKOLADIG

MALZIG, FRUCHTIG;
TROCKEN, BITTER-SÜß
IM ABGANG

BITTERE

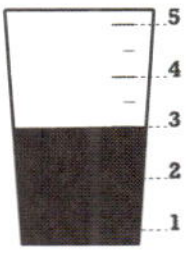

SÜßE

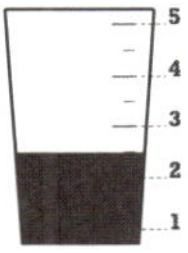

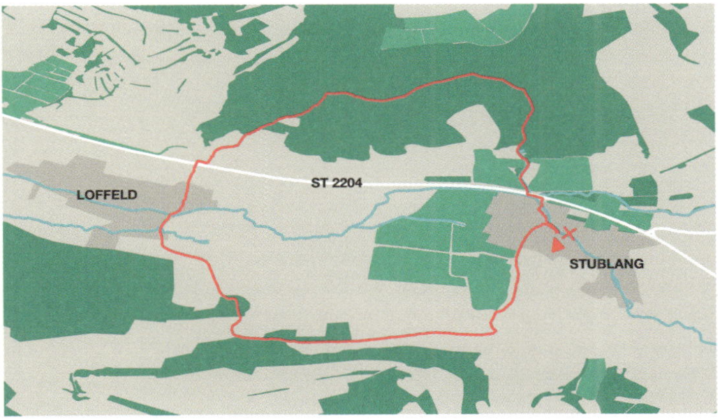

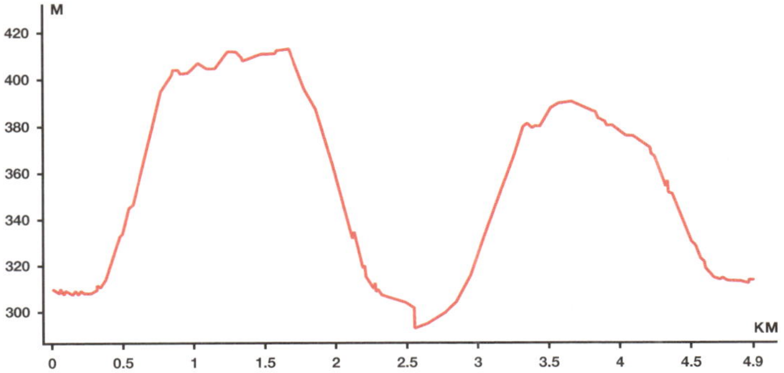

WEGBESCHREIBUNG

Die Gegend rund um Bad Staffelstein zählt zu den beliebtesten Ausflugszielen Oberfrankens. Zwar ist Loffeld vielleicht der hübschere Ort und liegt näher am Staffelberg, am Hausberg von Bad Staffelstein, aber Stublang hat eindeutig die bessere Lage, wenn es darum geht, die Bierschätze dieser an Brauereien reichen Region zu entdecken. Außerdem hat Stublang den Vorteil, zwei Brauereien im Ort zu haben. Dieser schöne und relativ kurze Rundweg ist nicht die schnellste Verbindung zwischen den beiden Orten, aber er schließt beide Brauereien mit ein und führt Sie außerdem in die Hügel, Wälder und Wiesen zu beiden Seiten des Tals, wo Sie die herrliche Aussicht genießen können.

Unter der Woche verkehren regelmäßig Busse zwischen Stublang und Bad Staffelstein oder Lichtenfels, die beide gut an Bamberg angebunden sind. Je nach Bus dauert die Fahrt um die 20 Minuten. Am Wochenende fährt leider gar kein Bus, aber da die Entfernung nur wenig mehr als 5 km beträgt, können Sie hinlaufen oder mit dem Fahrrad hinfahren.

Wenn Sie die Brauerei Stublang verlassen, wenden Sie sich nach links und gehen auf Am Dorfbrunnen den Bach entlang, der durch das Dorf fließt. Sie laufen auf die Kirche St. Nikolaus und St. Gumbertus zu, biegen aber links ab auf Unterer Peunt, bevor Sie die Kirche erreichen. Sie folgen dem Straßenverlauf und wenn Sie nach links schauen, sehen Sie die Rückseite der alten Brauerei und ihr hübsches Logo. Wenn Sie das Wohngebiet hinter sich lassen, sehen Sie Schilder Richtung Loffeld und als Wanderwegmarkierungen grüne Ringe und Bierkrüge mit der Nummer 3 – das ist einer der vier Brauerei-Wege rund um Bad Staffelstein. Sie werden heute nicht die gesamte Strecke dieses Brauerei-Wegs absolvieren, aber in dem Drittel, das auf unserem Weg liegt, werden Sie drei Brauereien sehen. In Bad Staffelstein selbst haben alle Brauereien dichtgemacht. Sie folgen der Straße, die sich bald in einen gepflasterten Feldweg verwandelt. Es geht leicht bergauf, aufs freie Feld hinaus, von Ackerflächen umgeben. Nach einer Linksbiegung nehmen Sie den Weg, der scharf rechts abgeht. Das geschieht noch vor der 1-km-Marke und ist deutlich markiert, und auch der Weg ist gut zu erkennen. Dies ist ein schöner Abschnitt, und da Sie ein wenig an Höhe gewonnen haben, genießen Sie nun zu Ihrer Rechten, etwa auf 1 Uhr, einen tollen Blick auf den Staffelberg mit seiner unverkennbaren flachen Kuppe. Wenn Sie weiter nach hinten schauen, sehen Sie die Kirche in Uetzing. Am schönsten ist dieser Blick am späten Nachmittag, dann scheint die Kirche regelrecht zu glühen.

Sie folgen weiter dem hochgelegenen Pfad. Alle Abzweigungen sind gut beschildert, entweder mit einem grünen Ring, einem Nummer-3-Bierkrug oder beidem. Nach einem kurzen Stück durch den Wald biegen Sie nach rechts ab und überqueren eine kleine Wiesenfläche, um zu einem weiteren Feldweg zu gelangen, der sich Richtung Loffeld schlängelt. Der Staffelstein kommt näher, mit der kleinen Kapelle in Loffeld im Vordergrund. Sie erreichen eine T-Kreuzung und gehen nach rechts auf den Dornigweg

Richtung Ortsmitte. Wenn Sie an die Kapelle kommen, haben Sie die Wahl: Sie können links abbiegen auf An der Lauter und am Lauterbach entlang zu Staffelberg-Bräu laufen. Es ist keine zwei Minuten entfernt, und wenn Sie das Staffelberg-Bräustübl noch nicht kennen, sollten Sie die Gelegenheit nutzen und sich hier stärken. Aber auch wenn Sie jetzt noch nichts essen und trinken wollen, sollten Sie den kurzen Abstecher machen und das wunderschöne Fachwerkhaus mit dem alten Schulgebäude daneben bestaunen – ein prima Fotomotiv.

Ansonsten halten Sie sich rechts, folgen der Biegung und laufen auf dem Löwentalweg weiter bergauf, aus dem ruhigen Dörfchen hinaus. Wenn Sie an eine Kreuzung mit einem Wanderparkplatz auf der linken Seite gelangen, gehen Sie weiter geradeaus und laufen unter der Straßenüberführung hindurch. Unter den zahlreichen Wandermarkierungen findet sich auch der grüne Ring. Auf der anderen Seite gehen Sie nach rechts, halten aber auf der linken Seite Ausschau nach einem Pfad, der abgeht. Ein Holzschild markiert den Rundweg, ein anderes den Waldweg Stublang. Wieder ist dies nicht die kürzeste, aber die landschaftlich schönere Route. Ab hier befinden Sie sich auch wieder auf dem Brauerei-Weg 3. Der Weg beginnt anzusteigen und führt ein Stück durch den Wald, tritt dann aus dem Wald heraus, mit einer Wiese zur Rechten, auf der viele Wildblumen blühten, als ich zuletzt dort entlangwanderte. Der Blick aufs Tal ist von dieser Seite auch nicht zu verachten. Dann geht es wieder zurück in den Wald und nach einigen Biegungen gibt es eine deutlich markierte Richtungsänderung und Sie gehen wieder Richtung Stublang. Von hier an geht es bergab, und wenn Sie aus dem Wald herauskommen, haben Sie immer noch einen guten Blick auf die Kirche von Stublang. Der Weg führt an einem kleinen Friedhof mit Kapelle (links) vorbei und endet wenig später an der Landstraße, die am Wochenende manchmal erstaunlich stark befahren ist, passen Sie also auf, wenn Sie sie überqueren. Dann wenden Sie sich nach links und laufen auf dem Fahrradweg zum Dorf zurück. Sie nehmen die erste Straße rechts und laufen ein Stück die Frauendorfer Straße hinunter, bis rechts eine kleine Brücke auftaucht, die Sie überqueren. Sie kommen direkt an der Kirche vorbei, also nehmen Sie sich ruhig die Zeit, um kurz innezuhalten und sie zu betrachten. Dann biegen Sie nach links ab auf die Kirchstraße, überqueren den Unteren Peunt und gelangen über Am Dorfbrunnen zurück zur Brauerei Dinkel. Ihr Bier wartet schon auf Sie!

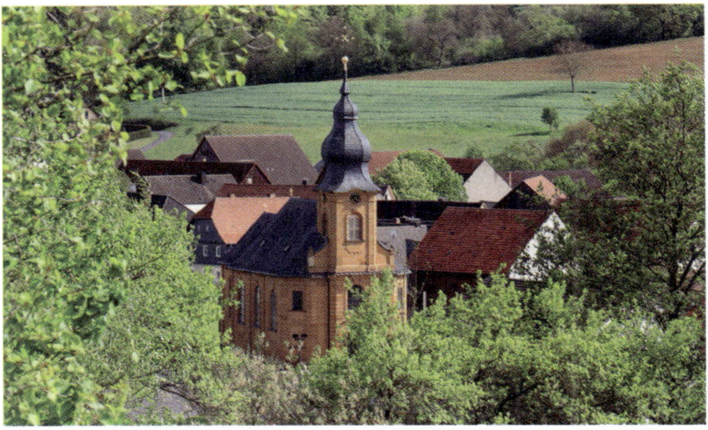

BRAUEREI DINKEL

Die 1880 gegründete Brauerei der Brüder Dinkel beweist, dass manchmal aller guten Dinge zwei sind. Das Restaurant im alten Fachwerkhaus wurde vor vielen Jahren aufgegeben, als der größere Neubau fertig war, um die Gäste zu empfangen. Die Räume blieben seither ungenutzt, obwohl die Brauerei selbst weiterlief. Eine Wiedereröffnung des Restaurants wäre wenig sinnvoll gewesen, aber Bruder Hubert hat den herrlichen alten Innenhof in einen einzigartigen Biergarten verwandelt. Mit der tollen alten Brauerei und dem Restaurant im Hintergrund spendet ein mächtiger Baum wohltuenden Schatten. Die Bierausgabe befindet sich jetzt an einem kleinen Durchgang im hinteren Teil. Wenn in den Sommermonaten Veranstaltungen stattfinden, werden Tische und Bänke aufgestellt und hausgemachte Brotzeiten serviert.

Sie verkaufen ihr Bier in Kästen, im »Tragerla« (6er-Träger), in besonderen 2-Liter-Humpen, in der Partydose oder im »Fässla«, wahlweise mit bayerischem Anstich oder mit Keg-Anstich. Eine Besonderheit ist ihr Roggenbier, ähnlich wie Weißbier, nur eben mit Roggen statt Weizen gebraut.

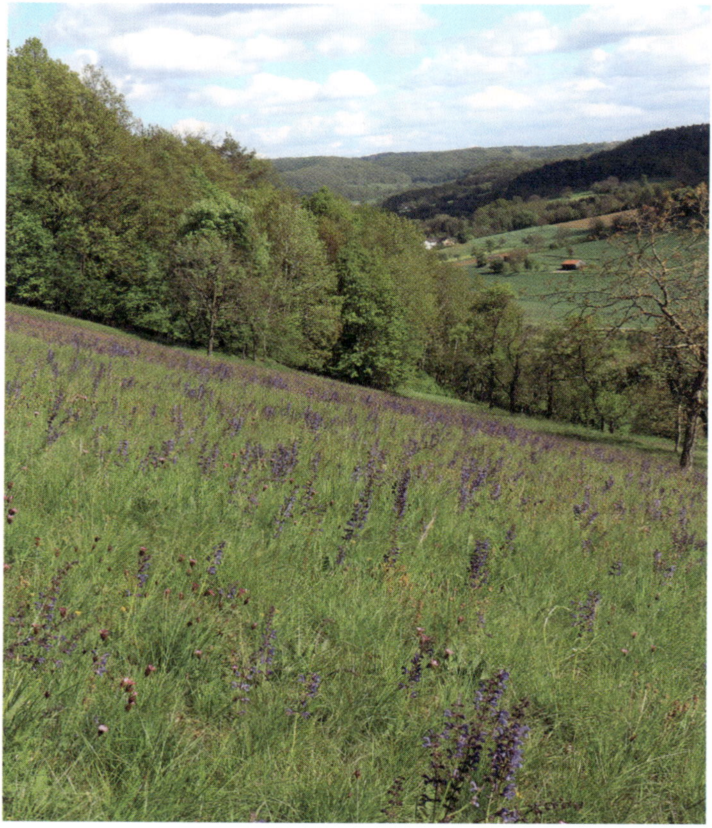

GASTHOF DINKEL

Der familiengeführte Gasthof läuft hervorragend. Die großen Räumlichkeiten verkraften auch eine volle Busladung mit Touristen, aber zur Mittagszeit ist es dennoch immer voll. Das Essen ist wirklich gut und neben den typischen fränkischen Gerichten gibt es auch Steaks. Der Service ist ziemlich flink, aber wahrscheinlich muss er das auch sein in Anbetracht der Umsätze, die hier gemacht werden. Dies ist keine urige alte Gaststube, wie ich mir den alten Standort neben der Brauerei vorstelle, aber das Konzept geht auf und trägt zum Fortbestand einer großartigen fränkischen Brauerei bei. Ich bin froh, dass heute beides nebeneinander existiert und man das Beste aus zwei Welten bekommen kann: lecker Speis und Trank und Fremdenzimmer im Gasthof und davor oder danach ein stimmungsvolles Bier im Biergarten im Hof der alten Brauerei.

Bier vom Fass: Stublanger Lagerbier, Stublanger Roggenbier. Saisonal: Bock.

PRAKTISCHE INFORMATIONEN

Gasthof Dinkel
Frauendorfer Straße 18
96231 Bad Staffelstein (Stublang)
09573 / 6424
www.dinkel-stublang.de

Öffnungszeiten:
Freitag bis Dienstag 10–23 Uhr (im Dezember sonntags nur bis 15 Uhr)
Mittwoch und Donnerstag Ruhetag

Zimmer können über die Website gebucht werden.

Brauerei Dinkel
Am Dorfbrunnen 19
96231 Bad Staffelstein (Stublang)
0170 307 32 81
www.brauerei-dinkel.de

Montag bis Samstag 9–18 Uhr
Der Biergarten ist an bestimmten Feiertagen und an Kirchweih geöffnet. Die Termine finden Sie auf der Website.

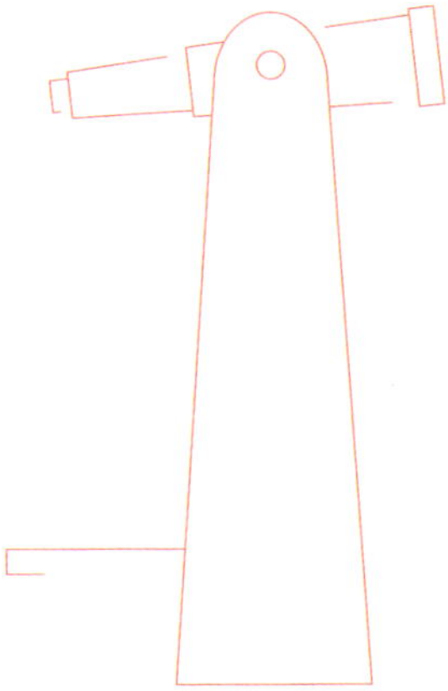

UETZING

DER KELTENWEG IN RICHTUNG BIER UND WURST

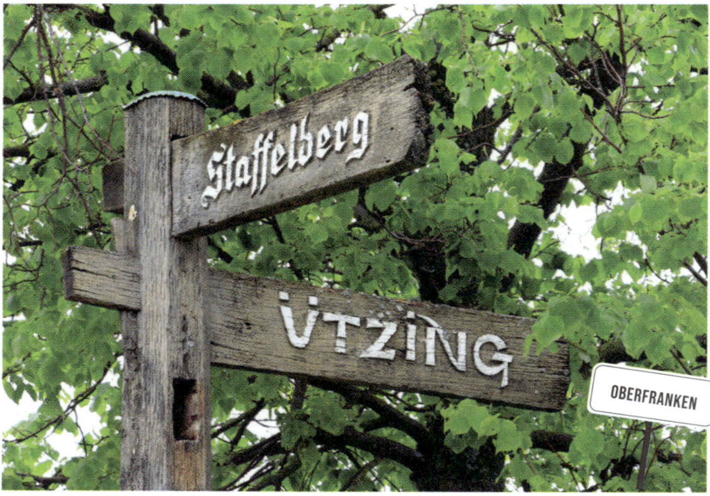

OBERFRANKEN

START	ZIEL
METZGERBRÄU, UETZING	METZGERBRÄU, UETZING
BIER	SCHWIERIGKEITSGRAD
METZGERBRÄU LAGERBIER	MITTELSCHWERE WANDERUNG
KARTE	LÄNGE/GEHZEIT
ATK25 C09 LICHTENFELS	8,5 KM 2–3 STUNDEN
SEHENSWÜRDIGKEITEN	HÖHENMETER
PFARRKIRCHE ST. JOHANNES BAPTIST, FACHWERKHÄUSER, JAKOBSWEG, ALTER STAFFELBERG, KELTISCHE SIEDLUNGSRESTE	AUFSTIEG: 240 M ABSTIEG: 250 M

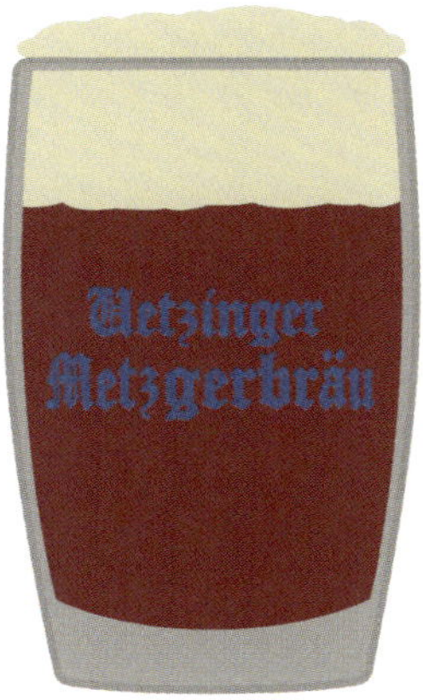

5,0 % ALKOHOL-GEHALT

KLASSISCHES FRÄNKISCHES LAGER

UNFILTRIERT, BERNSTEINFARBEN

GETREIDIG, SCHWACHE HOPFENNOTE

HOPFIG, AUSGEWOGEN

BITTERE SÜßE

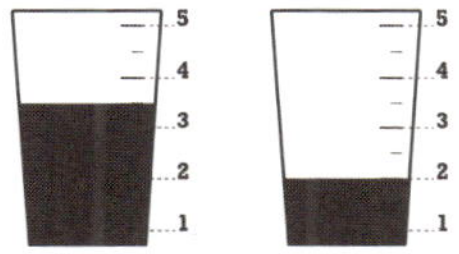

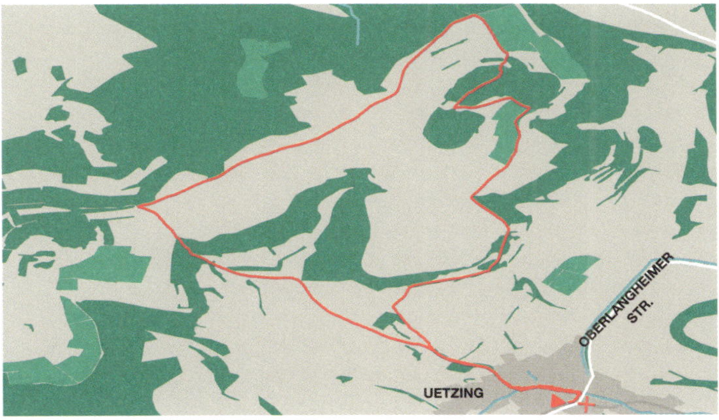

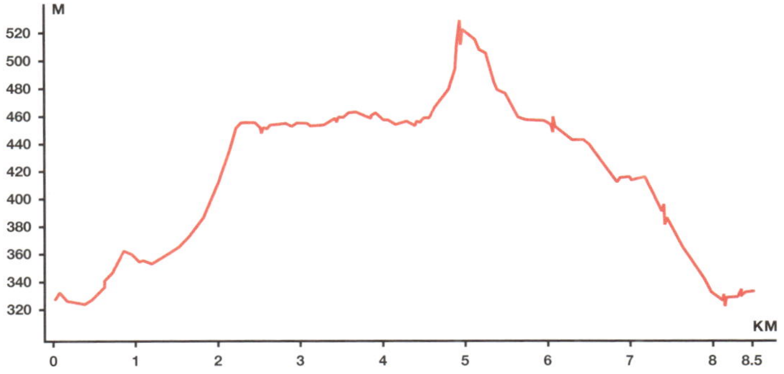

WEGBESCHREIBUNG

Uetzing ist einer dieser bei Wanderern und Radfahrern beliebten Orte, um von hier aus den »Gottesgarten am Obermain« rund um Bad Staffelstein zu erkunden. Das Dorf hat eine malerische Ortsmitte mit schönen Fachwerkhäusern und liegt an einigen Wanderwegen. Einst waren auch Kelten hier zu Hause und bei Wanderungen in der Gegend stößt man auf die Überreste ihrer Besiedelung. Uetzing ist aber auch die Heimat des in der Brauereiwelt eher selten anzutreffenden Konzepts des bierbrauenden Metzgers.

Uetzing wird unter der Woche von Bussen aus Bad Staffelstein und Lichtenfels angefahren, die wiederum gut an Bamberg angebunden sind. Je nach Bus dauert die Fahrt etwa 25 Minuten. Am Wochenende fahren leider keine Busse.

Diese Route verbindet einen der vier örtlichen Brauerei-Wege mit einem der acht Keltenwege. Wenn Sie das Metzgerbräu verlassen, wenden Sie sich nach links, gehen die Stublanger Straße entlang und setzen Ihren Weg halb links auf der Oberlangheimer Straße fort. Bei der nächsten Kreuzung können Sie die Statue des böhmischen Heiligen Johannes Nepomuk bewundern, bevor Sie links abbiegen auf den Kirchweg. Die dazugehörige Markierung für den ersten Abschnitt ist ein Bierkrug mit der Nummer 2 darin. Der Kirchweg führt ein Stück an der Döberten entlang, die durch Uetzing fließt, macht eine leichte Linkskurve und biegt dann nach rechts ab. Sie bleiben auf dem Kirchweg und laufen auf die Kirche St. Johannes Baptist zu. Wenn Sie an der Kirche ankommen, wird der Kirchweg zur Heugasse. Am Straßenschild sind zahlreiche Wandermarkierungen angebracht, darunter der Keltenweg und der Brauerei-Weg 2. Sie gehen weiter geradeaus und kommen an alten Kellergewölben vorbei. Wenn Sie an eine Gabelung kommen, halten Sie sich links – auf dem anderen Weg kommen Sie später zurück. Sie folgen dem ebenen Weg und genießen die schöne ländliche Umgebung. Der Weg krümmt sich nach links, dann nach rechts, und hin und wieder bestätigt Ihnen ein Bierkrug-Schild, dass Sie auf dem richtigen Weg sind. Der Weg führt durch Ackerflächen hindurch und Sie kommen an eine größere Kreuzung. Hier gehen Sie nach rechts Richtung Staffelberg. Diesen breiteren, sehr deutlich erkennbaren Weg teilen sich vier große Wanderrouten, darunter der Frankenweg und der Jakobsweg. An der nächsten Kreuzung gehen Sie weiter geradeaus. Würden Sie hier rechts abbiegen auf den Gößnitzerweg, kämen Sie schneller nach Uetzing zurück, aber Sie wollen ja noch etwas von der Gegend sehen. Bei der nächsten Kreuzung sehen Sie Markierungen für den Keltenweg G und auch wieder für den Brauerei-Weg 2. Hier biegen Sie rechts ab, Richtung Alter Staffelberg. Oben auf dem Hügel erwartet Sie eine interessante Felsformation. Auf dem unbefestigten Feldweg laufen Sie auf ein Kruzifix zu. Unmittelbar nach dem Kruzifix geht rechts ein schmaler Pfad ab, auf den Sie abbiegen, den Markierungen Keltenweg G und Brauerei-Weg 2 folgend. Rechts sehen Sie das Kloster Banz in der Ferne. Auf einer kleinen Lichtung kommen Sie zu einer weiteren Abzweigung. Wenn Sie nach links gehen, bleiben Sie auf dem Brauerei-Weg 2. Das ist die leichtere Route, aber wenn Sie Lust auf ein kleines Abenteuer haben, können Sie auf dem Keltenweg G weiterlaufen. Sie sehen einen Holzpfosten mit der Jakobsmuschel und darunter den Hinweis »nur für geübte Wanderer«. Ein noch schmalerer Pfad führt zu einer Kluft in einem großen Felsen. Das ist der Alte Staffelberg und Sie sind gerade dabei, ihn zu besteigen. Oben angekommen, können Sie die Aussicht über das Tal genießen.

Von hier aus sehen Sie einen deutlich erkennbaren, aber schmalen Pfad durch den Wald. Dem folgen Sie, von Keltenweg-Markierungen begleitet, zu einer Lichtung mit einer Bank, einer schönen Stelle, um eine kleine Rast einzulegen, vor allem, wenn Sie nicht sehr geübt im Klettern sind. Von hier aus haben Sie sogar einen noch besseren Blick auf das Kloster Banz. Wenn Sie auf diesem Weg weiterlaufen, sehen Sie ein Schild und dahinter kommen die keltischen Siedlungsreste. Sie sind in keinem guten Zustand, aber wenn Sie sich dafür interessieren, sollten Sie sich das ansehen. Ihre eigentliche Wanderroute geht von der Bank aus weiter. Auf der Rückseite der Bank sehen Sie das Wanderschild, das den Hügel hinunter zeigt. Auf dem schmalen, unbefestigten Pfad ist ab und zu die Keltenweg-Markierung an einem Baum zu sehen sowie Pfeile, die die richtige Richtung anzeigen. Sie folgen dem Pfad bergab und nach rechts zu einer größeren Wegkreuzung. Dort steht eine Schutzhütte und ein Brauerei-Weg-2-Schild weist nach rechts. Außerdem befinden Sie sich immer noch auf dem Keltenweg G. Nun laufen Sie zurück nach Uetzing. Sie folgen diesem Weg durchs offene Feld. Nach einer Linkskurve gelangen Sie wieder an eine Kreuzung. Dort befindet sich ein kleiner Parkplatz mit Picknicktisch und Kruzifix. Sie gehen mehr oder weniger geradeaus, um auf dem Brauerei-Weg 2 Richtung Uetzing zu bleiben, das nun weniger als 2 km entfernt ist. Sie folgen dieser befestigten Straße, passieren rechter Hand eine kleine Kapelle und kommen an eine T-Kreuzung. Hier fehlen die Markierungen, und man ist geneigt, nach links zu gehen, um auf der befestigten Straße zu bleiben, und würde auf diesem Weg auch nach Uetzing kommen, aber eigentlich geht unsere Route hier rechts weiter, auf der unbefestigten Straße. Ungefähr bei Kilometer 7 folgt eine Linksbiegung, mit beiden Wandermarkierungen ausgestattet. So langsam können Sie die Kirche von Uetzing wieder sehen, während Sie zurück zum Dorf laufen. Es geht die ganze Zeit bergab, und ehe Sie sich's versehen, stehen Sie wieder an der Weggabelung vom Anfang. Sie laufen auf der Heugasse weiter, die zum Kirchweg wird, folgen dem Kirchweg nach links zum Flüsschen, und wenn Sie auf die Oberlangheimer Straße treffen, biegen Sie rechts ab. Kurz danach geht es noch einmal nach rechts auf die Stublanger Straße, dann befindet sich das Metzgerbräu gleich vor Ihnen auf der rechten Seite.

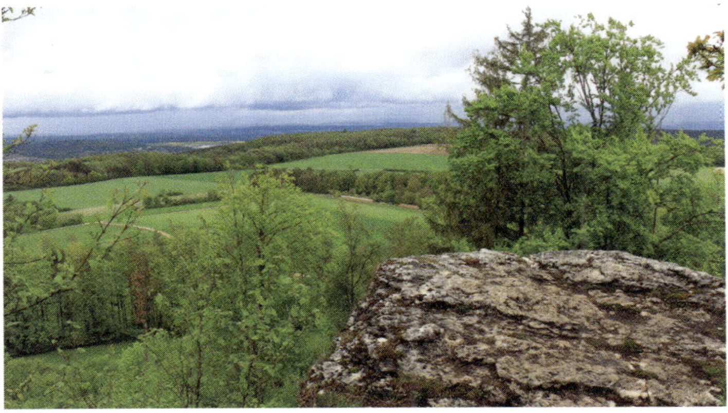

METZGERBRÄU

Das Metzgerbräu ist ein interessanter Sonderfall. 2004 beschloss der erfolgreiche Metzger Manfred Reichert, seine Kenntnisse und Fähigkeiten zu erweitern, und fing an, Bier zu brauen. Eigentlich auch wiederum naheliegend, denn immerhin passen Bier und Bratwurst schon seit je gut zusammen. Die Idee fand Anklang, die Nachfrage stieg und 2012 wurde in ein richtiges Sudhaus investiert, zur großen Freude all der Wanderer und Radfahrer, die von dem Bier begeistert sind. Sie können in den Brauereibereich im ersten Stock hinaufgehen, wo es ein paar Sitzgelegenheiten gibt. Unten im Erdgeschoss befindet sich der Dorfladen, wo neben dem Bier auch die Wurstwaren verkauft werden. Der über Buchenholz geräucherte Schinken ist Reicherts Spezialität und die Würste sind so gut, dass sie allein den Weg wert wären, selbst wenn er keine Brauerei eröffnet hätte!

Bier vom Fass: Lagerbier, Weißbier. Saisonal: Maibock (Ostern bis Ende Mai) und Bock (November).

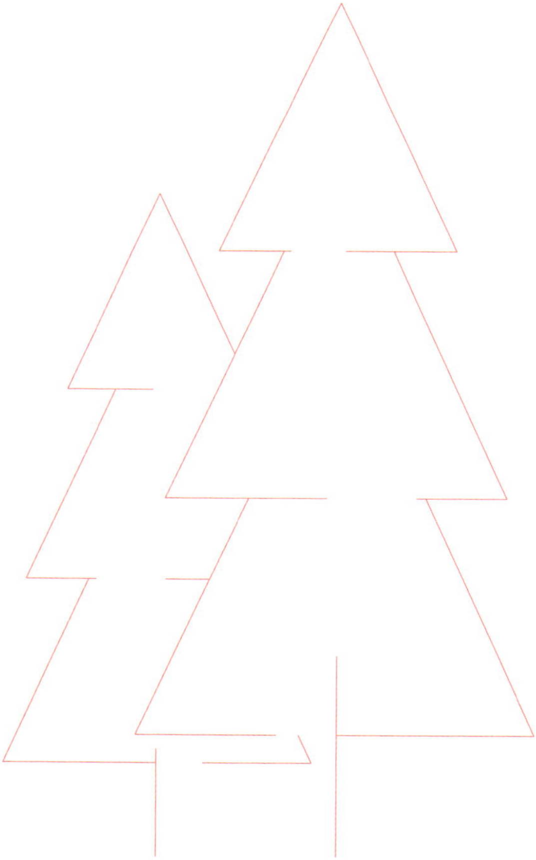

PRAKTISCHE INFORMATIONEN

Metzgerbräu
Stublanger Straße 2
96231 Bad Staffelstein (Uetzing)
09573 6304
www.metzgerbraeu.com

Öffnungszeiten:
Montag bis Freitag 6.30–18 Uhr (Wursttheke; Bierausschank bis 20 Uhr)
Samstag 6.30–18 Uhr oder nach Vereinbarung
Sonntag Ruhetag (geöffnet nach Ankündigung auf Facebook)

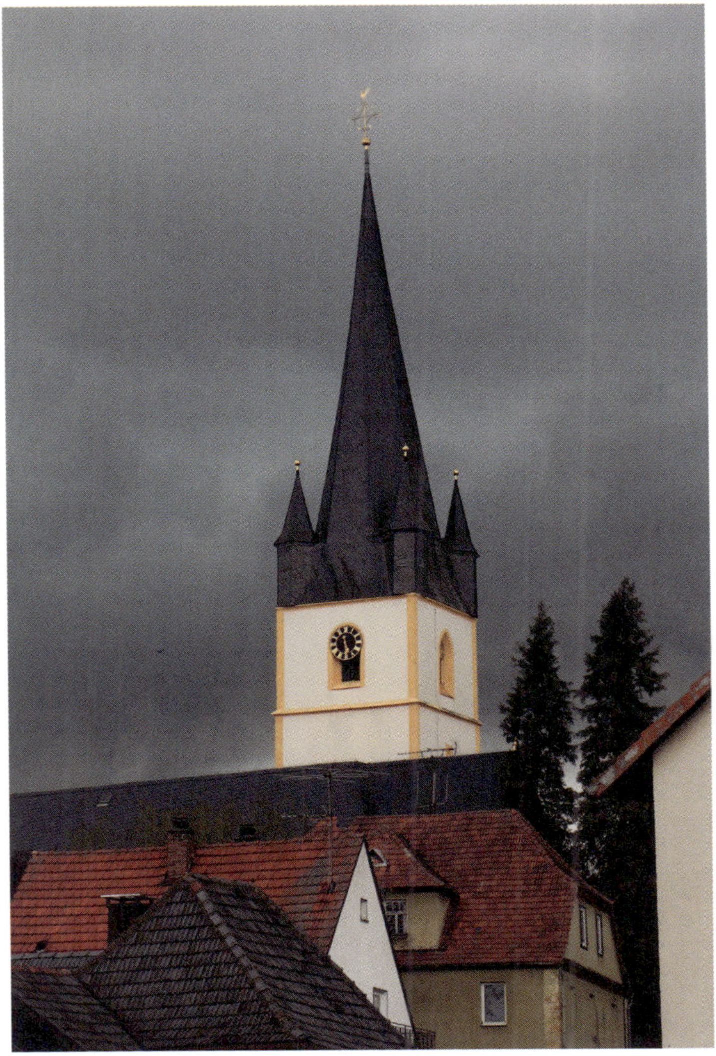

SCHEẞLITZ

EINE HÖHENBURG UND EINE BERGKIRCHE

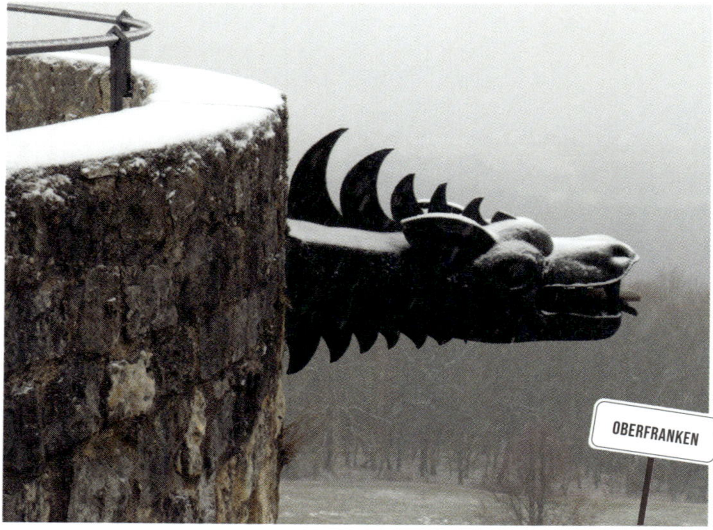

START	ZIEL
BRAUEREI DREI KRONEN, SCHEẞLITZ	BRAUEREI DREI KRONEN, SCHEẞLITZ
BIER	SCHWIERIGKEITSGRAD
SCHÄÄZER KRONABIER	MITTELSCHWERE WANDERUNG
KARTE	
ATK25-D09 SCHEẞLITZ	LÄNGE/GEHZEIT
	9 KM 2–2,5 STUNDEN
SEHENSWÜRDIGKEITEN	HÖHENMETER
GIECHBURG, GÜGEL, KIRCHE ST. KILIAN, FACHWERKHÄUSER AN DER HAUPTSTRAẞE IN SCHEẞLITZ	AUFSTIEG: 460 M ABSTIEG: 460 M

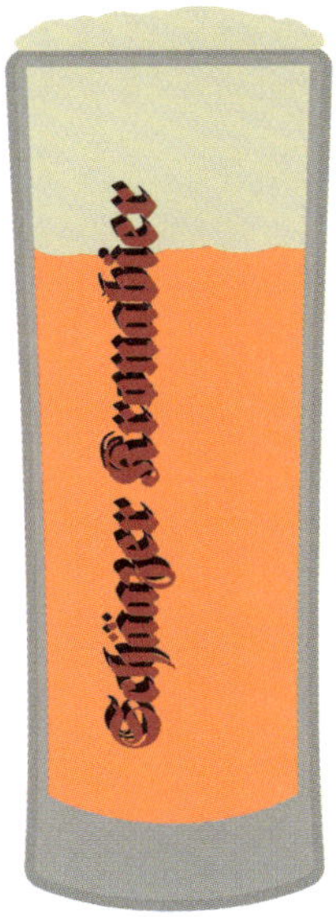

5,1 %
ALKOHOL-
GEHALT

KLASSISCHES
FRÄNKISCHES LAGER

SATT GOLDFARBEN

GETREIDIG,
LEICHTE HOPFENNOTE

TROCKEN,
FRUCHTIG,
BITTER IM ABGANG

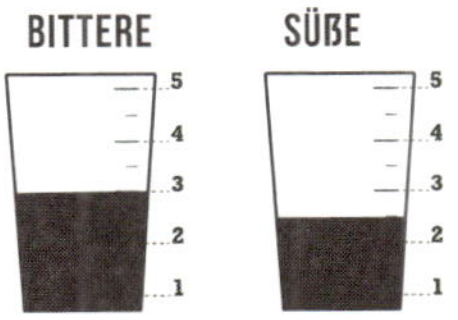

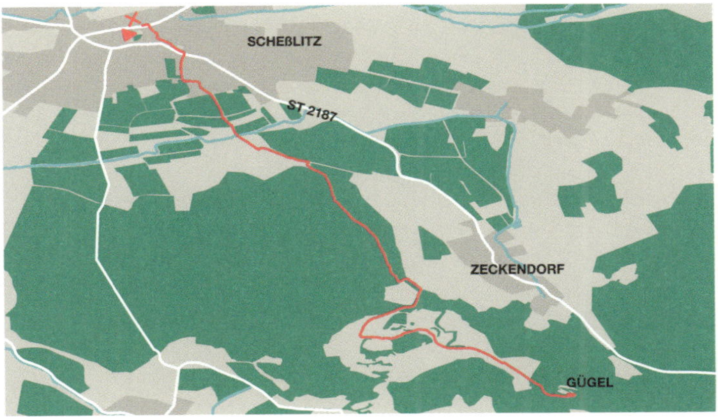

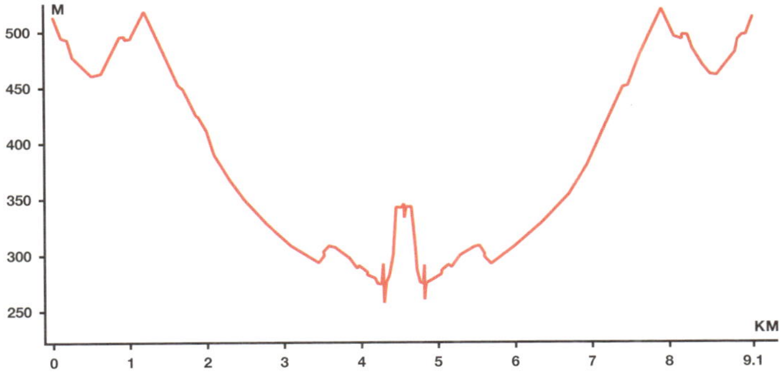

WEGBESCHREIBUNG

Der Gügel ist eine Wallfahrtskirche, die eindrucksvoll auf einem Felsen steht, in Sichtweite der Giechburg und auch von der A70 zwischen Bamberg und Bayreuth aus zu sehen. Diese Wanderung beschreibt den Hin- und Rückweg durch den Wald zu beiden Sehenswürdigkeiten. Das malerische Scheßlitz, »Tor zur Fränkischen Schweiz«, ist durch seine gute Verkehrsanbindung und die schönen alten Fachwerkhäuser der ideale Ausgangspunkt, um den nördlichen Teil der Fränkischen Schweiz zu erkunden.

Scheßlitz ist von Bamberg aus in etwa 20 Minuten mit dem Bus zu erreichen.

Wenn Sie die Brauerei Drei Kronen verlassen, wenden Sie sich nach links, gehen ein Stück die Hauptstraße entlang und biegen rechts ab auf die Wilhelm-Spengler-Straße. Am Ende der Straße biegen Sie links ab auf Altenbach. Ein Straßenschild weist den Weg zur Giechburg, außerdem gibt es zahlreiche Wanderschilder, darunter eines für den Frankenweg sowie ein Schild mit dem Wappen von Scheßlitz und dem Buchstaben A. Wenig später biegen Sie rechts ab auf den Gügelweg und gehen, der Frankenweg-Markierung folgend, bei der folgenden Kreuzung nach links auf Am Kreuzschleifer. Bald darauf biegen Sie rechts ab auf den Andechsweg, der aus dem Ort hinausführt. Ein Pfosten mit Wanderschildern zeigt an, dass Sie sich auf dem Frankenweg und dem Main-Donau-Weg (gelber waagerechter Balken bzw. rotes Hufeisen) befinden. Jetzt geht es durchs offene Feld. Bald beginnt die Giechburg sich am Horizont abzuzeichnen. Sie passieren einen kleinen steinernen Altar zu Ihrer Linken, überqueren einen Bach, und wenn Sie auf einen gepflasterten Weg stoßen, gehen Sie nach links und folgen ihm. Sie befinden sich nach wie vor auf dem Frankenweg und auf der Scheßlitzer Route A. Wenn Sie am Hochspannungsmast rechts von Ihnen angekommen sind, geht rechts ein Weg ab, auf dem Sie, den Markierungen folgend, auf den Wald zulaufen. Am Wald angekommen gehen Sie nach links und laufen zunächst ein Stück am Waldrand entlang, bevor der Weg nach rechts abknickt und in den Wald hineinführt. Der Weg schlängelt sich durch den Wald und passiert einige Wegkreuzungen, aber Sie folgen einfach den Schildern Richtung Giechburg. An einer T-Kreuzung gehen Sie nach links auf einen Parkplatz zu. Sie steigen ein paar Stufen hinauf, überqueren den Parkplatz und folgen auf der anderen Seite den Schildern Richtung Gaststätte Giechburg. Sie gehen hier rechts, zunächst auf einem Fußweg, der neben der Fahrstraße berganführt. Nach einer Weile endet der Fußweg jedoch und Sie laufen den Rest des Wegs bis zur Burg auf der Straße. Erkunden Sie die Burg nach Belieben, und wenn Sie hungrig sind, können Sie sich in der Gaststätte stärken und dazu ein Bier von der Brauerei St. Georgen in Buttenheim genießen. Kehren Sie anschliessend den gleichen Weg zurück.

Danach laufen Sie auf dem Weg weiter, der Sie zur Burg geführt hat. Eine Informationstafel an der Abzweigung informiert darüber, dass der Gügel nur 1 km entfernt ist; sie bleiben weiter auf dem Frankenweg. Der Weg umrundet in einer großen Schleife den Wald und erreicht dann das Tal zwischen Giechburg und Gügel. Dieser Abschnitt ist außerordentlich malerisch. Sie laufen über eine freie Fläche auf Ihr Ziel zu. Der Weg führt ein Stück hinab, dann wieder bergauf, das letzte Stück durch den Wald. Nachdem Sie die eindrucksvoll auf dem Felsen thronende Kirche besichtigt haben, wandern Sie den Weg zurück, den Sie gekommen sind. Wenn Sie wieder an der Hauptstraße angekommen sind, gehen Sie nach links und finden die Brauerei Drei Kronen auf der rechten Seite.

BRAUEREI-GASTHOF DREI KRONEN

Die 1749 gegründete Brauerei hat eine kleine, gemütliche Gaststube im alten Stil und erfüllt die Erwartungen, die man beim Anblick der zahlreichen sehenswerten Gebäude entlang der Hauptstraße entwickelt. Früher gab es drei Brauereien in Scheßlitz, aber die anderen beiden mussten schließen. Dass die »Drei Kronen« überlebt hat, liegt am Braumeister. Joseph Lindner braut nicht nur sein traditionelles Lager, sondern auch eine Menge anderer Biersorten und hat sich mit seinem FPA (Fränkischen Pale Ale) sogar ins Reich der Craft-Biere vorgewagt. Sein Weizenbock hat eine Goldmedaille bei den »European Beer Championships« gewonnen. Ich habe hier zwar noch nicht gegessen, aber mir ist aufgefallen, dass die Speisekarte ein paar Gerichte zu bieten hat, die über die fränkische Standardküche hinausgehen. Ich denke, das passt zum Konzept, das Neue mit dem Alten zu mischen.

Ich habe die »Drei Kronen« in einer Zeit kennengelernt, als es noch drei Brauereien in der kleinen Stadt gab, und ehrlich gesagt hätte ich nicht gedacht, dass eine von ihnen auf Dauer Bestand haben würde. Umso überraschter war ich, bei einem Bierfest in München auf die »Drei Kronen« und ihr beträchtliches Biersortiment zu stoßen. Ich habe ein paar ihrer Sorten probiert und war beeindruckt genug, um Scheßlitz mal wieder einen Besuch abzustatten. Nachdem ich die Wanderung zur Giechburg entdeckt hatte, war es soweit. Und wissen Sie, was ich bestellt habe? Das Kronabier. Es fühlte sich einfach richtig an, in einer so traditionellen Braustube dieses klassische Lager zu trinken.

Bier vom Fass: Schääzer Kronabier und ein wechselndes Bier.

PRAKTISCHE INFORMATIONEN

Brauerei-Gasthof Drei Kronen
Hauptstraße 39
96110 Scheßlitz
09542 / 1564
www.kronabier.de

Öffnungszeiten:
Donnerstag bis Dienstag 9.30–13 Uhr und ab 17 Uhr
Mittwoch Ruhetag

VON BISCHBERG NACH WEIHER

DER STEIGERWALD-PANORAMAWEG ZUM BIER-NIRVANA

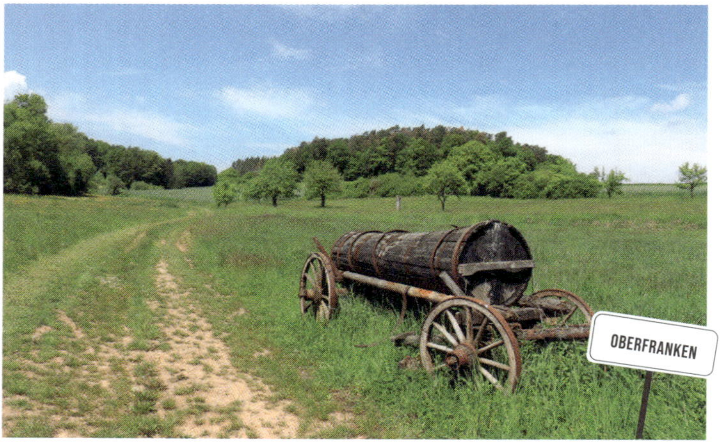

▷··· START	···✕ ZIEL
RAUEREI ZUR SONNE, BISCHBERG	**BRAUEREI KUNDMÜLLER, WEIHER**
BIER	SCHWIERIGKEITSGRAD
WEIHERER / FAT HEAD'S HOPFERLA	**MITTELSCHWERE WANDERUNG**
KARTE	LÄNGE/GEHZEIT
ATK25 D08 **BAMBERG**	**10 KM** **2,5–3,5 STUNDEN (PRO WEG)**
SEHENSWÜRDIGKEITEN	HÖHENMETER
BÄUERLICHE LANDSCHAFT, FACHWERKHÄUSER, DIE SKYLINE VON BAMBERG	AUFSTIEG: 250 M ABSTIEG: 249 M

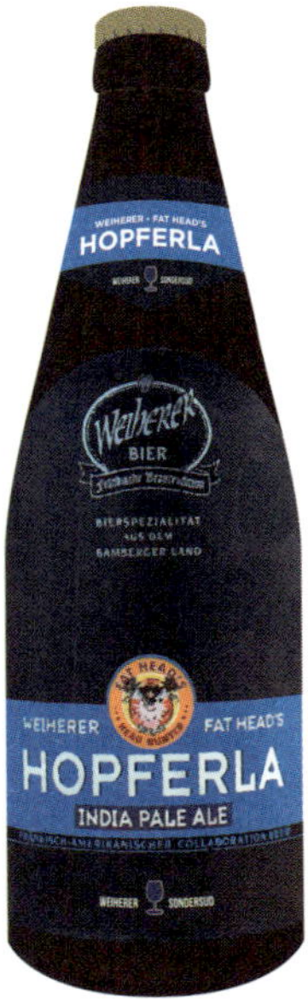

7,5 % ALKOHOLGEHALT

IPA AUS SIEBEN HOPFENSORTEN: SIMCOE, WARRIOR, CENTENNIAL, MOSAIC, EQUINOX, CITRA UND CHINOOK

SCHWACH FILTRIERT, BERNSTEINFARBEN; HOHE, STABILE SCHAUMKRONE

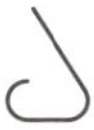

ZITRUSHOPFIG

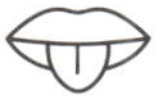

ZITRUSHOPFIG, WEICH, MALZIG; LANGER, TROCKENER ABGANG

BITTERE

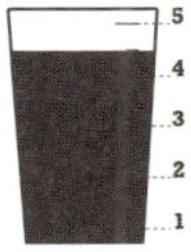

SÜẞE

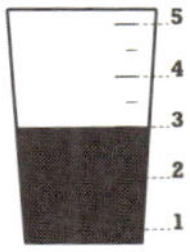

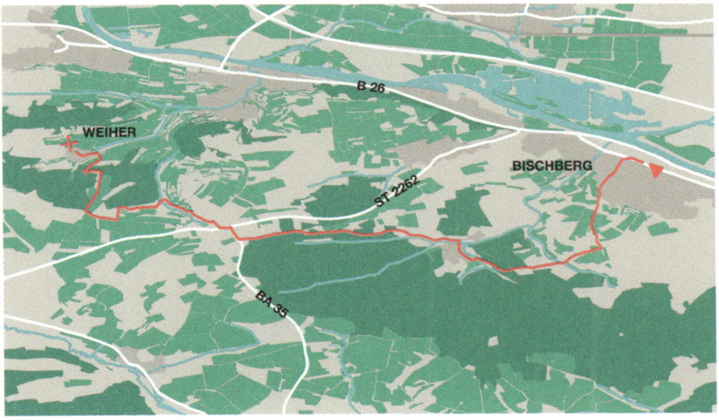

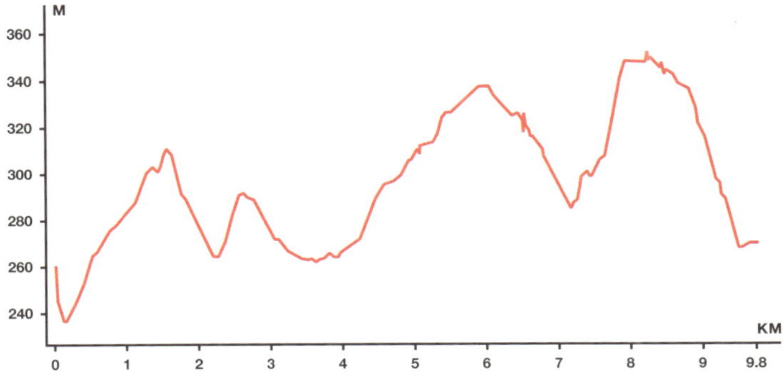

WEGBESCHREIBUNG

Der Steigerwald-Panoramaweg ist ein wunderschöner, 161 km langer Wanderweg, der von Bamberg nach Bad Windsheim führt. Er durchläuft unterschiedliche Landschaftsformen und ist bei Wanderern wie Radfahrern beliebt. Viele Städte, die sich in der Nähe befinden, aber nicht auf der Route liegen, haben Schilder aufgestellt, die den Weg vom jeweiligen Stadtzentrum zum Panoramaweg weisen. Einer dieser Orte ist die Gemeinde Bischberg im Landkreis Bamberg. Bischberg ist kein typisches Touristenziel, aber ein sympathischer Ort mit einer guten Brauerei, der Brauerei zur Sonne. Die Tatsache, dass nicht wenige Bamberger extra nach Bischberg fahren, um das dortige Essen und Bier zu genießen, spricht für sich. Die Brauerei ist auch ein guter Startpunkt, wenn man zur Brauerei Kundmüller in Weiher möchte: Die Entfernung ist nicht zu groß und selbst mit größerem Rucksack gut zu schaffen.

Busse von Bamberg ZOB nach Bischberg verkehren regelmäßig; die Fahrt dauert etwa 20 Minuten.

Je nachdem in welcher Jahreszeit Sie wandern, können Sie die Nacht vor der Wanderung in der Brauerei zur Sonne verbringen, dann haben Sie am nächsten Tag einen entspannten Start. Ein Großteil des Wanderwegs ist der Sonne ausgesetzt und wenn es ein heißer, sonniger Tag ist, lohnt es sich, früh loszulaufen. Wenn Sie aus der Brauerei kommen, gehen Sie nach links die Regnitzstraße entlang und dann an der Hauptstraße rechts. Sie folgen der Hauptstraße ein Stück und biegen die erste Straße links ab, das ist die Schulstraße. Ein Schild mit zwei Wanderern darauf informiert darüber, dass der Zugang zum Steigerwald-Panoramaweg/Sieben-Flüsse-Wanderweg nur 1,6 km entfernt ist. Ein Großteil der Strecke überschneidet sich mit den beiden genannten Wanderwegen und ist sehr gut beschildert. Sie folgen der Schulstraße, die aus dem Ort herausführt. Ab und zu zeigt ein Schild mit den zwei Wanderern, dass Sie auf dem richtigen Weg sind. Ehe Sie sich's versehen, haben Sie den Ort hinter sich gelassen und wandern durch Felder. Wenn Sie zurückblicken, sehen Sie Bischberg unter sich liegen, und wenn Sie nach links schauen, sehen Sie die Türme des berühmten Bamberger Doms. An einer beschilderten Abzweigung lädt ein schattiges, leicht erhöhtes Plätzchen mit einer Bank zur Rast ein. Wenn Sie noch keine Pause einlegen möchten, gehen Sie nach rechts Richtung Weipelsdorf, das 1,8 km entfernt ist. Es ist ein schöner Weg, aber an heißen Tagen werden Sie froh sein, wenn Sie ungefähr bei Kilometer 3 zum ersten Mal durch den Wald laufen können. Der schattige Abschnitt ist jedoch nicht lang und wenn Sie aus dem Waldstück herauskommen, sind Sie schon in Weipelsdorf, einem netten Dörfchen mit einer hübschen kleinen Kirche. Auf der Dorfseestraße durchqueren Sie den Ort und biegen dann, den Markierungen folgend, links ab auf die Zieglerstraße. An dieser Ecke befindet sich auch die Kirche, Sie können die Abzweigung also nicht verpassen. Die Zieglerstraße führt aus dem Ort hinaus und wenn Sie an eine Gabelung mit einem großen Kruzifix kommen, halten Sie sich links. Kurz danach sehen Sie auf der rechten Seite ein Gebäude und biegen dort rechts ab. Auch diese Abzweigung ist zum Glück gut beschildert.

Jetzt kommen einige längere schattige Abschnitte durch den Wald. Wenn Sie den Wald verlassen, biegen Sie rechts ab auf die Walsdorfer Straße und befinden sich am Ortseingang Tütschengereuth. An der größeren Kreuzung biegen Sie links ab in die Tütschengereuther Hauptstraße. An der Ecke steht eine hübsche Kirche. Dann biegen Sie die erste Straße rechts ab auf den Zollnerhof, markiert von zwei großen Kastanienbäumen. Am Ende dieses kurzen Sträßchens biegen Sie links ab auf die Weiherer Straße. Auch hier im Ort sorgen die Schilder des Steigerwald-Panoramawegs dafür, dass Sie sich nicht verlaufen. Sie bleiben auf der Weiherer Straße, bis links ein Schotterweg abgeht, der ausschließlich mit Wanderschildern markiert ist. Nach einem steilen, aber kurzen Aufstieg geht es oben einigermaßen eben weiter. Der Weg macht ein paar Kurven, biegt dann nach links, und an der Abzweigung gehen Sie rechts. Nun sind Sie rundum von Ackerflächen umgeben. Wenn Sie das nächste Waldstück erreichen, biegen Sie rechts ab. Hier verlassen Sie den Steigerwald-Panoramaweg und den Sieben-Flüsse-Wanderweg. Stattdessen befinden Sie sich jetzt auf einem örtlichen Wanderweg namens V-T-6-Rundweg. Dieser führt am Waldrand entlang, überquert ein Feld und

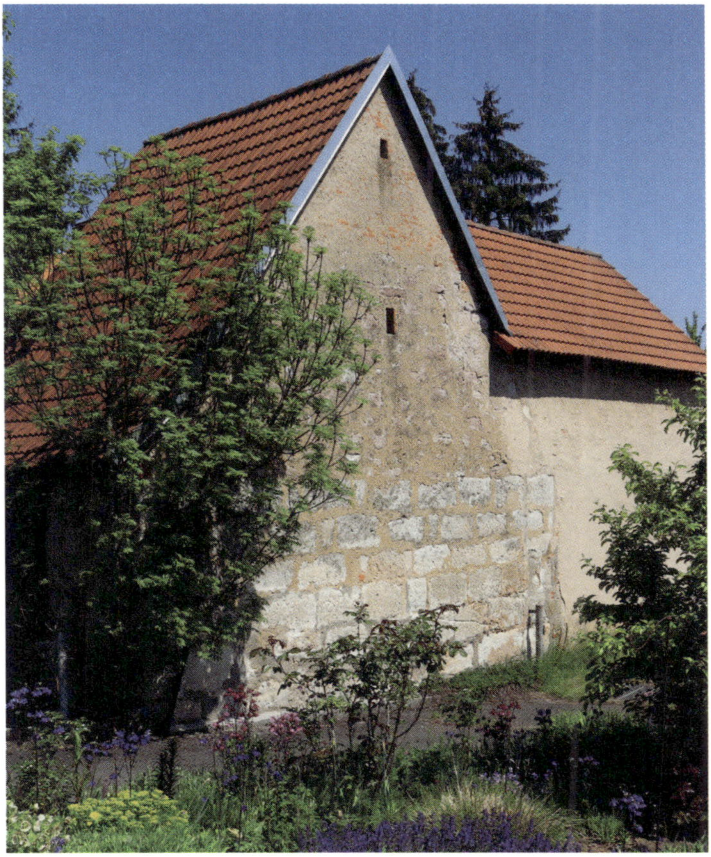

taucht dann wieder in den Wald ein. Schön schattig geht es bergab aufs Ziel zu. Sie sehen Markierungen der Rundwege V-T 6 und V-T 4 und Hinweisschilder Richtung Weiher. Sie sind fast da! Wenn Sie aus dem Wald kommen, sehen Sie linker Hand das Dörfchen Weiher. Folgen Sie der Straße nach links Richtung Ortsmitte. Am Ende dieser Straße, aber noch vor der Hauptstraße, biegen Sie nach links ab und spazieren in aller Ruhe durchs Dorf. Bei der nächsten Gelegenheit biegen Sie rechts ab, gehen bis zur Weiherer Straße, überqueren diese vorsichtig, und schon stehen Sie vor der legendären Brauerei Kundmüller.

BRAUEREI-GASTHOF KUNDMÜLLER

Die 1874 gegründete Brauerei ist ein gutes Beispiel dafür, wie es gelingen kann, gleichzeitig traditionsbewusst und der Zukunft zugewandt zu sein. Es gibt nur wenige bayerische Kleinbrauereien, die so viele verschiedene Biersorten produzieren. Neben typisch bayerischen Sorten gibt es eine »Sondersud-Serie« und mehrere Bio-Biere. Die neu renovierte Gaststube verströmt mit ihrem dunklen Holz Gemütlichkeit, verbindet diese aber mit modernen Akzenten. Auch hier überzeugt die Mischung aus Alt und Neu. Mittags und abends gibt es warme Küche und neben wechselnden Tagesgerichten stehen bestimmte Wochentage regelmäßig im Zeichen einer besonderen fränkischen Spezialität (z. B. gibt es samstags ab 11 Uhr Schäuferla in Weiherer Biersoße). Ein Blick auf die Website lohnt sich. Vor dem Haus lädt ein schöner Biergarten (mit Selbstbedienung) unter einem riesigen Kastanienbaum zum Verweilen ein. Auch die Kuchen sind lecker, und eine eigene Schnapsbrennerei gibt es auch noch vor Ort. Ein Glück, dass man hier übernachten kann!

Dass beim Kundmüller oft viel los ist, kann angesichts dieses Angebots nicht überraschen. Viele Bamberger fahren mit dem Fahrrad hier heraus, nur um etwas zu essen und ein Bier zu trinken. Bei schönem Wetter und natürlich vor allem am Wochenende kann es richtig voll werden. Wenn Sie über Nacht bleiben wollen, sollten Sie im Voraus buchen.

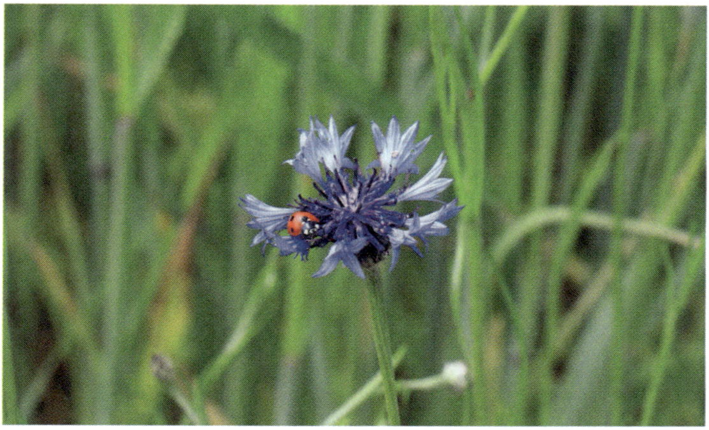

Bier vom Fass: Weiherer Lager, Weiherer Pils, Weiherer Zwickerla, Weiherer Rauch, Weiherer Keller, Weiherer Weizen Hell, Weiherer Landbier, Weiherer Urstöffla, Weiherer Bock, Weiherer Keller-Märzen, Weiherer Rolator, Weiherer Weizenbock, Weiherer Schwärzla, Weiherer Sommerweizen und Weiherer / Fat Head's Hopferla IPA.

Zusätzlich zu dieser wirklich langen Liste an Bier vom Fass, gibt es viele ungewöhnliche Flaschenbiere wie zum Beispiel den im Rumholzfass gelagerten Doppelbock, der in der Champagnerflasche serviert wird.

Hier fand ich es am schwierigsten, ein bestimmtes Bier herauszupicken, aber da Weiher sich mit der amerikanischen Craft-Bier-Legende Fat Head's zusammengetan hat, habe ich mich für das Hopferla entschieden. Für ein Session-Bier (das sind Biere, die im Vergleich zu ihrem ursprünglichen Bierstil einen geringeren Alkoholgehalt haben) würde ich hingegen eher zu einem Schwärzla greifen.

PRAKTISCHE INFORMATIONEN

Brauerei-Gasthof Kundmüller
Weiher 13
96191 Viereth-Trunstadt
09503 / 4338
www.brauerei-kundmueller.de

Täglich ab 9 Uhr geöffnet.
Mittwoch Ruhetag

Zimmer können über die Website reserviert werden.

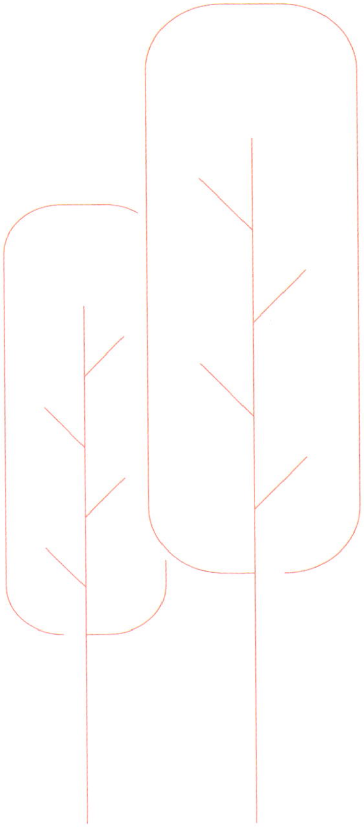

UNTERFRANKEN

ZEIL

TRADITIONELLES BIER & NEUE CRAFT-BIER-SORTEN

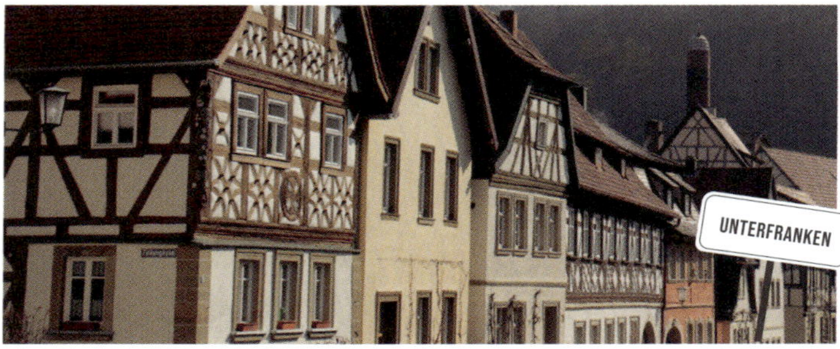

START	ZIEL
BRAUEREIGASTSTÄTTE GÖLLER »ZUR ALTEN FREYUNG«, ZEIL	BRAUEREIGASTSTÄTTE GÖLLER »ZUR ALTEN FREYUNG«, ZEIL
BIER	SCHWIERIGKEITSGRAD
GÖLLER PILSNER KELLERFRISCH	MITTELSCHWERE WANDERUNG
KARTE	LÄNGE/GEHZEIT
ATK25-D07 HAßFURT	15 KM 2,5–3,5 STUNDEN
SEHENSWÜRDIGKEITEN	HÖHENMETER
WALLFAHRTSKIRCHE »ZEILER KÄPPELE«, KREUZWEG, BLICK AUF DIE ZEIL VON OBEN, WEINBERGE, BURGRUINE SCHMACHTENBERG, KIRCHE ST. MICHAEL	AUFSTIEG: 495 M ABSTIEG: 500 M

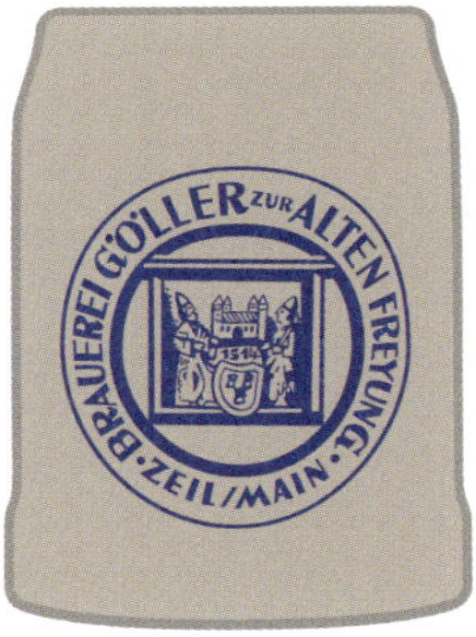

5,0 % ALKOHOL-GEHALT

LEICHT FILTRIERTES PILSNER

VERSCHWOMMEN BERNSTEINFARBEN, FEINPORIGER SCHAUM

SCHWACH HOPFIG-GETREIDIG

TROCKEN, FRUCHTIG, MINIMAL GETREIDIG; LANGER, TROCKEN-BITTERER ABGANG

BITTERE

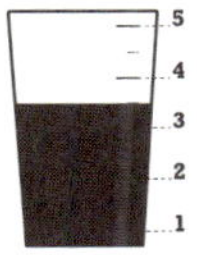

SÜẞE

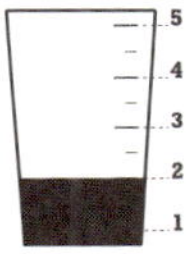

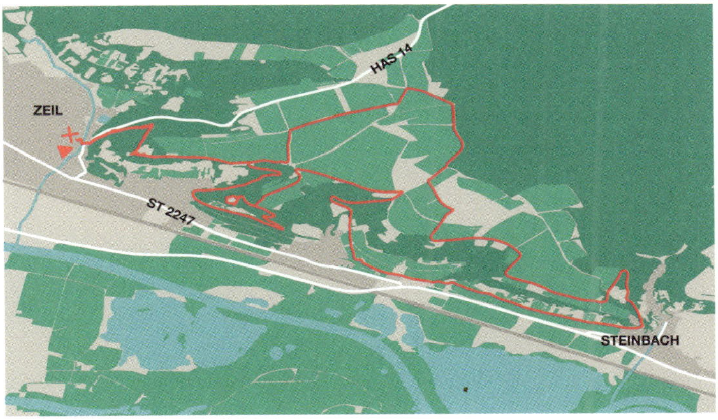

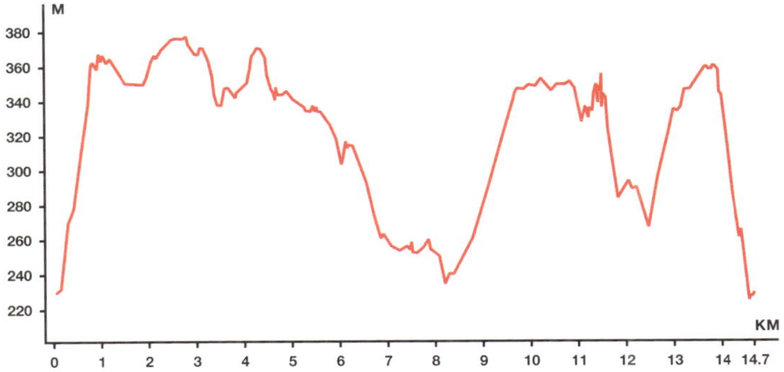

WEGBESCHREIBUNG

Zwar ist Bayern definitiv eher für Bier als für Wein bekannt, aber in einigen Teilen Unterfrankens, insbesondere rund um Würzburg, werden einige sehr gute Tropfen produziert. Wenn man von Bamberg aus in diese Richtung fährt, trifft man auf eine weitere kleine Weinbauregion, die sich entlang dieses idyllischen Mainabschnitts erstreckt. Dort liegt auch das hübsche Städtchen Zeil am Main. Eingebettet in eine sanfte Hügellandschaft und mit seiner schönen Altstadt ist Zeil sowieso einen Besuch wert – gerade auch für Bierliebhaber, denn ungeachtet der Weinberge drumherum stellt die Brauerei Göller die Bierversorgung sicher und braut sowohl traditionelle als auch saisonale Craft-Bier-Spezialitäten.

Mit dem Zug ab Bamberg sind Sie in einer Viertelstunde in Zeil.

Eines der ersten Dinge, die Ihnen auffallen werden, wenn Sie in Zeil aus dem Zug steigen, ist die kleine Kapelle auf dem Hügel hoch über der Stadt. Dieser Wanderweg wird Sie dorthin führen, Sie brauchen sich also nicht den Kopf zu zerbrechen, wie Sie dort hinkommen. Schilder weisen den Weg vom Bahnhof zum Stadtzentrum, aber auch zur »Alten Freyung«, der bekannten Brauereigaststätte, die der Startpunkt der Wanderung ist. Die einzige Entscheidung, die Sie treffen müssen, ist, ob Sie vor oder nach der Wanderung eines der vielen Göller-Biere vom Fass kosten möchten – oder sowohl als auch. Wenn Sie die Gaststätte verlassen, gehen Sie scharf links, biegen um die Ecke und laufen an der alten Stadtmauer entlang, bis Sie rechter Hand an ein Tor gelangen. Der Biergarten ist links von Ihnen, falls Sie doch noch ein Bier vor der Wanderung trinken möchten. Sie gehen durch das Tor und dann nach rechts auf den Weg namens Bachrahm. Nach wenigen Metern treffen Sie auf eine kleine steinerne Brücke, die den Krumbach überquert. Von hier haben Sie einen schönen Blick auf das imposante Sandsteingebäude der »Alten Freyung«. Sie gehen über die Brücke und dann geradeaus auf die Kapellenbergstraße, die danach eine Linkskurve macht. Sie sehen Wanderschilder, die die Form von Burgtürmen haben, und erfahren, dass die »Zeiler Käppele« nur 700 m entfernt ist. Sie bleiben nicht lange auf der Straße: Schon bald weist das Schild »Fußweg zur Kapelle« nach rechts. Nach ein paar Stufen geht es auf dem schmalen Pfad weiter bergauf – irgendwie muss man ja den Hügel hinaufkommen, auf dem die Kapelle steht. Sie kommen an einigen Kreuzweg-Markierungen vorbei. Moosbewachsene Steine säumen den Weg und verstärken den atmosphärischen Charakter dieser Strecke. Gelegentlich schmücken rote und grüne Schlossturm-Schilder die Bäume, aber der Wegverlauf ist sowieso offensichtlich. Oben angekommen, befindet sich neben der hübschen

Kapelle ein Aussichtspunkt, der einen herrlichen Blick auf die Stadt zu Ihren Füßen einschließlich St.-Michael-Kirche bietet.

Wenn Sie die Aussicht ausreichend genossen haben, folgen Sie dem gepflasterten Weg um die Kapelle herum und gelangen an einen Parkplatz. Sie sind jetzt ungefähr einen Kilometer vom Startpunkt der Wanderung entfernt. Sie laufen am Parkplatz vorbei und gehen weiter geradeaus, das heißt, Sie ignorieren den rechten Weg, der Sie schneller zur Burgruine bringen würde – dort gehen Sie erst gegen Ende der Wanderung hin. Neben den Schlossturm-Schildern sehen Sie die ersten Zeil-1-Markierungen. Das ist die Wanderung, die Sie heute machen. Direkt vor einer großen Kreuzung biegen Sie links auf einen anderen Feldweg ab und laufen durch Felder. Bei Kilometer 2 biegen Sie rechts ab auf eine gut beschilderte Schotterstraße. An der nächsten T-Kreuzung biegen Sie, wieder den Markierungen folgend, links ab. Kurze Zeit später nehmen Sie den Weg, der rechts abgeht und zunächst ein paar Felder umrundet, dann am Waldrand entlangführt. Dort, wo sich die Landschaft wieder öffnet, biegen Sie erst links, gleich darauf rechts ab und gehen im Zickzack weiter. Noch einmal nach links, dann führt der Weg wieder am Waldsaum entlang. Nach einer großen Kurve folgen Sie dem Wegverlauf nach links und laufen übers offene Feld. Die Richtungswechsel sind hier entweder gut beschildert oder offensichtlich. Nach dem Feld gehen Sie nach links, kurz durch den Wald und landen nach dem Verlassen des Waldstücks in der Kurve von Am Pfaffenberg. Biegen Sie rechts auf diese Straße ab, die in den Wald hineinführt und bei Kilometer 6 eine Haarnadelkurve macht. Die Straße führt recht steil bergab. Vielleicht sind Ihnen bereits Wanderschilder aufgefallen, auf denen ein Bocksbeutel abgebildet ist (die typisch fränkische, runde Weinflasche). Sie laufen nun ein Stück auf dieser Wein-Route. Bei der Gabelung von Am Pfaffenberg nehmen Sie die rechte Straße, die mitten durch die Weinberge führt: Links von Ihnen erheben sich mit Reben bepflanzte Terrassen, auf der rechten Seite fallen sie zum Tal hin ab. Sie befinden sich immer noch weit genug oben, um auf das Tal und zu den Autos hinabschauen zu können, die unten vorbeiflitzen. Ich weiß noch, wie ich in einem dieser Autos saß und wünschte, ich könnte dort oben durch die Weinberge schlendern. Wie schön, dass sich dieser Wunsch erfüllt hat! Sie sehen Hinweisschilder zur Winzertreppe, damit sind die alten Steinstufen gemeint, die zwischen den Reben hinaufführen. Allerdings sollten Sie nur die offiziell gekennzeichnete »Treppe« benutzen und diese aus Sicherheitsgründen auch nicht verlassen. Die nicht markierten Stufen sind privat und für uns Wanderer tabu.

Während Sie am Pfaffenberg entlangspazieren, können Sie sich auf Infotafeln über die örtliche Natur und den Weinanbau informieren. Bei der nächsten Gabelung gehen Sie nach links (der rechte Weg führt zum Geologiepunkt). Weiterhin säumen Weinreben Ihren Weg, dann macht die Straße eine Linkskurve und bei der Abzweigung biegen Sie rechts ab, um gleich danach links abzubiegen, alles gut beschildert. Bei Ihrem Weg durch die Weinberge kommen Sie linker Hand an einem kleinen Weingut mit Heckenwirtschaft vorbei. An der Gabelung des Wegs Neue Steig halten Sie sich rechts. Der Weg führt, immer noch von Weinbergen umgeben, den Hügel wieder hinauf. Später, im Wald, knickt der Weg nach links ab, macht dann eine scharfe Rechtskurve und entlässt Sie danach aufs offene Feld. Sie halten sich links, das Feld zu Ihrer Rechten, und biegen danach scharf links ab. Sie laufen ein Stück am Waldrand entlang, und rechts von Ihnen liegen die landwirtschaftlichen Flächen, deren Bekanntschaft Sie bereits in einem früheren Abschnitt dieser Wanderung gemacht haben. Wenn Sie müde sind, könnten Sie bei der nächsten Abzweigung geradeaus Richtung Kapelle und Zeil weiterlaufen (2 bzw. 3 km entfernt), würden dann allerdings die Burgruine verpassen. Deshalb gehen Sie bei der Abzweigung scharf links und folgen den Schildern Richtung Ruine Schmachtenberg, die nur 700 m entfernt ist. Der Weg führt mitten durch ein Feld und dann in den Wald, wo sich die Ruine befindet. Sie liegt ein paar Hundert Meter abseits der Hauptroute, aber der kleine Abstecher lohnt sich. Es gibt einen gut beschilderten kleinen Rundweg um die Burg.

Zurück auf dem Hauptweg, folgen Sie den Schildern Richtung Kapelle und Zeil. Laut Schild sind es nur noch 2 km bis zur Stadt, aber diese Route zeigt, dass nicht alle Kilometer gleich zu bewerten sind. Zunächst gehen Sie viele Stufen hinab und folgen dem Pfad weiter bergab. Die Belohnung ist ein weiterer Weinberg mit schöner Aussicht auf das Tal, aber wenn Sie am Ende des Weinbergs angekommen sind, biegt der Weg nach rechts und führt den Berg wieder hinauf. Zur Linken können Sie Schloss Schmachtenberg sehen, ein privates Anwesen. Zum Glück ist dieses Teilstück schattig, und bevor Sie wieder zur großen Feldwegkreuzung vom Anfang zurückkommen, biegen Sie links ab auf einen beschilderten breiten Schotterweg. Sie kommen an den Überresten eines steinernen Eingangstors vorbei und befinden sich bald wieder auf dem Ziegelweg, der von der Kapelle wegführt. Sie biegen links ab auf den gepflasterten Pfad und laufen den Weg zurück, den Sie gekommen sind, an der Kapelle vorbei und den Weg mit den Kreuzweg-Stationen hinunter. Zum Glück geht es jetzt nur noch bergab und bald können Sie sich mit einem kühlen Bier erfrischen.

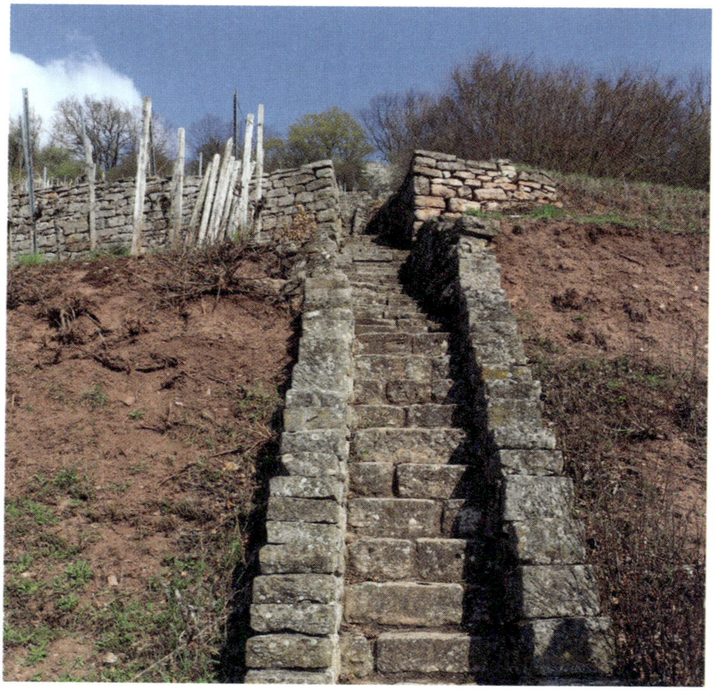

BRAUEREIGASTSTÄTTE GÖLLER »ZUR ALTEN FREYUNG«

Auf dem Etikett steht »seit 1514«, und tatsächlich wurde damals der mittelalterlichen Freistatt namens »Zur Freyung« das Brau- und Schankrecht verliehen – dem Haus, in dem sich die heutige Brauereigaststätte befindet. Seit 1908 ist die Brauerei im Besitz der Familie Göller. Die eigentliche Brauerei befindet sich mittlerweile in einem Gewerbegebiet am Stadtrand, wo genug Platz für die gestiegenen Produktionsmengen und umfangreicheren Vertriebsstrukturen ist. Das große alte Gebäude in der Zeiler Altstadt beherbergt heute nur noch die Brauereigaststätte – und die ist ganz hervorragend, sowohl was die Qualität der Speisen als auch das umfangreiche Biersortiment angeht, und daher immer gut besucht. Der Name »Alte Freyung« geht auf die mittelalterliche Regelung zurück, dass eine Person, die in einer sogenannten Freistatt Zuflucht fand, von keinem weltlichen Richter belangt oder verfolgt werden durfte. Die Gaststätte ist ansprechend eingerichtet, aber bei gutem Wetter ist es doch im Biergarten am schönsten.

Hier haben wir eine jener traditionellen Brauereien, die auf den Craft-Bier-Zug aufgesprungen sind und ihre Sache gut machen. Neben ihrem bereits umfangreichen regulären Sortiment haben Sie einen Bierkalender mit saisonalen Bierspezialitäten – jeden Monat eine andere. Manche haben sich etabliert und sind regelmäßig in einem bestimmten Monat zu haben, andere tauchen nur ab und zu auf. Die informative Website gibt Auskunft über das aktuelle Angebot. Ich habe nur zwei ihrer Spezialbiere probiert und beide waren hervorragend. Ich war an dem Tag dort, als es das erste Frühlingsbier des Jahrs gab, zu Beginn der Biergartensaison, und der Laden war voll, hauptsächlich mit Leuten, die dieses Bier tranken. Es ist gut zu sehen, dass immer mehr Menschen für Veränderungen offen sind, und großartige Spezialitätenbiere wie die von Göller beweisen, dass es funktioniert. Was es dort allerdings nicht gibt, sind Zimmer zum Übernachten. Schade, denn sonst würde ich gerne eine Nacht in Zeil verbringen und mich durch ihr eindrucksvolles Sortiment probieren.

Bier vom Fass: Göller Pilsner Kellerfrisch, Göller Premium Pilsner, Göller Dunkles, Göller Weizen, Göller Rauchbier und Göller Kellerbier, daneben saisonale Biere und das jeweilige Kalenderbier des Monats. Außerdem führen sie alle Göller-Biere, die es nicht vom Fass gibt, in der Flasche.

PRAKTISCHE INFORMATIONEN

Brauereigaststätte Göller »Zur Alten Freyung«
Speiersgasse 21
97475 Zeil a. Main
09524 / 9554
www.zur-alten-freyung.de

Öffnungszeiten:
Juni bis August täglich ab 9.30 Uhr (warme Küche bis 21.30 Uhr)
September bis Ende Mai dienstags geschlossen

VON EBELSBACH NACH STETTFELD

SIEBEN-FLÜSSE-WANDERWEG, FUCHSENWIESE UND EIN ADLER

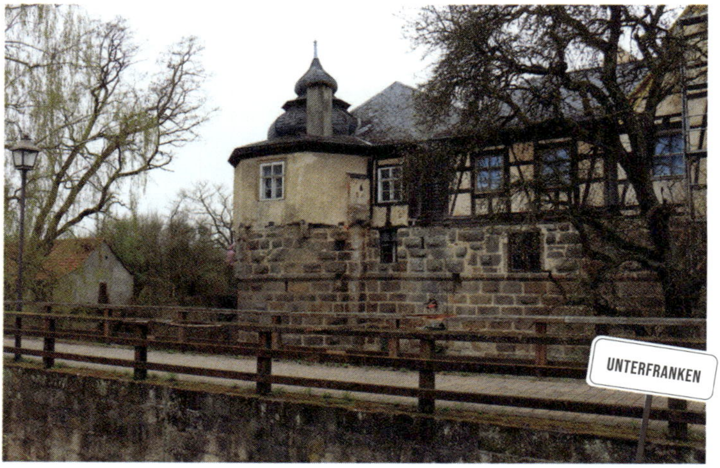

START

BAHNHOF EBELSBACH

ZIEL

ADLER-BRÄU, STETTFELD

BIER

ADLER-BRÄU ALTFRÄNKISCHES LAGERBIER

SCHWIERIGKEITSGRAD

MITTELSCHWERE WANDERUNG

KARTE

ATK25 D08

BAMBERG

LÄNGE/GEHZEIT

5 KM
1 STUNDE (PRO WEG)

SEHENSWÜRDIGKEITEN

SCHLOSS EBELSBACH, RATHAUS UND KIRCHE IN STETTFELD, EBELSBERG

HÖHENMETER

AUFSTIEG: 134 M
ABSTIEG: 136 M

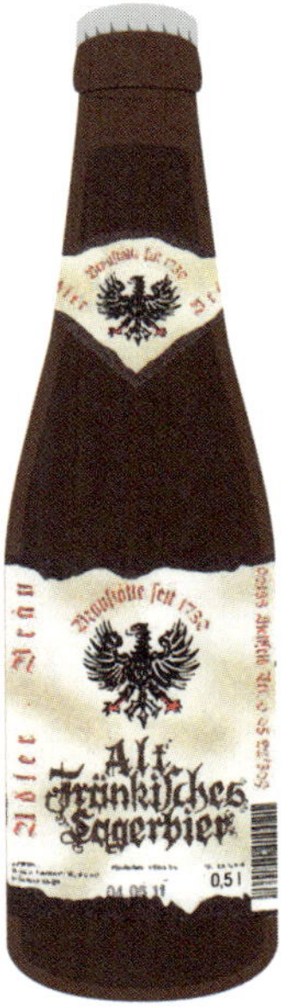

5,0 % ALKOHOL-GEHALT

ALTFRÄNKISCHES LAGERBIER

HELLES BERNSTEIN, DICHTER SCHAUM

SCHWACH GETREIDIG

FRUCHTIG, TROCKEN, MALZIG, HOPFIG

BITTERE SÜẞE

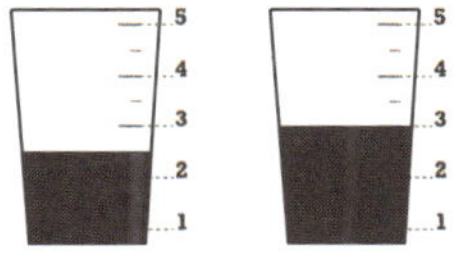

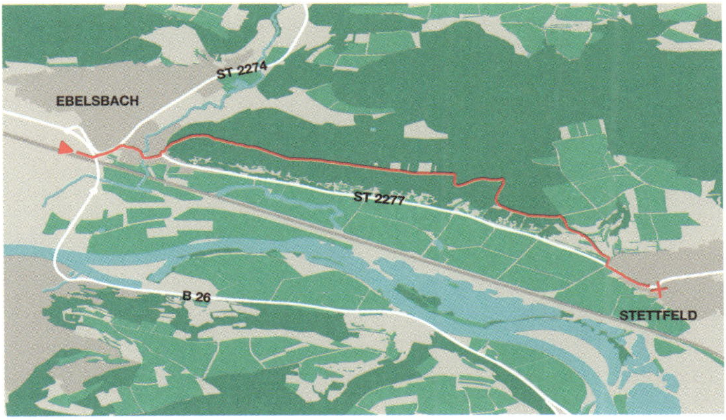

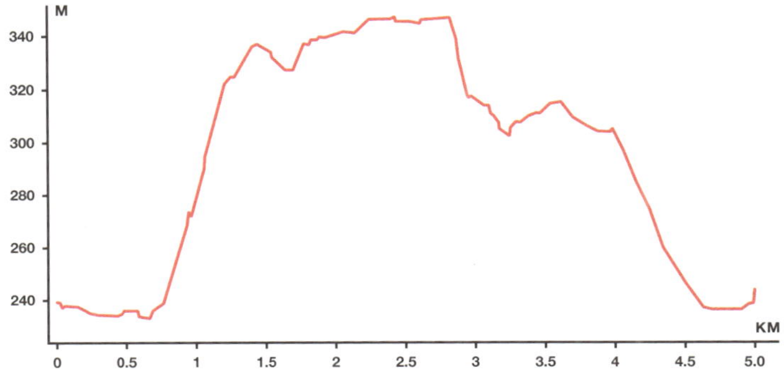

WEGBESCHREIBUNG

Schloss Ebelsbach war ein schönes Ausflugsziel von Bamberg aus, bis es 2009 durch ein Feuer schwer beschädigt wurde. Das Schloss aus dem 16. Jahrhundert war im Lauf der Zeit modernisiert worden und bis zum Jahr 2000 bewohnt. Der geplante Wiederaufbau scheiterte bislang an fehlenden finanziellen Mitteln und den Eigentümerverhältnissen. Trotzdem ist das Schloss nach wie vor ein reizvoller Ort und daher Bestandteil der Route, die von der gleichnamigen Stadt ins Nahe Stettfeld führt.

Die regelmäßig von Bamberg nach Ebelsbach-Eltmann verkehrenden Züge brauchen etwa zehn Minuten, die Busse sind deutlich länger unterwegs. Die Busse fahren zwar auch durch Stettfeld, verkehren aber nicht am Wochenende.

Wenn Sie den Bahnhof Ebelsbach verlassen, sehen Sie rechts eine Unterführung. Sie laufen auf der Bahnhofstraße durch die Unterführung und biegen rechts ab auf die George-Schäfer-Straße. Es ist eine viel befahrene Straße, aber es gibt einen Rad- und Fußweg. Während Sie die Straße entlanglaufen, können Sie die Ruine von Schloss Ebelsbach schon sehen. Direkt dahinter befindet sich der Ebelsberg, das ist der grüne Hügel, über den Sie gleich laufen werden. An der nächsten Kreuzung gehen Sie nach rechts auf die Stettfelder Straße. Dort, wo diese eine Rechtskurve macht, sehen Sie rechter Hand das Schloss, das auch in seinem beschädigten Zustand immer noch ein reizvolles Fotomotiv ist. Das imposante Schlosstor ist noch intakt. Folgen Sie dem Straßenverlauf, bis links die Schützenstraße abgeht und die Stettfelder Straße nach rechts abknickt. Hier biegen Sie links ab auf die Schützenstraße. Sie könnten auch der Stettfelder Straße weiter folgen, aber dieser Weg zur Brauerei ist schöner und malerischer.

Hier sehen Sie die ersten Wanderschilder mit einer 7, andere mit einem M. Sie markieren den Sieben-Flüsse-Wanderweg bzw. Mainwanderweg, beides Fernwanderwege, die aber auch nach Stettfeld führen, deswegen können Sie die Schilder als Wegweiser nutzen. Während Sie die Schützenstraße entlanglaufen, halten Sie auf der rechten Seite nach Schildern Richtung Ebelsberg und Stettfeld Ausschau. Stettfeld ist von hier weniger als 5 km entfernt. Sie biegen rechts ab und beginnen, den Ebelsberg zu besteigen. Achten Sie dabei auf die alten Sommerkeller rechts von Ihnen: Diese hatte man einst in den Felsen getrieben, um dort das Bier kühl lagern zu können. Der schmale, steile Waldpfad ist gut mit 7- und M-Markierungen beschildert. Wenn Sie an eine Gabelung kommen, halten Sie sich rechts, es geht natürlich weiter bergauf! Ab und zu zweigen weitere Waldpfade und Ziehwege ab, aber Sie folgen weiter der 7 und dem M. Schließlich verlassen Sie den Wald, die Landschaft öffnet sich und zu Ihrer Linken erstrecken sich Felder. Sie gehen um den Wald zu Ihrer Rechten herum und folgen dann dem Weg nach rechts, der sich hier mit dem Fuchs-Wanderweg vereinigt. Auf diesem kurzen Stück folgen Sie also drei Wanderwegen durch den Wald. Der Weg macht ein paar Biegungen, aber wenn Sie den Wald verlassen, biegt der Fuchs-Weg nach links ab aufs freie Feld, während Sie weiter der 7- und M-Route durch den Wald folgen. Allmählich stehen die Bäume nicht mehr so dicht und Sie sehen die ersten Anzeichen von Stettfeld in Form des Kirchturms, ein hübscher Anblick mit den Hügeln im Hintergrund. Sie folgen der Straße bergab bis zur Hauptstraße und biegen dann nach links ab. Die Straße ist wieder recht stark befahren, aber es gibt auf der gegenüberliegenden Seite einen Rad- und Fußweg, dem Sie folgen, nachdem Sie vorsichtig die Straße überquert haben. Auch dieser Rad- und Fußweg trägt die 7- und M-Markierung. Wenn die Hauptstraße eine Linkskurve macht, sehen Sie auf der linken Seite das gelbe Gebäude von Adler-Bräu.

ADLER-BRÄU BRÄUSTÜBLA & BIERGARTEN

Adler-Bräu ist ein klassisches Landgasthaus mit einem schönen alten holzbefeuerten Kachelofen im Innenraum und einem hübschen kleinen Biergarten hinter dem Haus. Die Brauerei wurde 1730 in derselben Straße gegründet und hat in der Gegend eine Art Kultstatus. Komischerweise hatte ich Adler-Bräu 20 Jahre lang nicht auf dem Schirm, bis ich zufällig bei der Bamberger Sandkerwa, einem traditionellen Volksfest im August, auf dieses Bier gestoßen bin. Wahrscheinlich liegt es daran, dass Stettfeld nicht in Oberfranken liegt, obwohl es so nah ist. Aber seitdem habe ich dieses großartige Bier für mich entdeckt, und nach der schönen Wanderung ist das Bräustübla der ideale Ort zum Einkehren.

Das Bier vom Fass wird hier perfekt eingeschenkt. Wenn Sie hungrig sind, werden Sie auf der einfachen Karte sicher etwas finden. Der freundliche und redselige Besitzer sagte sogar, wenn ich für ihr jährliches Bockbier-Festival kein Zimmer finde, könnte ich bei ihm übernachten! Es gibt zwei weitere Wanderwege, die in der Stadt anfangen – mehr als genug Gründe, hier mehr Zeit zu verbringen.

Bier vom Fass: Stettfelder Pils, Altfränkisches Lagerbier und Weizen.
Saisonal: Bärentrunk und Bock.

PRAKTISCHE INFORMATIONEN

Adler-Bräu Bräustübla & Biergarten
Hauptstraße 19
96188 Stettfeld
09522 / 369
www.adlerbraeu-stettfeld.de

Öffnungszeiten:
Montag, Mittwoch und Freitag ab 15.30 Uhr
Sonn- und Feiertag ab 10 Uhr
Dienstag und Samstag Ruhetag

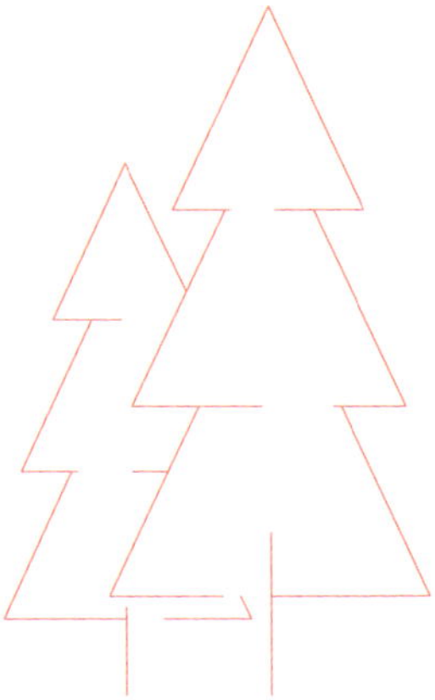

DANKSAGUNG & WIDMUNG

Niemand ist eine Insel und niemand schreibt ein Buch ganz allein. Dem Autor fallen vielleicht die Worte ein und er schreibt sie aufs Papier, aber das Buch ist, wer er ist, und dieser »Er« ist das Produkt der Menschen, die ihn im Lauf seines Lebens bewegt und berührt haben. Jeder einzelnen Person zu danken, die in diese Gruppe fällt, würde ein weiteres Buch füllen, aber wer mich kennt und dies liest, spürt: Dieser Satz meint dich. Ich hatte immer großes Glück, was meine Familie und meine Freunde angeht, sie haben mich unterstützt und ermutigt, die Begabungen zu nutzen, die sie in mir gesehen haben. Das Buch hat meinerseits viele Opfer gefordert, aber auch von ihnen verlangt, die letzten paar Monate auf mich zu verzichten.

Dieses Buch wäre niemals möglich gewesen ohne meine liebevolle, mich unermüdlich unterstützende und unglaublich verständnisvolle Frau. Sie hat mich dazu überredet, diese Herausforderung anzunehmen, nahm es hin, dass ich einen Großteil des Frühjahrs 2019 weg war, bewahrte mich mehr als einmal davor, durchzudrehen, begleitete mich auf so vielen Wanderungen, wie sie konnte, und lotste mich mit Engelsgeduld über die Ziellinie. Sie weiß, wie ich ticke, und hält mich in Bewegung.

Natürlich hätte sie mich nicht überreden können, ein Angebot anzunehmen, wenn mir keines unterbreitet worden wäre. Ich danke Hadi Barkat, dass er mich gebeten hat, *Bierwandern Bayern* zu schreiben. Es war eine unglaubliche Erfahrung, und dein Team ist wirklich Weltklasse! Apropos: Ein riesengroßes Dankeschön an Laura Simon, nicht nur für ihre Vorzüge als Lektorin, sondern auch weil sie weiß, wie sie mich auf Trab bringt. Ich hatte wirklich meine Zweifel, ob ich rechtzeitig fertig werden würde, aber dank ihr ist es gelungen, noch dazu viel müheloser, als ich gedacht hätte. Da das Buch nicht nur Worte enthält, gilt mein Dank auch dem Grafiker Florian Bellon, der ein weiterer Fels in der Brandung war und mir schon früh einen Eindruck vermittelte, wie das Buch aussehen könnte. So wurde es für mich realer, und es fiel mir leichter, darauf hinzuarbeiten. Aaron Melick danke ich, dass er einige unaufgeräumte Sätze in Ordnung gebracht hat und mich wieder eingefangen hat, wenn ich zu weit abzudriften drohte. Die anderen Autorinnen und Autoren der bei Helvetiq erschienenen Bierwandern-Reihe, Brandon Fralic und Rachel Wood *(Beer Hiking Pacific Northwest)* und Monika Saxer *(Bierwandern Schweiz)*, haben geholfen, den Weg für diese bahnbrechende Reihe zu ebnen. Das waren nur die Leute bei Helvetiq, mit denen ich direkten Kontakt hatte, aber ich weiß, dass hinter den Kulissen noch viele weitere dazu beigetragen haben, dass dieses Buch Wirklichkeit werden konnte. Vielen Dank euch allen.

Viele Autoren, die über Bier schreiben, haben mich inspiriert, aber niemand so sehr wie Graham Lees von der Campaign for Real Ale (CAMRA). Sein *Good Beer Guide to Munich and Bavaria* brachte mich auf die Idee, mich mit abgelegenen fränkischen Brauereien zu beschäftigen. Als ich meine Frau kennenlernte, bezeichnete sie sein Buch als meine Bierbibel. Auch wenn es nicht mehr aufgelegt wird und mittlerweile einige Informationen veraltet sind, sind seine zerlesenen Seiten immer noch eine Inspiration für mich.

Ein paar Freunde haben mich mit ihrem Auto zu Orten gefahren, die mit öffentlichen Verkehrsmitteln nur schwer zu erreichen gewesen wären. Ich danke meinem guten Freund und ehemaligen Schüler Tibor, der mich nach Schönram chauffiert und dort begleitet hat, sowie meinem guten Freund Ronny, dem Cousin meiner Frau, der uns nach Zwiesel und Böbrach gefahren hat, um die letzten beiden Wanderungen des Buchs zu vervollständigen.

Danke auch an die Freunde, die mit mir zusammen wandern waren. Manche dieser Wanderungen schafften es ins Buch, andere nicht, aber eure Gesellschaft war immer ein Vergnügen. Danke an David Simon von Dark History Tours, Franz D. Hofer von Tempest in a Tankard, Kevin Holsapple von Prime Passages und meine Lehrerkollegen Todd Palazzolo und Brian Rivas.

Ein besonderer Dank gilt meinem Vater, der nachsichtig mit uns war und hingenommen hat, dass wir ihn aufgrund der buchbedingten zeitlichen Zwänge dieses Jahr nicht besuchen konnten. Du hast mich immer unterstützt und mich ermutigt, daher ist es keine Überraschung, dass die Tatsache, dich nicht zu sehen, mein größter Kummer beim Schreiben dieses Buchs war. Ich wünschte, meine Mutter wäre hier und könnte sehen, wie ihr Sohn etwas tut, von dem sie immer überzeugt war, dass ich es tun sollte. Ich bin sicher, sie lächelt jetzt wissend, wie sie das immer getan hat.

Für meine Mutter, für meinen Vater und ganz besonders für meine Frau. Dieses Buch ist für euch. Das Bier ist für mich.

AUS DERSELBEN REIHE:

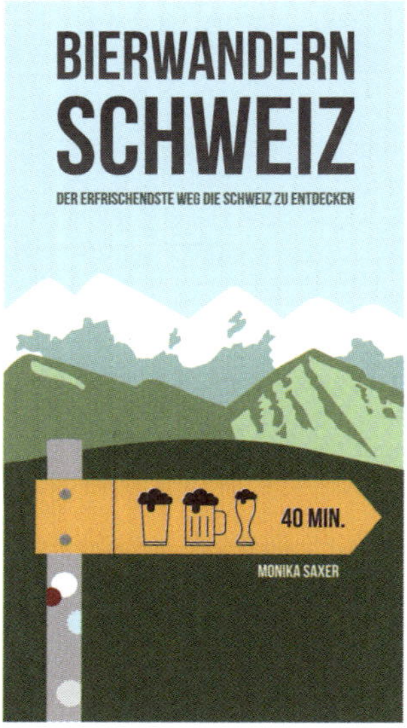

Bierwandern Schweiz
Der erfrischendste Weg, die Schweiz zu entdecken
ISBN 978-2-940481-06-4

Bierwandern Bayern
Der erfrischendste Weg, Bayern zu entdecken
von Rich Carbonara

ISBN: 978-2-940481-80-4

Fotos: Rich Carbonara
Gestaltung und Illustrationen: Florian Bellon, Daniel Malak, Elżbieta Kownacka
Übersetzung aus dem Englischen: Stefanie Kuballa-Cottone
Korrektorat: Ruth Rybi

Gedruckt in der Tschechischen Republik

www.helvetiq.com